MICHAEL MORAN

AUSLAUFMODELL SUPER MACHT

DIE NEUE ROLLE DER USA UND WAS DAS
FÜR DEN REST DER WELT BEDEUTET

Die Originalausgabe erschien unter dem Titel
The Reckoning
ISBN 978-0-230-33993-4

Copyright der Originalausgabe 2012:
Copyright © Michael Moran, 2012.

First published in 2012
by PALGRAVE MACMILLAN®
in the United States – a division of Macmillan Publishers Limited,
registered in England, company number 785998, of Houndmills,
Basingstoke, Hampshire RG21 6XS.

Published by arrangement with St. Martin's Press, LLC. All rights reserved.
Dieses Werk wurde im Auftrag von St. Martin's Press LLC durch die
Literarische Agentur Thomas Schlück GmbH, 30827 Garbsen, vermittelt.

Copyright der deutschen Ausgabe 2013:
© Börsenmedien AG, Kulmbach

Übersetzung: Egbert Neumüller
Gestaltung und Satz: Jürgen Hetz, denksportler Grafikmanufaktur
Gestaltung und Herstellung: Johanna Wack, Börsenmedien AG
Lektorat: Moritz Malsch
Druck: GGP Media GmbH, Pößneck

ISBN 978-3-86470-087-3

Alle Rechte der Verbreitung, auch die des auszugsweisen Nachdrucks,
der fotomechanischen Wiedergabe und der Verwertung durch Datenbanken
oder ähnliche Einrichtungen vorbehalten.

Bibliografische Information der Deutschen Nationalbibliothek:
Die Deutsche Nationalbibliothek verzeichnet diese Publikation in der
Deutschen Nationalbibliografie; detaillierte bibliografische Daten
sind im Internet über <http://dnb.d-nb.de> abrufbar.

Postfach 1449 • 95305 Kulmbach
Tel: +49 9221 9051-0 • Fax: +49 9221 9051-4444
E-Mail: buecher@boersenmedien.de
www.plassen.de
http://www.facebook.com/plassenverlag

Für Caitlin, Griffin und Hannah Marie

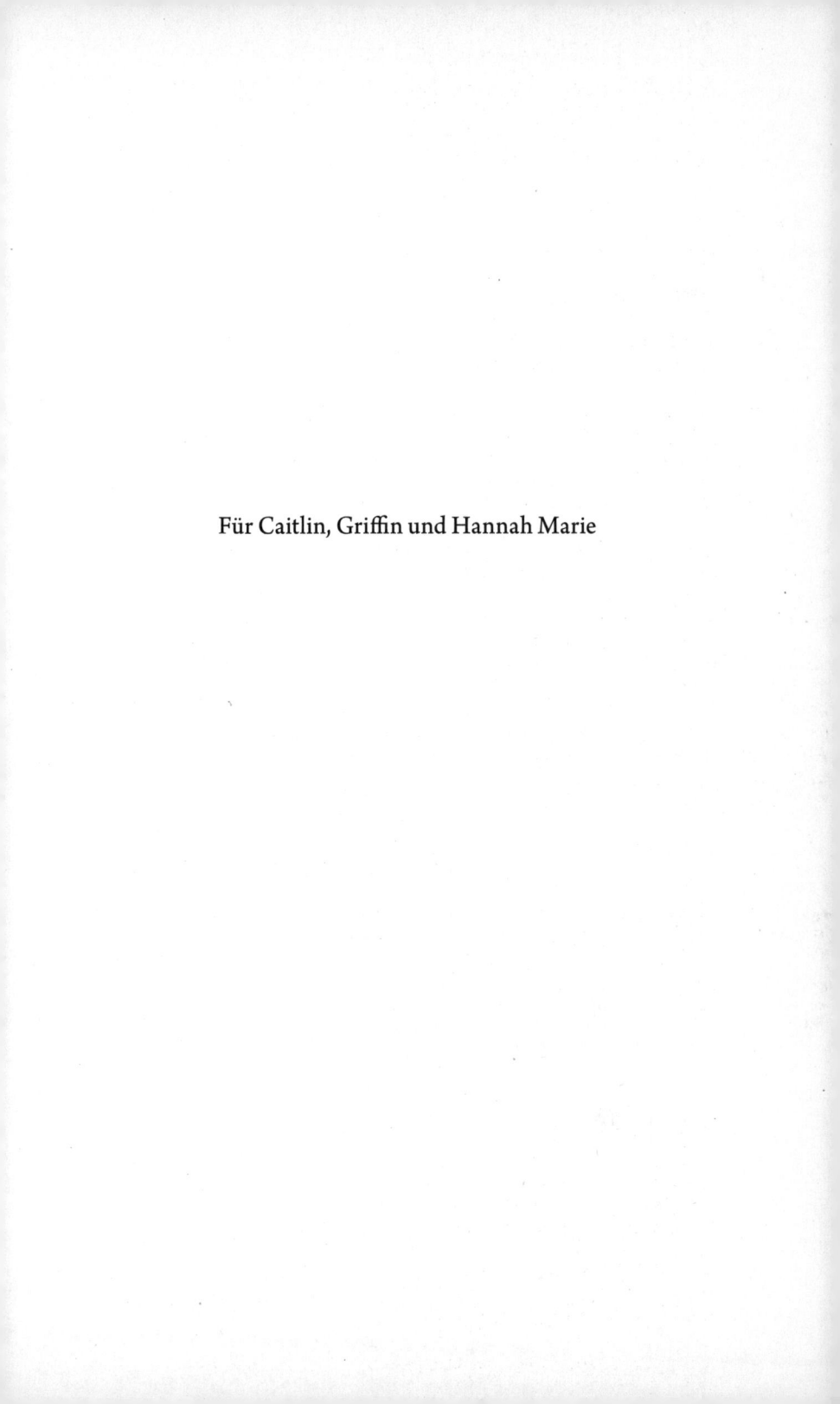

INHALT

Vorwort von Dr. Nouriel Roubini
9

Einführung
17

KAPITEL 1
Übergepäck: Der Kampf des Westens gegen die Realität
27

KAPITEL 2
Wenn sich die Welt dreht, schlägt die Schwerkraft zu
51

KAPITEL 3
Amerikas Mittelschicht – wie ein Frosch
im kochenden Wasser
81

KAPITEL 4
Von der Kurzwelle zum Flashmob: Die Technik bringt
den Lauf der Geschichte auf Trab
113

KAPITEL 5
Menetekel im Nahen Osten
145

KAPITEL 6
China und Amerika: Die Gefahren
der gegenseitigen Abhängigkeit
185

KAPITEL 7
Der nicht besonders pazifistische Pazifikraum
217

KAPITEL 8
Indien, Brasilien und das neue amerikanische Dreamteam
235

KAPITEL 9
Europa: PIIGS, Kanarienvögel und Bären – oje!
267

KAPITEL 10
Teilnahme oder Verweigerung?
303

Danksagungen
329

Anmerkungen
333

VORWORT
VON DR. NOURIEL ROUBINI

Im Herbst 2011 machten die globalen Märkte eine weitere Phase der europäischen Staatsschuldenkrise durch. Sie begann im kleinen Griechenland und man ließ es zu, dass sie sich wie eine ansteckende Krankheit entlang der Nahrungskette der Volkswirtschaften der Eurozone ausbreitete, bis die Bedrohung vor den Türen Italiens und Frankreichs stand – der achtgrößten und der sechstgrößten Volkswirtschaft der Welt. Wie schon bei früheren europäischen Krisen, in denen die lokalen Führungen versagten und die Gefahr einer Ausbreitung über die Grenzen des Kontinents hinaus bestand, erklang der Ruf nach jemandem – irgendjemandem –, der die Situation retten sollte. Doch im Gegensatz zu den Krisen des vergangenen Jahrhunderts, angefangen beim Ersten Weltkrieg, waren nicht die Vereinigten Staaten Ziel der dringenden Bitten. Vielmehr wandten sich Emissäre aus Italien, Griechenland, Irland und anderen Not leidenden Ländern der Eurozone an China, auch wenn die Bereitschaft Chinas, krisengeschüttelte Mitglieder der Eurozone zu retten, mehr Wunsch als Wirklichkeit war.

Noch vor gar nicht so langer Zeit hätte die Vorstellung, dass ein Urgestein der Gruppe der Sieben (G7) wie Italien den Hauptvertreter des autoritären Staatskapitalismus um Hilfe bittet, in den Vereinigten Staaten die Alarmglocken schrillen lassen. Amerika hätte interveniert und eine Rettungsaktion organisiert, so wie es das 1994 in Mexiko, 1998 in Südkorea, 1999 in Brasilien und in vielen anderen Ländern mit Schwellenland-Krisen sowie in beiden großen globalen Konflikten des 20. Jahrhunderts getan hat. Aber die vergangenen drei Jahre haben der Supermacht einen heftigen Realitätsschock verpasst. Sogar das Angebot von Finanzhilfen an die engsten Verbündeten würde nur dazu dienen, den Anschein zu wahren. Amerika hat – ebenso wie Japan, Großbritannien und, ja, sogar Deutschland – seine eigenen Probleme.

Wie Michael Moran in den folgenden Kapiteln seines Buches *Auslaufmodell Supermacht: Amerika auf dem Prüfstand. Was wird aus der Welt ohne Weltpolizist?* argumentativ darlegt, befindet sich die Welt, die aus dem Humus des amerikanischen Jahrhunderts hervorgegangen ist, in der Krise. Es wurde schon viel darüber geschrieben, dass der wirtschaftliche und politische Einfluss der Vereinigten Staaten schwindet, über den Aufstieg der BRICS-Staaten – Brasilien, Russland, Indien, China, Südafrika – und anderer Schwellenländer sowie über die politischen Fehler, die demografischen Probleme und die Schulden, die den alten „Westen" und seinen asiatischen Schützling Japan bedrängen. Aber nur wenige haben sich über die praktischen Konsequenzen Gedanken gemacht, die es für die Vereinigten Staaten und ihre Verbündeten hat, wenn der politische Status quo, den die Macht Amerikas in diversen Regionen auf dem ganzen Erdball aufrechterhält, Abnutzungs- und Verschleißerscheinungen aufweist und vielleicht sogar zerbricht.

Der unkontrollierte Bankrott von Lehman Brothers 2008 brachte beinahe das globale Finanzsystem zum Einsturz und die Gefahr, dass ein relativ kleiner Anbieter von Staatsanleihen wie Griechenland oder ein anderer Eurostaat zahlungsunfähig wird, kann die gemeinsame europäische Währung vernichten. Dementsprechend wäre die Auflösung der Macht der Vereinigten Staaten eine Katastrophe von globalen Ausmaßen. Moran schreibt: „So wie Großbritanniens langwieriger Rückzug von der globalen Vorherrschaft im frühen 20. Jahrhundert wird auch der Rückzug der amerikanischen Macht in unserem Jahrhundert zum ersten Mal seit Jahrzehnten Teile der geopolitischen Grenzlinie bloßlegen, welche die Macht, der politische Wille und der diplomatische Einfluss Amerikas bislang noch beschirmen."

DIE KRISE DER ENTWICKELTEN WELT

Vielleicht sollte es uns nicht überraschen, dass Italiens verzweifelter Appell keine Alarmglocken läuten ließ. Denn schließlich folgte seine Bitte, dass China massive Käufe italienischer Staatsanleihen tätigen möge, auf die faktische Beinahe-Insolvenz dreier europäischer Staaten – Griechenlands, Irlands und Portugals –, worauf die Politiker der Europäischen Union mit halbherzigen Maßnahmen, Kirchturmpolitik und Ablehnung reagiert hatten. Indes wurde im Jahr 2011 außerdem Japans Wirtschaft durch eine Kombination aus Naturkatastrophen, von Menschen gemachten sowie von der Politik verursachten Desastern übel zugerichtet – dank dieser Kombination steckt Japan mitten in einem dritten verlorenen Jahrzehnt der Verschuldung und der annähernden Depression in Folge. Und natürlich war das Schauspiel eines Beinahe-Bankrotts der Vereinigten Staaten und der Herabstufung seiner langfristigen Bonität durch Standard & Poor's zu erleben.

Wie konnte das geschehen? Wie Moran überzeugend argumentiert, liegt ein Gutteil des Problems darin, dass in Italien, den Vereinigten Staaten und anderen hochentwickelten Volkswirtschaften der wirtschaftliche Diskurs heutzutage von Politikern und Investment-Profis – Fondsmanagern, Händlern und Stock-Pickern – vorangetrieben wird. Erstere werden durch mangelndes Wissen, Parteiinteressen und kurzfristige Wahlzyklen behindert, Letztere sind fest darauf programmiert, sogar auf Kosten der langfristigen wirtschaftlichen Stabilität ihren kurzfristigen Profit zu maximieren. Verschlimmert wird dies noch durch den Hochfrequenzhandel, der die Volatilität schürt, auf der ihre Erträge basieren. Und all das wird noch durch den Hallraum der Finanzmedien und der Blogosphäre verstärkt, die sieben Tage die Woche rund um die Uhr durch marktschreierische Kommentare aufgebauschte Sofort-Informationen liefern.

Doch mehr als drei Jahre, nachdem der Kollaps von Lehman Brothers ein Schlaglicht auf die Fäulnis und die irrigen Meinungen geworfen hat, die in den ersten Jahren des 21. Jahrhunderts im Fundament des Kapitalismus herrschten, merkt die Welt jetzt, dass sie sich dem Abgrund nicht mehr entziehen kann. Wie einem Schiff, das mit aller Kraft gegen die Strömung eines mächtigen Wasserfalls ankämpft, wird der Weltwirtschaft von Regierungen der Treibstoff entzogen, indem sie eine kurzfristig belastende Sparpolitik umsetzen. Sie bestehen darauf, das langfristige Problem aggressiv anzugehen – zu viele private und staatliche Schulden, die abgebaut werden müssen –, während die kurzfristige Schwäche und die Krise drohen, uns alle in den Abgrund zu reißen.

Die zügige Reaktion der Zentralbanken und Wirtschaftspolitiker nach dem Zusammenbruch von Lehman Brothers 2008 (die ihnen nicht gedankt wurde) verhinderte eine zweite Große Depression.

Wenn aber dieses Mal verquere politische Maßnahmen die Welt wieder in die Rezession stürzen, wird es weitaus schwieriger, zu verhindern, dass das Abrutschen in einer ausgewachsenen Depression und in einer Finanzkrise endet, die genauso schlimm oder noch schlimmer wird als die in den Jahren 2008 und 2009. Die entwickelte Welt ist zu hoch verschuldet, um die Lage zu retten. Den Vereinigten Staaten ist ganz einfach die wirtschaftliche und politische Munition ausgegangen. Den aufstrebenden Schwellenländern fehlt es indes an ausgefeilten Institutionen, politischer Führung und der schieren Wirtschaftskraft, die Weltwirtschaft vom Abgrund wegzuziehen.

DAS PULVER IST VERSCHOSSEN

Bis Mitte 2010 konnten die Politiker immer wieder ein neues Kaninchen aus dem Hut zaubern, mit dem sie eine bescheidene konjunkturelle Erholung der entwickelten Welt befeuern konnten. Staatliche Konjunkturanreize, Notenbankzinsen nahe null, zwei Runden quantitativer Lockerung (QE) seitens der Federal Reserve – was im Grunde bedeutet, dass Geld gedruckt wurde –, die Bereitstellung zweckgebundener Mittel für faule Schulden und Billionen Dollar an Rettungsgeldern und Liquiditätsreserven für Banken und Finanzinstitute: Die Verantwortlichen haben alles ausprobiert. Und jetzt gehen ihnen die Kaninchen aus.

Die Finanzpolitik – die fast überall getroffene Entscheidung, die Ausgaben radikal zu kürzen und sich eher auf den Umfang der Staatsverschuldung zu konzentrieren als auf die aktuelle Krise – zehrt derzeit gewaltig am Wirtschaftswachstum der Eurozone und des Vereinigten Königreichs. Selbst in den Vereinigten Staaten und selbst, wenn Präsident Obamas 447 Milliarden Dollar schwerer Gesetzentwurf zur Schaffung von Arbeitsplätzen irgendwie zum Gesetz wird, werden die Regierungen der Bundesstaaten, die Kommunalverwaltungen und jetzt auch die Bundesregierung trotzdem die Ausgaben kürzen. Schon sehr bald werden sie die Steuern erhöhen, um die Deckungslücke zwischen dem Bedarf an Dienstleistungen und den Staatseinnahmen zu schließen.

Eine weitere Runde von Bankenrettungen ist politisch nicht durchsetzbar und wirtschaftlich nicht machbar, denn die Not der meisten Regierungen – insbesondere in Europa – ist so groß, dass sie sich keine Rettungsaktionen mehr leisten können. Tatsächlich schüren die Risikobeurteilungen ihrer Staatsanleihen sogar Bedenken hinsichtlich des Gesundheitszustands der Banken Europas, in deren Besitz sich der größte Teil der zunehmend wackligen Staatsanleihen befindet.

Auch die Geldpolitik kann uns nicht mehr viel helfen. In der Eurozone und in Großbritannien wird eine etwaige quantitative Lockerung durch die über dem Inflationsziel liegende Teuerungsrate eingeschränkt. Sie wird zwar kommen, aber zu spät und zu klein. Während ich dies schreibe, scheint die Fed zwar entschlossen zu sein, eine dritte Runde der quantitativen Lockerung (QE3) zu lancieren, aber auch sie wird zu spät kommen und zu klein ausfallen. Die QE2 von 2010 in Höhe von 600 Milliarden Dollar sowie die Steuererleichterungen und Transferzahlungen in Höhe von einer Billion Dollar haben ein Wachstum von gerade einmal drei Prozent bewirkt – und das genau ein Quartal lang. Danach sackte es im ersten Halbjahr 2011 wieder auf ein Prozent zurück. Die QE3 wird viel kleiner werden und weniger dazu beitragen, die Asset-Preise wieder zu erhöhen und das Wachstum wiederherzustellen. Und über die traditionelle geldpolitische Lockerung hinaus sollten die Notenbanken die Kreditbedingungen lockern, um dafür zu sorgen, dass die Kreditvergabe insbesondere an kleine und mittlere Unternehmen sowie an anfällige Haushalte wiederhergestellt wird.

Die Abwertung der Währung ist keine für alle entwickelten Volkswirtschaften gangbare Option: Sie brauchen ja alle eine schwächere Währung und eine bessere Handelsbilanz, um das Wachstum wiederherzustellen, aber das können nicht alle zur gleichen Zeit haben. Der Rückgriff auf die Wechselkurse, um die Handelsbilanz zu beeinflussen, ist somit ein Nullsummenspiel. Und daher zeichnen sich am Horizont Währungskriege ab, wobei Japan und die Schweiz schon erste Schlachten ausfechten, um ihre Wechselkurse zu schwächen. Andere werden bald folgen, auch die Vereinigten Staaten.

WIE DER STURZ ABGEWENDET WERDEN KANN

Gibt es eine Möglichkeit, die Katastrophe zu vermeiden – dem Motor des globalen Wirtschaftsraums den Leistungsschub zu verleihen, den er braucht, um von dem tosenden Wasserfall wegzukommen? Ein ausgewogener Ansatz erfordert, dass heute Arbeitsplätze geschaffen werden, und zwar unter anderem durch staatliche Konjunkturspritzen, die auf produktive Investitionen in die Infrastruktur abzielen. Außerdem erfordert er eine größere Steuerprogression und weitere kurzfristige Steueranreize bei mittel- und langfristiger Steuerdisziplin, die mit der Zeit anfängt, das Anwachsen der Schuldenberge zu bremsen, die die meisten fortgeschrittenen Volkswirtschaften der Welt angehäuft haben. Das geht weder schnell noch leicht, sondern es wird – um Donald Rumsfeld zu zitieren – eine lange, harte Plackerei.

Im Finanzsektor sind Schritte nötig, um das Agieren der Zentralbanken als Geldverleiher letzter Instanz zu verstärken und so ruinöse Bankenpaniken und insbesondere Paniken bei Staatsanleihen zu verhindern. Die Banken müssen erkennen, dass es in ihrem Interesse liegt (und in manchen Fällen buchstäblich eine Frage der Selbsterhaltung ist), die Schuldenlast insolventer privater und öffentlicher Haushalte sowie Unternehmen zu vermindern. Die globalen Finanzpolitiker müssen eine strengere Aufsicht und Regulierung des Finanzsystems verordnen, das immer noch Amok läuft. Dazu gehört auch die Zerschlagung von Banken, die „too big to fail" sind, und von oligopolistischen Kartellen. Außerdem ist bezüglich der Eigenkapitalquoten kurzfristig Nachsicht nötig, damit das Kreditaufkommen wieder wächst.

Und wie auf den folgenden Seiten dargelegt wird, müssen Amerika und seine Verbündeten außerdem anfangen, Strukturen, Beziehungen und Regeln aufzubauen, welche die Stabilität im Pazifikraum, in Südasien, in Europa, Afrika und Lateinamerika aufrechterhalten, bevor die Macht der Vereinigten Staaten noch weiter schwindet. Wie Sie sehen werden, ist die Absicherung bei einigen der engsten Verbündeten Amerikas bereits in vollem Gange. Von Berlin bis Ankara und von Taipeh bis Tokio begreift man zunehmend, dass die amerikanischen Streitkräfte zwar noch unübertroffen und dominierend sind, aber dass dies angesichts der langfristigen konjunkturellen Stagnation, des Vormarschs bahnbrechender Technologien und der zunehmenden Ambitionen einiger Regionalmächte, gewisse von Washington auferlegte „Vorgaben" neu zu überdenken, nicht ewig so bleiben kann.

Mit der Zeit müssen sich sowohl die Vereinigten Staaten als auch andere fortgeschrittene Volkswirtschaften, deren Sicherheit sie im Laufe der vergangenen 70 Jahre gewährleistet haben, überlegen, wie sie nach der kollektiven globalen Dominanz, die sie im Gefolge des Zweiten Weltkriegs errichtet haben, eine weiche Landung hinbekommen. Das bedeutet, dass sie weniger in satellitengestützte Waffensysteme oder in Überschalljäger investieren sollten – auch wenn es in einer unberechenbaren Welt nach wie vor praktisch ist, sie zur Hand zu haben – und mehr in Humankapital, Qualifikationen sowie in soziale Sicherungsnetze, um die Produktivität zu steigern und die Arbeitskräfte in die Lage zu versetzen, in der globalisierten Wirtschaft wettbewerbsfähig, flexibel und erfolgreich zu sein. Die Alternative dazu sind – ebenso wie in den 1930er-Jahren – endlose Stagnation, Depression, Währungs- und Handelskriege, Kapitalkontrollen, Banken- und Finanzkrisen, Staatsbankrotte sowie massive soziale und politische Instabilität. In diesem Szenario hat niemand etwas zu gewinnen – nicht China, nicht Russland, nicht Amerika und nicht Europa. Und vor allen Dingen dieses Szenario will *Auslaufmodell Supermacht* abwenden.

Dr. Nouriel Roubini
New York im Dezember 2011

EINFÜHRUNG

Das Schicksal meinte es ganz gut mit mir. Die beste Zeit meiner Karriere – zuerst als Reporter, dann als Redakteur und Journalist für internationale Angelegenheiten bei der *BBC*, beim Council on Foreign Relations und schließlich bei Roubini Global Economics – fiel sauber mit dem Höhepunkt des weltweiten Einflusses Amerikas zusammen. Als die kommunistischen Regimes in Europa stürzten, wurde ich Zeuge der Ereignisse und zeichnete sie aus erster Hand auf, und zwar für *Radio Free Europe/Radio Liberty*, den US-finanzierten „Alternativsender", der damals seinen Sitz in München hatte. Als gelernter Journalist und als Historiker aus Neigung ergriff ich jede Gelegenheit, auf der Welle des Wohlwollens gegenüber den Vereinigten Staaten zu reiten, die in die vergessenen Winkel Südosteuropas schwappte. Wo vor Kurzem noch ein eiserner Vorhang gewesen war, öffnete plötzlich das Aufblitzen eines amerikanischen Passes alle Türen.

Seither ist dieser amerikanische Traum allerdings zur hypnotischen Trance geworden. Schon lange vor den Anschlägen des 11. September war allen, die genau aufpassten, klar geworden, dass der „Sieg" im Kalten Krieg den Vereinigten Staaten große Lasten aufgebürdet hatte, die irgendwann ihre Stellung als einzige verbliebene Supermacht gefährden würden. Selbst nachdem Terroristen nach jenem schicksalhaften Sommertag Tausende Menschen getötet hatten, gründete das politische Establishment Amerikas seine innen- und außenpolitischen Entscheidungen weiterhin auf die Annahme, die Vereinigten Staaten seien dazu ausersehen, in Ewigkeit alle anderen Nationen zu überragen. Eine solche Kurzsichtigkeit hat schon früheren Großmächten geschadet. Die französische Armee, die damals als beste der Welt galt, zerbröckelte 1940 unter Hitlers Blitzkrieg innerhalb von nur fünf Wochen. „Wir litten unter einer Krankheit, die den Franzosen nicht eigentümlich ist, nämlich unter der Krankheit, [im Ersten Weltkrieg] siegreich gewesen zu sein und uns für sehr schlau zu halten", sagte einmal General André Beaufre, Angehöriger des französischen Oberkommandos. „Der Sieg ist eine sehr gefährliche Gelegenheit."[1]

Die Fehlkalkulationen, die zum Krieg im Irak führten, und die leichtsinnige Politik, die beinahe das gesamte globale Finanzsystem über eine Klippe stürzen ließ, hätten eigentlich ernüchternd wirken müssen. Und doch sind manche Amerikaner der Meinung, die Vereinigten Staaten hätten unter der Sonne des 21. Jahrhunderts immer noch Anspruch auf eine Stellung als Primus inter Pares. Der größte Teil der restlichen Welt ist allerdings weniger erpicht darauf, weiterhin in ihrem Schatten zu stehen, was angesichts der jüngsten Geschichte nicht überrascht.

Dieses Buch hat nicht die Absicht, den Niedergang Amerikas vorherzusagen – die Variablen, die mit derartigen Vorhersagen verknüpft sind, ermuntern zu wüsten, finsteren Szenarien, die von den aktuellen Fakten nicht gestützt werden. Auch ist dieses Buch nicht ausschließlich für Amerikaner geschrieben. Aufgrund des Schicksals oder aus Not, oftmals auch unwissentlich und sogar gegen den eigenen Willen hängt ein großer Teil der Welt in Sachen Wohlstand und Stabilität von der Wirtschaftsleistung der riesigen amerikanischen Volkswirtschaft und von der Fähigkeit des US-Militärs ab, Dutzende ausgesprochener und unausgesprochener Garantien zu geben, welche regionale Machtgleichgewichte auf dem ganzen Planeten aufrechterhalten. Amerika wird noch eine Generation lang oder länger mächtig und relevant für weltpolitische Angelegenheiten bleiben, allerdings sind seine Tage als weltweit konkurrenzloser Wirtschafts- und Militärgigant gezählt. Meinen amerikanischen Lesern sollte klar sein, dass ich keine Durchhalteparolen ausgeben möchte. Den Amerikanern ein gutes Gefühl zu vermitteln oder zu behaupten, eine wundersame Kombination aus Genialität und göttlicher Gunst werde ihr Land bis ans Ende der Zeiten auf dem Spitzenplatz halten – das ist die Stellenbeschreibung eines Politikers. Dieser Berufsstand verbiegt Wahrheiten so, dass sie zu kurzfristigen Zielen passen, und er setzt Schmeicheleien ein, um Unterstützung zu heischen. Wenn Sie so etwas wünschen, klappen Sie jetzt den Buchdeckel zu. Aber wenn die Wirklichkeit Sie reizt, lesen Sie das richtige Buch. *Auslaufmodell Supermacht* ist genau das, was sein Titel andeutet: ein Versuch, eine unvoreingenommene, emotionslose Position hinsichtlich der Macht Amerikas zu finden und die Implikationen für den Wohlstand, die Sicherheit und die externen Garantien zu postulieren, die sich daraus ergeben. Ob Sie nun ein Bürger der großartigen Republik sind, ein Verbündeter, der auf ihre Sicherheitsgarantien angewiesen ist, oder ein Handelspartner, der von dem globalen Wirtschaftssystem profitiert, das von der Macht Amerikas aufrechterhalten wird – es ist unerlässlich, dass Sie verstehen, inwiefern Sie dieser sich wandelnden Dynamik ausgesetzt sind, wenn Amerika aus der Stratosphäre der Supermacht wieder auf die Erde herabsteigt.

Alle außer den abgehobensten Ideologen haben inzwischen erfasst, dass die neuen wirtschaftlichen und geopolitischen Realitäten von den Vereinigten Staaten verlangen werden, die unbefristeten Verpflichtungen zu überdenken, die sie in glücklicheren, gedeihlicheren Zeiten ihrem eigenen Volk sowie seinen Freunden und Verbündeten auf dem gesamten Planeten gegenüber eingegangen sind. In den kommenden Jahren – wahrscheinlich während der Amtszeit des Gewinners der Wahlen 2012 – wird das Ausmaß immer offensichtlicher werden, in dem die globale Macht und der globale Einfluss Amerikas nachlassen. In dieser Zeit wird die Regierung entweder ihre steuer- und außenpolitischen Prioritäten in Ordnung bringen, oder sie beginnt einen viel rasanteren Abstieg, als irgendjemand im Mainstream derzeit glaubt – vorangetrieben von Bonitätsabstufungen, finanziellen Turbulenzen und sehr wahrscheinlich auch einem mutiger gewordenen ausländischen Rivalen.

Solche Veränderungen können mit erschreckender Geschwindigkeit kommen – mit Leichtigkeit innerhalb der Lebenszeit eines Menschen. Mein Großonkel Tony Berry wurde in den 1930er-Jahren in England in ein Empire hineingeboren, das immer noch fast ein Viertel der Erdenbewohner beherrschte – von den Wogen ganz zu schweigen. Tony verbrachte einen großen Teil seiner Jugend damit, Bilder von der großartigen Schlachtschiffflotte der Royal Navy zu malen. Mit 15 ging er zur Marine. Den Zweiten Weltkrieg verpasste er zwar um ein paar Jahre, aber er diente im Koreakrieg. Eines Tages, vor Jahren, erzählte er mir in seinem Wohnzimmer in Hamilton, Ontario, wo er sich nach einer langen Navy-Karriere zur Ruhe gesetzt hat, von dem Schock, der durch die Mannschaft seines Zerstörers lief, als ihre Flotille unter Führung eines Flugzeugträgers im Japanischen Meer vor Korea endlich mit der riesigen amerikanischen Flotte zusammentraf.

„Im Vergleich zu den Yankees sahen wir aus wie ein Haufen heruntergekommener Schiffe, die als Ziele für Schießübungen taugen", erzählte er mir. Den Briten wurde schnell klar, dass ihre Flugzeuge – verschlissene, schlecht gewartete Modelle aus dem Zweiten Weltkrieg – weder schnell genug waren noch genügend Reichweite besaßen, um zusammen mit ihren amerikanischen Pendants zu fliegen (geschweige denn gegen ihre sowjetisch gerüsteten nordkoreanischen Gegner anzukommen). Außerdem fehlte es der britischen Flotte an Durchhaltevermögen, erinnerte sich Tony: Sie musste sich immer wieder in den Hafen zurückziehen, um Nachschub zu fassen, während die Amerikaner ihre Schiffe auf See versorgten.

„Für einen jungen Seemann war das erniedrigend", sagte er mir Jahre später. „Wir hielten uns ja immer noch für die Besten der Besten. Aber in Wirklichkeit war für das Empire schon die Sonne untergegangen."[2]

Für die Vereinigten Staaten wird das Drehbuch ganz anders ablaufen. Trotz des Wirbels um China und andere Schwellenländer werden die Vereinigten Staaten von der Welt immer noch um ihre wirtschaftliche, militärische und intellektuelle Macht beneidet. Und trotz ihres unbesonnenen Verhaltens im ersten Jahrzehnt dieses Jahrhunderts sind die Vereinigten Staaten immer noch in beeindruckender Weise zu echter Selbsterkenntnis fähig, was man von den Sowjets, den Briten und unzähligen anderen Mächten nicht sagen kann, die im Laufe der Geschichte den Erdball dominiert haben. Der Hinweis, dass der Kaiser nackt ist, wäre dort im besten Fall ein schlechter Karriereschachzug gewesen und im schlimmsten Fall tödlich. In letzter Zeit haben sogar die Falken unter den amerikanischen Politikern die Politik des Alleingangs aufgegeben – dass Amerika in der Welt tun könne, was es wolle, um seine Vormachtstellung aufrechtzuerhalten. Nach links tendierende politische Figuren, die in den Abgrund der amerikanischen Staatsverschuldung blicken, kommen zu ähnlichen Schlüssen, wenn auch aus anderen Beweggründen. Die Debatte über Libyen im Jahr 2011 war aufschlussreich: Durch seine Reaktion auf den Aufstand gegen den Diktator, Oberst Muammar al-Gaddafi, zwang Präsident Barack Obama die europäischen Mächte, bei der Abwendung der humanitären Katastrophe und des Flüchtlingsdramas, die sich in ihrem Hinterhof am Mittelmeer zusammenbrauten, die Führung zu übernehmen. Das war die richtige Entscheidung. Zu Hause in den Vereinigten Staaten drehte sich die Debatte indes nicht nur um die Exit-Strategie, sondern legte ausnahmsweise auch viel Wert darauf, welchen finanziellen Anteil an einer Mission, die voraussichtlich rund 100 Millionen Dollar pro Woche kosten würde, die Vereinigten Staaten tragen sollten. Senator Richard Lugar, der republikanische ehemalige Vorsitzende des Senatsausschusses für Außenbeziehungen und bis vor Kurzem fröhlicher Interventionist, verkörperte das neue Denken im Kongress. Er sagte: „Wir debattieren so gut wie jeden Tag über die Haushaltsdefizite, über das bevorstehende Erreichen der Schuldenobergrenze und über unsere riesigen wirtschaftlichen Probleme, aber im Hinterzimmer geben wir Geld für eine militärische Operation in Libyen aus."[3] Dass es mit dieser Mission letztlich gelang, einen Diktator abzusetzen, der mittels Terroranschlägen Hunderte Amerikaner getötet hatte, interessierte diejenigen wenig, die sich darauf konzentrierten, Erbsen zu zählen oder Punkte für anstehende Wahlen zu sammeln.

Sind also die Tage des amerikanischen Blankoschecks für weltweite Angelegenheiten wirklich vorbei? Ich glaube, dass sich der psychologische Kater hält und dass die Amerikaner darum kämpfen werden, mit den Einschränkungen zurechtzukommen, die ihnen die globalen Veränderungen aufzwingen werden. Nach all den Jahren wird es Zeit brauchen, den „Exzeptionalismus" – also die Vorstellung, dass Amerika irgendwie von Gott dazu bestimmt ist, die Welt zu beherrschen – in das gleiche historische Museum zu stellen wie „die Bürde des weißen Mannes" und „separate but equal". Aufgrund der Äußerungen des französischen Schriftstellers Alexis de Tocqueville, das Amerika, das er in den 1820er-Jahren besuchte, sei derart auf praktische, kommerzielle Belange konzentriert, dass es eine Ausnahme von dem barbarischen Nationalismus sei, der Europa plagte, wurde der sogenannte „amerikanische Exzeptionalismus" im Denken mancher Menschen zu einem Mythos der Unfehlbarkeit, der irrationales Verhalten begünstigt.[4] Die Entscheidungen, die an so unterschiedlichen Orten wie

Vietnam, der NASDAQ, Somalia, dem Libanon und dem Büro des örtlichen Immobilienmaklers in Katastrophen mündeten, können zumindest teilweise auf diese irrige Meinung zurückgeführt werden. Die Vereinigten Staaten *sind* in dieser Welt eine einmalige, revolutionäre, innovative und häufig umgestaltende Macht, aber keine dieser Wahrheiten nimmt sie von den Gesetzen der Physik oder der Moral aus. Wie jeder andere Riese kann auch Amerika straucheln, es blutet nach einem Schnitt und es wird eines Tages in der Geschichte versinken. Wenn man diese Tatsachen als Ketzerei behandelt, beschleunigt man die Ankunft dieses Tages bloß.

Eines finde ich ironisch: Nachdem ich meine Karriere dem Bemühen gewidmet habe, die Amerikaner dazu zu bringen, dass sie der Welt ihre Aufmerksamkeit schenken, halte ich es jetzt für notwendig, ihnen dabei zu helfen, die Verbindungen des Landes mit der Welt zu entwirren. Das ist nicht das Gleiche wie ihr den Rücken zu kehren – die globale Wirtschaft macht Isolationismus unmöglich, genau wie sie aus der alten Unterscheidung zwischen Wirtschafts- und Außenpolitik Unsinn macht. Die eine hat ohne die andere keine Bedeutung. Das ist zwar schon seit Jahrzehnten so, aber trotzdem haben sich die Kompetenzzentren in der Regierung, an den Hochschulen und in der Finanzindustrie dem nicht angepasst.

Als vor zwei Jahrzehnten Deutschland wiedervereinigt wurde, arbeitete ich dort als Journalist für *Radio Free Europe/Radio Liberty*. Fast augenblicklich wurden die düstere Arithmetik von nuklearen Nutzlasten, schweren Panzerdivisionen und anderen Grundelementen der mitteleuropäischen Schlachtordnung überflüssig. Die Schaffung eines funktionsfähigen Banken- und Verbrauchersektors – bei ständigem Ausgleich zwischen dem fragilen nationalen Wiedererwachen in Osteuropa und der Demütigung des zusammengebrochenen Imperiums in Moskau – erwies sich als kniffligere Aufgabe als die Abschaltung der Waffensysteme.

Als ich vor einem Jahrzehnt in New York lebte, wurde ich zusammen mit vielen meiner Nachbarn Zeuge eines weiteren historischen Wendepunkts, als am 11. September 2001 Passagierflugzeuge in den Glasfassaden der Türme des World Trade Centers verschwanden.

In den Tagen danach erfuhr ich, dass unter den Toten vier Menschen waren, die ich kannte, unter anderem der Bruder meiner Tante – Feuerwehrleutnant Thomas O'Hagan – und ein alter Freund aus England namens Graham Berkeley, der an Bord des United-Flugs 175 war. Dieser Angriff beendete eine Phase, in der sich die Vereinigten Staaten nach innen gewandt hatten, nachdem sie 1989 den Sieg verkündet und ihre Wachsamkeit aufgegeben hatten. Leider lieferte der 11. September keine Gelegenheit, nach innen zu blicken, sondern er öffnete einer reaktionären Politik Tür und Tor, welche die Fähigkeiten der Vereinigten Staaten überschätzte, die Welt nach ihren Vorlieben umzubauen. Dies halste uns mit Pakistan und Saudi-Arabien die falschen Verbündeten auf, es führte dazu, dass wir im Irak in einen irregeleiteten Krieg zogen, und schließlich verspielten wir damit viel von der Bewunderung und dem Wohlwollen, das uns das friedliche Ende des Kalten Krieges beschert hatte.

Vor allem aufgrund dieser Fehler, zu denen noch der darwinistische Ansatz der Deregulierung des Finanzsystems hinzukommt, die den globalen Kapitalismus beinahe ruiniert hat, stehen die Vereinigten Staaten jetzt vor einer der schärfsten Krisen, die es seit dem Bürgerkrieg gegeben hat – vor einer Krise der Fähigkeiten und der Selbsterkenntnis. Angesichts dieser Herausforderung werden die Amerikaner entweder aus dem riesigen Reservoir der Ausdauer und Kreativität schöpfen, das sie durch die bisherigen Krisen gebracht hat, oder sie werden in der Verdrängung schwelgen und in einen noch steileren Sturz in Richtung Bankrott und globale Bedeutungslosigkeit einschwenken, während die Weltwirtschaft von neueren, potenteren Konkurrenten dominiert wird.

Beide Parteien tragen Schuld daran, dass kein nachhaltiger Weg für die Versprechen vorgezeichnet wurde, die das Land seinen Rentnern, Beamten, verwundeten Veteranen und armen Arbeitern gemacht hat, denn beide haben an die wirtschaftliche Scharlatanerie geglaubt, die in die Große Rezession führte. Aber die Republikaner müssen die Bürde annehmen, dass sie in der kurzen Zeit von sieben Jahren den Vereinigten Staaten auf der Weltbühne den Boden unter den Füßen weggezogen und damit Wohlwollen und Vertrauen in die amerikanische

Führung vernichtet haben, dessen Aufbau den gesamten Kalten Krieg lang gedauert hatte. Der Demokrat oder Republikaner, der im Weißen Haus sitzt, hat nun die Aufgabe, den Schaden zu begrenzen und die unkontrollierte Auflösung der Macht zu verhindern, die frühere Reiche unter der Führung kurzsichtiger, eigennütziger Männer zu Fall gebracht hat.

Michael Moran
Hoboken, New Jersey, im Dezember 2011

KAPITEL 1

ÜBERGEPÄCK: DER KAMPF DES WESTENS GEGEN DIE REALITÄT

„Viele Menschen, die heute Abend zuschauen, können sich vielleicht an eine Zeit erinnern, in der man sich bloß bei einer Fabrik in der Nähe oder einer Firma in der Innenstadt vorzustellen brauchte, um einen guten Job zu bekommen. Man brauchte nicht unbedingt einen Abschluss und die Konkurrenz beschränkte sich weitgehend auf die Nachbarn. Wenn man hart arbeitete, hatte man wahrscheinlich eine lebenslange Stellung, einen ordentlichen Lohn, gute Sozialleistungen und wurde ab und zu befördert. Vielleicht konnte man es sogar stolz erleben, dass die eigenen Kinder im gleichen Unternehmen arbeiteten. Diese Welt hat sich verändert."

Präsident Barack Obama
Rede zur Lage der Nation am 25. Januar 2011 [1]

Die Präsidentschaftswahl 2012 wird als der Moment in die Geschichte eingehen, in dem der Wohlstand, der Einfluss und die Macht der restlichen Welt endlich Eindruck auf den amerikanischen Wähler gemacht haben. Das wird nicht daran liegen, dass das öffentliche Interesse an der Außenpolitik plötzlich zunehmen würde, und nicht einmal an den zwei Kriegen, die im vergangenen Jahrzehnt gewütet haben. Vielmehr haben die Vereinigten Staaten einen Punkt in ihrer Geschichte erreicht, an dem die Kluft zwischen dem Verlauf ihres Wachstums und des Wachstums ihrer Rivalen nicht mehr zu verbergen ist. Das schuldengespeiste Modell fällt in sich zusammen. Die Kluft zwischen den Zahlungsverpflichtungen der US-Regierung und ihren Einnahmen kann nicht mehr durch einfache Kürzungen überbrückt werden, nicht einmal mehr durch eine Rückkehr zum stetigen Wachstum des Bruttoinlandsprodukts (BIP). Zu allem Überfluss könnte sich die noch größere Kluft zwischen der wirtschaftlichen Realität und dem, was in der amerikanischen politischen Debatte als „Wahrheit" gilt, als unüberwindliches Hindernis erweisen, denn die Bemühungen, die Staatsfinanzen in den Griff zu bekommen, gehen mit psychologischen und strategischen Anpassungen einher. Die Blanko-Sicherheitsgarantien, welche die Vereinigten Staaten anderen Ländern auf dem ganzen Erdball bieten, die schlecht strukturierten und noch schlechter finanzierten Versprechungen, die sie ihren Armen und Älteren gegeben haben, und vor allen Dingen ihr aufgeblähtes Selbstbild und das allgemeine Anspruchsdenken – all das muss gleichzeitig angepackt werden, um das Abrutschen der weltweiten Macht, des Einflusses und des relativen Wohlstands Amerikas aufzuhalten. Den Schmalspur-Rezepten, über die in Washington derzeit debattiert wird – die von der Kürzung von Sozialprogrammen bis hin zu riesigen Geldspritzen zur Anregung der Konjunktur reichen – wird es nicht gelingen, das Nahen des Tages der Abrechnung für Amerika zu bremsen, wenn sich am allgemeinen Kontext nichts ändert.

Dieses Buch will die aktuelle Debatte, die auf Ausgabenkürzungen, Grenzsteuersätze und sofort umsetzbare Infrastrukturprojekte fokussiert ist, zu einem echten Blick auf den Entwicklungsverlauf von Amerikas Macht in einer Welt ausweiten, die sich radikal verändert.

Das bedeutet, sich den Kosten für überzogene Anstrengungen im In- und Ausland und auch den psychologischen Konsequenzen zu stellen. Wieder einmal merkt Amerika nach einer Phase der Hyperaktivität im Ausland und des blasenartigen Wachstums im Inland, dass seine Macht endlich ist. Aber diesmal geht diese heilsame Erkenntnis zum ersten Mal in der Geschichte mit Indizien dafür einher, dass die rauschhaften Jahre Amerikas seine Zukunftsaussichten beschädigt haben. Um einen Begriff aus der Volkswirtschaft zu entlehnen: Der globale Einfluss Amerikas wird keine V-förmige Erholung erleben. Aber eine ehrliche Einschätzung der Lage der Vereinigten Staaten, gefolgt von einer klaren Politik, die auf den aktuellen Realitäten des Landes und nicht auf den hoffnungsvollen Gemeinplätzen seines Schöpfungsmythos beruht, kann gewährleisten, dass die vorherrschende Macht des vergangenen Jahrhunderts auch in diesem Jahrhundert ihr Schicksal selbst in die Hand nehmen kann.

Ein wesentlicher Teil dieses Rezepts ist es, dass Amerika seine Rolle in der Welt überdenkt. Seit dem Eintritt der Vereinigten Staaten in den Zweiten Weltkrieg sind die Kosten für die Aufrechterhaltung der „globalen Stabilität" und die Abwehr der gefährlicheren Elemente der Außenwelt für Politiker, die Wahlkampf betreiben, und für Amerikaner, die am Esstisch sitzen, bestenfalls zweitrangige Überlegungen. Selbstverständlich hat es Debatten darüber gegeben, ob es klug oder moralisch ist, sich in ausländische Angelegenheiten verwickeln zu lassen, und über den Blutzoll junger Amerikaner, die in den Krieg geschickt wurden. Aber die konkreten Kosten infrage zu stellen galt als ungehörig oder gar als unpatriotisch. Die „nationale Sicherheit" – eine Rubrik, unter die der Staat die Ausgaben für Verteidigung, Nachrichtendienste, Kriege und Diplomatie subsumiert – existierte in einer Welt jenseits der Buchhaltung. Mit Ausnahme des jüngsten Kriegs im Irak und des Libyen-Feldzugs hat die überwältigende Mehrzahl der Amerikaner die finanziellen Aspekte der Außen- und Verteidigungspolitik in den letzten sieben Jahrzehnten achselzuckend als Preis für den Job als Supermacht abgetan.

Im zweiten Jahrzehnt des 21. Jahrhunderts funktioniert dieser Ansatz aber nicht mehr. Die kürzlich erfolgte Herabstufung amerikanischer Staatsanleihen durch S&P unterstreicht, dass die Vereinigten Staaten vor einer Reihe schwieriger Fragen bezüglich der Belastungen stehen, die sie ihren Steuerzahlern, Soldaten, Bürgern und Verbündeten aufgebürdet haben. Die Antworten werden die Entwicklung des bedeutendsten Landes der Erde sowie das Schicksal kleinerer Volkswirtschaften auf der ganzen Welt auf Jahrzehnte hinaus bestimmen. Für eine Öffentlichkeit, die an die beschwichtigende Leier ihrer Politiker über ihre offenbarte Bestimmung und ihre göttliche Salbung als letzte und größte Hoffnung für die zivilisierte Welt gewöhnt ist, wird dies eine riesige Herausforderung darstellen. Zu manchen Zeiten des vorigen Jahrhunderts klangen Worte wie diese durchaus wahr: Die Macht Amerikas bildet das entscheidende Gegengewicht – im Ersten Weltkrieg gegen autoritäre Monarchen, im Zweiten Weltkrieg gegen Faschisten, die Völkermorde begingen, und im Kalten Krieg gegen revolutionäre Kommunisten. Aber heute hat Amerika sowohl die finanzielle als auch die moralische Geltung verloren, dank deren es behaupten konnte, seine Interessen würden automatisch mit den Interessen des restlichen Erdballs zusammenfallen. Amerikas Interessen sind allein seine Interessen – der Rest ist, wie man so schön sagt, Zufall.

Niemand weiß genau, wie lange die Vereinigten Staaten noch Zeit haben, ihr finanzielles Haus in Ordnung zu bringen, und natürlich wird die ideologische Spaltung im Inland diesen Prozess noch erschweren. Diese Spaltung wird durch die auf allen Ebenen um sich greifende Manipulation des Zuschnitts von Wahlbezirken, die radikalen Minderheiten zupass kommt, noch stetig vertieft. Die meisten Volkswirte sind der Meinung, dass die US-Regierung einen überzeugenden Kurs vorzeichnen muss, der die Entwicklung der Staatsverschuldung langsam umkehren und innerhalb eines Jahrzehnts greifbare Ergebnisse zeitigen kann. Aber diese mittelfristige Atempause funktioniert nur, wenn die Vereinigten Staaten schon vorher die größten Inhaber ihrer Auslandsverschuldung und die internationalen Anleihemärkte (sowie die Ratingagenturen, die diesbezüglich Wache stehen) davon überzeugen, dass Washington den politischen und finanziellen Willen besitzt, rational zu handeln – also weder die Gefahren der Verschuldung zu ignorieren, noch sich ihnen gänzlich zu unterwerfen und zusammenzubrechen, weil diejenigen Teile des Regierungshandelns ausgehöhlt werden, die Wachstum, Innovation, Bildung und militärische Spitzenleistungen unterstützen.

Das Verhalten der amerikanischen Politiker in der letzten Zeit – vom Quertreiber-Nihilismus der Tea Party bis hin zur allzu nachsichtigen Zurückhaltung von Präsident Obama – war genau der falsche Weg, Vertrauen einzuflößen. Die erwähnte Atempause für die amerikanischen Politiker kann es nur geben, wenn die Vereinigten Staaten einen verhängnisvollen Ausverkauf von US-Schatzanleihen vermeiden – also derjenigen Instrumente, mittels deren sich das Land im Ausland Geld leiht, um seine defizitären Ausgaben zu finanzieren. Wenn diese politisch aufgeladenen Verhandlungen in den nächsten Jahren weiterhin absurdes Theater im Stil des Debakels um den gescheiterten „Superausschuss"[2] produzieren, fällt es nicht schwer, sich vorzustellen, dass eine weitere Herabstufung durch die Ratingagenturen erfolgt oder dass vielleicht ein großer Gläubiger – China, Russland oder Japan – zu dem Schluss kommt, dass Amerika das Geld nicht bezahlen kann, das es ihnen schuldet. Dieses Albtraum-Szenario muss um jeden Preis verhindert werden. Doch das derzeitige Verhalten der Politik – vor allem der amerikanischen Rechten – fordert es geradezu heraus. Führende Kongresspolitiker – und vielleicht auch das Weiße Haus – scheinen zu glauben, die Vereinigten Staaten seien immer noch in der Position, den Ausgang der waghalsigen Politik in diesen Bereichen zu kontrollieren.[3] Die Wahrheit ist nämlich, dass Amerika seine finanzielle Glaubwürdigkeit verloren hat, als es die Weltwirtschaft im Jahr 2008 in Richtung Auslöschung getrieben hat. Niemand hat das vergessen, jedenfalls nicht außerhalb der Washingtoner Innenstadt. Das einzige, was Amerikas Gläubiger daran hindert, ihre Schatzanleihen abzustoßen, ist der Mangel an Alternativen. Doch man kann getrost davon ausgehen, dass die Wirtschaftspolitiker und Investoren, die die Staatsfonds der aufstrebenden Welt kontrollieren, von Berlin bis Beijing, von Rio bis Riad und von Moskau bis Mumbai fieberhaft an der Schaffung solcher Alternativen arbeiten.

Aber nehmen wir an, das Zentrum hält und die Gläubiger der Vereinigten Staaten halten still, weil die Finanzreform beginnt, das langfristige Schuldenbild aufzuhellen. Dann bleiben trotzdem noch neue Herausforderungen bestehen, die amerikanische Politiker jahrzehntelang so nicht kannten. Beispielsweise hängt das Wohlergehen der US-Wirtschaft zunehmend nicht von politischen Entscheidungen in Amerika ab, sondern vom Wohlwollen und den Anlagestrategien anderer Nationen. Einige von Amerikas größten Gläubigern – die Briten, die Kanadier und die Japaner – würden am liebsten eine Welt beibehalten, in der der Dollar die globale Reservewährung bleibt und in der die Vereinigten Staaten der einflussreichste Akteur in politischen und militärischen Angelegenheiten sind. Aber andere Nationen, insbesondere China, Saudi-Arabien, die Vereinigten Arabischen Emirate und Russland, die gemeinsam mehr in US-Schatzanleihen investiert haben als unsere Verbündeten, sind weniger darauf aus, den Einfluss Amerikas endlos beizubehalten oder gar ein zweites „amerikanisches Jahrhundert" zu garantieren.

Amerika stand jahrzehntelang als die „unentbehrliche Nation" da, um die ehemalige Außenministerin Madeleine Albright zu zitieren. Auch das hat sich geändert. Der amerikanischen Dominanz schwindet der Boden unter den Füßen und die Vereinigten Staaten müssen sich dieser Realität anpassen, sonst verlieren sie die Kontrolle über ihr eigenes Schicksal.

Warum kommt dieser Augenblick der Wahrheit jetzt, im zwölften Jahr des 21. Jahrhunderts? Vier bedeutende Trends haben diesen Wendepunkt herbeigeführt. Diese Trends sagen eine Ära voraus, in der die Vereinigten Staaten zwar in vielfacher Hinsicht immer noch das mächtigste Land der Erde sein werden, in der sie aber nicht mehr einseitig die Agenda festlegen können.

- **Die vernichtende Staatsverschuldung wird die Vereinigten Staaten zwingen, eine Kosten-Nutzen-Analyse ihres enorm großen globalen verteidigungs- und außenpolitischen Fußabdrucks sowie ihrer Versprechungen an die nächste Rentnergeneration vorzunehmen.** Im Ausland wird der Einfluss auf die alten G7-Staaten – Kanada, Großbritannien, Frankreich, Deutschland, Italien und Japan – weiter schwinden, denn die riesigen Summen, die die USA für Verteidigung, Nachrichtendienste, Diplomatie und die Überwachung der Welthandelsrouten ausgeben, geraten zunehmend in direkten Konflikt mit den heiligen Kühen der US-amerikanischen Innenpolitik: Sozialversicherung und Gesundheitsversorgung. Die wachsenden Kosten für Sozialprogramme können nicht durch Wunschdenken beseitigt werden. Anders als für die Probleme Griechenlands und Irlands, die beide in den Armen reicherer EU-Partnerstaaten zusammengebrochen sind, als ihre Schuldenlasten untragbar wurden, wird es für Amerika keine Rettung geben. Eine bankrotte US-amerikanische Staatskasse wäre weit mehr als „too big to fail", also „zu groß, um sie bankrottgehen zu lassen", sie wäre „zu enorm, als dass man nur daran denken dürfte". Eine US-Pleite würde die Mutter aller Ausverkäufe auslösen, denn dann würde ausländisches Geld ins Land strömen, das sich Not leidende US-Unternehmen, Immobilien und sonstige nationale Schätze unter den Nagel reißen würde.

Wie den Griechen, den Iren, den Portugiesen und jetzt auch den Spaniern nur allzu klar geworden ist, bedeutet Zahlungsunfähigkeit, dass die Währungs- und Finanzpolitik auf einmal vom Ausland diktiert wird. Außerdem würde sich ein Staatsbankrott der Vereinigten Staaten negativ auf Dutzende von Ländern auswirken, deren eigene Finanzpolitik, Anlagestrategien und Verteidigungsüberlegungen auf der Stabilität basieren, die die Vereinigten Staaten in den vergangenen Jahrzehnten aufrechterhalten haben. Keine „fortgeschrittene Volkswirtschaft" würde ungeschoren davonkommen. Zahllose Schwellenländer würden wichtige Abnehmer und Quellen ausländischer Direktinvestitionen (FDI = Foreign Direct Investment) verlieren. Und in vielen Entwicklungsländern, die von den Vereinigten Staaten am meisten Entwicklungshilfe und die meisten impliziten Stabilitätsgarantien erhalten, welche die anfälligen Verwerfungslinien zusammenhalten, würde die Gefahr von Krieg, Hungersnot und Anarchie zunehmen.

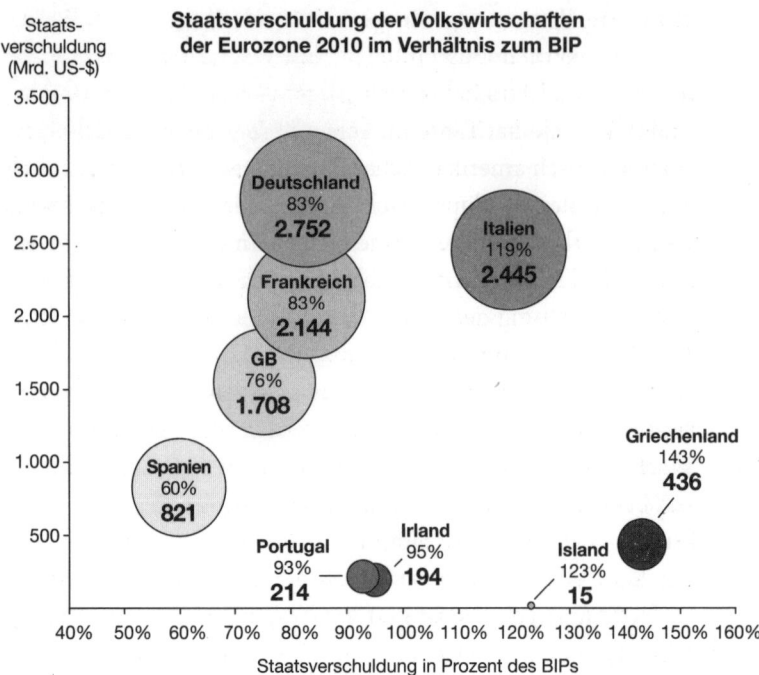

Abbildung 1.1
Quelle: Europäische Finanzstabilitätsfazilität (EFSF).

- **Nie da gewesene Informationstechnologien werden Amerikas weltweiten Einfluss dämpfen.** Neue Technologien wie mit Software vollgepackte Smartphones, soziale Peer-to-Peer-Netzwerke und verbreiteter Internetzugang stellen nicht nur für Diktatoren eine Herausforderung dar, sondern für alle Regierungen. Zwar hat Amerikas technologisches Können seine Streitkräfte bislang unschlagbar gemacht, aber gerade dieser Rückgriff auf Technologie stellt einen wunden Punkt dar. Tatsächlich sind offene Demokratien durch radikal neue Technologien noch verwundbarer als ihre autoritären Konkurrenten. Software-, digitale und Netzwerk-Innovationen haben Macht in die Hände von zuvor machtlosen Menschen gelegt und ihnen die Möglichkeit gegeben, Zensur zu umgehen, Tabus zu brechen und sogar repressive Regimes zu stürzen. SMS-Nachrichten haben die Aktionen von Demonstranten in Teheran und Tibet organisiert, in Tunis und Kairo haben sich „Facebook-Flashmobs" gebildet, und WikiLeaks hat Tausende geheime Seiten über den Informationsaustausch amerikanischer Diplomaten veröffentlicht, welche die Hallen der Supermacht erzittern ließen. Amerikas weltweiter Einfluss beruhte seit dem Zusammenbruch der Sowjetunion auf dem Begriff der „Stabilitätserhaltung" – im Endeffekt auf der Erhaltung des Status quo. Die Technologie wird diese Funktion kurzschließen und unweigerlich einige zwielichtige Gestalten aus dem Sattel heben, auch jene, die im Laufe der Jahre durch die Unterstützung der Vereinigten Staaten an die Macht gekommen sind, und sie wird auch Washingtons Fähigkeit beeinträchtigen, die Ereignisse zu beeinflussen.

- **Die Zunahme von Wohlstand, Ambitionen und Zuversicht in den Schwellenländern wird ein Machtvakuum erzeugen, das zu leichtsinnigem Verhalten ermuntert, und wenn es völlig falsch gehandhabt wird, zu einem fürchterlichen Krieg führt.** So unterschiedliche Länder wie Indien, China, Brasilien, die Türkei, Indonesien, Südafrika, der Iran und Venezuela üben jetzt auf der Weltbühne echten Einfluss aus, und einige davon werden in Zukunft ernsthaften Einfluss auf die amerikanische Wirtschaft haben. Die unterschiedlichen Interessen innerhalb dieser Gruppe lassen für die weltweite Stabilität Böses ahnen. Weder die sogenannte Gruppe der Zwei (G2) – die Vereinigten Staaten und China – noch die alte G7 oder gar die neue G20 besitzen das nötige Durchsetzungsvermögen oder den nötigen internen Konsens für die Koordinierung globaler Reaktionen auf Megakrisen. Überdies lehnen viele dieser Staaten, vor allem die asiatischen, die Konzepte der multilateralen Diplomatie oder der kollektiven Sicherheit, die in Europa seit dem Zweiten Weltkrieg den Frieden wahren, absolut ab. Der Volkswirt Nouriel Roubini und der politische Analyst Ian Bremmer haben kürzlich geschrieben: „Wir leben jetzt in einer G0-Welt" – auf einem Planeten, auf dem „kein einzelnes Land und kein

Länderblock eine politische und ökonomische Handhabe – oder den Willen – hat, eine wahrhaft internationale Agenda voranzutreiben. Das Resultat werden intensivere Konflikte auf der Weltbühne über lebenswichtige Fragen sein."[4]

- Der in einem verlorenen Jahrzehnt der falschen Maßnahmen und des Fehlverhaltens im wirtschaftlichen und politischen Leben Amerikas aufgelaufene Schaden hat Amerikas Führung diskreditiert und die langfristige „Geschwindigkeitsbegrenzung" des US-BIPs gesenkt. Diese tödlichen Fehler, die auf messianischen Fehlschlüssen basierten, haben den Vereinigten Staaten eine Staatsverschuldung aufgebürdet, die sich historischen Niveaus nähert, ein BIP-Wachstum, das auf beinahe null kollabiert ist, und eine schwindende politische und wirtschaftliche Glaubwürdigkeit. Auch haben diese Fehler den globalen Konsens über die Qualität der amerikanischen Führung und die Robustheit des amerikanischen Finanzsystems zunichte gemacht. Die Folgen des desaströsen Irak-Krieges haben selbst die engsten Verbündeten von amerikanischen Initiativen abgeschreckt. Und dicht auf den Fersen des Irak-Fiaskos haben von den Vereinigten Staaten angeregte wirtschaftliche Maßnahmen, die einen Amoklauf des globalen Kapitalismus förderten, die Welt an den Rand einer zweiten Großen Depression gebracht. Gewagte, aber ihnen nicht gedankte Taten von westlichen Regierungen und Notenbanken – einschließlich der Regierungen Bush und Obama – haben es geschafft, dieses Schicksal abzuwenden. Für diejenigen, die sich Sorgen um Amerikas internationale Reputation machen, dürfte dies allerdings ein schwacher Trost sein – so ähnlich wie bei einem betrunkenen Autofahrer, der eine Massenkarambolage verursacht und dann Dank dafür erwartet, dass er den Opfern Erste Hilfe leistet. Leider wurde die Bewunderung, die sich die Amerikaner jahrzehntelang erarbeitet haben – der Ruf der wirtschaftlichen Dynamik und der Triumph des mit relativ wenig Blutvergießen gewonnenen Kalten Krieges –, von 2003 bis 2008 innerhalb von fünf Jahren verspielt. Dieser Schaden wird Amerika eine Generation lang verfolgen.

Dass sich die Welt im Fluss befindet, ist wohl kaum eine Neuigkeit. Aber können die Vereinigten Staaten diese Veränderungen überstehen? Niemand sollte leichtfertig vom Schlimmsten ausgehen. Denn schließlich haben die Vereinigten Staaten in den letzten Jahrzehnten den prophezeiten Niedergängen regelmäßig getrotzt – vom Sputnik bis hin zu den Folgen von Watergate, von den Rassenunruhen und der ölpreisbedingten Inflation in den 1970er-Jahren bis in die unmittelbare Gegenwart. Aber das dünne Eis, auf dem wir uns heute bewegen, gefährdet nicht nur die Vereinigten Staaten, sondern alle, die von den globalen Systemen, Märkten und Allianzen sowie von der globalen Stabilität abhängig sind, die die Vereinigten Staaten nach dem Zweiten Weltkrieg gestaltet haben.

Die Krise ist in den Griff zu bekommen, wenn die amerikanischen Politiker veraltete und diskreditierte Dogmen beiseite schieben und richtig für die schmerzhaften Entscheidungen vorausplanen, die ihnen bevorstehen. Diese Entscheidungen werden die bestehenden Spaltungen der Amerikaner zu so unterschiedlichen Themen wie der Finanzregulierung, der Einwanderungspolitik, dem Verteidigungshaushalt, der wissenschaftlichen Forschung, Freihandelsabkommen und der Finanzierung des Bildungswesens noch vertiefen. So schwierig diese Reise auch sein mag, die harten Entscheidungen müssen angepackt werden, solange noch Zeit dafür ist. Wenn die Vereinigten Staaten allerdings falsch mit der Krise umgehen, könnten sie ihren Ruf in der Welt dauerhaft beschädigen und ihren Niedergang beschleunigen – zum Beispiel wenn es dem Weißen Haus und dem Kongress weiterhin nicht gelingt, sich auf kurz- wie langfristige Pläne zu einigen, die das BIP-Wachstum anfachen, auf die miesen Arbeitslosenzahlen einzuwirken und mittelfristig das Defizit zu begrenzen. Ein solches Scheitern würde nicht nur die Rückkehr zur Prosperität verzögern, sondern auch den Lebensstandard der Bürger und die Sicherheit der Verbündeten beeinträchtigen sowie die neue Generation von Großmächten – Indien, die Türkei, Brasilien, Indonesien und andere – dazu veranlassen, noch einmal darüber nachzudenken, ob sie enge, herzliche Bindungen zu einer Supermacht brauchen, deren Stern sich anscheinend verdunkelt. Dieses Schicksal müssen die Amerikaner abwenden.

ANZEICHEN FÜR INTELLIGENTES LEBEN?

Zum Glück haben einige für die Abwendung der Katastrophe notwendige Anpassungen bereits begonnen: Der Irak-Krieg und die Billionen von Dollar, die dafür ausgegeben wurden, werden bald Geschichte sein. Auch für den Einsatz in Afghanistan, der vom strategischen Standpunkt her vernünftiger ist als das gescheiterte Abenteuer im Irak, ist der Rückzug bereits geplant. Wirtschaftlich gesehen haben grüne Technologien, die Entdeckung riesiger Schiefergas-Reserven in den Vereinigten Staaten, die weltweit steigenden Arbeits- und Transportkosten, die eher gemäßigte Nachfrage nach Arbeitskräften in den Vereinigten Staaten und die anhaltende Exzellenz der Grundlagenforschung an den weltweit führenden Universitäten des Landes – den Quellen der amerikanischen Innovation – dazu beigetragen, in manchen Branchen eine kleine Wiederbelebung des US-amerikanischen verarbeitenden Gewerbes in Gang zu setzen. Und es fand eine wegweisende Veränderung statt, denn ein demokratischer Präsident hat eingestanden, dass Änderungen an der Sozialversicherung und der Gesundheitsversorgung, den allerheiligsten aller demokratischen Kühe, sowohl unvermeidlich als auch notwendig sind – allerdings könnte die Partei in der Hitze der nahenden Wahl noch die Nerven verlieren. Die demokratischen Zugeständnisse stoßen jedoch bei der Rechten nicht auf eine ähnliche Flexibilität im Hinblick auf die Notwendigkeit, die Verteidigungsausgaben zu kürzen, die Steuern zu erhöhen oder durch dringend benötigte Infrastrukturprojekte Arbeitsplätze zu schaffen. Ob der Kongress in der Lage ist, vor der Wahl 2012 etwas Substanzielles zu unternehmen, um kurzfristig die Konjunktur anzukurbeln und einen langfristigen Plan zum Abbau des Defizits aufzustellen – der im Idealfall gleichmäßig auf Steuersenkungen und Staatsausgaben verteilt ist –, wird darüber entscheiden, ob die sommerliche Herabstufung durch S&P wirklich der Kanarienvogel in der Kohlengrube ist. Dass es dem Defizit-Superausschuss nicht einmal gelungen ist, wenigstens ein paar Optionen anzubieten, lässt für den kleinen Vogel Übles ahnen.

Diese politische Panne – exakt in dem Moment, in dem der Rest der Welt darum kämpft, den 2008 durch das Finanzdesaster „Made in America" angerichteten Schaden zu beheben, war ärgerlich. Aber Nichtamerikaner wissen all das zu ihrem eigenen Nachteil nicht. Man braucht schon einen kräftigen Magen, um zuzuschauen, wie die verworrene amerikanische Legislative ihre Brötchen bäckt. Man mag sie lieben oder hassen, aber die Krösusse, die im US-Kongress sitzen, können mit ein paar falschen Schachzügen in den nächsten Jahren locker die Wachstumsaussichten rund um den Planeten zunichte machen und Amerika an den Rand des Bankrotts treiben. Oder sie können durch Ausgabenkürzungen, die eher auf Ideologie als auf solider Ökonomie basieren, das Land in eine noch tiefere Rezession als in den Jahren 2008 und 2009 stürzen. In beiden Fällen bekommt das Amerika, das hinten herauskommt, so langsam Ähnlichkeiten mit einer heutigen Version vom Frankreich Ludwigs XIV.: Der militärische Gigant seiner Zeit wurde von käuflichen, zu hoch entlohnten Eliten, von korrupten Politikern, einer wirtschaftlichen Blase und törichten Kriegen im Ausland zu Fall gebracht.

PLEITE UND VERDRÄNGUNG

Kann Amerika eine weitere, noch schlimmere Finanzkatastrophe vermeiden? Ich persönlich gebe darauf die typische ausweichende Antwort: „Ja aber ..." Wenn die Geschichte einen Anhaltspunkt bietet, werden sich die US-Politiker in der Wahlsaison 2012 ein Bein ausreißen, um möglichst nicht über einen Abstieg zu sprechen (erinnern Sie sich noch, wie gut Jimmy Carters Rede über die „Malaise" 1979 ankam – das letzte Mal, als die Fehlfunktionen der US-Administration zu einer technischen Pleite führten? Damals führte ein buchhalterischer Fehler dazu, dass das US-Finanzministerium eine Zinszahlung von 120 Millionen Dollar versäumte. Das Resultat war eine *dauerhafte* Erhöhung der Kreditkosten Amerikas um mehr als einen halben Prozentpunkt – was laut dem Volkswirt Terry Zivney von der Ball State University rund 500 Milliarden Dollar pro Jahrzehnt kostet).[5] Wie hoch die Kosten für die Herabstufung durch S&P sind, die durch die inkompetente und waghalsige Politik bezüglich der Schuldenobergrenze für den Bund ausgelöst wurde, die Washington im

Sommer 2011 voll in Anspruch nahm, ist noch nicht entschieden. Die globalen Märkte haben im Großen und Ganzen die Nerven behalten. Aber die Unsicherheit, die durch diese Fehlfunktion erzeugt wurde, hat fast mit Sicherheit zu Beschlüssen in Vorstandszimmern beigetragen, Einstellungen und Investitionen zurückzufahren, und das hat die US-Wirtschaft im Herbst praktisch zum Stillstand gebracht. Außerdem rückt dadurch der Tag schneller näher, an dem der US-Dollar von seinem kostbaren Thron als globale Reservewährung gestoßen wird. Dieser Status beschert den Vereinigten Staaten enorme Vorteile, die ihre Bürger womöglich erst erfassen, wenn sie verschwinden.

Die Lösung all dessen liegt weder bei den demokratischen oder republikanischen Führern im Kongress noch bei Präsident Obama und ganz gewiss nicht bei denjenigen, die aus rein ideologischen Gründen bestimmte steuerpolitische Positionen vertreten. Letztendlich können nur die amerikanischen Wähler die Kurzsichtigkeit der aktuellen Debatte bestrafen und eine vernünftige Unterhaltung über die Zukunft des Landes erzwingen. Die Welt muss hoffen, dass sie Kandidaten in beiden Parteien unterstützen, die den Mut besitzen, Parteidogmen über Bord zu werfen, die die Republikaner daran hindern, jemals und unter irgendwelchen Umständen zusätzliche Steuern ins Auge zu fassen, und die die Demokraten daran hindern, die dringend benötigte Reform der gigantischen staatlichen Leistungsprogramme anzugehen. Der Vorwahlkampf 2010 hat wieder einmal einen schrecklichen Schönheitsfehler der US-Demokratie im vergangenen halben Jahrhundert vorgeführt: ein Zwei-Parteien-System, das radikalen Randgruppen verpflichtet ist, die im Gegensatz zu dem weitgehend teilnahmslosen Durchschnittsamerikaner von einer Kombination aus Ereiferung und zügellosen Wahlkampfausgaben motiviert werden, sogar zu den Zwischenwahlen zu gehen. Der Rest des Landes muss diese Situation allein sich selbst zuschreiben. Reformen des Vorwahlsystems, die Abschaffung des archaischen Wahlmännergremiums, Abhilfe gegen die Neuaufteilung von Wahlkreisen und die Einführung eines zuverlässigeren Abstimmungs- und Auszählungsverfahrens – das alles ist ebenso sinnvoll wie Veränderungen der internen Machtverteilung im Kongress. Doch dadurch, dass die Amerikaner nicht an den Kongresswahlen teilnehmen, die zwischen den Präsidentschaftswahlen stattfinden, geben sie derjenigen Splittergruppe einen Freibrief, die sich im jeweiligen Wahljahr am schwersten beleidigt fühlt.

Mickey Edwards, ehemaliger Kongressabgeordneter aus Oklahoma, hat in einem leidenschaftlichen und kenntnisreichen Artikel in *Atlantic Monthly* einen Sechs-Punkte-Plan vorgelegt, um „Republikaner und Demokraten zu Amerikanern zu machen".[6] Die Vorschläge konzentrieren sich auf diejenigen Vorgänge, meist im Kongress, die wie die Zwischenwahlen tendenziell lautstarken Minderheiten ein Veto gegen Beschlüsse ermöglichen. Aber keine Reform ist groß genug, die Politikmüdigkeit zu überwinden, und die Tatsache, dass die Mehrheit der Amerikaner ihr wichtigstes Recht für selbstverständlich hält, lähmt die amerikanische Demokratie und öffnet aktivistischen Gruppierungen Tür und Tor.

GLOBALE INTERESSEN

Und was können die Menschen im Ausland, die ihren Wohlstand und ihre nationale Sicherheit in hohem Maße der Macht Amerikas verdanken, einstweilen tun? Zunächst einmal müssen die Verbündeten und die Handelspartner Amerikas anfangen, ihre Länder für die bevorstehenden Veränderungen aufzustellen. Im Nahen Osten, in Europa und in Asien naht für diejenigen, die für ihr Überleben unverhältnismäßig stark auf die Macht Amerikas angewiesen sind, der Tag der Abrechnung. Die Zeit, aufzuwachen, ist jetzt.

Tatsächlich kann man sich das Wort „Abrechnung" im englischen Originaltitel des vorliegenden Buches auch als einen neueren Finanzterminus vorstellen, der in letzter Zeit sehr in Mode ist: „Entflechtung." Wie wohl jeder weiß, der die Finanzkrise 2008/2009 verfolgt hat, bedeutet Entflechtung in diesem Fall die annähernd unmögliche Aufgabe, den wahren Wert und die wahren Besitzer von Finanzanlagen herauszufinden, die inzwischen derart komplex und von der Wirklichkeit losgelöst sind, dass für sie keine einfachen buchhalterischen Formeln und Rezepte gelten. Als im September 2008 Lehman Brothers pleiteging, waren die großen Finanzinstitute im Rest der

Welt dermaßen mit dem Gewebe der Bank aus undurchsichtigen Trades und Wertpapieren verflochten, dass ihr Kollaps sie beinahe mit in den Abgrund riss. In ähnlicher Weise könnten Amerikas geopolitischer Einfluss und sein Militär aus einem verzwickten Gewebe von Beziehungen, Geheimdienstfähigkeiten und Machtgleichgewichten bestehen, die zu weltweitem Chaos führen würden, wenn sie nach dem Zufallsprinzip entflochten würden. Wenn schon der Zusammenbruch von Lehman Brothers beinahe eine Depression verursacht hat, könnte der überstürzte Rückzug der amerikanischen Macht aus dem Nahen Osten oder der Pazifikregion einen größeren Krieg zwischen Israel und seinen Nachbarn, zwischen Iran und Saudi-Arabien, China und Taiwan, Nord- und Südkorea oder gar einen atomaren Konflikt zwischen Indien und Pakistan entzünden.

Aber an der Entflechtung führt kein Weg vorbei – das kann man sich leicht ausrechnen –, und diese politische Realität stellt uns vor die größte Herausforderung des kommenden Jahrzehnts. Und wie sollen die Vereinigten Staaten vorgehen, um ihre immer weniger tragbaren Ambitionen im Ausland abzubauen und gleichzeitig die Versprechungen zu dämpfen, die es seinen Bürgern im eigenen Land gegeben hat? Werden sie zugeben, dass sie es sich nicht mehr leisten können, diese Zusicherungen einzuhalten, ohne dadurch die Welt in den Abgrund zu reißen, zu deren Gestaltung sie beigetragen haben? In den nächsten Kapiteln dieses Buches werden einige konkrete Rezepte für politische Änderungen vorgeschlagen, die dazu beitragen würden, den unvermeidlichen Verfall der US-amerikanischen Vorherrschaft abzufedern. Das sind weniger Reformen als vielmehr Brüche mit früheren Praktiken, und sie werden weder einfach noch schmerzlos sein.[7]

Die Aufrechterhaltung der momentanen Situation – des Status quo ante, wobei „ante" 2008 bedeutet – ist keine Option. Wenn die Vereinigten Staaten ihre Bilanz strapazieren, können sie noch ein paar Jahre lang die allmächtige Supermacht verkörpern, die sie in den 1990er-Jahren waren, aber die Belastung macht sich schon bemerkbar. Im nächsten Jahrzehnt wird und sollte die Annahme, die Vereinigten Staaten könnten es sich leisten, als Weltpolizist aufzutreten, von denjenigen in Amerika angefochten werden, die die steuerliche Belastung spüren, und von denjenigen Ländern – Freunden wie der Türkei und Deutschland sowie Rivalen wie Iran und China –, die es müde sind, bei militärischen Interventionen unter US-amerikanischer Führung kein echtes Mitspracherecht zu haben.

Schon jetzt hat eine parteiübergreifende Koalition im Kongress, die sich gegen die Rolle der Vereinigten Staaten in Libyen gestellt hatte, die Konturen einer künftigen Debatte über dieses Thema skizziert, deren Schwerpunkt auf den Kosten und auf den strategischen Zielen liegt. Dass bedeutende NATO-Länder, unter anderem die Türkei, Deutschland, Schweden und Spanien, gegen den Einsatz waren, wirft außerdem die Frage auf, ob nach dem Kalten Krieg noch der Konsens besteht, der bislang solche Einsätze legitimierte (wie der Irak sehr deutlich gezeigt hat, ist es ein Fehler, die Bedeutung einer solchen Legitimation schulterzuckend abzutun). Wenn sich die Vereinigten Staaten in zehn Jahren anschicken, den unterdrückten Bürgern eines ähnlichen Regimes wie des libyschen zu Hilfe zu kommen, könnte es durchaus sein, dass ihnen auf der anderen Seite China oder Russland gegenüberstehen, was den letzten Nagel in den Sarg des transatlantischen Bündnisses treiben würde. Die Tatsache, dass aus beschlagnahmten libyschen Dokumenten hervorgeht, dass China noch Tage vor Gaddafis Sturz versucht hat, ihm Waffen zu verkaufen, dürfte diesem Argument Nachdruck verleihen.

DER GROSSE WEGBEREITER

Ironischerweise hat gerade der Erfolg der US-amerikanischen Außen- und Wirtschaftspolitik das Umfeld für den Aufstieg Indiens, Chinas, Brasiliens und anderer Länder geschaffen. Er hat dazu geführt, dass seit 1989 drei Milliarden Menschen den internationalen Arbeitsmarkt betreten haben, und er hat ehemals mittellosen Ländern neuen Wohlstand gebracht, der ihr politisches und militärisches Leistungsvermögen aufbesserte. Somit musste Washington die Fähigkeit, die weltweite militärische Überlegenheit zu bewahren, irgendwann entgleiten. Allerdings hat das weitgehend von Amerika selbst gemachte Finanzchaos diesen Abstieg stark beschleunigt.

Militärausgaben in US-Dollar und in Prozent des BIPs

Rang	Land	Militärausgaben 2010	% des BIPs 2009
1	USA	698 Milliarden	4,70%
2	China	114 Milliarden	2,20%
3	Frankreich	61 Milliarden	2,50%
4	Großbritannien	57 Milliarden	2,70%
5	Russland	53 Milliarden	4,30%
6	Japan	51 Milliarden	1,00%
7	Deutschland	47 Milliarden	1,40%
8	Saudi Arabien	39 Milliarden	11,20%
9	Italien	38 Milliarden	1,80%
10	Indien	36 Milliarden	1,80%
11	Brasilien	27 Milliarden	1,60%
12	Australien	27 Milliarden	1,90%
13	Süd Korea	26 Milliarden	2,90%
14	Spanien	26 Milliarden	1,10%
15	Türkei	25 Milliarden	2,70%
16	Kanada	22 Milliarden	1,50%
17	Israel	16 Milliarden	6,30%
18	VAE	16 Milliarden	7,30%
19	Taiwan	15 Milliarden	2,40%
20	Niederlande	12 Milliarden	1,50%

Abbildung 1.2: Rangfolge der 20 Länder mit den höchsten Militärausgaben 2010 und der Anteil dieser Ausgaben am BIP.
Quelle: Datenbank der Militärausgaben des Stockholmer internationalen Friedensforschungsinstituts (SIPRI), http://milexdata.sipri.org, Zugriff am 8. Dezember 2011.

Die Vereinigten Staaten können diese Bürde auf die Dauer nicht allein tragen. Selbst eine reduzierte Liste der US-Militär- und Geheimdienstoperationen muss Folgendes beinhalten: die Seewege der Welt offen halten, den größten Teil des Luft- und Seetransports für internationale Friedens- oder Katastrophenhilfe-Missionen erledigen, die Satellitenüberwachung der Problemzonen der Welt aufrechterhalten, dafür sorgen, dass diverse Machtgleichgewichte von Nordostasien über den Indischen Ozean und den Nahen Osten bis nach Europa intakt bleiben, und die Aufrechterhaltung von Militärbasen auf allen Kontinenten außer der Antarktis (und selbst dort hat eine von der US Air Force versorgte Forschungsstation, Camp McMurdo, die Stars and Stripes gehisst). Um einen globalen Zusammenbruch dieses Sicherheitsnetzes zu vermeiden, müssen die Vereinigten Staaten die verantwortungsvollsten unter den aufstrebenden Mächten dazu überreden, sich ein breiteres Bild von ihren eigenen Interessen zu machen und beim Schultern dieser Bürden zu helfen.

Europas fehlende Bereitschaft, für glaubwürdige Militärkapazitäten zu bezahlen, ist ein Paradebeispiel dafür: Weniger als zwei Prozent des BIPs für Verteidigung auszugeben ist gewissenlos, wenn der eigene Wohlstand auf der Stabilität beruht, die von den Streitkräften gewährleistet wird. Das hat der ehemalige US-Verteidigungsminister Robert Gates seinen NATO-Kollegen kurz vor seinem Rückzug im Juni 2011 auch gesagt: „Die unverblümte Wirklichkeit ist, dass die Lust und die Geduld des US-Kongresses schwinden werden [...], zunehmend kostbare Mittel im Interesse von Nationen auszugeben, die offensichtlich nicht gewillt sind, die Mittel einzusetzen oder die Veränderungen vorzunehmen, die notwendig sind, um ernsthafte und fähige Partner ihrer eigenen Verteidigung zu sein."[8] Es ist höchste Zeit, dass die Vereinigten Staaten die meisten Basen schließen, die seit ihrer Einrichtung durch Pattons Dritte Armee Mitte der 1940er-Jahre noch bestehen, und dass die finanzielle Bürde auf die EU verlagert wird. Aber wie in so vielen ähnlichen Fällen wird Washington seiner Rolle gerecht und springt ein. Warum sollte Europa seine Verteidigungsausgaben erhöhen, wo doch die Vereinigten Staaten bereit sind, sie an seiner Stelle zu übernehmen? Washington hat sich noch nie geweigert, die Differenz zu bezahlen ... zumindest bis jetzt.

In Asien ist die Situation ähnlich. In Japan ziehen die Operationen von US-Militäreinheiten harsche Kritik auf sich: Über Verkehrsunfälle, an denen amerikanische Soldaten und japanische Zivilisten beteiligt sind, wird in den lokalen Medien so berichtet, wie es sonst nur bei Kindesmördern der Fall ist. Und doch hält Japan an den Nachkriegsbeschränkungen seiner Streitkräfte fest, die aber nur sinnvoll sind, wenn man davon ausgeht, dass die enorme amerikanische Präsenz – 47.000 Mann stark im Jahr 2011 – für immer bestehen bleibt.

In Südkorea flammen alle paar Jahre riesige Proteste gegen die amerikanische Militärpräsenz von mehr als 22.000 Soldaten auf und die dortigen Politiker vermeiden zynisch engeren Kontakt mit US-Befehlshabern, weil sie trotz der Bedrohung durch die Atommacht Nordkorea befürchten, als „Kriegstreiber" gebrandmarkt zu werden. In beiden Fällen muss Farbe bekannt werden und die Vereinigten Staaten müssen um ihrer selbst willen und um ihrer Verbündeten willen, die sie seit Jahrzehnten verteidigen, dafür sorgen, dass das geschieht.

Während des Kalten Krieges waren diese Stationierungen gewissermaßen strategisch sinnvoll, denn keines der soeben erwähnten Länder besaß damals die wirtschaftlichen Ressourcen, um den Abschreckungswert der US-Truppen auf einen Schlag zu ersetzen. Das trifft jetzt aber ganz einfach nicht mehr zu. Durch die Aufrechterhaltung dieser teuren Vorposten haben es die Vereinigten Staaten zugelassen, dass ihre Verbündeten schwierige Entscheidungen verhindert haben (und nicht zufällig industrielle Kraftpakete wie Kia in Südkorea und Toyota in Japan aufbauen konnten, die der industriellen Basis der USA selbst schaden). All diese Nationen haben legitime Sicherheitsbefürchtungen, aber die Präsenz von Uncle Sam hat dafür gesorgt, dass diese beseitigt werden konnten, ohne eigene Mittel dafür abzuzweigen. Man könnte der Liste noch viele andere Länder hinzufügen, etwa Taiwan, Kolumbien, Israel, die Philippinen, Saudi-Arabien und einige Golf-Emirate, die überwiegende Mehrzahl der NATO-Staaten und sogar das relativ tapfere Australien.

Die sich verändernden regionalen Realitäten und der relative Abstieg der Vereinigten Staaten und ihrer geopolitischen Macht werden all diese Nationen zwingen, ihre jeweilige nationale Sicherheitspolitik anzupassen. Wie der Zusammenbruch des pro-amerikanischen Regimes in Ägypten zeigt, muss eine Politik, die sich nicht fest auf die öffentliche Meinung gründet, unweigerlich scheitern. Der türkische Außenminister Ahmet Davutoglu ist vielleicht der weltweit führende praktizierende Vertreter dessen, was ich als „post-amerikanische Absicherung" der Außenpolitik bezeichne. Davutoglu steuert die Türkei nach und nach von der Amerika-treuen Haltung weg, die sie während der gesamten zweiten Hälfte des 20. Jahrhunderts eingenommen hatte

– und hin zu einer eher eigenständigen Position. Damit berücksichtigt er die türkischen Empfindlichkeiten, verunsichert aber die Amerikaner. Zu Reportern sagte Davutoglu kürzlich: „Die Außenpolitik kann noch so ausgeklügelt sein, aber wenn sie kein Fundament in der öffentlichen Meinung hat, ist eine solche Außenpolitik nicht zukunftsfähig."⁹ In einer Zeit, in der ein unternehmungslustiger 17-Jähriger mit seinem Facebook-Account oder einem wohlplatzierten Tweet Tausende auf die Straße bringen kann, können die Vereinigten Staaten ihre regionalen Interessen nicht mehr an Polizeistaaten knüpfen. Auch können sie Verbündeten in gefährlicher Nachbarschaft nicht versprechen, dass die Macht Amerikas ihren geliebten Status quo auf ewig zementieren wird. Für manche Verbündeten Amerikas ist es gleichbedeutend mit dem Überleben der Nation, dass sie dieser Welle zuvorkommen.

DER SILBERSTREIF AM HORIZONT

Doch trotz aller finsteren Szenarien ähneln die Vereinigten Staaten nicht im Entferntesten den ins Zwielicht geratenen Reichen, mit denen sie so oft verglichen werden. Zunächst einmal ist in unserem Zeitalter der Globalisierung der weitaus größere Teil des Erdballs – einschließlich einiger überraschender Nationen wie China und Saudi-Arabien – Amerika wohlgesonnen, wenn auch aus eigennützigen Gründen. Warum sollte eines dieser beiden Länder trotz allem, was es über die Kultur oder die Außenpolitik Amerikas denken mag, einen von der amerikanischen Macht unter großem Aufwand aufrechterhaltenen Status quo kippen wollen, der sie Jahr für Jahr immer reicher macht? Aus US-amerikanischer Sicht dürfte dies ein Vorteil sein. Es führt nämlich dazu, dass Akteure in aller Welt ehrlich hoffen, dass Washington seine derzeitigen Finanzprobleme lösen kann. Mit Ausnahme des britischen Empire, das vergleichsweise wohlwollend ersetzt wurde, als ihm der Dampf ausging, bietet die Geschichte kein Beispiel für ein schwindendes Reich, dessen offensichtliche potenzielle Rivalen – China, Indien und die EU, um nur einige zu nennen – sämtlich gute Gründe hatten, ihm zu einem langen, sanften Landeanflug und einer weichen Landung zu verhelfen.

„Ich habe gegen das Prinzip eines amerikanischen Imperiums nichts einzuwenden", schreibt Niall Ferguson, Historiker in Oxford. „Tatsächlich gehört es zu meiner Argumentation, dass viele Teile der Welt von einer Periode der amerikanischen Herrschaft profitieren würden." Ferguson und andere erkennen an, wie wichtig die Rolle ist, die die Vereinigten Staaten bislang spielen – eine Rolle, die „nicht nur den freien Austausch von Waren, Arbeit und Kapital gewährleistet, sondern auch Bedingungen schafft und aufrechterhält, ohne die die Märkte nicht funktionieren können – Frieden und Ordnung, Rechtsstaatlichkeit, eine nicht korrupte Verwaltung, eine stabile Finanz- und Geldpolitik –, und auch öffentliche Güter."[10] Ironischerweise sind auch viele Möchtegern-Umstürzler der amerikanischen Hegemonie dieser Meinung.

Ein weiterer Unterschied zum Niedergang der imperialen Mächte in Europa ist, dass Amerikas relativer Abstieg zwar bereits im Gange ist, dass aber die Vereinigten Staaten kaum so aussehen, als würden sie schnell in den Status der Zweitklassigkeit absinken. Anders gesagt würden die Vereinigten Staaten beim derzeitigen Verlauf wohl bei einer Art Parität zu den aufstrebenden Mächten landen.

In den Fällen, in denen die Wachablösung mit atemberaubender Geschwindigkeit erfolgte – Spanien nach Philipp II., die Niederlande nach den napoleonischen Kriegen, Frankreich nach dem Ersten Weltkrieg und Großbritannien nach dem Zweiten Weltkrieg –, waren die absteigenden Mächte erschöpft und versuchten, sich an weit verstreute Kolonien zu klammern, weil ihre imperialistischen Wirtschaftsmodelle darauf beruhten, noch den letzten Tropfen an Arbeitskraft und Ressourcen aus ihnen herauszupressen, um das Heimatland zu stützen. Die Vereinigten Staaten haben jedoch etwas, das keines von ihnen je genossen hat – den größten Binnen-Verbrauchermarkt der Welt sowie eine führende Stellung bei vielen bahnbrechenden Technologien, die nach wie vor die Produktinnovation vorantreiben. Somit erscheint der absolute Abstieg nur als ferne Aussicht – es sei denn, die Amerikaner versagen bei den Wahlen kläglich und fordern damit ein weiteres Jahrzehnt wie das soeben beendete heraus.

ALLES IST RELATIV

Ein relativer Abstieg der Vereinigten Staaten ist wohl kaum der schlechteste mögliche Ausgang, wenn Washington und seine Verbündeten ein ebenso widerstandsfähiges post-hegemoniales System gestalten können wie das von Roosevelt und Truman Mitte der 1940er-Jahre begründete. Und viele Amerikaner merken vielleicht, dass es nach Jahrzehnten des Kopfzerbrechens als Supermacht womöglich ganz angenehm ist, wieder normalsterblich zu sein.

Dafür sind allerdings ernstliche Reparaturarbeiten nötig, und das gilt nicht nur für die staatliche Haushaltsbilanz. Die Amerikaner sind zwar mit Recht stolz auf die Errungenschaften ihres Landes, aber von außen gesehen erscheint dieser Stolz manchmal wie Arroganz oder gar Rassismus. „Brasilien, China, Indien und andere schnell aufstrebende Länder haben andere kulturelle, politische und wirtschaftliche Erfahrungen hinter sich und sehen die Welt durch die Brille ihrer antiimperialistischen und antikolonialen Vergangenheit", sagt G. John Ikenberry, Professor für internationale Beziehungen in Princeton und ehemaliger Beamter im Außenministerium. „Sie setzen sich noch mit grundlegenden Entwicklungsproblemen auseinander und haben nicht die gleichen Sorgen wie die fortgeschrittenen kapitalistischen Gesellschaften. Außerdem hat der kürzlich erfolgte weltweite Rückgang der Konjunktur dieses Narrativ vom internationalen Niedergang des Liberalismus verstärkt. Die Krise, die in den Vereinigten Staaten begonnen hat, trübt das amerikanische Modell des Wirtschaftsliberalismus und weckt neue Zweifel an der Fähigkeit der Vereinigten Staaten, als globale wirtschaftliche Führungsmacht aufzutreten." [11]

Es sollte auch zu den Prioritäten der US-Außenpolitik gehören, den Makel des Finanzfundamentalismus zu beseitigen, und ich halte das für machbar. Trotz der Finanzscharlatanerie, die im ersten Jahrzehnt des Jahrhunderts vorherrschte, ist die amerikanische Wirtschaft nur ins Stottern geraten, nicht ins Bröckeln. Nach wie vor treiben amerikanische Innovationen auf vielen wissenschaftlichen und technischen Gebieten den Fortschritt voran, auch wenn manche ihrer innovativsten Software-Produkte – Facebook, Twitter und das Internet im Allgemeinen – gelegentlich ihre eigenen Interessen im Ausland unterhöhlen. Das verarbeitende Gewerbe Amerikas, das noch vor Kurzem als Vermächtnis eines vergangenen Zeitalters abgeschrieben wurde, rüstet sich für ein Comeback, weil die Lohnkosten in den Schwellenländern ebenso steigen wie die Kosten für den Rücktransport von Waren in den heimischen Markt. Vielleicht wiegt das politische Risiko einer Fabrik in China oder Bangladesch ab einem gewissen Punkt die eingesparten Lohnkosten auf. Aus diesem Grund und aus anderen Gründen sind die Vereinigten Staaten wohl kaum eine „verbrauchte" Macht. Vielleicht wäre „außer Atem" passender, wie ein alternder Läufer, der über die Weihnachtsfeiertage zu viel gegessen, geraucht und getrunken hat. Die Vereinigten Staaten kämpfen momentan darum, die alten Kraftreserven abzurufen, die in den zwei Jahrzehnten zuvor scheinbar mühelos Wachstum und die Schaffung von Arbeitsplätzen gespeist haben. Das liegt zum Teil daran, dass sich das „Steroid" der Häuserblase, das in dieser Zeit während vieler Jahre den irrationalen Überschwang befeuert hat, in ein Gewicht um den Hals in Form eines langsamen, quälenden Abbaus der Schulden der Haushalte verwandelt hat. Aber der Läufer lebt noch und kann noch ein paar Marathonläufe schaffen.

Jetzt ist es Zeit, dass sich Amerika und seine Freunde der Wirklichkeit stellen. Dies mag vielleicht nicht die beste aller Zeiten sein, aber mit etwas Planung und harter Arbeit muss es auch nicht die schlechteste aller Zeiten werden.

KAPITEL 2

WENN SICH DIE WELT DREHT, SCHLÄGT DIE SCHWERKRAFT ZU

Die große Herausforderung der nächsten 20 Jahre wird weder militärischer noch wirtschaftlicher, sondern politischer Natur sein. Das gilt quer durch die kränkelnde entwickelte Welt – in den stolzen Hauptstädten der EU, in den Hallen der Macht im wirtschaftlich stagnierenden Japan und natürlich in Washington. In Europa und Japan ziehen die Politiker wahrscheinlich das Durchlavieren entschlossenen Taten vor (auch wenn sich Großbritannien, wie wir noch sehen werden, für eine radikale und höchst riskante Sparrunde entschieden hat). Aber nirgendwo sonst trifft die politische Funktionsstörung so sehr auf das volle Gewicht der globalen Erwartungen wie in den Vereinigten Staaten. Heutzutage ist so gut wie jeder im gesamten politischen Spektrum Amerikas der Meinung, dass etwas getan werden muss, um das Land wieder in Form zu bringen. Die Frage, die sich im Augenblick stellt – eigentlich sogar die Frage, die die Wahlkampfdebatten vor der Wahl 2012 beherrschen wird –, lautet, wie man das am besten machen sollte. Wie bald sollte die Radikaldiät beginnen, und welche Nebenwirkungen sollte man dabei in Kauf nehmen?

Mit Ausnahme von ein paar Ausreißern am rechten und linken Rand stimmen die Volkswirte darin überein, dass es keine Abkürzung und keinen leichten Plan gibt, Uncle Sam wieder fit und kampftauglich zu machen. Republikanische Politiker, die sich in den Vorwahlen den Wählern der Tea Party anbiedern, möchten drakonische Sparmaßnahmen und Steuersenkungen verordnen, welche die Vereinigten Staaten erneut in eine tiefe Rezession stürzen würden, wobei sie wahrscheinlich ein gutes Stück der restlichen Welt mit sich reißen würden. Die Demokraten behaupten, die konjunkturelle Erholung sei im Sommer 2011 daran gescheitert, dass die Ausgaben des Staates für Konjunkturpakete im Jahr 2009 zu gering gewesen seien und dass darauf im Jahr 2010 keine ähnlichen Maßnahmen folgten. Präsident Obama forderte in seiner Rede zur Arbeitsmarktgesetzgebung im September 2011 die Summe von 447 Milliarden Dollar an Anreizen, die sich etwa zu gleichen Teilen aus Steuersenkungen und Investitionen in die Infrastruktur zusammensetzen sollte. Doch trotz des beispiellosen Angebots eines demokratischen Präsidenten, über eine Restrukturierung des amerikanischen Sozialversicherungsnetzes zu verhandeln, sitzt die Führung der Republikaner wegen ihrer Unfähigkeit, ihre eigene Kongressfraktion zu kontrollieren, auf einem unnachgiebigen taktischen Ansatz fest – eine rücksichtslose Einstellung, die die internationalen Märkte dazu herausfordert, Amerika zu bestrafen. Das Ergebnis ist ein Patt, das es wahrscheinlich macht, dass eine echte Blaupause für einen mittelfristigen Schuldenabbau und logische, kurzfristige Anreize erst nach der Wahl 2012 beschlossen werden können. Das Ergebnis dieser Verzögerung ist deprimierend und vorhersehbar: schwere wirtschaftliche Stagnation und die Gefahr eines Rückfalls in die Rezession.

EISERNE LADY ODER EISERNE JUNGFRAU?

Wenn Sie das Hin und Her im Streit über Spar- oder Anreizmaßnahmen kalt lässt, brauchen Sie nur einen Blick auf die britische Wirtschaft zu werfen. Sie liefert eine lebhafte, schmerzliche Fallstudie für die Auswirkungen eines radikalen Sparkurses, wenn er ungeachtet eines globalen konjunkturellen Abschwungs umgesetzt wird. Unter Berufung auf die Reformen von Margaret Thatcher Anfang der 1980er-Jahre verabschiedete die regierende konservativ-liberale Koalition unter Premierminister David Cameron Ende 2010 radikale Kürzungen der Staatsausgaben – im Durchschnitt der meisten Ministerien um 20 Prozent.[1] Das Ergebnis war vorhersehbar (und wurde auch von vielen vorhergesagt): Die aufkeimende konjunkturelle Erholung geriet ins Stocken und Großbritannien sackte wieder in Richtung Nullwachstum sowie in eine „Double-Dip"-Rezession. Die britischen Schuldenprobleme spiegeln die der Vereinigten Staaten in vielerlei Hinsicht wider: Seit Jahrzehnten geben die Regierungen in London viel mehr aus, als sie sich durch Steuereinnahmen beschaffen können, und machen die Deckungslücke durch den Verkauf von „Gilts" wett, den britischen Pendants zu den amerikanischen T-Bonds. Als die Finanzkrise der Jahre 2008 und 2009 zuschlug, war die Notwendigkeit, eine nachhaltige mittelfristige finanzpolitische Blaupause zu erstellen, in Großbritannien noch dringender als in den Vereinigten Staaten: Die britische Verschuldung – die sich im September 2011 auf 62

Prozent des BIPs belief – hätte bis zum Ende des Jahrzehnts 100 Prozent erreicht, wenn keine Schritte unternommen worden wären. Und die Weltmärkte wären mit einem mittelgroßen ehemaligen Hegemon weitaus weniger nachsichtig gewesen, als sie es bislang mit der Supermacht sind, in deren Hand die derzeitige Reservewährung liegt.

Doch selbst unter Camerons derzeitigen Plänen dürfte sich die britische Verschuldung erst 2015 stabilisieren, und erst danach könnte mit etwas Glück und durch knauserige Staatshaushalte die Schuldenquote von 60 Prozent allmählich sinken. Doch diese frontale, radikale Sparpolitik machte auch die Vorteile der geringeren Kreditaufnahme durch den Staat zunichte. Im Vergleich zu den meisten anderen fortgeschrittenen Volkswirtschaften ist der öffentliche Sektor Großbritanniens riesengroß. Seit den 1960er-Jahren machten die Staatsausgaben rund 40 Prozent der britischen Wirtschaftsaktivität aus und diese Zahl schwoll auf 47 Prozent an, als 2010 die Bankenrettungen im Gefolge der Krise in Kraft traten. (Zum Vergleich: Die US-Staatsquote schwankt historisch gesehen um die 30 Prozent der Wirtschaftsaktivität, auch wenn das TARP und andere Konjunkturprogramme 2010 einen vorübergehenden Spitzenwert von 33 Prozent verursacht haben.) Dadurch, dass Cameron den öffentlichen Sektor Großbritanniens gerade dann abwürgte, als die britischen Verbraucher und Unternehmen die größte Not verspürten, garantierte er einen tieferen Abschwung und wettete darauf, dass ein kleinerer öffentlicher Sektor – mit allen Opfern, die er mit sich bringt – besser für die Wirtschaftsbilanz ist als Maßnahmen, die das BIP-Wachstum anregen.

Einer der Kritiker dieses Ansatzes ist David Blanchflower, den man als weltweit führenden Arbeitsökonomen bezeichnen kann. Er warnte 2010, einschneidende Sparmaßnahmen unmittelbar nach einer tiefen Rezession seien ein historischer Fehler, der die „Geschwindigkeitsbeschränkung" des britischen BIP-Wachstums auf Dauer senken könnte. Er warf David Osborne, dem führenden Entscheidungsträger in Camerons Kabinett, vor, er würde einen kurzfristigen Buchhaltungstrick vornehmen, der die staatlichen Bilanzen Großbritanniens besser aussehen lassen würde, und sei mehr durch eine thatcheristische Ideologie als durch ökonomische Vernunft geleitet. Nachdem sich der von ihm vorhergesagte Albtraum erwartungsgemäß entfaltete, zeichnete Blanchflower die Ergebnisse in *New Statesman and Society* auf. Er schrieb: „Osbornes Maßnahmen werden für die schlimmste Rezession seit einem Jahrhundert verantwortlich sein – und vielleicht sollte man sie die ‚Zweite Große Depression' nennen." Großbritanniens Erholung nach der Krise fiel nahezu in ein Nullwachstum zurück, was im Endeffekt eine Double-Dip-Rezession bedeutete, und war im Dezember 2011 auf dem Weg, die schlechteste Erholung Großbritanniens nach einer Krise zu werden, die es je gegeben hat – womit sie den langen, steinigen Weg durch die Depressionszeit 1930 bis 1934 abgelöst hätte.

In den Vereinigten Staaten hat diese Lehre nicht gegriffen.[2] Schon bevor sich das Wachstum in den Vereinigten Staaten im Herbst 2011 wieder abzuflachen begann, war die „Erholung", die angeblich Ende 2009 begonnen hatte, zur schwächsten seit dem Zweiten Weltkrieg geworden.[3] Aber diese Parallelen werden von der Rechten abgelehnt. Da die dämliche Vorwahlsaison im Gange ist, in der das rationale Denken zugunsten der Besänftigung der eifernden Basis zurücktritt, scheint die Republikanische Partei nicht bereit zu sein, sich mit dem britischen Debakel zu befassen. Stattdessen erhebt sich aus den Reihen der Partei eine intellektuell unehrliche Weise aus dem republikanischen Gesangbuch: „Was würde Ronald Reagan tun?" Ob der Vergleich von 1980 mit 2012 nun gültig ist oder nicht (was bestenfalls zweifelhaft ist) – die heutigen Republikaner sind anscheinend nicht in der Lage, zu erfassen, was Reagan wirklich in der Praxis getan hat und was sepiagetönte Erinnerungen der Parteiüberlieferung sind. Die Propaganda um Reagan ist so dick, dass sich heute niemand mehr daran erinnert, dass er, als er 1980 selbst mit einer schwierigen Konjunktur und einer oppositionellen Mehrheit im Repräsentantenhaus konfrontiert war, sich dafür entschied, Steuersenkungen mit Ausgaben für Anreize und, ja, auch Steuererhöhungen zu kombinieren. Bruce Bartlett, Wirtschaftsberater von Reagan und Mitarbeiter des Finanzministeriums unter George H.W. Bush, äußert seine Verblüffung darüber, wie die historischen Tatsachen von denjenigen verdreht werden, die seinen früheren Chef angeblich verehren. Er erinnert uns: „Die

Staatsverschuldung der Vereinigten Staaten, 1938-2012

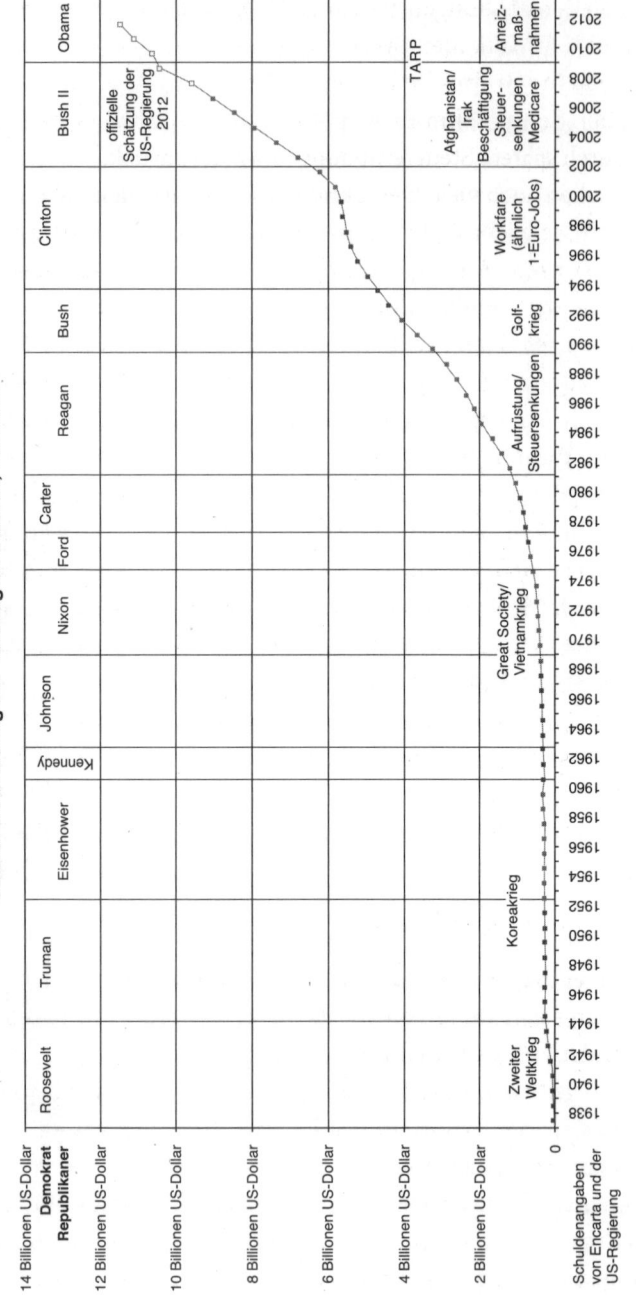

Demokrat	Roosevelt	Truman	Eisenhower	Kennedy	Johnson	Nixon	Ford	Carter	Reagan	Bush	Clinton	Bush II	Obama
Republikaner													

Schuldenangaben von Encarta und der US-Regierung

Ereignisse: Zweiter Weltkrieg; Koreakrieg; Great Society/Vietnamkrieg; Aufrüstung/Steuersenkungen; Golfkrieg; Workfare (ähnlich 1-Euro-Jobs); Afghanistan/Irak, Beschäftigung, Steuersenkungen, Medicare; TARP; Anreizmaßnahmen

offizielle Schätzung der US-Regierung 2012

Abbildung 2.1

Quelle: Statistics and Historical Data, Federal Reserve Bank of the United States, http://www.federalreserve.gov/econresdata/releases/statisticsdata.htm, Zugriff am 6. Dezember 2011.

gesamten Steuererhöhungen in seiner Regierungszeit beliefen sich bis 1988 auf 132,7 Milliarden Dollar [das wären heute 367 Milliarden]. Diesen stand eine Brutto-Steuersenkung von 275,1 Milliarden Dollar gegenüber. Somit nahm Reagan die Hälfte der Steuersenkungen von 1981 durch spätere Steuererhöhungen wieder zurück."[4]

Leider ziehen auch viele Demokraten die Fantasie den Fakten vor – wenn auch vielleicht mehr als politische Strategie denn als wirtschaftliches Konzept. Anfang 2011 zogen die Demokraten hinsichtlich der Frage, wie der Treuhandfonds der staatlichen Krankenversicherung Medicare auf einen nachhaltigen Kurs gebracht werden könnte, die Fühler wieder ein, nachdem Umfragen ergaben, dass der republikanische Reformvorschlag des Repräsentanten Paul Ryan aus Wisconsin politisches Gift war. Die Gespräche über Kompromisse zu diesem lebenswichtigen Thema wurden durch augenzwinkernde Aufkleber wie „Wählt die Republikaner, schafft Medicare ab" ersetzt. Zwar schafft Ryans Plan letztlich in der Tat Medicare in seiner derzeitigen Form ab und stellt eine radikale Sichtweise dar, er hätte aber auch die Grundlage für ein echte Diskussion darüber sein können, wie Medicare zu retten wäre. Niemand sollte sich der Illusion hingeben, dieses Programm – wie übrigens auch die Sozialversicherung und die Krankenfürsorge Medicaid – könne ohne Reform fortgesetzt werden, ohne dass dies die Wachstumsfähigkeit der US-Wirtschaft zerstört. Doch bereits zwei Jahre vor der Präsidentschaftswahl behielt die Politik die Oberhand.

FERIEN AUF RÖMISCH

Und wieder brauchen wir nur ins Ausland und auf eine andere bedeutende fortgeschrittene Volkswirtschaft zu blicken, um zu sehen, was mit Ländern passiert, in denen solche ganz großen Fragen als politische Tabus gelten. Italien ist die achtgrößte Volkswirtschaft der Welt und ein bedeutender Exporteur von hochwertigen Industriegütern, Luxusartikeln, Sportwagen und Designkonzepten, aber seine Wirtschaft ist in den elf Jahren von 2000 bis 2010 im Schnitt nur um magere 0,25 Prozent gewachsen. Italien verfolgte eine von fest verwurzelten Interessengruppen geförderte kurzfristige Politik, es lieh sich so viel Geld, dass seine Staatsverschuldung 2011 mehr als 120 Prozent seines BIPs betrug, und seine anämischen Wachstumsraten lassen vermuten, dass dieses Problem nicht verschwindet.[5] Obwohl es in den letzten Jahren Warnungen von den globalen Märkten und von Volkswirten gab, tat die italienische Regierung, die bis vor Kurzem von Silvio Berlusconi geführt wurde, wenig, um die gigantischen Leistungen zu kürzen, die der Staat gewährte, oder um seinen Arbeitsmärkten die nötige Freiheit zu geben, um gegen die Jugendarbeitslosigkeit anzugehen. Mit einem Unwillen, sich der Zukunft zu stellen, der eines über 70-jährigen Playboys würdig ist, verkaufte Italien enorme Mengen seiner Staatsanleihen an den internationalen Märkten – so viele, dass der Markt für italienische Anleihen nach den Vereinigten Staaten und Japan weltweit den dritten Rang belegt. „Italien ist zu einem Ort geworden, der sich mit der Welt unwohl fühlt und sich vor der Einwanderung und der Globalisierung fürchtet", schreibt der britische Reporter John Prideaux in einer der letzten Ausgaben des *Economist*. „Es hat sich für eine Reihe diskriminierender politischer Maßnahmen entschieden, welche die Alten gegenüber den Jungen massiv begünstigen." Diese mangelnde Bereitschaft, sich den langfristigen Konsequenzen zu stellen, brachte Italien Ende 2011 an den Rand des Bankrotts und gefährdete nicht nur die Eurozone, sondern das globale Wachstum im Allgemeinen. Italien ist auf jeden Fall „too big to fail", denn ein Staatsbankrott hätte ernste globale Auswirkungen.

Zum Glück der Amerikaner besitzt die US-Wirtschaft immer noch genügend Vitalität für eine ordentliche Wachstumsrate – vielleicht im Schnitt drei Prozent oder ein bisschen mehr pro Jahr. Wenn aber Probleme wie Medicare weiterhin als politische Waffen und nicht als Bedrohungen der Wirtschaft betrachtet werden, lauert Italiens Schicksal auf sie. Sicherlich sollte Prideaux Beschreibung der italienischen Gesellschaft auf der abschüssigen Bahn der Staatsverschuldung bei den Amerikanern ein Glöckchen läuten lassen. Doch trotz des ganzen Geredes der US-Demokraten über „große Lösungen" und davon, dass auch die Transferleistungen auf den Verhandlungstisch kommen, verhindern politische Interessen jeden echten Fortschritt. Als die Republikanische Partei die „Ewigkeitsreform" von Medicare des Repräsentanten Ryan in ihr Programm aufnahm, entschieden sich die Demokraten dafür, sie den 235 republikanischen Mitgliedern des Repräsentantenhauses, die dafür gestimmt hatten, wie ein Joch um den Hals zu hängen, anstatt sie als Eröffnungsangebot für die Aushandlung des „großen Kompromisses" zu nehmen, von dem Obama ständig redet. Während die eine Partei mit Feuereifer Amerikas wirtschaftliches Grab schaufelt, geht die andere pfeifend auf dem Friedhof spazieren.

Führen momentan also alle wirtschaftlichen Wege Amerikas nach Rom? Nicht unbedingt. Ernsthafte wirtschaftliche Köpfe sind überzeugt, dass die US-Wirtschaft auf kurze Sicht – vielleicht bis 2014 – noch zu anfällig ist, als dass man sie schweren Sparmaßnahmen unterziehen könnte. Einige befürworten eine weitere massive Geldspritze als Anreiz. Beispielsweise argumentiert der Ökonom Paul Krugman schon seit Langem, die erste Runde 2009 sei zu klein gewesen und es sei eine zweite Runde notwendig, um die strukturelle Arbeitslosenquote zu senken, die zu einer weiteren Belastung der konjunkturellen Erholung geworden ist und hartnäckig um die neun Prozent pendelt. Krugman, der inzwischen eine Kolumne für die *New York Times* schreibt, wird von Kritikern einer keynesianischen Wirtschaftspolitik häufig als linksgerichteter Ideologe abgetan. Von Mohammed El-Erian, dem hoch geachteten Volkswirt und Leiter von PIMCO, dem erfolgreichsten Investmentfonds der Welt, kann man das allerdings nicht sagen, und er stimmt mit Krugman darin überein, dass die Arbeitslosigkeit angepackt werden muss. Aber nachdem die Kreditwürdigkeit Amerikas bereits herabgestuft wurde, befürchtet El-Erian außerdem, dass eine neue Runde des Deficit Spending eine Katastrophe heraufbeschwören könnte. Er argumentiert überzeugend für ein längerfristiges Vorgehen gegen die Arbeitslosigkeit, das eher auf die Qualität der Arbeitskräfte abzielt – das, was Volkswirte als „Humankapital" bezeichnen – als auf staatlich finanzierte Arbeitsbeschaffungsmaßnahmen.

Im Grunde rührt Amerikas Arbeitsmarktkrise daher, dass viele Jahre lang zu wenig in Humanressourcen und in die sozialen Sektoren investiert wurde. Das Bildungssystem hinkt den Fortschritten hinterher, die in anderen

Ländern gemacht werden. Die Umschulungsmaßnahmen sind beklagenswert unzulänglich. Die Mobilität der Arbeitskräfte geht zurück. Und es wird zu wenig Wert darauf gelegt, ein angemessenes Netz der sozialen Sicherung aufrechtzuerhalten. Diese Tatsachen wurden durch die Tollheit verschleiert, von der das „goldene Zeitalter" der Vereinigten Staaten vor 2008 geprägt war, in der Schuldenhebel, Kredite und schuldenfinanzierte Leistungen einen gigantischen, aber nicht haltbaren Aufschwung der Sektoren Bauwirtschaft, Häusermarkt, Freizeit und Einzelhandel schürten. Die daraus resultierende Schaffung von Arbeitsplätzen war zwar nur vorübergehend, aber sie wiegte die Politiker in Selbstgefälligkeit hinsichtlich des wahren Geschehens am Arbeitsmarkt. Als der Aufschwung in einen langwierigen Abschwung umschlug, wurden die langfristigen Unzulänglichkeiten der Arbeitsmarktlage für alle sichtbar, die sich trauen, hinzuschauen; und diese sind alarmierend.[6]

Krugman, El-Erian, Nouriel Roubini und andere – darunter die Volkswirte Robert J. Shiller und Joseph Stiglitz – unterstützen die Ansicht, dass die Vereinigten Staaten eine Mischung aus mittelfristigen Sparmaßnahmen und zusätzlichen Steuereinnahmen benötigen, um den Verlauf der US-Verschuldung umzukehren und sowohl die Gläubiger als auch die Anleihemärkte zu beruhigen, die für die künftige Kreditaufnahme der Vereinigten Staaten unentbehrlich sind. Da sich die von vielen vorausgesagte V-förmige Erholung nicht bewahrheitet hat, ist diese Liste noch um bisherige Skeptiker gewachsen, darunter Kenneth Rogoff von der Harvard University und Carmen Reinhardt vom Petersen Institute of Economics. Es gibt zwar keine Möglichkeit, das mit Sicherheit zu wissen, aber viele sind überzeugt, dass beide Arzneien, die von den beiden großen Stämmen in Washington verschrieben werden – das Hyper-Sparprogramm der Tea Party ohne Erhöhung der Einnahmen und das Mega-Anreizprogramm ohne Steuerreform des äußeren linken Flügels –, momentan gefährlich oder sogar selbstmörderisch wären: Die erste würde eine Double-Dip-Rezession auslösen, die zweite einen Einbruch der Bonitätseinstufung des Landes und letzten Endes den Verlust der wirtschaftlichen Souveränität.[7] Die ideologisch gesteuerten politischen Spielchen in Washington haben zwar verhindert, dass eine solide Politik Fuß fasst, aber ein paar kleinere Bemühungen haben zur Verhinderung des Double-Dip in den Vereinigten Staaten beigetragen. Die quantitative Lockerung oder „QE" durch die Federal Reserve Bank hat die Notenpressen angekurbelt und Geld in die Wirtschaft gepumpt. Die historisch niedrigen Zinsen haben die Kreditvergabe an Großunternehmen gefördert, allerdings fällt es kleineren Firmen und Privatpersonen immer noch schwer, Kredite zu bekommen. Es muss aber immer noch mehr getan werden, damit Arbeitgeber einen Anreiz haben, einen Teil der riesigen Bargeldreserven auszugeben, die sie nach der Nahtod-Erfahrung im Herbst 2008 sicherheitshalber aufgebaut haben. Damals froren die kurzfristigen Kreditmärkte ein und sogar enorm erfolgreiche Unternehmen merkten, dass sie nur Stunden von der Insolvenz entfernt waren. Hier könnten gering dosierte kurzfristige staatliche Anreize sinnvoll sein. Im November 2010 schlugen Roubini und ich vor, die Regierung solle zwei Jahre lang den Arbeitgeber- und den Arbeitnehmeranteil an den Sozialabgaben senken – man hätte diese Maßnahme finanzieren können, wenn man es zugelassen hätte, dass Bushs Steuersenkungen für die reichsten Amerikaner auslaufen.[8]

Zwar blockierte die Politik auch 2010 wieder den Fortschritt, aber als Mitte 2011 die Konjunktur erneut abriss, wurde diese Idee wiederbelebt und in die Rede aufgenommen, die Obama im September über den Arbeitsmarkt hielt. Die Senkung des Arbeitgeberanteils würde die Lohnkosten verringern und die Einstellung von mehr Arbeitskräften ermöglichen. Der steigende Nettolohn würde die Menschen dazu bringen, wieder mehr Geld auszugeben. Dabei geht es nicht nur darum, die Laufkundschaft in den Einkaufszentren zu vergrößern, denn die Haushalte müssen auch die Belastungen ihrer Kreditkarten, ihre zweiten Hypotheken und sonstige unglückliche Altlasten aus den Jahren der lockeren Kreditvergabe abbezahlen. Es ist aber nach wie vor fraglich, ob selbst eine derart bescheidene

Maßnahme in einem Wahljahr die giftigen Debatten auf dem Capitol Hill überleben kann.

Solche Anreize würden zwar etwas bringen, aber sie würden nicht das lösen, was den bedeutendsten Verbrauchermarkt der Welt plagt. Amerika muss seine Schulden abbauen. Keine noch so große ideologische Kraftmeierei wird an dieser Realität etwas ändern. Die Entschuldung – der langsame Prozess, die ganzen Kreditkarten, die Auto- und Studienkredite, die ersten und zweiten Hypotheken abzubezahlen – wird robustes Wirtschaftswachstum in der nächsten Zeit verhindern.

Außerdem wird sie den Effekt von Konjunkturanreizen in Form von Steuersenkungen abtöten, denn solche Steuersenkungen kommen unverhältnismäßig stark den Wohlhabenden zugute und aus Untersuchungen geht hervor, dass die Wohlhabenden einen solchen Geldsegen meistens eher vorsichtig einsetzen: Der größte Teil davon würde unweigerlich für das Abtragen von Schulden und nicht für den Kauf von Konsumartikeln oder Lebensmitteln eingesetzt werden. Langfristig gesehen ist das zwar eine gute Nachricht, aber das trägt nicht dazu bei, das Wachstum wieder anzufachen.

In einer Studie des Thinktanks „Center for American Progress" hieß es im November 2011, die Verschuldung der Haushalte – und insbesondere die Hypothekenschulden – würden die Wirtschaft in den kommenden Jahrzehnten zu einer Stagnation im japanischen Stil verdammen, wenn die Regierung nicht eingreift und Not leidenden Hausbesitzern nicht zu Hypotheken verhilft, die das verfügbare Einkommen freisetzen, welches das Lebenselixier der amerikanischen Wirtschaft ist.

> Wenn der Rückgang der Verschuldung der Haushalte allein den Marktkräften überlassen wird, könnte es noch viele Jahre dauern, bis die Schulden ein tragbares Niveau erreichen. Wenn die Nettoeinkommen weiterhin im Tempo des vergangenen Jahres steigen und die Schulden gleich bleiben, kann der Schuldenstand erst 2017 das Niveau der 1990er-Jahre erreichen, als die Wirtschaft schnell wuchs und die Finanzmärkte fest tendierten.

Dieses Szenario des Nichtstuns bedeutet, dass sich die Zwangsvollstreckungen noch länger fortsetzen und die Kreditbedingungen weiter gestrafft werden. Es könnte aber auch bis zum September 2036 dauern, bis das Schulden-Einkommens-Verhältnis der 1990er-Jahre wieder erreicht wird – wenn nämlich die Einkommen weiterhin nur mäßig steigen und die Schulden [der Haushalte] anfangen, in dem bescheidenen Tempo von drei Prozent pro Jahr zu wachsen.[9]

Die Amerikaner, die sich an die 1990er-Jahre als an eine Zeit des relativen Wohlstands ohne die Exzesse der Häuserblase erinnern, sollten spätestens jetzt bei dem Gedanken nach Atem ringen, dass es – unter optimistischen Bedingungen – bis 2036 dauert, den Schaden zu beheben, der im ersten Jahrzehnt dieses Jahrhunderts angerichtet wurde. Das ist für die amerikanischen Haushalte eine schreckliche Buße und sie wird die Wachstumsaussichten rund um den Erdball vermindern, während der US-Verbraucher seine Strafe absitzt. Umso mehr ist es geboten, dass die Lösung über die Grenzen unseres Landes hinausblickt und eine erneute Prüfung der Lasten – und Kosten – für die amerikanische Vorherrschaft umfasst.

DER ABBAU DER GLOBALEN BELASTUNG

Die aus dem „amerikanischen Jahrhundert" stammenden Engagements im Ausland, die kurz nach dem Kalten Krieg noch verdoppelt wurden, weil sich Amerika für allmächtig hielt, werden den Entschuldungsprozess in der Heimat noch zusätzlich erschweren, wenn nicht auch hier der Abbau zur Politik wird. Die laufenden Kosten für die Aufrechterhaltung der Vorherrschaft der Vereinigten Staaten werden nach Aussage von Professor Michael Mandelbaum von der Johns Hopkins University in der alljährlichen Debatte über die Ausgaben des Bundes bislang wie kaum mehr als ein Rundungsfehler behandelt.[10] Die Probleme dürfen nicht nacheinander angepackt werden – alles muss dringend und gleichzeitig bewältigt werden, damit nicht eine Abwärtsdynamik entsteht, welche die Vorteile dauerhaft zunichte machen könnte, die die Vereinigten Staaten immer noch gegenüber anderen Mächten haben, die sich dem Leben nach der Vorherrschaft gestellt haben.

Aber können die Politiker Amerikas, die bekanntlich nicht in der Lage sind, vereinfachende ideologische Neigungen beiseite zu schieben, diese Krankheiten diagnostizieren und behandeln? Die politischen Instinkte werden Obama und seine republikanischen Gegner daran hindern, Amerikas Problem klar zu benennen. Beide werden die Wähler mit Plattitüden über ein neues amerikanisches Jahrhundert oder über den amerikanischen Sonderweg umschmeicheln, und einige werden das sogar glauben. Die amerikanischen Wähler kennen diese Rituale nur zu gut – im Hintergrund die Flaggen, die häufige Bezugnahme auf das „amerikanische Volk", die historische Anekdote über frühere überwundene Krisen (bei den Demokraten die Depression und Roosevelt, bei den Republikanern der Kalte Krieg und Reagan). Doch nichts davon kümmert die Gläubiger der Vereinigten Staaten einen Pfifferling und die amerikanischen Wähler sollte es auch nicht kümmern.

Auf der Suche nach einem Steuermann, der uns mit kühlem Kopf und klarem Blick an der Felsenküste vor uns vorbeimanövriert, sollten die Amerikaner das Verhältnis der Kandidaten zur freien Marktwirtschaft überprüfen. Der Markt ist weder die religiöse Macht, als die ihn viele Republikaner beschreiben, noch die Grube des Bösen und der Korruption, als die ihn viele Demokraten porträtieren. Er ist, in Ermangelung eines wissenschaftlicheren Ausdrucks, eine Naturgewalt. Fanatiker, die darauf bestehen, dass wir uns den Stürmen der Natur voll aussetzen – das ist die fundamentalistische, republikanische Herangehensweise an die Marktwirtschaft –, werden ein kurzes, brutales Leben haben. Sehen Sie sich einmal an, wie wir ihnen in letzter Zeit „ausgesetzt" wurden: Im Jahr 2007 hatten sich sogar die amerikanischen Regulierer – also diejenigen Menschen, die eigentlich den Auftrag haben, ökonomische Stürme zu verfolgen und den Umgang mit ihnen vorauszuplanen – stattdessen den nackten Narren angeschlossen, die im Regen tanzten. Als der

Sturm dann 2008 zuschlug, waren die Ergebnisse um so katastrophaler, weil die Aufpasser mitgemacht hatten.

Aber der demokratische Ansatz ist nur ein bisschen rationaler. Anstatt sich gegenüber dem Auf und Ab des Wirtschaftswetters zu entblößen, ducken sich die Demokraten, und wechselweise loben sie die freien Märkte in guten Zeiten und verteufeln sie, wenn der Abschwung kommt. Dann verlangen sie, dass den Märkten die Schärfe genommen wird und sie kontrolliert werden. Die Finanzreformen nach der letzten Krise brachten am Ende wenig für die Bewältigung der Hauptprobleme: Manche amerikanischen Finanzinstitutionen waren so groß geworden, dass man nicht zulassen konnte, dass sie bankrottgingen, und die Märkte für Derivate wie etwa diejenigen, die den Bankensektor in die Knie zwangen, wurden nicht von Regulierungen in Schach gehalten. Die Finanzreformen der Jahre 2009 und 2010 ließen beide Gefahren unverändert bestehen. Anstatt diese dornigen, komplexen Probleme anzupacken, behandelten die Finanzreformen von Dodd und Frank[11] nur Symptome und zielten durch die Schaffung der Consumer Financial Protection Agency auf die Verbraucherseite des Bankwesens ab. Das ist ja nicht unbedingt eine schlechte Idee – aber sie ist einfach irrelevant: eine Waffe, um den letzten Kampf auszufechten. Wie vorherzusehen war, gab die Bankenbranche die zusätzlichen Kosten an ihre Kunden weiter und startete eine gigantische Lobby-Schlacht, um die neue Agentur kaputtzumachen. Sie errang einen Pyrrhussieg, und jetzt muss eine bedeutende Branche mit unzähligen neuen Vorschriften zurechtkommen, die künftige Missbräuche vielleicht nicht verhindern.

Für allzu viele Demokraten ist die freie Marktwirtschaft nach wie vor eher ein gefährliches als ein schönes Mysterium. Man muss sie respektieren, aber nicht fürchten. Man sollte sie nutzen (denken Sie an die TVA – die Tennessee Valley Authority, die Strom in den ländlichen Süden gebracht hat) und nicht abschotten wie kontaminiertes Gelände. Die Politik der Demokraten versucht zu oft, die Macht des Marktes zu unterdrücken anstatt sie zu kanalisieren. Nach vier Jahren im Amt kann Obama die miserable Konjunktur nicht mehr allein den Fehlern seiner Vorgänger zuschreiben. Er wird demonstrieren müssen, dass ihm Folgendes klar ist: Der Staat muss die Märkte überwachen, ohne Ergebnisse zu diktieren, denn wenn er das versucht, kommt zu oft das genaue Gegenteil heraus.

Um es deutlich zu sagen: Diese unterschiedlichen Auffassungen von der freien Marktwirtschaft verzerren zutiefst die Diskussion darüber, wie man die nationale Bilanz der Vereinigten Staaten in Ordnung bringen sollte. Von führenden Republikanern und vom Weißen Haus aufgestellte Pläne gehen von der nach Meinung vieler Volkswirte extrem optimistischen Annahme aus, dass die US-Wirtschaft etwa ab 2015 zu einer beständigen BIP-Wachstumsrate von vier Prozent im Jahr zurückkehren wird. Tim Pawlenty, der in seiner Partei 2011 kurzzeitig für die Nominierung als Präsidentschaftskandidat antrat, behauptete im Juni 2011 in einer republikanischen Debatte, es sei zaghaft, ein Wachstum von vier Prozent anzustreben. „Die Idee, wir könnten in Amerika keine fünf Prozent Wachstum haben, ist Quatsch. Das ist eine defätistische Einstellung. Wenn China fünf Prozent Wachstum haben kann und Brasilien fünf Prozent Wachstum haben kann, dann können auch die Vereinigten Staaten fünf Prozent Wachstum haben."[12] Sein grundlegendes Missverständnis der Zahlen besteht natürlich darin, dass die Vereinigten Staaten, um fünf Prozent im Jahr zu wachsen, absolut betrachtet dreimal so viel wachsen müssten wie China (dessen Volkswirtschaft nur ein Drittel so groß ist) und siebenmal so viel wie Brasilien (dessen BIP nur ein Siebtel des US-BIPs beträgt). Pawlentys Kandidatur setzte sich zwar nicht durch, aber dass er so auf diesem Fehlschluss herumritt, zwang andere Wahlkämpfer, mit ihren eigenen Fehlschlüssen zu kontern. Mitt Romney – ein ehemaliger Fondsmanager von der Wall Street, der es eigentlich besser wissen müsste – fuhr alsbald sein eigenes Versprechen auf, wenn auch nur „vier Prozent jährliches Wachstum".[13]

In Wirklichkeit sind weder der Entwurf des Weißen Hauses noch der aktuelle BIP-Plan stichhaltig. Aber beide liefern gute Gründe, über die Kompetenz des ökonomischen Denkens in den Vereinigten Staaten besorgt zu sein. Zunächst ein paar Grundlagen: Laut Congressional Budget Office (CBO) belief sich die Staatsverschuldung Amerikas Mitte 2011 auf 15 Billionen Dollar mit steigender

Tendenz.[14] Die Vereinigten Staaten und so gut wie alle entwickelten Länder sind in gewissem Maße verschuldet, und das an sich ist noch nicht gefährlich. Aber im Jahr 2001 begann die Verschuldung Amerikas einen steilen Aufstieg (siehe Abbildung 2.2). Die anziehenden Schulden wurden von vielen Dingen getrieben, aber dies waren die vier größten: Bushs Steuersenkungen, die Kriege in Afghanistan und im Irak, Bushs Erhöhung der Medicare-Leistungen bei verschreibungspflichtigen Arzneimitteln sowie das Troubled Assets Relief Program und andere Rettungsaktionen, die durch die globale Finanzkrise notwendig

Die Hauptverursacher der US-Staatsverschuldung 2000-2020

Defizit in Billionen US-Dollar

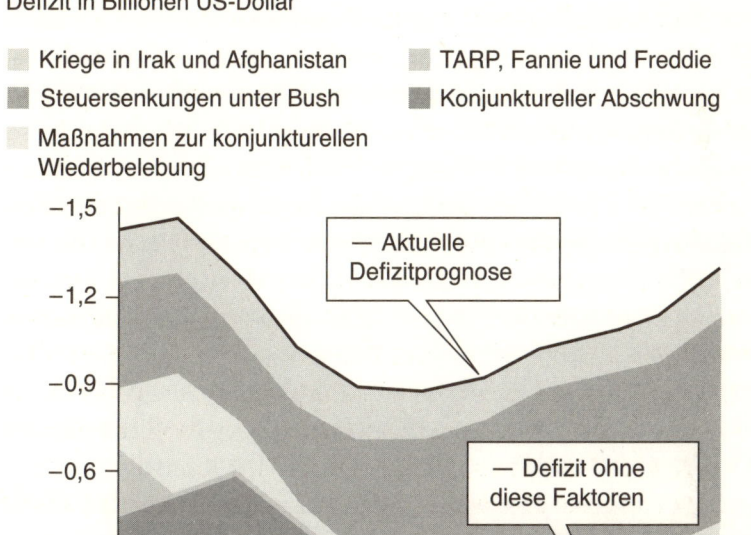

- Kriege in Irak und Afghanistan
- Steuersenkungen unter Bush
- Maßnahmen zur konjunkturellen Wiederbelebung
- TARP, Fannie und Freddie
- Konjunktureller Abschwung

— Aktuelle Defizitprognose

— Defizit ohne diese Faktoren

Abbildung 2.2
Quellen: Quelle: Congressional Budget Office, Center for Budgetary Policy Priorities, http://www.cbpp.org/index.cfm?fa=view&id=3252, Zugriff am 6. Dezember 2011.

wurden, Obamas Konjunkturpakete eingeschlossen. Somit besteht das Ziel der grimmigen Finanzdebatte in Washington nicht unbedingt darin, die Staatsverschuldung zu beseitigen, sondern eher darin, zu verhindern, dass sie ein destabilisierendes Niveau erreicht. Wenn sich die US-Konjunktur stabilisieren und das jährliche Haushaltsdefizit des Bundes sinken würde, würde dies irgendwann gelingen.

Beide Parteien legten 2011 „Masterpläne" für die Behebung von Amerikas Finanzchaos vor. Beide überarbeiteten sie im Rahmen fruchtloser Verhandlungen über die Verkleinerung des Haushalts und des Defizits beziehungsweise des Geschachers in den Vorwahldebatten der Republikaner immer wieder aufs Neue. Doch keiner dieser Pläne würde die Staatsverschuldung Amerikas vermindern: Die Debatte dreht sich ausschließlich darum, ihr Wachstum zu verlangsamen, damit Amerikas Bonität gewahrt bleibt. Auch wird keiner dieser Pläne Gesetzeskraft erlangen – jedenfalls nicht, bevor die Wahl 2012 für kurze Zeit die Luft gereinigt hat, sodass eine wahlkampffreie Verhandlungsrunde möglich ist. Aber die grundsätzlichen Philosophien der beiden Parteien bleiben konstant, sodass eine Prüfung lohnt.

Präsident Obama hat seinen Ansatz, das Wachstum des Schuldenbergs zu verlangsamen, erstmals in seinem Haushaltsentwurf 2012 formuliert.[15] Darin räumt er ein, dass die Leistungsansprüche – die riesigen, fest eingebauten und nicht im freien Ermessen liegenden (die sogenannten „nicht-diskretionären") Kosten für die Sozialversicherung, Medicare und Medicaid, die im Laufe der Jahre größtenteils von den Demokraten eingeführt und verteidigt wurden, auf den Tisch müssen. Für diesen kleinen Akt der Tapferkeit hat er kaum Anerkennung bekommen. Außerdem schlägt Obama eine Reform der Körperschaftsteuer vor. Diese würde die Großunternehmen dazu zwingen, einen größeren Teil des Steuersatzes von 35 Prozent zu bezahlen, den sie derzeit mithilfe zahlreicher Schlupflöcher umgehen. Des Weiteren sollen die Ausgaben für Verkehr, Kultur, Entwicklungshilfe und Verteidigung, also die sonstigen sogenannten „diskretionären" (im freien Ermessen des Staates liegenden) Ausgaben gekürzt werden. Darüber hinaus hoffte Obama, er könnte die aus der Bush-Ära stammenden Steuersenkungen für die reichsten Amerikaner bis 2014 auslaufen lassen –

im Endeffekt eine Steuererhöhung für die gehobene Mittelschicht in den letzten Jahren seiner Amtszeit –, was aber nicht sehr durchschlagend wäre. Das CBO schätzt [16], dass die defizitären Ausgaben des Bundes, wenn sie unverändert blieben, die Staatsverschuldung von 15 Billionen Dollar bis zum Jahr 2021 um 9,5 Billionen Dollar erhöhen würden. Obamas Plan würde die vorgesehenen Defizite zwar um 2,51 Billionen Dollar senken, aber dadurch wäre der Bundeshaushalt bei Weitem noch nicht ausgeglichen. Es würden immer noch 6,99 Billionen Dollar auf den Berg draufgelegt.

Die Republikaner machten sich hingegen einen Plan zu eigen, den der Republikaner Paul Ryan aus Wisconsin, Vorsitzender des Haushaltsausschusses, verfasst hat. Seine Einsparungen gründen sich vor allem auf die Privatisierung von Medicare und darauf, dass der Kongress die Gesundheitsreform wieder zurücknimmt, die Obama im Jahr 2010 verabschieden ließ. [17] Eine Erhöhung der Einnahmen hatte in Ryans Berechnungen keinen Platz. Bushs Steuersenkungen sollten erhalten bleiben und weitere Senkungen sollten durchgesetzt werden. Außerdem verschont Ryans Plan die Verteidigungsausgaben und er würde 4,05 Billionen Dollar an zusätzlicher Staatsverschuldung verhindern (im Endeffekt würde beides die Staatsverschuldung nicht wirklich vermindern – sie würde lediglich langsamer wachsen als nach Obamas Plan). In der Tea-Party-Abteilung der Republikaner stieß die populistische Vermeidung von Steuersenkungen und Verteidigungskürzungen zwar auf Beifall, aber der Medicare-Plan wurde schnell zu einem politischen Problem. Ryans Plan hätte die Absicherung durch Medicare für alle, die 2011 jünger als 54 Jahre waren, durch einen Gutschein für eine private Krankenversicherung ersetzt. Das Problem dabei ist, dass die Gesundheitskosten schneller steigen als die Inflation und dass viele ältere Wähler daher zu dem Schluss kamen, dies sei ein Rezept zur Aushöhlung der Gesundheit ihrer „goldenen Jahre".

Die Unfähigkeit, diese beiden Ansätze unter einen Hut zu bringen – *von denen wie gesagt keiner den Umfang der Staatsverschuldung auf absehbare Zeit wirklich vermindern würde* –, führte unmittelbar zur Herabstufung durch S&P im August 2011. Eine ganze Reihe überparteilicher

Kompromissbemühungen scheiterte vor allem daran, dass die Republikaner nicht in der Lage waren, ihre Reihen zu disziplinieren. Unterdessen boten die republikanischen Kandidaten ihre eigenen Alternativen an, die von etwas zu optimistisch (Romney)[18] bis offenkundig lächerlich (Herman Cains „9-9-9-Plan")[19] reichten. Als es im Herbst mit der Konjunktur bergab ging, signalisierten die Zahlen, die von den amerikanischen Gesetzgebern wirklich registriert werden – die Meinungsumfragen –, einen tief greifenden, dauerhaften Widerwillen gegen die sommerlichen Leistungen der Republikaner und auch einen rasanten Absturz der Zustimmungsquote von Präsident Obama.

LEGENDEN VOM STURZ

Den Amerikanern kann die Haushaltsarithmetik – und die widersprüchlichen Behauptungen in diesem Zusammenhang – hoffnungslos verwirrend vorkommen. Das wird auch dadurch nicht besser, dass sich keine der beiden Seiten der Realität stellen wird. Die Wahrheit ist, dass alle lügen. Natürlich wissen die klügsten Politiker einschließlich Obama und führenden Republikanern, dass die alten Wundermittel – die republikanischen Steuersenkungen auf der Angebotsseite und die demokratische „Aufbesserung der Einnahmen" – die Finanzmaschinerie nicht stoppen können. Aber die politischen Führer Amerikas sind ja auch dazu ausgebildet worden, Politik zu praktizieren und nicht Wirtschaftswissenschaften. Bedenken Sie, dass die meisten von ihnen Juristen sind – keine Finanzexperten und gewiss keine Volkswirte. Tatsächlich haben die meisten von ihnen offenbar keine Ahnung, was die Ausländer an den internationalen Anleihemärkten mit dem wirtschaftlichen Wohlergehen Amerikas zu tun haben.

David Stockman, der als Ronald Reagans Haushaltsdirektor und Vater der Steuersenkung 1981 so etwas wie der Schutzheilige der Haushaltskürzungen ist, warnte die Republikaner vor einem „Flächenbrand"[20], wenn sie nicht zulassen würden, dass das Finanzministerium Amerikas Finanzverpflichtungen erfüllt. Anscheinend wissen viele Kongressmitglieder nicht – auch solche nicht, die im Laufe ihrer

Karriere immer wieder der Verabschiedung defizitärer Haushalte zugestimmt haben –, dass diese Praxis nur möglich ist, weil Staaten (und private Investoren) in aller Welt US-Schatzanleihen kaufen. Selbstverständlich ist auch Stockman der Meinung, dass ausgeglichene Haushalte vorzuziehen wären, aber er weiß auch, dass es ein verheerender Fehler wäre, die Zahlungen auf die Staatsverschuldung plötzlich einzustellen. Stellen Sie sich einen Umweltschützer vor, der die globale Erwärmung dadurch aufhalten will, dass die Vereinigten Staaten ganz einfach kein Benzin mehr verwenden – dann sehen Sie so ungefähr, welche Logik da am Werk ist.

Es sollte eigentlich nicht nötig sein, dass der Durchschnittsamerikaner die Komplexitäten der internationalen Anleihemärkte versteht und dass er weiß, wie sie die Maßnahmen der amerikanischen Regierung stützen – von den Kriegen nach dem 11. September bis hin zum Gehalt des örtlichen Briefträgers. Doch leider haben die Leute, die sie dafür wählen (und bezahlen), damit sie es ihnen erklären, anscheinend auch keine Ahnung. Dieses Problem ist derart verbreitet und offensichtlich, dass ich eigentlich zögere, jemanden herauszugreifen, aber im Interesse der Veranschaulichung nehmen wir den frisch gewählten republikanischen Repräsentanten Adam Kinzinger aus Illinois, der gegen die Anhebung der Obergrenze für die Verschuldung des Bundes gestimmt hat, als sie im Mai 2011 zum ersten Mal im Plenum des Repräsentantenhauses zur Abstimmung stand. In einem Statement erklärte Kinzinger sein Abstimmungsverhalten so: [21] „Es ist höchste Zeit, dass wir die Kreditkarten des Staates zerschneiden und eine scharfe Grenze ziehen, um die überzogenen Ausgaben des Staates zu beenden, denn sie hindern die Wirtschaft daran, zu wachsen und zu gedeihen."

Die Gleichsetzung der US-Staatsverschuldung mit Kreditkarten veranschaulicht ein Missverständnis nicht nur hinsichtlich der grundlegenden finanziellen Realitäten, sondern auch der englischen Sprache. Wenn die Vereinigten Staaten ihre Schulden nicht mehr bedienen, werden nicht die „nationalen Kreditkarten" in den Reißwolf gesteckt, sondern das nationale Hypothekendarlehen. Wie jeder finanzschwache Hausbesitzer weiß, passiert Folgendes, wenn man seine Hypothek

„zerschneidet" und keine Raten mehr zahlt: Die Bank leiht einem kein Geld mehr und nimmt einem das Haus weg! Auch wenn der Normalbürger vielleicht die Zins-Spreads und die Ertragskurven von Anleihen nicht versteht, so weiß er doch sicherlich, was Zwangsvollstreckung bedeutet. Unter anderem wählen die Amerikaner ihre Volksvertreter, damit jemand außerhalb ihres arbeitsreichen Lebens die Aufgabe übernimmt, die Lage der nationalen Klippe festzustellen und sie zu umschiffen. Aber stattdessen haben ihre gewählten Vertreter eine Route geplant, die direkt über die Klippe führt – und anscheinend würden diejenigen, die am Steuer sitzen, erst dann merken, was passiert, wenn sie schon auf halbem Weg nach unten wären.

Und der Rest der Welt hat das bestimmt schon gemerkt. Schon verlangt er mehr Mitspracherecht bei der Gestaltung der globalen Agenda vom internationalen Handel über die Weitergabe von Atomwaffen bis hin zu globalen Gesundheitsprogrammen. Mitte 2011 forderte China die Vereinigten Staaten wiederholt auf, ihre Finanzen in den Griff zu bekommen. „Die Regierung der Vereinigten Staaten muss sich mit der schmerzlichen Tatsache abfinden, dass die guten alten Zeiten vorbei sind, in denen sie aus einem selbst gemachten Chaos einfach dadurch wieder herauskam, dass sie sich Geld lieh", verlautbarte die staatliche chinesische Nachrichtenagentur Xinhua nach der Herabstufung durch S&P. „China hat als größter Gläubiger der einzigen Supermacht der Welt durchaus das Recht, von den Vereinigten Staaten zu verlangen, dass sie ihre strukturellen Schuldenprobleme angehen und die Sicherheit von Chinas Dollarvermögen gewährleisten."[22]

Trotz seiner schrillen Scheinheiligkeit hat China in diesem Fall recht. Die Kriege im Gefolge des 11. September werden zwar irgendwann enden, aber die Herausforderungen, zu deren Bewältigung sie begonnen wurden, werden bleiben. Was die Heimat betrifft, besteht selbst das aktuelle Bestcase-Szenario in kraftlosem Wachstum und staatlichen Sparmaßnahmen, die eine Herabstufung der nationalen Kreditwürdigkeit abwehren. Nach der desaströsen Finanzkrise der Jahre 2007 bis 2009 ist das potenzielle jährliche BIP-Wachstum der US-Wirtschaft effektiv gesunken und beträgt für die nächsten Jahrzehnte im Schnitt vielleicht eher 2,5 Prozent als die seit den 1870er-Jahren geltenden 3,4 Prozent.²³ Die hohe Arbeitslosigkeit – im Bereich von sieben bis acht Prozent – wird bestehen bleiben, während der desolate Häusermarkt einen großen Teil der Amerikaner dazu verurteilt, auf der Stelle zu treten. Unterdessen wird der Bankensektor weiterhin eine enorme Menge an faulen Vermögenswerten verbergen und die hohen Kosten für Standardartikel wie Benzin, Lebensmittel und Gesundheit werden die soziale Mobilität erschweren – zumindest die nach oben.

Und hierin liegt die für amerikanische Durchschnittsbürger schmerzlichste Wahrheit: Sie müssen mit der Erkenntnis zurechtkommen, dass es ihren Kindern zum ersten Mal in der Geschichte der Vereinigten Staaten schwerer fallen könnte als ihnen selbst, ihren Lebensweg zu gehen. Dies widerspricht dem großen amerikanischen Narrativ, nämlich der Einwanderer-Story – die ich persönlich mit der Gestalt meines Vaters verbinde, eines irischen Einwanderers, der sich von der fensterlosen strohgedeckten Hütte, in der er geboren wurde, zu einem Haus im Kolonialstil mit vier Schlafzimmern in einer grünen Vorstadt in Connecticut hochgekämpft hat. Aber für die nächste Generation von Amerikanern, die nach oben streben, wird die Welt ein größerer, umkämpfterer Ort sein. Die Vorteile, die es brachte, über zwei Ozeane hinweg den Zweiten Weltkrieg gewonnen zu haben – und daraus als die einzige bedeutende Volkswirtschaft hervorzugehen, die nicht in Trümmern lag –, haben ziemlich genau bis zum Ende des 20. Jahrhunderts gehalten. Aber all das ist jetzt Geschichte. Wer dies leugnet, fügt den Amerikanern großen Schaden zu, denn dadurch liefert er ihnen eine verblendete Ausrede, um sich vor der harten Arbeit zu drücken, die es bedeutet, sich an die Welt anzupassen, die direkt vor uns aufragt.

Der Nation der Vereinigten Staaten müssen freimütig die Leviten gelesen werden: Amerika muss seine Engagements im In- und Ausland auf die richtige Größe bringen und höhere Ansprüche an sein Bildungssystem stellen. Außerdem muss es ein transparenteres Steuersystem einführen, den Qualifikationsstand seiner Arbeitskräfte erhöhen und aufhören, zweierlei Maß anzulegen, wenn es um Verbrechen in der Unternehmenswelt oder von Normalbürgern geht. Auf globaler Ebene sollten die Vereinigten Staaten eine Reform der internationalen

Institutionen federführend vorantreiben, wobei sie ihre Spitzenstellung beibehalten – und sich die riesigen Zugewinne im internationalen Recht und der internationalen Stabilität sichern, die durch seine Investitionen an Blut und Vermögen der Nation seit dem Zweiten Weltkrieg bewirkt wurden. Im Zuge des letztgenannten Prozesses muss Washington mehr von seinen Verbündeten verlangen, die allen Grund haben, die Vorteile des „amerikanischen Jahrhunderts" zu bewahren, selbst wenn es sie freuen würde, Amerika eine Stufe tiefer auf dem Treppchen zu sehen.

Vernünftige Anpassungen seitens der US-Haushalte werden nicht nur zu einem Ausgleich der Verzerrungen beitragen, die durch die Wirtschaftspolitik der Vereinigten Staaten Ende des 20. Jahrhunderts entstanden sind, sondern auch ein verantwortungsvolleres politisches System schaffen. Kein Haushalt, der sich gewissenhaft an sein Budget hält, wird die Sorte Scharlatanerie dulden, die in Washington in den letzten Jahren noch als ökonomische Führung durchging. Die Wählerstimmen derjenigen Haushalte, denen es gelingt, ihren Verhältnissen entsprechend zu leben, sollten eigentlich etwas bewirken. Wie gesagt lauten die langweiligen, aber vernünftigen Schlagworte: Beharrlichkeit, Geduld und Vorsicht. Im Vergleich zu dem Geldberg, den der US-amerikanische Staat diversen in- und ausländischen Gläubigern schuldet, erscheinen die US-Haushalte geradezu sparsam. Unter den drei republikanischen und zwei demokratischen Regierungen seit 1980 ist die Staatsverschuldung von rund 32 Prozent des jährlichen BIPs auf rund 62 Prozent Ende 2011 angeschwollen. Bis Ende der 1990er-Jahre wuchsen die Bundesausgaben etwas langsamer, aber seither haben Tempo und Größe zugenommen – aufgrund von kostspieligen Kriegen, durch Bushs Steuersenkungen entgangenen Einnahmen, Bushs Ausweitung von Medicare und vor allen Dingen der katastrophalen Finanzkrise und den nachfolgenden Rettungsgeldern für die Glücksspielwetten der Wall Street. Mit 62 Prozent befinden sich die Vereinigten Staaten ein bisschen weiter als auf halbem Weg zum Schuldenrekord aus Trumans Amtszeit 1946 in Höhe von 109 Prozent des BIPs, der sich aufgrund der unvermeidlichen Ausgaben im Zweiten Weltkrieg angehäuft hatte und durch den

Nachkriegsaufschwung, der bis Ende der 1960er-Jahre reichte, so gut wie beseitigt wurde.[24] Ein solcher Aufschwung wird sich in dem wettbewerbsintensiven globalen Umfeld zu Beginn des 21. Jahrhunderts nicht wiederholen. Manche wiegeln die Bedeutung dieser Angelegenheiten mit dem Hinweis ab, dass andere fortgeschrittene Volkswirtschaften – zum Beispiel Italien und Japan – deutlich höhere Defizite als die Vereinigten Staaten haben. Das dürfte für die Amerikaner aber ein schwacher Trost sein. Japans Schulden befinden sich überwiegend in inländischer Hand, sodass der Staat seine Zinszahlungen und andere potenzielle Probleme managen kann, ohne sich Sorgen um die internationalen Märkte machen zu müssen. Italien hat indes gemerkt, wohin politische Lähmung, fragwürdige Buchhaltungspraktiken des Staates, geringe Wachstumsraten und unkontrollierte Kreditaufnahme führen. Im November 2011 schnellten seine Kreditkosten auf sieben Prozent hinauf, weil die internationalen Finanzmärkte endlich aufgewacht sind und den Braten gerochen haben.

Die Vereinigten Staaten haben aber ein noch größeres Päckchen zu tragen. Etwa ein Drittel von Amerikas Schulden befindet sich im Besitz ausländischer Inhaber, die vielleicht nicht die besten Interessen Amerikas im Sinn haben – allein China hält 26 Prozent davon. Weitere rund 11,5 Prozent liegen bei Russland, Hongkong und diversen arabischen Golfstaaten. Für diejenigen, die nicht so versiert in der internationalen Politik oder in der Funktionsweise der Wall Street und der ausländischen Staatsfonds sind – staatlich kontrollierter Investmentgesellschaften –, mag vieles davon rätselhaft erscheinen. Denn je mehr eine Nation in die US-Wirtschaft investiert hat, umso mehr sollte sie sich doch davor fürchten, ein plötzliches Absacken des Werts ihrer Beteiligung zu verursachen.

Stellen Sie sich das wie eine modernere, ökonomische Version der Doktrin der gegenseitigen Abschreckung aus dem Kalten Krieg vor, jenes nihilistischen Glücksspiels, das die Vereinigten Staaten und die Sowjetunion von Überraschungsangriffen abhielt. Die Theorie besagte, dass in einem solchen Fall beide in Flammen aufgehen würden. Bislang scheint diese Dynamik auch dazu beizutragen, dass die chinesisch-amerikanischen Beziehungen in einer relativ stabilen

Gleichgewichtslage bleiben, auch wenn es einige heikle Momente gegeben hat – etwa die versehentliche Bombardierung der chinesischen Botschaft in Belgrad 1999 oder die Kollision über dem Chinesischen Meer 2001, in deren Folge ein chinesisches Kampfflugzeug abstürzte und ein amerikanisches Aufklärungsflugzeug kurzzeitig beschlagnahmt wurde. China hätte in beiden Fällen einen hinreichenden Vorwand gehabt, an den internationalen Finanzmärkten ziemlich aggressiv zu reagieren, aber die relativ vorsichtigen Schachzüge Pekings ließen vermuten, dass es die chinesische Führung für viel wertvoller hielt, ihre passive Handhabe gegenüber der US-amerikanischen Wirtschaftspolitik zu behalten, als ihr Anlageportfolio als Waffe zu schwingen.

Hier gelten allerdings zwei wichtige Vorbehalte. Erstens sind China und Amerika zwar wohl kaum gute Freunde, aber seit dem Koreakrieg waren sie nicht mehr mit einer größeren internationalen Krise konfrontiert, in der ihre jeweiligen Interessen einander diametral entgegengesetzt waren. Es lässt sich beispielsweise nicht sagen, was die chinesische Regierung tun würde, wenn die Vereinigten Staaten in einem künftigen Krieg zwischen Indien und Pakistan Indien zu Hilfe kommen würden, oder Taiwan, wenn Festlandchina einmarschiert. Man muss natürlich davon ausgehen, dass chinesische Denkfabriken und Militärakademien Szenarien durchgespielt haben, die einen massiven Ausverkauf von US-Schatzpapieren beinhalten, um herauszufinden, ob Peking den Schaden gering halten könnte, den es sich mit einem solchen Schachzug selbst zufügen würde. In der Praxis dürfte die Bedrohung durch einen solchen Schachzug ernüchternd genug wirken, um China von dessen Ausführung abzuhalten. Aber andererseits könnte sie auch ausreichen, Amerika bei einem regionalen Konflikt die Hände zu binden.

Wer solche Gedanken als Schwarzmalerei betrachtet, sollte sich einmal die jüngere Geschichte ansehen. Henry Paulson, der Finanzminister der Bush-Administration, hat geschrieben, während des Kollapses der Hypothekenbanken Fannie Mae und Freddie Mac im Jahr 2008 habe China enthüllt, dass es einen von Moskau (das damals in einen Krieg gegen einen US-Verbündeten, nämlich die Republik Georgien, verwickelt war) angebotenen Plan abgelehnt hatte, koordiniert Wertpapiere von Fannie und Freddie im Wert von 100 Milliarden Dollar abzustoßen – was die Notlage der Finanzsysteme der Vereinigten Staaten noch erheblich hätte verschlimmern können.[25]

Zweitens gibt es für den Einsatz einer solchen finanziellen Handhabe als Waffe einen schlagenden Präzedenzfall. Im Jahr 1911 zogen Deutschland und Frankreich fast wegen der Kontrolle über Marokko gegeneinander in den Krieg. Nach einer mehrwöchigen Pattsituation organisierte Frankreich eine Finanzpanik in Deutschland und entfachte einen Bankenansturm, welcher der Reichsbank ein Fünftel ihrer Goldreserven entzog – in der damaligen Zeit des Goldstandards war das eine Katastrophe.[26] Und Frankreich nahm sich Marokko.

Ein noch drastischeres Beispiel fand im Juli 1956 statt, als die ägyptische Regierung von Gamal Abdel Nasser den Suez-Kanal verstaatlichte, kurz nachdem er der UdSSR und China die Aufnahme diplomatischer Beziehungen angeboten hatte. Frankreich, Großbritannien und Israel führten einen Angriff. Sie hatten vor, den Kanal in Besitz zu nehmen, und hofften, dadurch Nasser zu stürzen. Aber US-Präsident Eisenhower, der fuchsteufelswild war, weil sie ihn überrascht hatten, und der schon mit dem Ungarnaufstand gegen die sowjetische Besatzung beschäftigt war, verlangte, dass sich Großbritannien, Frankreich und Israel zurückziehen sollten. Als sie sich weigerten, drohte Eisenhower, einen Großteil der Britischen Pfund aus dem amerikanischen Staatsschatz zu verkaufen.[27] Außerdem verweigerte er amerikanischen Ölgesellschaften die Erlaubnis, die Öllieferungen zu ersetzen, die Großbritannien und Frankreich wegen des Embargos von Saudi-Arabien fehlten. Großbritannien und Frankreich lenkten schnell ein und agierten nie wieder in diesem Maßstab, ohne zuvor unterwürfig Washington anzurufen.

Aber wenn die US-Staatsverschuldung weiter wächst, ist kein zwielichtiges Komplott zwischen Moskau und Peking nötig, um Amerika in die Knie zu zwingen. Wenn es weiterhin nicht gelingt, die Kluft zwischen Einnahmen und Ausgaben zu bewältigen, entzieht dies dem Land seine Finanzkraft, schädigt seine internationale Handlungsfähigkeit und beeinträchtigt am Ende seine wirtschaftliche Souveränität. Als der britische Historiker A.N. Wilson über den letzten großen

Übergang der internationalen Macht schrieb, notierte er, dass die Vereinigten Staaten in den 1940er-Jahren eine subtile, effektive Strategie verfolgten, um die Briten abzusetzen: „Zumindest für manche amerikanischen Staatsmänner und Politiker schien die Ausweitung ihrer Macht von der Schmälerung der Briten abzuhängen […], denn für eine große, reiche, geduldige Nation wie die Vereinigten Staaten von Amerika, die bereit war, sich Zeit zu lassen, gab es sehr viele Faktoren, die ihren Zwecken dienlich sein konnten. Manchmal war es da nötig, auf den Busch zu klopfen, und manchmal fielen die Früchte freiwillig herunter."[28] Die politischen Führer Chinas, die ihre eigene Abhängigkeit von dem Wohlergehen der Vereinigten Staaten verstehen, haben anscheinend Wilsons Buch gelesen. Bislang unterlassen sie es noch, auf den Busch zu klopfen.

VON MAKRO ZU MIKRO

Während die Vereinigten Staaten danach streben, die nationale und internationale Politik an diese neuen Realitäten anzupassen, müssen auch die Amerikaner als Individuen ihr ökonomisches Verhalten überdenken. Veränderungen, die auf privater Ebene sinnvoll sind, kollidieren manchmal mit den Bemühungen der Bundespolitiker – vor allem der kurzsichtigen –, denen nichts lieber wäre, als irgendeine neue Vermögenswertblase aufzublähen, um die ernsteren strukturellen Reformen aufschieben zu können, die für das langfristige wirtschaftliche Wohlergehen notwendig sind.

Glücklicherweise neigen normale Menschen im Gegensatz zu Nationen dazu, rational zu reagieren, wenn sie mit Rechnungen konfrontiert sind, die sie nicht bezahlen können. Die Statistiken seit 2008 zeigen, dass die Amerikaner weiterhin Schulden abbauen, indem sie Hypotheken abbezahlen, mehr sparen und ihre Altersvorsorge diversifizieren – weg von der Volatilität des Aktien- und Immobilienmarktes – sowie ihre überzogenen materiellen Wünsche anpassen. Sie müssen auch verlangen, dass ihre Kinder den höchstmöglichen Bildungsstand erreichen, damit sie mit den zig Millionen Doktoren, Ingenieuren und Business-School-Absolventen konkurrieren können, die in den nächsten Jahrzehnten aus den immer besser werdenden Universitäten in Asien, Lateinamerika und Afrika hervorgehen werden.

Nicht nur an der US-amerikanischen Steuergesetzgebung ist eindeutig etwas falsch, sondern auch an der Philosophie derjenigen, die sie verteidigen. Warren Buffett, der legendäre Anleger und zweitreichste Mann der Welt, bemerkte kürzlich in einem Kommentar für die *New York Times*, er habe 2010 „nur 17,4 Prozent von meinem zu versteuernden Einkommen [bezahlt] – und das war tatsächlich ein geringerer Prozentsatz als der, den alle anderen 20 Leute in unserem Büro bezahlt haben. Ihre Steuerbelastungen rangierten zwischen 33 und 41 Prozent und betrugen im Durchschnitt 36 Prozent."[29]

Die Präsidentschaftswahl 2012 bietet einem talentierten politischen Führer die Gelegenheit, aufzustehen und freimütig über diese Themen zu sprechen – auf Absurditäten wie die hinzuweisen, dass Milliardäre einen geringeren Anteil ihres Einkommens an Steuern bezahlen als ihre Angestellten oder dass die größten Unternehmen Amerikas, etwa General Electric, überhaupt keine Steuern bezahlen.[30] Ob der Eifer der Rechten oder die Eloquenz des Amtsinhabers Raum für harte Wahrheiten bieten wird, ist schwer zu sagen. Wie das nächste Kapitel darlegt, deutet das Aufkommen der Tea Party und der Occupy-Bewegung – ähnliche Ausprägungen der schieren Empörung von rechts und links – darauf hin, dass die Mittelklasse vielleicht nicht mehr bereit ist, sich mit den gleichen alten Marketing-Tricks kaufen zu lassen. Die Welt muss hoffen, dass die amerikanischen Wähler aus der Mittelschicht, deren relativer Anteil am Nationaleinkommen seit drei Jahrzehnten stetig sinkt, obwohl ihre Anzahl gewachsen ist, ihre Interessen bei den Wahlen 2012 intelligenter äußert und die protektionistischen Populisten auf der Linken und insbesondere die fundamentalistischen, staatsfeindlichen Zwangsjacken-Plattitüden der Rechten zurückweist.

KAPITEL 3

AMERIKAS MITTELSCHICHT – WIE EIN FROSCH IM KOCHENDEN WASSER

Die Einebnung des globalen Spielfelds – die Erkenntnis, dass die Vereinigten Staaten zwar in vielfacher Hinsicht gesegnet und schön sind, aber nicht von Gott zum Anführer des Planeten gesalbt – wird für viele Amerikaner eine bittere Medizin. Die Vereinigten Staaten sind es gewohnt, im Sinne eines Sonderwegs oder Exzeptionalismus zu denken, und ihnen wird seit Generationen erzählt, dass nichts über Amerikas Fähigkeiten geht. Schon dadurch wird eine Art kognitive Dissonanz erzeugt, dank deren sie mit den Opfern der Völkermorde in Darfur oder Ruanda zutiefst mitfühlen, aber die Beinahe-Vernichtung der amerikanischen Ureinwohner von eigener Hand als nichts Bösartigeres denn eine bedauerliche Nebenwirkung ihrer „offenbaren Bestimmung" betrachten.

Wie im letzten Kapitel erklärt, besteht die größte Herausforderung sowohl der Regierung der Vereinigten Staaten als auch ihrer einzelnen Bürger jetzt darin, einen politischen Plan zur Bändigung der Staatsverschuldung zu entwerfen, die inzwischen einen Schatten wie den des Mount Everest auf das künftige Wachstum wirft, von den kommenden Generationen ganz zu schweigen. Die Verschuldung ist laut dem realistischeren Szenario des General Accountability Office auf dem besten Weg, bis 2021 auf 109 Prozent des BIPs anzuwachsen – den historischen Spitzenwert auf dem Höhepunkt des Zweiten Weltkriegs.[1] Dann ist das Land, wie schon so viele seiner Hausbesitzer, bis zum Hals verschuldet.

Zwar sind kurzfristige Ausgaben sinnvoll, um zu verhindern, dass die Wirtschaft zum Negativ-Wachstum zurückkehrt, aber letztendlich muss Amerika einen langen, intensiven Blick in den Spiegel werfen. Schulden von solchem Ausmaß werden sich insbesondere in einer Nation, die auf der Welt reichlich Feinde hat, nicht nur in den Bilanzen des Finanzministeriums oder der Banken bemerkbar machen. Sie werden in alle Aspekte des amerikanischen Finanzlebens eindringen, von den Straßenschluchten der Wall Street über Anleihen für den Bau von Schulen bis hin zu Studienkrediten. Die Amerikaner können nur hoffen, dass ihre politischen Führer diese Worstcase-Szenarien abfangen, sie sollten aber auch im Vorfeld die Konsequenzen eines Scheiterns durchdenken. Politiker unterschiedlicher Couleur verleihen dem finsteren Ton solcher Vorhersagen zwar jeweils eine spezielle Nuance, aber das GAO (Government Accountability Office) – der offizielle unabhängige Rechnungshof der Vereinigten Staaten – beschreibt die Gefahr in Begriffen, die man normalerweise in trockenen staatlichen Rechenschaftsberichten nicht findet:

> „Eine Verschuldung in dieser Höhe würde auch die Flexibilität des Haushalts einschränken und die Fähigkeit der Regierung beeinträchtigen, auf einen künftigen konjunkturellen Abschwung oder auf eine künftige Finanzkrise zu reagieren. Je länger Maßnahmen bezüglich der langfristigen fiskalischen Aussichten hinausgeschoben werden, umso größer werden die notwendigen Veränderungen sowie die Gefahr, dass solche Änderungen störend und destabilisierend wirken [...]. Das bedeutet, dass die Einnahmen in den nächsten 75 Jahren im Durchschnitt um mehr als 50 Prozent steigen oder die Ausgaben ohne Zinskosten um rund 35 Prozent gesenkt werden müssten (oder eine Kombination aus beiden), wenn die Schulden der öffentlichen Hand am Ende dieses Zeitraums nicht höher sein sollen als Anfang 2011 (rund 62 Prozent des BIPs). Noch signifikantere Änderungen wären nötig, um die Schulden auf den Stand zu senken, den sie noch vor wenigen Jahren hatten, oder auf den historischen Durchschnitt der letzten 40 Jahre [...]. Die politisch Verantwortlichen könnten kurzfristig einen Plan entwerfen, der im Laufe der Zeit stufenweise eingeführt würde und der es der Wirtschaft ermöglicht, sich vollständig zu erholen, sowie den Menschen, sich an die Veränderungen anzupassen. Doch je mehr Zeit vergeht, desto schmaler wird das Fenster, in dem ein solcher Plan entwickelt und umgesetzt werden kann."[2]

Das sind in der Tat ernüchternde Formulierungen aus einer Behörde voller geprüfter Buchhalter. Die Amerikaner müssen sich „an die

Veränderungen anpassen". Verspätetes Handeln wird in einer Situation resultieren, die „störend und destabilisierend" wirkt. Destabilisierend! Denken Sie über diesen Begriff einmal im Zusammenhang mit der mächtigsten Nation der Welt nach. Hier ist mit einer gewissen Starre zu rechnen. Schließlich betreffen die „Veränderungen", an die sich die Amerikaner gewöhnen, die persönliche und nicht die makroökonomische Ebene, und gewiss nicht das Reich der Weltpolitik. Aber die Krise verschafft den Amerikanern auch eine Chance, zu vermeiden, dass es ihnen wie einem gekochten Frosch ergeht: Wie Ihnen jeder Schüler sagen kann, der einmal im Labor gearbeitet hat, bleibt ein Frosch, den man in einen Topf voll Wasser setzt, geduldig sitzen, während die Temperatur steigt – bis das Tier irgendwann stirbt. Dieses Experiment lässt sich gut damit vergleichen, dass das Vermögen der amerikanischen Mittelschicht und ihr Anteil am BIP seit den 1970er-Jahren nach und nach gesunken sind.

Seit 1980 haben sich etwa fünf Prozent des Nationaleinkommens von der großen Mittelklasse auf einen winzigen Bruchteil von einem Prozent der Bevölkerung verlagert, die 6.000 reichsten Haushalte des Landes. Die Ergebnisse des Abschwungs 2008/2009 haben diesen Trend noch verschärft. Tatsächlich liegt der Einkommensmedian 2010 in Höhe von 49.445 Dollar laut Bureau of Labor Statistics sieben Prozent unter dem Höchststand von 53.252 im Jahr 1999.[3] Der langfristige Trend bei dem obersten Prozent der Verdiener ist sogar noch krasser: Aus Volkszählungsdaten geht hervor, dass diese Gruppe 49,3 Prozent des landesweiten Vermögens kontrolliert, nachdem es 1976 noch 41,8 Prozent waren. Das ist die ungleichmäßigste Vermögensverteilung seit 1928, ein Jahr bevor der Börsencrash das Land in die Große Depression stürzte.[4] Darauf reagierten die Linke und die Rechte mit Wut. Auch wenn die Tea Party und Occupy Wall Street bezüglich politischer Optionen kaum etwas finden, worüber sie sich einig sind, so sind sie im Kern doch beide aus dem entrüsteten Gefühl hervorgegangen, dass das Land nicht mehr im Interesse der Mittelschicht regiert wird.

Inzwischen, fünf Jahre nach Lehman, klingt das Narrativ der weltweiten Krise für die meisten Amerikaner schon abgedroschen:

Eine Arbeitskraft, vielleicht im verarbeitenden Gewerbe oder in einem Büro, wurde aus einem Job entlassen, der wohl nie wieder zurückkehren wird – jedenfalls nicht innerhalb der Grenzen der Vereinigten Staaten. Zu diesem Narrativ gehören auch Menschen, die ihre Häuser verloren haben, weil sie dem öffentlich-privaten Schneeballsystem zum Opfer gefallen sind, das die amerikanische Hypothekenbanken-Branche ab Ende der 1990er-Jahre darstellte. Andere nahmen Stellen an, die nur halb so gut bezahlt waren wie ihre vorherigen, oder sie brauchten erst ihre Ersparnisse auf und zogen dann zu Freunden oder Verwandten. Wieder andere wären eigentlich in den Ruhestand gegangen, als der Abschwung kam – wenn er nicht den größten Teil ihrer an die Märkte gebundenen Rentensparpläne mit sich gerissen hätte. Und die echten Pechvögel erlitten die erniedrigende Angst, ihre Kinder ohne Krankenversicherung großziehen zu müssen, sowie die Aussicht, nicht für die Rente sparen und ihren Kindern nach der Highschool keine weitere Ausbildung bieten zu können.

Doch selbst in diesen harten Zeiten behielten die meisten Amerikaner ihre Arbeit. Für diese Mehrheit sind das nur mahnende Geschichten. Die Arbeitslosigkeit schoss von fünf Prozent Anfang 2008 auf 10,1 Prozent Ende 2009 in die Höhe und hält sich seither hartnäckig in diesem Bereich. Während ich dies im Dezember 2011 schreibe, hat sie sich bei 8,5 Prozent eingependelt. Wenn man diejenigen mitzählt, die es aufgegeben haben, Arbeit zu suchen – rund sechs Millionen Menschen, die aus der offiziellen Arbeitslosenstatistik herausgenommen wurden –, steigt die Quote auf 12,5 Prozent. Das ist zwar eine sehr schlechte Nachricht, aber noch keine Katastrophe (auf dem Höhepunkt der Großen Depression betrug die Arbeitslosenquote 25 Prozent, und wenn man die nicht mehr Arbeitsuchenden mitrechnet, 37 Prozent). Für die überwiegende Mehrzahl der Amerikaner war die Krise 2008/2009 eine Kugel, der sie knapp entgangen sind. Und die meisten Durchschnittsfamilien (die über keine riesigen Kapitalreserven verfügen, die sie rund um den Erdball anlegen können) zogen daraus die Lehre der persönlichen Vorsicht: Arbeite härter, wenn du Arbeit hast, steige aus riskanten Anlagen aus, bezahle deine Kreditkartenschulden und zweiten Hypotheken ab, wenn du kannst, und falls du vorhast, 20.000 bis 40.000 Dollar für die College-Ausbildung deiner Kinder auszugeben, bestehe darauf, dass sie etwas Sinnvolles lernen – doch all das ist leichter gesagt als getan.

Harte Zeiten brachten schon immer solche Opfer mit sich. Aber diesmal könnte es sein, dass der Gürtel zu spät und zu wenig enger geschnallt wird. Man muss ganz klar sagen, dass die Herausforderungen, vor denen die Vereinigten Staaten stehen, die einer Not leidenden Familie widerspiegeln: Die Ausgaben (der Staatshaushalt) sind seit Jahren höher als das Einkommen (also die Steuereinnahmen), und die Kosten (der Schuldendienst für die Staatsverschuldung) zehren einen immer größeren Anteil des Einkommens auf und werden immer weiter steigen, bis sie irgendwann ein Plateau erreichen. Die fehlende Arbeitsplatzsicherheit (Ungewissheit) und die Angst vor irrationalen Maßnahmen Washingtons (politisches Risiko) verderben die Unterhaltung am Esstisch. Der Schuldenabbau – das lange, anstrengende Abtragen der Schulden – ist zwar im Gange, aber wenn man zu viel für die Begleichung von Schulden verwendet, kann das bedeuten, dass man ein undichtes Dach (Infrastruktur) vernachlässigt oder ein Kind dazu zwingt, aus einem teuren Ausbildungsprogramm zu einer weniger renommierten Institution zu wechseln (Förderung von Bildung, Wissenschaft, Forschung und Entwicklung).

Den Familien in den Vereinigten Staaten ist nur allzu klar, dass die Hypothek und die anderen monatlichen Rechnungen bezahlt werden müssen. Keine Familie würde sich plötzlich dafür entscheiden, so viel auf die Abzahlung von Kreditkarten zu verwenden, dass sie sich kein Essen und keine Wohnung mehr leisten könnte. Und sie würde immer einen Weg finden, in die Zukunft zu investieren, selbst wenn das bedeuten würde, dass sie kurzfristige Darlehen für die Bezahlung der Studiengebühren oder von Reparaturen am Haus aufnehmen würde.

Ebenso wie diese Familien kann die ökonomische Reputation der Vereinigten Staaten nur durch eine drastische finanzielle Konsolidierung bewahrt werden, und nur dadurch kann eine Abwärtsspirale mit immer schlimmeren Folgen vermieden werden. Die grob vereinfachende Reaktion auf diese Tatsache wären sofortige scharfe Haushaltseinschnitte, die die Ausgaben des Bundes senken würden.

Natürlich kann man die Staatsausgaben immer zurechtstutzen. Doch in diesem Fall ist unüberlegte Sparsamkeit genauso gefährlich wie die unüberlegte Kreditaufnahme, die ihr vorangegangen ist. Wie die Probleme Großbritanniens demonstrieren, bringen Sparmaßnahmen die Wirtschaftsaktivität quietschend zum Stillstand – und das ist das Schlimmste, was in der derzeitigen Krise passieren könnte.

Die Herabstufung der Bonität von US-Staatsanleihen im August 2011 durch S&P von dem begehrten AAA auf AA+ beruhte eigentlich nicht auf der Höhe der amerikanischen Staatsverschuldung – auch wenn die natürlich eine Rolle spielte. Vielmehr bezog sich S&P konkret auf die Unfähigkeit der amerikanischen Politiker, sich auf einen vernünftigen Plan zu ihrer Bewältigung zu einigen: „Die Herabstufung spiegelt unsere Ansicht wider, dass die Effektivität, Stabilität und Berechenbarkeit der amerikanischen Politik und der politischen Institutionen der Vereinigten Staaten in einer Zeit der fiskalischen und ökonomischen Herausforderungen abgenommen haben", schrieb die Ratingagentur in ihrer Pressemitteilung, und sie fügte noch hinzu, sie sei „pessimistisch hinsichtlich der Fähigkeit des Kongresses und der Regierung, ihre diese Woche erzielte Einigung in einen breit angelegten Plan zur finanziellen Konsolidierung umzusetzen, der die Dynamik der Staatsverschuldung in absehbarer Zeit stabilisiert."[5]

Die erwähnte „Einigung" – das Ergebnis der Gespräche über die Schuldenobergrenze, in deren Rahmen die Vereinigten Staaten öffentlich damit liebäugelten, ihre Schulden nicht mehr zu bedienen – war in Wahrheit überhaupt keine Einigung. Damit wurde der schwarze Peter nur an einen weiteren „Superausschuss" des Kongresses weitergegeben, versehen mit der absurden Klausel, die automatische Kürzungen für den Fall verordnet, dass sich die Politiker nicht auf rationale Kürzungen einigen können. Dass sich überhaupt jemand über die Herabstufung durch S&P beschwert hat, ist lachhaft. Stellen Sie sich einmal folgendes Szenario vor: Sie helfen Ihrem Sohn in den Zwanzigern durch Zuschüsse, seine monatlichen Kosten zu bewältigen. Er arbeitet zwar, aber er wohnt in einer absurd teuren Wohnung und seine monatlichen Kosten steigen, sodass er immer mehr Geld von Ihnen braucht. Zum Teil handelt es sich bei diesen Kosten um

Zinszahlungen auf große Kreditkartenrechnungen, die er durch den Kauf von Möbeln, Elektronik und dadurch angehäuft hat, dass er durch die Weltgeschichte reist und sich aufführt wie ein großer Macker. Er sammelt teure Gewehre und handelt online mit Aktien. Letzten Monat haben Sie in einem verzweifelten Anfall von fürsorglicher Strenge durch Kürzungen gedroht, ihm den Geldhahn abzudrehen, wenn er sein Leben nicht auf die Reihe kriegt: „Stell einen Haushaltsplan zusammen, zeig mir, wo du kürzen kannst und was du für deinen Beruf wirklich brauchst, dann reden wir darüber." Es vergeht ein Monat, es vergehen zwei Monate, dann drei, und Ihr Sohn sagt: „Ich arbeite an dem Haushaltsplan." Unterdessen steigen die Kosten weiter. Dann steht er endlich mit seinem Plan vor Ihrer Tür. Er will seine Stelle kündigen und mehr Zeit mit dem Online-Aktienhandel verbringen, weil dann seine Gewinne nur mit 15 Prozent besteuert werden. Er hat bereits aufgehört, seine Kreditkartenschulden und seine Rechnungen zu bezahlen – „Sollen sie mich doch verklagen", sagt er dazu, aber keine Sorge: Er hat seine Gewehre in Ihrem Keller versteckt, falls die Inkassofirmen anfangen, herumzuschnüffeln. Und für den Fall, dass gar nichts mehr geht oder Sie nicht mit seinem Plan einverstanden sind, hat er einen Plan in Gang gesetzt, seine Wohnung niederbrennen zu lassen, damit er das Geld von der Versicherung kassieren kann.

Würden Sie so einem Kind Geld leihen?

Also: Warum haben uns die globalen Märkte noch nicht plattgemacht? Im Gefolge der Herabstufung durch S&P gerieten sie zwar ins Rotieren, aber sie behielten die Nerven. Paul Krugman und andere linke Volkswirte behaupten, die Gefahr eines Zahlungsausfalls werde stark übertrieben dargestellt [6] und trotz seiner Probleme genieße Amerika immer noch einmalige wirtschaftliche Vorteile, welche bislang die von Volkswirten so genannten „Hüter des Anleihemarktes" noch besänftigen würden – gemeint sind die riesigen internationalen Finanziers, Pensionsfonds, Investmentbanken und andere, die mit Staatsanleihen handeln. In den vergangenen Jahren haben diese Schwergewichte Ländern wie Großbritannien, Griechenland, Irland, Portugal, Italien, Spanien und vielen anderen zu einem ungünstigen Zeitpunkt Sparmaßnahmen aufgezwungen. Die meisten dieser Marktteilnehmer – große internationale Banken und Staatsfonds von Ländern wie China, Japan, Taiwan, Russland und Saudi-Arabien – würden in Panik verfallen, wenn die Vereinigten Staaten Sparmaßnahmen im europäischen Stil starten würden, denn sie wissen, dass dies die größte Volkswirtschaft der Welt mindestens für ein Jahrzehnt zur Stagnation verurteilen würde (das Szenario des „verlorenen Jahrzehnts", das in den 1990er-Jahren das japanische Wirtschaftswunder zunichtemachte).

Trotzdem müssen die Vereinigten Staaten auf diese Gefahr achtgeben und dürfen ihre unvergleichlichen wirtschaftlichen Vorteile nicht für selbstverständlich nehmen, denn dann könnten sie verschwinden. Diese Vorteile liegen in verschiedenen Formen vor, angefangen bei der amerikanischen Währung. Da der größte Teil des Welthandels in US-Dollar abgerechnet wird, bezahlen die Amerikaner für die meisten Rohstoffe (zum Beispiel für Öl und Nahrungsmittel) ein kleines bisschen weniger als andere Länder, auch wenn im Gegenzug die Preise ein bisschen mehr schwanken. Und da die Federal Reserve die Menge der umlaufenden Dollar kontrolliert, kann Amerika politische Maßnahmen durchsetzen – etwa die Federal Funds Rate von annähernd null, die seit dem Finanzcrash gilt –, bei denen die globalen Anleihemärkte Blut sehen wollten, wenn sie aus anderen Ländern kämen. Diese niedrigen Zinsen senken im Endeffekt die Kapitalrendite, die ausländische Gläubiger erzielen, wenn sie amerikanische Schulden in Form von US-Schatzanleihen und sonstigen Staatsanleihen kaufen.

Da das Verhältnis der US-Staatsverschuldung zum jährlichen BIP-Wachstum auf Rekordniveaus zusteuert, ist die Möglichkeit, die Zinsen künstlich niedrig zu halten, kein geringer Vorteil. Aber diese Privilegien der globalen Dominanz werden zusammen mit der amerikanischen Vorherrschaft ausgehöhlt werden und die sprunghaften politischen Maßnahmen Washingtons werden die Ankunft dieses Tages beschleunigen. Schon jetzt geht ein Aufschrei durch die Weltmärkte, und China, Russland sowie andere wirtschaftliche Konkurrenten verlangen, dass der Dollar als globale Reservewährung durch etwas anderes ersetzt wird. Das wird so schnell allerdings nicht passieren, außer wenn die amerikanischen Politiker durch Haushaltskürzungen mitten im Abschwung ihr Wachstum abwürgen und durch diese Dummheit die Sache noch beschleunigen.

Für eine solche Dummheit gibt es neben Camerons Großbritannien noch andere Beispiele. Im Jahr 1937 hatte die US-Wirtschaft nach fast einem Jahrzehnt endlich wieder die gleiche Größe wie 1929 erreicht, also dem Jahr, in dem die Aktienblase platzte und die Welt in die Große Depression schlitterte. Damals war der Entschuldungsprozess noch langwieriger und in jeder Hinsicht härter als heute. Im Jahr 1937 war wieder mäßiges Wachstum eingekehrt und die Arbeitslosenquote war mit knapp zehn Prozent zwar immer noch hoch, aber gegenüber dem Höchststand von 25 Prozent in den Jahren 1932 und 1933 war das ein Rückgang.[7]

Zu diesem Zeitpunkt gaben sowohl die Fed als auch die Regierung Roosevelt Dogmen nach, von denen das ökonomische Denken in den Vereinigten Staaten noch immer heimgesucht wird, und begingen dadurch fürchterliche Fehler. Franklin D. Roosevelt stimmte Beratern aus dem Finanzministerium zu, die erklärten, die konjunkturelle Erholung trage sich jetzt selbst, und die auf Ausgabenkürzungen drangen. Roosevelt, der nach der Erdrutsch-Wiederwahl 1936 die Agenda des Kongresses voll im Griff hatte, senkte in dem Bestreben, den Bundeshaushalt auszugleichen, pflichtschuldig die Staatsausgaben um zehn Prozent. Die Works Progress Administration (WPA), die 1936 drei Millionen Menschen beschäftigt hatte, wurde ebenso wie andere „Notstandsprogramme" rabiat zusammengestrichen. Indes war die Federal Reserve durch die aktuellen Turbulenzen der Rohstoffpreise aufgescheucht worden, vor allem aufgrund der Vernichtung von Ernten im Mittelwesten. Um die in ihren Augen drohende Hyperinflation zu zügeln, hob sie die Zinsen steil an. Zwar legen verschiedene volkswirtschaftliche Schulen diesen Entscheidungen unterschiedliches Gewicht bei, aber die Gesamtrechnung ist verheerend eindeutig. Bis 1938 war die Arbeitslosigkeit wieder auf 15 Prozent geschnellt, die Industrieproduktion fiel um 37 Prozent und die schlimmste Double-Dip-Rezession in der Geschichte der Vereinigten Staaten hatte begonnen.

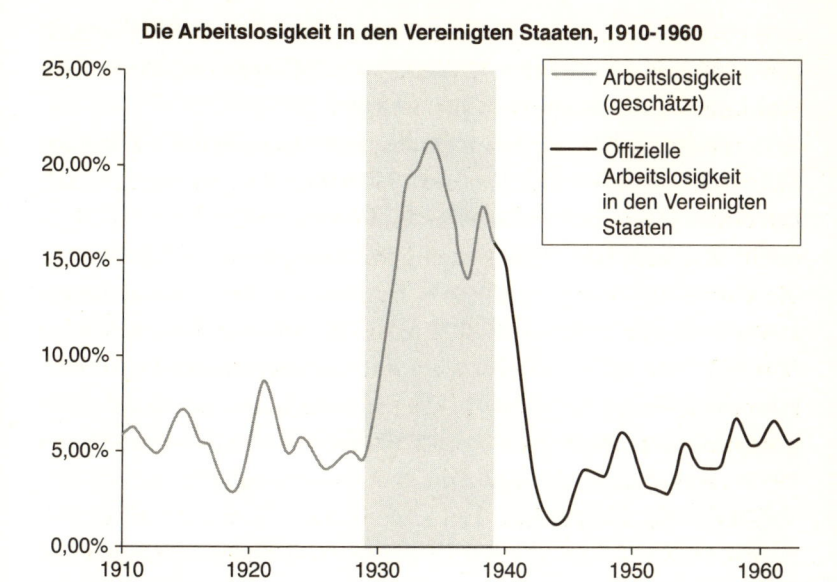

Die Arbeitslosigkeit in den Vereinigten Staaten, 1910-1960

Abbildung 3.1
Quelle: Statistical Abstract of the United States, http://www.census.gov/prod/abs/statab.html.

Könnte sich der Fehler von 1937 wiederholen, während wir darüber sprechen? Ben Bernanke, der als Vorsitzender der Federal Reserve bei der Zinspolitik relativ freie Hand hat, hat während seiner gesamten Laufbahn versprochen, dass das nie passieren würde. „Was die Große Depression angeht: Sie haben recht, das waren wir. Das tut uns sehr leid. Aber dank Ihnen werden wir das nie wieder tun", sagte Bernanke in einer Rede anlässlich des 90. Geburtstags des Volkswirts Milton Friedman. Er ist der Pate der monetaristischen Schule und ein Mann, dessen wissenschaftliches Werk behauptet, der Fehler der Fed und nicht der von Roosevelt habe das Land 1937 wieder in die Depression gestürzt.

Doch Bernanke, der dem Markt das beispiellose Versprechen gegeben hat, die Fed werde die Zinsen mindestens bis 2013 unter einem Prozent halten, könnte diesen Fehler trotzdem wiederholen – oder ihn sich vielmehr von den orthodoxeren Mitgliedern im Notenbankrat aufzwingen lassen, der sich aus den Vorsitzenden der regionalen Notenbanken zusammensetzt. Beispielsweise macht sich James Bullard, der Präsident der Federal Reserve Bank of St. Louis, dafür stark, die Inflationsrate anders zu berechnen – und zwar so, dass sie Ausschläge der Preise für Nahrungsmittel und Energie stärker berücksichtigt. Außerdem ist er einer Meinung mit Richard Fisher, dem Präsidenten der Notenbank in Dallas, einem rabiaten Inflationsgegner, der gegen Bernankes Politik des „Gelddruckens" zur Ankurbelung der Wirtschaft opponiert hat – der Methode der sogenannten geldpolitischen oder quantitativen Lockerung (QE = „Quantitative Easing"). Sollten solche Stimmen im Gouverneursrat der Fed die Oberhand gewinnen, könnte Bernanke gezwungen sein, sein Friedman gegebenes Versprechen herunterzuschlucken.

Der Fehler, der mit größerer Wahrscheinlichkeit wiederholt wird, ist aber der von Roosevelt. In diesem Szenario erzwingt der Kongress unter Führung der fundamentalistischen Tea-Party-Fraktion der Republikaner einen drastischen Einschnitt der Staatsausgaben, der eine schwächliche Erholung in einen weiteren steilen Abschwung verwandelt. Automatische Ausgabenkürzungen und sonstiger Schnickschnack bringen die Vereinigten Staaten vielleicht durch die Wahlen 2012, auch wenn Obama erneut die Zustimmung zur Anhebung der Schuldenobergrenze brauchen wird. Wir können nur hoffen, dass die Führung der Republikaner bis dahin ihre Fraktion wieder ein bisschen in den Griff bekommen hat. Aber vielleicht leckt sie im Eifer des Vorwahlgefechts auch Blut und die schlimmsten politischen Instinkte behalten die Oberhand. Wenn das passiert, steigt die Wahrscheinlichkeit eines Zahlungsausfalls beträchtlich und droht ironischerweise genau das Gegenteil dessen zu bewirken, was die Republikaner anstreben: eine Ausweitung des Bundeshaushalts. Simon Johnson, ehemaliger Chefvolkswirt des IWF und jetzt Professor an der Sloan School of Business des MIT, erklärt, dass ein Zahlungsausfall auf die Schulden der Vereinigten Staaten dazu führen würde, dass der privatwirtschaftliche Sektor kollabiert und die Arbeitslosigkeit auf mehr als 20 Prozent steigt. Das heißt, dass zwar der staatliche Sektor schrumpfen würde, dass er aber der Arbeitgeber letzter Instanz bleiben würde und dadurch im Endeffekt größer statt kleiner würde. „In einem haben die Republikaner recht: Ein Zahlungsausfall würde dazu führen, dass die Staatsausgaben real schrumpfen", so Johnson. „Aber was würde tiefer fallen, die Staatsausgaben oder der Umfang des Privatsektors? Die Antwort ist fast sicher der Privatsektor, weil er für den Kauf von Ressourcen auf Kredit angewiesen ist. Da kann man wirklich die Kontraktion nehmen, die auf den annähernden Kollaps des Finanzsystems 2008 folgte, und sie mit zehn multiplizieren. Andererseits hat der Staat Zugang zur Fed und könnte sich daher Geld für Lohnzahlungen beschaffen."[8]

DIE ABWENDUNG EINER ZWEITEN „GROSSEN REZESSION"

Bei alledem schwirrt dem amerikanischen Normalbürger der Kopf. Wem soll er glauben? Renommierten Volkswirten? Politikern? Moderatoren von Radio-Talkshows? Aus dem ganzen Gequassel über Zahlungsausfälle und Inflation, Geldpolitik und Staatskredite ragt eine unkomplizierte Tatsache empor: eine Staatsverschuldung, die bald größer sein wird als der jährliche Ausstoß der größten Volkswirtschaft der Welt. Sie ist genauso fest im Denken der Amerikaner verankert wie die Sowjetunion nach dem Sputnik. Es überrascht nicht, dass wohlmeinende Bürger zur Beute von Ideologien werden. Das geschah in den 1950er-Jahren und das geschieht heute wieder.

Aber das ist kein Chicken-Little-Moment. Wenn die Politik von Vernunft statt Angst getrieben wird, fällt uns nicht der Himmel auf den Kopf. Die „Schuldenangst" lässt sich ebenso wie die Rote Gefahr aus dem Kalten Krieg gerade deswegen so leicht ausschlachten, weil sie *tatsächlich* auf der Wirklichkeit basiert. Politiker, die zügige, scharfe Lösungen verfechten, konzentrieren sich ausschließlich auf deren kurzfristige Auswirkungen – also auf Wahlkampfpolitik. Wenn es in der Geschichte Amerikas je einen Moment gegeben hat, in dem es sich auf die langfristigen Konsequenzen konzentrieren musste, dann jetzt. Die Lösung der amerikanischen Schuldenprobleme wird viel länger dauern als eine zweijährige Wahlperiode im US-Repräsentantenhaus.

Tatsächlich haben die Vereinigten Staaten für die Anhäufung dieser Schulden 235 Jahre gebraucht. „Mit der kurzzeitigen Ausnahme der Jahre auf dem Höhepunkt des Zweiten Weltkriegs hatten die Vereinigten Staaten seit Beginn der Aufzeichnungen im Jahr 1792 noch nie in ihrer Geschichte eine derart hohe Schuldenquote gemessen am BIP", sagt Roger Altman, der Vorsitzende von Evercore Partners.[9] Es herrscht allgemeine Übereinstimmung darin, dass der aktuelle Zins von einem Prozent, der auf Geld anfällt, das sich die Vereinigten Staaten leihen, bei einem solchen Schuldenstand in Zukunft steigen wird – möglicherweise auf rund vier Prozent. Doch bereits bei einem Prozent betragen die Zinszahlungen auf die Verschuldung des Bundes 169 Milliarden Dollar im Jahr – mehr als die Bundesregierung im Jahr 2011 für Bildung, innere Sicherheit, Autobahnbau und sonstige Verkehrsprojekte ausgegeben hat. Zählt man zu den Kreditkosten drei Prozent hinzu – was angesichts dessen, was Griechenland, Irland und andere erlebt haben, durchaus möglich ist –, können sich die jährlichen Zinszahlungen so langsam mit dem Haushalt der Kriegsmarine der Vereinigten Staaten (215 Milliarden US-Dollar für 2012 beantragt)[10] oder den Ausgaben für Medicaid (269 Milliarden Dollar) messen. Oder, um es mit den Worten des Rechnungshofs anders zu sagen: 2020 können die Kosten für Zinsen, Sozialversicherung, Medicaid und Medicare nur knapp durch Steuereinnahmen gedeckt werden. Alle anderen Staatsausgaben – Verteidigung, naturwissenschaftliche Forschung, Verkehr und Infrastruktur – müssten durch Kredite von den Weltmärkten gedeckt werden.[11]

„VORZUGSKUNDE"

Die Vereinigten Staaten genießen seit dem Zweiten Weltkrieg rund um den Planeten die Vorrechte eines Vorzugskunden und ihre Bonität bewegt sich weit über dem Rating von 720, dessen sich die höchst geschätzten amerikanischen Verbraucher im Allgemeinen erfreuen. Aber ein Bonitätsrating ist eine heikle Angelegenheit – schon ein kleiner

Fehler oder ein kleines Versäumnis kann sich nachteilig auswirken. Die meisten Amerikaner wissen, wie frustrierend es sein kann, wenn man mit einer der scheinbar gesichtslosen und vermutlich allwissenden Agenturen zu tun hat, die die Bonität von Verbrauchern bewerten. Wenn Equifax, Experian oder TransUnion plötzlich beschließen, dass man keine hohe Bonitätseinstufung mehr verdient hat, rücken die günstigen Zinsen auf ein Darlehen für ein Auto oder ein Haus plötzlich außer Reichweite. Für eine Privatperson kann diese Differenz über die Laufzeit eines Darlehens zigtausend Dollar oder die Erkenntnis bedeuten, dass die Anschaffung einfach außer Reichweite liegt.

Wie Amerika im Sommer 2011 erfahren musste, unterliegen auch Staaten Bonitätseinstufungen. Wie im Leben der Verbraucher stufen auch hier drei angeblich allwissende Firmen die Wahrscheinlichkeit dafür ein, dass beispielsweise Nigeria ein zehnjähriges Darlehen zurückzahlt, das es in Form einer Staatsanleihe über 500 Millionen Dollar aufgenommen hat. Eine dieser Firmen – S&P – hat im Januar einer solchen Anleihebegebung das Rating B+ gegeben. Das mag sich in den Ohren derjenigen gut anhören, die sich über diese Note in Chemie auf der Highschool gefreut haben, weil sie dadurch nicht sitzengeblieben sind, aber in Wirklichkeit ist das weit entfernt von dem AAA-Rating, das Emissionen US-amerikanischer Staatsanleihen bis vor Kurzem noch genossen. Damit Nigeria diese Anleihe verkaufen konnte, musste es die Zahlung von fast zehn Prozent Zinsen versprechen – das sind sehr hohe Kosten, die den Staatshaushalt während der Kreditlaufzeit belasten. Aber die Vereinigten Staaten nehmen trotz der auf AA+ abgesenkten Einstufung häufig und problemlos Darlehen auf, weil ihnen andere Faktoren – etwa der Status des Dollar als Reservewährung – den Verkauf von Schatzanleihen zu nur rund drei Prozent Zinsen erlauben.

Und dann stellen Sie sich einmal vor, nach einem zweiten Fehlanflug des Kongresses und der Regierung würden S&P und die anderen Agenturen die Bonitätseinstufung von Uncle Sam von AA+ beispielsweise auf A senken, weil die Politiker immer noch meinen, sie könnten die Drohung mit dem Zahlungsausfall einsetzen, um ihren Willen zu bekommen. Dann sackt Amerika von dem Pendant zu 790 auf

660 – was zwar noch nicht ganz Nigeria entspricht (das vielleicht bei 590 liegt), aber auf jeden Fall für die Einordnung als hochriskanter Kunde reicht. Die Finanzierungskosten auf Kredite von 1,645 Billionen Dollar (der Differenz zwischen den Steuereinnahmen und den Ausgaben der Regierung) könnten sich dadurch verdreifachen – oder Schlimmeres. Und ein unfreiwilliger Zahlungsausfall auf den Schuldendienst wäre eine Katastrophe, die fast das gesamte Geld im Bundeshaushalt erfordern würde, das noch nicht für die Sozialversicherung, für Medicare und Medicaid vorgesehen ist – und wahrscheinlich noch einen Teil von dem, das eigentlich dafür vorgesehen ist. Für Bildung, berufliche Schulung, Nothilfe, Straßen- und Infrastrukturausbau, Forschung, die Erkundung des Weltraums und für Verteidigung würde dann nichts mehr übrig bleiben. Das ist zwar zugegebenermaßen ein Worstcase-Szenario, aber auch die Wahrscheinlichkeit, dass ein Seebeben einen Tsunami auslöst, der groß genug ist, über die Staumauern um ein japanisches Kernkraftwerk zu schwappen, schien gering zu sein. Wenn die Menschheit wüsste, wie man solche verheerenden Naturkatastrophen vermeidet, dann würden wir sicher sorgfältig dafür planen. Und doch scheinen in den Vereinigten Staaten Politiker, die nur allzu gut wissen, wo die Stolperdrähte gespannt sind, entschlossen zu sein, auf ihnen zu tanzen.

Die Aussicht auf einen Staatsbankrott bedeutet für jeden Staat, dass er die Kontrolle über wichtige Bestandteile der nationalen Politik verliert. Wenn keine Kreditgeber mehr amerikanische Schuldpapiere kaufen würden, würde das Einschnitte erzwingen, angesichts deren sogar die Tea Party erbleichen würde. Die Zinsen auf alles Mögliche – von der Hypothek bis zum Studienkredit – würden durch die Decke gehen, und viele Mittelschichtfamilien und kleinere Unternehmen wären vom Kreditmarkt ausgeschlossen. Nach kurzer Zeit würden Straßen und Schienen verfallen, Bundesgefängnisse und Bundeskrankenhäuser würden ins Wanken geraten, die Qualität staatlicher Schulen und Universitäten würde nachlassen, die Grenz- und Zollkontrollen würden ihre Integrität verlieren und die Post würde eher wöchentlich statt täglich zugestellt werden. Die schon jetzt überlasteten Kommunalverwaltungen würden Polizeibeamte,

Feuerwehrleute und andere öffentliche Bedienstete in Scharen entlassen. Die Gehälter und Pensionen von Militärs und Beamten würden radikal gekürzt, die Größe der Streitkräfte würde zurechtgestutzt werden. Die Kreditvergabe an Kleinunternehmen würde versiegen und für viele bislang steuerfinanzierte Dienstleistungen würde ein Schwarzmarkt entstehen – und all das würde das Wirtschaftswachstum herabziehen, das für das Durchbrechen der Abwärtsspirale unbedingt notwendig wäre. Da haben Sie die konkreten „störenden und destabilisierenden" Ergebnisse, die im Bericht des GAO für den Fall angegeben werden, dass nicht rational gehandelt wird.[12]

Und dann sind da noch die immateriellen Auswirkungen der Politik. Wut und wirtschaftliche Entwurzelung erhöhen die Kriminalitätsrate und erodieren den Anstand. Die Tatsache, dass man sich unter solchen Umständen von Natur aus nach innen wendet, verstärkt die Spirale des Niedergangs bloß noch, und sobald diese Spirale beginnt, ist der Boden schwer auszumachen. Vielleicht mag nichts davon auf die Vereinigten Staaten lauern, aber etwas bestürzend Ähnliches scheint den Ländern der Eurozone zu drohen. In den stärkeren Volkswirtschaften des nördlichen Europa – insbesondere in Deutschland, den Niederlanden und Finnland – kocht der Ärger über die Finanzmittel hoch, die sie Griechenland, Irland, Portugal, Italien und Spanien gewährt haben, damit diese hochverschuldeten Länder die Zahlungsunfähigkeit abwenden können. Dieser Unmut hat in solchen Ländern überall auf dem Kontinent Elementen vom Rechtsaußen-Flügel den Aufstieg zur Macht ermöglicht, von Umberto Bossi von der italienischen Liga Nord, die den wohlhabenden Norden vom Rest des Landes abspalten möchte, bis hin zu Geert Wilders, einem anti-muslimischen Agitator und Vorsitzenden der Freiheitlichen Partei der Niederlande, der jetzt in den einst äußerst toleranten Niederlanden eine bedeutende parlamentarische Kraft anführt. Außerdem hat die Wut über die Schuldenhilfen heftige Reaktionen gegen die Einwanderung befeuert. Tatsächlich hat eine ähnliche Kombination aus Wirtschaftskollaps, Verminderung der weltpolitischen Macht, Schuldenzahlungen an Ausländer und nationaler Demütigung in den 1930er-Jahren zum Aufstieg Adolf Hitlers sowie zu den vorherigen

Krisen geführt, die das zaristische Russland, die Nationalisten in China und die spanische Monarchie stürzen ließen, bevor der blutige Bürgerkrieg begann. Noch hat Amerika nichts von Bauern mit Mistgabeln zu befürchten, aber gut organisierte digitale Rebellen, die gelegentlich aus entsprechenden revolutionären Texten aus dem 18. Jahrhundert zitieren, sind in der aktuellen Krise deren Pendants. Die moderne Tea-Party-Bewegung bietet keine durchdachten Lösungen an. Ihre Vorgehensweise ist eine Mischung aus Wut und kruder Sparsamkeit – das perfekte Rezept für die soeben beschriebene ökonomische Todesspirale. Doch es kann sein, dass die Bewegung kommt und geht, ohne einen allzu deutlichen Stempel auf der Politik des Landes zu hinterlassen – das lässt sich jetzt noch nicht sagen. Auf jeden Fall werden es die bevorstehenden Zeiten erleichtern, Unzufriedenheit zu säen. Wenn die luxuriösen Annehmlichkeiten des Lebens außer Reichweite der US-amerikanischen Mittelschicht rücken, fällt die Reaktion gegen diejenigen, die weiterhin prosperieren, schwerwiegend aus. Auch die Abneigung gegen Einwanderer wird zunehmen und der Populismus wird den restlichen Freihandelskonsens im Kongress aushöhlen, denn er wird darauf bestehen, dass Amerikas kränkelnde Industrie durch Zölle geschützt wird. (Um einen Eindruck davon zu bekommen, wieso das katastrophal wäre, untersuche man, was während der Großen Depression geschah, als ein durch den berüchtigten Smoot-Hawley Act ausgelöster Handelskrieg die Krise um Jahre verlängerte und außerordentlich verschlimmerte.) Auch der Verbleib der strukturellen Arbeitslosigkeit im Bereich von neun Prozent wird gesellschaftliche Auswirkungen haben. Junge Menschen, die keine Arbeit finden, neigen dazu, die Kriminalitätsstatistik zu erhöhen. Das ist eine gefährliche Lage: Wenn die schwierigen Entscheidungen für die Behebung von Amerikas wirtschaftlichen Gebrechen aufgeschoben werden und seine globale Kreditwürdigkeit gesenkt wird, ist der Niedergang bereits unumkehrbar geworden. In einer solchen politischen Atmosphäre verliert die Vernunft ihren Halt und überlässt allein der Wut und der Leidenschaft die Steuerung der Debatte über das Schicksal der Nation.

DUMMHEITEN EINER SUPERMACHT

Die Amerikaner sind es gewohnt, in der unangreifbaren Macht ihres Militärs, in der Überlegenheit ihrer Technologie und der zentralen Rolle ihres Landes für die großen Themen der Welt zu schwelgen. Schließlich sind wir ja das Volk, das, um es mit den Worten John F. Kennedys in seiner Antrittsrede zu sagen, „jeden Preis bezahlen und jede Bürde"[13] tragen würde, und, wie es Ronald Reagan viel später formulierte, „die letzte Hoffnung der Menschheit auf Erden".[14] Wie können Amerikas führende Politiker also den Normalbürgern erklären, wie wichtig es ist, diese gigantischen, nicht tragbaren Bürden im In- und Ausland abzubauen?

Ein guter Anfang wäre eine einfache, unparteiische Übung in öffentlicher Bildung. Stellen Sie die Frage: Was hat Amerikas beneidenswerten Lebensstandard seit dem Zweiten Weltkrieg gestützt? Und dann schauen Sie, wie viele Amerikaner ihn „harter Arbeit", „Innovationskraft", dem „Genie der freien Marktwirtschaft" oder gar dem „offenbaren Schicksal" zuschreiben – was verständlich ist, weil das die hauptsächlichen Erklärungen sind, die von Amerikas Politikern und den Geschichtslehrern an den Highschools angeboten wurden. Aber wie Ihnen jeder wahre Freund und jeder qualifizierte Therapeut sagen wird, ist es gefährlich, seinen eigenen Mist zu glauben. Die Amerikaner müssen sich damit abfinden, in welchem Ausmaß ihr Lebensstandard – gemessen an Faktoren wie den Lohnsteigerungen, dem materiellen Besitz, dem überschüssigen Einkommen und der Lebenserwartung – davon abhängig war, dass ihr Land an der Spitze der geoökonomischen Nahrungskette stand und dass es diese Position etwa bis Ende der 1990er-Jahre relativ kompetent verwaltet hat. Ironischerweise wurden genau zu dem Zeitpunkt, als der US-Staatshaushalt endlich in die Überschusszone kam – 1997 bis 2001 – die desaströsesten finanzpolitischen Entscheidungen getroffen. Im November 1997 hob der Gramm-Leach-Bliley Financial Services Modernization Act den Glass-Steagall Act von 1933 teilweise auf und beseitigte die Einschränkungen, die Handelsbanken von Brokerhäusern und Versicherungen getrennt hatten. Im Jahr 2000 legte der Kongress mit dem Commodity Futures Modernization Act nach, der die Credit Default Swaps (CDS) – eine Art Kreditausfallversicherung – freigab und außerdem verhinderte, dass der Staat den Handel an den elektronischen Börsen für Energierohstoffe regulierte. Der letzte Nagel wurde 2004 in den Sarg der Wirtschaft geschlagen, als die Bush-Regierung die Schuldenhebel-Beschränkungen für Broker-Dealer und Investmentbanken aufhob. Im Prinzip sagte die Börsenaufsicht Securities and Exchange Commission (SEC), die geschaffen worden war, um zu verhindern, dass die Wall Street jemals wieder die Wirtschaft an den Rand des Zusammenbruchs bringt, den Brokern an der Wall Street, dass sie Wetten eingehen durften, durch die sie möglicherweise mehrere Dutzend Mal so viel verlieren konnten, wie sie Bargeld und sonstige Vermögenswerte in ihren Büchern stehen hatten. Es überrascht nicht, dass sie das dann auch alle taten.[15] Innerhalb von vier Jahren trieben sich Bear Stearns und Lehman Brothers im Endeffekt selbst in den Bankrott und nur das schnelle Handeln der Bundesregierung verhinderte, dass auch der Rest des Bankensystems mit ihnen unterging.

DER RITT AUF DER GROSSEN WELLE

Und was sollten die Amerikaner nun tun, um sich auf die tektonischen Verschiebungen vorzubereiten, die auf sie lauern? Hier kann es sein, dass das, was gut für das Land ist, in gewissem Maße von den Interessen der einzelnen Haushalte abweicht. Egal, welche Reformen am Ende an der Wall Street umgesetzt werden, eines bleibt unbestreitbar: Das Wachstum der Vereinigten Staaten hängt zu sehr vom Konsum ab – von Verbrauchern, die Geld dafür ausgeben, sich Dinge zu kaufen. Die gängige Meinung der Business Schools besagte in den letzten zwei Jahrzehnten – bis die Wall Street das Wohl des Landes beinahe zunichtemachte –, man müsse das Wirtschaftswachstum der Vereinigten Staaten, das zur Zeit der Krise zu rund 70 Prozent vom Konsum abhing, dadurch befeuern, dass man neue Möglichkeiten findet, der amerikanischen Mittelschicht Kredite zukommen zu lassen. Das ist so ähnlich, wie wenn man zu dem Schluss kommt, man müsse sein unglückliches übergewichtiges Kind im Teenager-Alter dadurch glücklich machen, dass man ihm unbeschränkt Eis gibt. Der riesige Ausgabenrausch, der daraus resultierte, vermischte eine lockere Kreditvergabe mit lächerlichen Fehlanreizen und Praktiken, welche die Kreditgeber dazu ermunterten, Geld auszuteilen und sich dabei kaum darum zu kümmern, ob sie es je zurückbekommen würden. Das Drehbuch dafür ist inzwischen schon abgedroschen: Die meisten Kreditgeber – von den Banken, die Kreditkarten ausstellten, bis zu den Hypothekengesellschaften, die Hausdarlehen vergaben – verkauften diese Kredite schnell an größere Unternehmen weiter. Diese verpackten all diese Verbindlichkeiten in verwickelte, unmöglich zu bewertende „CDOs" – besicherte Schuldverschreibungen –, die dann zu massiv gehandelten Anlagevehikeln wurden. Die Ratingagenturen – die gleichen, die jetzt drohen, die Vereinigten Staaten herabzustufen – wetteiferten um die Gebühren, die sie kassierten, wenn sie diese finanziellen Fäkalien mit AAA-Ratings versahen. Auf diesem wackligen Untergrund ruhte der Aufschwung des vergangenen Jahrzehnts, bis die Subprime-Hypotheken-Krise, die in einer ordentlich regulierten Volkswirtschaft nur eine kleine Erschütterung verursacht hätte, das gesamte morsche Haus zum Einsturz brachte.

KONSUM AM SCHEIDEWEG

Welche Konsequenzen die Durchschnittsbürger in den Vereinigten Staaten und in anderen fortgeschrittenen Volkswirtschaften daraus ziehen sollten, hängt von vielen Faktoren ab. In den Vereinigten Staaten etwa, die sich wie kein anderes Land zu sehr auf Immobilien und Verbraucherausgaben verlassen und zu wenig auf Ersparnisse und Renten, muss der Einzelne recht beträchtliche Anpassungen vornehmen. Sogar Volkswirte bestimmen den Fortschritt weitgehend anhand von Kennzahlen wie der Verbraucherstimmung, den angefangenen Wohnbauten und dem Umsatz des Einzelhandels und steigern dadurch noch das Ausmaß, in dem die Wirtschaftsaktivität in den Vereinigten Staaten von einem immer weiter wachsenden materiellen Konsum abhängt. Aber wirtschaftliche Aktivität und wirtschaftliche Gesundheit sind keine Synonyme. Auf lange Sicht kann nur dadurch ein nachhaltiges Fundament für Wirtschaftswachstum geschaffen werden, dass in den Budgets der amerikanischen Privathaushalte wieder ein Gleichgewicht hergestellt wird – weniger Schulden, mehr Ersparnisse und andere Anlagen als Immobilien.

Die Rezession hat die Sparquote in den Vereinigten Staaten – den Anteil des Einkommens, der durchschnittlich im Monat gespart wird – auf 4,9 Prozent in die Höhe getrieben. Gegenüber 2005, als die äußerst waghalsigen Anreize die Amerikaner dazu verleiteten, nur gut ein Prozent zu sparen, war das eine annähernde Verfünffachung. Es kann aber sein, dass sich diese Entwicklung nicht fortsetzt, denn die kurzfristige politische Versuchung besteht eher darin, Wirtschaftsaktivität vorzuweisen, als die makroökonomischen Probleme einzudämmen. Die Amerikaner können sich selbst und ihrem Land einen Gefallen tun, indem sie die Sparquote noch mehr in die Höhe schrauben, zurück auf die rund acht Prozent der letzten Jahrzehnte (noch 1982, also kurz nach der Rezession 1981, betrug sie zehn Prozent).

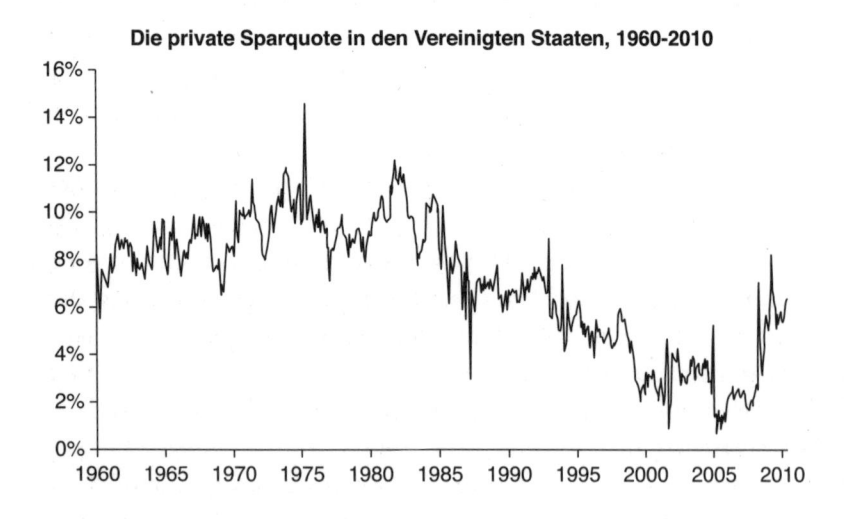

Die private Sparquote in den Vereinigten Staaten, 1960-2010

Abbildung 3.2
Quelle: A Guide to the National Income and Product Accounts of the United States (NIPA), http://www.bea.gov/national/pdf/nipaguid.pdf, Zugriff am 6. Dezember 2011.

Außerdem müssen sie der Versuchung widerstehen, dieses Geld für Aktien abzuzweigen, denn die Aktienkurse haben sich fast vollständig von der tatsächlichen Wirtschaftsleistung gelöst. Die Fundamentaldaten lassen eine anhaltende Phase der Volatilität erwarten, sodass Glücksspiele genauso wahrscheinlich spektakulär scheitern wie sich lohnen können.

In Europa und Japan sind die Sparquoten der Haushalte viel höher – sie liegen eher im Bereich von zehn Prozent (2010 im Schnitt 11,2 Prozent). Außer in Großbritannien, wo das Tief der privaten Sparquote in den Bereich von fünf Prozent zurückgefedert ist, sowie in einigen anderen Ländern (in Irland, wo sich die Quote auf rund drei Prozent beläuft, und in Griechenland, wo sie seit mehr als zehn Jahren stark negativ ist) hat die EU mit dem genauen Gegenteil zu kämpfen. Das ist ein Teil des Problems, das Volkswirte als „globale Ungleichgewichte" bezeichnen: Länder, die hohe Außenhandelsüberschüsse erwirtschaften, neigen zu hohen Sparquoten der Haushalte, während das in Ländern wie den Vereinigten Staaten und Großbritannien mit ihren Handelsdefiziten umgekehrt ist. Durch diese Situation wird in Ländern zu viel Wert auf die Verbraucherausgaben gelegt, die Kredite aufnehmen müssen, um sie aufrechtzuerhalten (namentlich in den Vereinigten Staaten). Somit ist diese Art, eine Weltwirtschaft zu betreiben, per definitionem nicht nachhaltig. In der Exportmacht Deutschland sparen die Haushalte jährlich mehr als elf Prozent, in der Schweiz 13 Prozent, in Italien über sieben Prozent und in den Niederlanden fast neun Prozent.[16] Die Regierungen in diesen Ländern, in denen die Notwendigkeit einer privaten Rente oder von Ersparnissen für die Ausbildung weit weniger dringend ist als in den Vereinigten Staaten, in Großbritannien oder in Entwicklungsländern, sollten den Konsum durch steuerliche Anreize anheizen, die einen Teil dieses Geldes dazu bringen, Arbeitsplätze und Steuereinnahmen hervorzubringen.

Noch offenkundiger ist dieses Problem in den sogenannten BRIC-Ländern[17], wenn auch aus ganz anderen Gründen. Die Schweizer Bank Credit Suisse schätzte 2011, dass die chinesischen Haushalte 31 Prozent ihres Einkommens sparen. In Brasilien, über das die Bank spöttelte, dort würden die Haushalte „Lebensgier" verspüren, machten die Ersparnisse zehn Prozent des Einkommens aus, was der niedrigste Wert unter den BRICs ist. Man darf die Statistiken dieser Länder aber nicht eins zu eins mit den Zahlen aus fortgeschrittenen Volkswirtschaften vergleichen, denn in Schwellenländern wird den Banken möglicherweise nicht immer vertraut, sodass die tatsächlichen Sparquoten noch höher sein könnten. Außerdem müssen die Haushalte in Indien und China häufig ein Polster gegen das fehlende staatliche Gesundheits- und Bildungswesen ansparen. Bis jetzt ist in diesen Ländern nur eine sehr langsame Ausweitung der Verbraucherausgaben zu sehen, sie könnte sich aber mit dem Wachstum ihrer Volkswirtschaften beschleunigen. Dadurch ergibt sich ein akutes Dilemma: Wenn China den Vereinigten Staaten weniger Geld leihen und die Chinesen stattdessen mehr Geld ausgeben würden, dann würde dieser Konsum zwar das weltweite Wirtschaftswachstum anheizen, aber wenn sich dieses Muster zu schnell ändert, kann die amerikanische Schuldenbombe platzen.[18]

Und was ist mit den privaten Anlagen? Auch das Bild der Portfolios fällt in den verschiedenen fortgeschrittenen Volkswirtschaften unterschiedlich aus. In Ländern, in denen es frei verfügbares Einkommen gibt – also außerhalb der Vereinigten Staaten, Großbritanniens und der PIIGS-Länder der Eurozone, die alle ein Jahrzehnt des Schuldenabbaus vor sich haben –, sind private Investitionen in Unternehmen, die einen Wert darstellen, und in ausgewählte Rohstoffe bis zu einem gewissen Grad sinnvoll. Die meisten europäischen Haushalte sind frei von der albtraumhaften und übermäßigen Abhängigkeit von Immobilien, unter der die Vereinigten Staaten, Irland, Spanien und Großbritannien leiden. Wenn ein Teil des Geldes freigesetzt wird, das derzeit in Ersparnisse und Investitionen in langfristiges Wachstum fließt, treiben alle Boote nach oben. Aber die Eurozone erlebt ihren eigenen Albtraum in Form praktisch bankrotter Volkswirtschaften an der Peripherie – Griechenland, Irland und Portugal –, die finanziell gerettet werden müssen, um den Zusammenbruch der Gemeinschaftswährung zu verhindern. Dies äußert sich in den leistungsfähigen Volkswirtschaften der Eurozone auf die eine oder andere Art in höheren

Steuern – im Endeffekt erfolgen Vermögenstransfers vom reichen Norden der EU in die ärmeren Randstaaten. In einem späteren Kapitel besprechen wir das noch ausführlicher, aber es könnte notwendig sein, bei schwereren Fällen – insbesondere Griechenland – den Bankrott zuzulassen, um zu verhindern, dass die Krise auch größere, bedeutendere mit Schulden belastete Länder der Eurozone wie Spanien und Italien verheerend schädigt. Angesichts dieser Realität ist es verständlich, dass Haushalte aus der Eurozone eventuell einen Teil ihres Geldes im Ausland anlegen wollen.

Für die Vereinigten Staaten und diejenigen europäischen Länder, die in den Blasenjahren auf dem Immobilienboom geritten sind, besteht die bevorstehende Herausforderung in einem zweifachen Prozess: Sie müssen ihre Schulden abzahlen und das blinde Vertrauen in das Eigenheim als wichtigsten Vermögenswert des Haushalts überdenken. Das ist leichter gesagt als getan, und in einer Zeit mit anhaltend niedrigem Wirtschaftswachstum wird das besonders schwierig (Volkswirte, mit denen ich gesprochen habe, halten für das zweite Jahrzehnt dieses Jahrhunderts in den Vereinigten Staaten ein jährliches BIP-Wachstum von 2,5 Prozent für weitaus realistischer als die vier Prozent, die sowohl die Demokraten als auch die Republikaner in ihre Pläne zum „Abbau" des Defizits einbauen wollen). Ein weiteres Problem ist, dass die Gehälter im Verhältnis zur Inflation nicht steigen. Das ist nichts Neues: Abgesehen von den glücklichen fünf Prozent Spitzenverdienern bewegen sich die Reallöhne der amerikanischen Arbeitskräfte seit Jahrzehnten so gut wie gar nicht. Nachdem der Einkommensmedian in den Vereinigten Staaten nach dem Zweiten Weltkrieg steil angestiegen war, kam das Wachstum 1969 zum Erliegen und laut vielen Studien sind die Löhne seither netto gesunken.[19] Diese Situation kann sich in den kommenden Jahren noch verschärfen.

Bill Gross, der Gründer und leitende Anlagestratege von PIMCO, einer der weltweit renommiertesten Asset-Management-Firmen, ist überzeugt, dass die politisch motivierten Rezepte beider amerikanischer Parteien die Arbeitskräfte in den Vereinigten Staaten dazu verdammen, Boden zu verlieren: „Da sich die Anreizmaßnahmen darauf richten, den momentanen Konsum aufrechtzuerhalten, und nicht darauf, die Vereinigten Staaten am Weltmarkt wettbewerbsfähiger zu machen, werden die realen Löhne der amerikanischen Arbeitskräfte fast zwingend hinter den historischen Vorgaben zurückbleiben."[20]

Diese Klemme könnte die US-Haushalte zu überstürzten Maßnahmen verleiten, um ihre Bilanzen wieder in Ordnung zu bringen. Finanzberater mit hoher makroökonomischer Kompetenz bieten dafür ein paar Grundregeln an: Ziehen Sie eine Mietwohnung in Betracht, meiden Sie spekulative Anlagen, nutzen Sie steuerbefreite Sparpläne wie IRAs und Gesundheitssparkonten, verbessern Sie weiterhin Ihre Qualifikationen, damit Sie beruflich nicht der technischen Entwicklung hinterherhinken, seien Sie im Interesse des beruflichen Fortkommens zum Umzug bereit und legen Sie mehr Wert auf die Sicherheit Ihres Arbeitsplatzes und die Aufstiegsmöglichkeiten als auf das momentane Gehalt. Das mag sich anhören wie eine trübsinnige Rede anlässlich einer akademischen Abschlussfeier, aber für überbelastete Haushalte sind die Möglichkeiten nicht gerade zahlreich, wenn die Wirtschaft nur schwach bis mäßig wächst.

Wenn man durch Immobilien in die Liquiditätsfalle gelockt wurde – wenn der Wert des Hauses so weit unter den aufgenommenen Betrag gefallen ist, dass man sich durch den Schuldendienst beinahe ruiniert –, versagen die traditionellen Gegenmittel möglicherweise. In solchen Fällen sind radikalere Schritte sinnvoll. Das Programm des Bundes, das die Banken ermuntern sollte, Hypothekendarlehen abzuwandeln – das Home Affordable Modification Program (HAMP) –, ist ein Fehlschlag, denn es hat wenig dazu beigetragen, die anstehenden Bankrotte und die potenziellen Bankrotte zu beseitigen. Im Wahljahr gegebenen Versprechen, mehr zu tun, sollte mit Skepsis begegnet werden. Die von den Republikanern unterstützte Lobbyarbeit der Banken hat die Fähigkeit des Staates gedämpft, solche Abwandlungen zu erzwingen – und als die schüchternen Demokraten beschlossen, wie genau die Gesetzgebung zur Finanzreform strukturiert werden sollte, machten sie das nicht rückgängig. Und wenn in den kommenden Jahren immer mehr in Schieflage geratene Haushalte endgültig den Geist aufgeben, treiben sie den Abwärtszyklus der

Häuserpreise voran und verhindern den Wiederanstieg, um den so viele US-Haushalte beten. Manche Hausbesitzer – die umziehen müssen oder einfach ihre anschwellenden Raten nicht mehr bezahlen können – haben ihren Hauptwohnsitz vermietet und wohnen mit ihren Familien zur Miete. In manchen Fällen – vor allem wenn es um einen berufsbedingten Umzug geht – ist die Differenz zwischen den Mieteinnahmen und der Darlehensrate steuerlich absetzbar, wenn auch nicht unbegrenzt. Unter schlimmen Umständen sollte man auch einen radikaleren Schritt – das Haus aufgeben und das Darlehen platzen lassen – nicht ausschließen, wenn dies am betreffenden Standort legal ist. Das hat allerdings gewaltige psychologische und finanzielle Auswirkungen, die man nicht unterschätzen sollte.

Die Konsequenzen einer Insolvenz können viele Formen annehmen. Aber wenn man in einer „Immobilien-Leiche" bleibt, kommt das weder dem langfristigen finanziellen Wohlergehen des Haushalts zugute noch der Volkswirtschaft noch dem US-amerikanischen Bankensektor, dessen Kapitalausstattung nach wie vor gefährlich gering und der nach wie vor mit toxischen Vermögenswerten belastet ist – verborgen durch Buchhaltungstricks und eine bewusst liberale Auslegung der Vorschriften durch Regulierer, die befürchten, sie könnten eine Panik auslösen.[21]

GRADUELLER FORTSCHRITT

Franklin Roosevelt hat in noch schwereren Zeiten gesagt: „Wir können nicht immer eine Zukunft für unsere Jugend aufbauen, aber wir können unsere Jugend für die Zukunft aufbauen."[22] Die Haushalte in den entwickelten Ländern Europas und in den Vereinigten Staaten müssen diese Worte befolgen. Leider herrscht bei denen, die am Beginn ihrer beruflichen Laufbahn stehen oder die noch überlegen, welchen Kurs sie am besten einschlagen sollten, die Hoffnungslosigkeit vor. Der Arbeitsmarkt macht ihnen Angst und der Zeitgeist flößt ihnen kaum Zuversicht ein. Für diejenigen, deren Gedächtnis kaum bis in die 1990er-Jahre zurückreicht, ist diese Wendung der Ereignisse verheerend. Vor noch nicht allzu langer Zeit vergötterte die Jugendkultur in den Vereinigten Staaten noch die „Slacker" – dieser einerseits abfällige, andererseits in den 1990er-Jahren hippe Begriff bedeutet in etwa „Nichtstuer" oder „Bummelant" –, also Kinder der Generation X, denen Skateboard fahren und Body-Art lieber waren als ein Platz in der boomenden Wirtschaft ihrer Zeit. Auf die jungen Leute von heute wirkt das ganz schön altmodisch.

Zumindest in den Vereinigten Staaten blickt die Generation Y, wie die Jugendlichen der Zeit nach 9/11 eilig getauft wurden, auf das Phänomen der verwöhnten Generation X mit der gleichen Verachtung zurück, mit der die Kinder der 1980er-Reagan-Jahre ihre Hippie-Eltern überhäuften. „Ich habe in den drei Jahren seit meinem Schulabschluss drei Praktika gemacht und für keins davon einen Cent bekommen", sagte mir Dylan Byers, ein intelligenter junger Journalist und ehemaliger Student von mir am Bard College, in einem Bewerbungsgespräch. „Noch ein Praktikum kann ich mir einfach nicht leisten."[23] Solche Studenten, die nach ihrem Abschluss in einer von der Großen Rezession geprägten Welt stehen, legen großen Wert auf praktische Verwertbarkeit. Die Universitäten vermelden bereits eine Wegbewegung von einigen geisteswissenschaftlichen Fächern und eine Zuwendung zu Disziplinen, deren praktische berufliche Anwendung offensichtlicher ist. In der Zeit von 1971 bis 2008, die durch die jüngste Studie des National Center for Education Statistics über Bachelor-Abschlüsse nach Fächern abgedeckt wird, ist die Anzahl der Anglistik-Abschlüsse nur leicht gestiegen – weit weniger als nötig, um mit der gewaltigen Zunahme der Anzahl von Studenten Schritt zu halten, die sich für vierjährige College-Studiengänge eingeschrieben haben. Die Sozialwissenschaften, die Bibliothekswissenschaften und die Philosophie werden von einem ähnlichen Niedergang heimgesucht. Ein weiteres geisteswissenschaftliches Standardfach, nämlich die Pädagogik, gehört sogar zu den wenigen Bereichen, die in diesem Zeitraum einen bedeutenden realen Rückgang verzeichnet haben. Im Jahr 1971 machten mehr als 176.000 Studenten einen BA in Pädagogik. Bis 2008 war diese Zahl trotz einer weitaus größeren Grundgesamtheit auf gut 102.000 gesunken und der Anschlag auf die Pensionen von Angestellten des öffentlichen Dienstes und auf die Gewerkschaften macht das gewiss nicht besser.[24]

Stellen Sie das einmal den berufsorientierten Abschlüssen gegenüber. Erwartungsgemäß schoss die Zahl der Informatik-Abschlüsse in den Himmel, aber dieses Ergebnis kann man auch dem zuschreiben, was Volkswirte als Nulleffekt bezeichnen: Wenn man etwas misst, das es vorher (vor 1971) kaum gegeben hat, beeindrucken einen die prozentualen Zuwächse sehr. Aussagekräftiger ist die Zunahme anderer „praktischer" Abschlüsse: Die Zahl der Absolventen mit einem Bachelor in Betriebswirtschaft, Psychologie, Gesundheitswissenschaften oder Verwaltung hat sich in dem Zeitraum verdoppelt und in manchen Fällen sogar verdreifacht. Das lässt vermuten, dass die Studenten und ihre Eltern eine Zeit lang auf Verschiebungen im US-Arbeitsmarkt geachtet haben – aber nicht unbedingt genug. Wenn Geld das Ziel ist, sollten die Studenten nämlich den Naturwissenschaften mehr Aufmerksamkeit schenken. Laut PayScale.com, einer internationalen Gehaltsbeurteilungsfirma, sollten diejenigen, die nach der höchsten Bezahlung nach ihrem Abschluss streben, Fächer aus dem Bereich der Natur- und Ingenieurwissenschaften wählen. Dazu gehören Informatik, Elektrotechnik, Computertechnik, Maschinenbau, Bauingenieurwesen und Mathematik. Ebenfalls zu den Top 10 zählen Volkswirtschaft, Finanzwesen, Marketing und – sehr seltsam – mein eigenes Studienfach, nämlich Politikwissenschaft. Interessanterweise liegt die Betriebswirtschaftslehre – das klassische Fach nach dem Motto „meine Eltern haben mich dazu gezwungen" – auf dem 13. Platz, und BWL-Absolventen bringen in ihrem ersten Job im Schnitt 40.000 Dollar im Jahr nach Hause, während es bei Computertechnikern 60.000 Dollar sind. Und die Psychologie, die laut Princeton Review das landesweit beliebteste Fach ist, liegt hinter Geschichte und Soziologie auf Rang 19 und bringt den Absolventen bei ihrer ersten Stelle ein Jahresgehalt von 34.700 Dollar ein.[25]

Das Gehalt im ersten Job ist aber wohl kaum eine wissenschaftliche Art, die Zukunft eines Kindes, geschweige denn eines Landes, zu planen. Andere Studien haben allerdings ergeben, dass auch bei Beschäftigten, die sich für einen Fabrikjob entscheiden, eine riesige Lohnkluft zwischen denjenigen mit und denen ohne College-Abschluss klafft. Das Center on Education and the Workforce der

Georgetown University vermerkte in einer Studie aus dem Jahr 2011, dass ein Frisör mit College-Abschluss im Schnitt 69 Prozent mehr verdiente als ein Kollege ohne College-Abschluss. Installateure mit vier Jahren College verdienten im Schnitt 52.000 Dollar, Klempner ohne College-Abschluss nur 39.000. Sogar der einfache Tellerwäscher, also der Beruf, der in George Orwells Klassiker *Erledigt in Paris und London* als „durch und durch abscheulicher Job" bezeichnet wird, erhält durch vier Jahre College einen enormen Schub – 83 Prozent mehr als ein Tellerwäscher ohne Abschluss.[27] Manche Soziologen postulieren, dass das etwas mit dem Selbstwertgefühl zu tun hat. Von einem gebildeten Tellerwäscher erwartet man eher, dass er eine Karriere vor sich hat. Es kann sogar sein, das er die Stelle auf das Versprechen hin angenommen hat, später befördert zu werden, während jemand mit geringerer Bildung vielleicht einfach froh darüber ist, überhaupt Arbeit zu haben. Manche Gründe lassen sich statistisch nicht erfassen.

Wenn man noch genauer hinschaut und versucht, die beruflichen Qualifikationen auf die Stellen abzustimmen, die laut Expertenmeinungen in 10, 20 oder 30 Jahren vorhanden sein werden, ergibt sich ein ähnlich techniklastiges Bild, auch wenn der Bedarf an Ausbildungsberufen ebenfalls deutlich erkennbar ist. Eine 2010 von der Beratungsfirma McKinsey durchgeführte Studie kam zu dem Schluss, dass die Diskrepanz zwischen den Stellen und den Qualifikationen immer größer wird.

„Laut den derzeitigen Trends werden die Vereinigten Staaten [2020] nicht genug Arbeitskräfte mit der richtigen Ausbildung für die Qualifikationsanforderungen der bis dahin geschaffenen Arbeitsplätze haben", warnt der Bericht. „Im Jahr 2020 werden bis zu 1,5 Millionen Arbeitskräfte mit Bachelor-Abschluss fehlen. Gleichzeitig werden wahrscheinlich fast sechs Millionen Amerikaner ohne Highschool-Abschluss arbeitslos sein."[28]

Für Eltern und Schüler sowie für all jene, die noch Zeit haben, ihre berufliche Laufbahn zu ändern, bevor die Bürden und Segnungen des Lebens – von der Hypothek über die Kreditkartenschulden bis hin zu den Kindern – anfangen, ihnen die Wahlmöglichkeiten zu verschließen, sind das unschätzbar wertvolle Erkenntnisse. Ob man nun einen Technikerberuf für hochqualifizierte Tätigkeiten im verarbeitenden Gewerbe oder einen Hochschulabschluss in Biotechnologie anstrebt – für die Menschen in fortgeschrittenen Industriegesellschaften ist es wichtiger denn je, nüchterne Ausbildungsentscheidungen zu treffen.

Die niedrig bezahlten Stellen werden nicht zurückkehren (auch wenn es Indizien dafür gibt, dass bedeutende wertschöpfende Bereiche des verarbeitenden Gewerbes in den Vereinigten Staaten, in Japan und in Europa überleben und dank der Qualifikationen, die für die Herstellung mancher modernen Güter notwendig sind, florieren werden).[29] Die Zukunft wird Kompromisse und möglicherweise eine Anpassung der Ambitionen mit sich bringen, die Familien für ihre Kinder hegen. Aber wenn die Vereinigten Staaten daran arbeiten, die Fehler der letzten beiden Jahrzehnte wiedergutzumachen, wird das Wachstum in die innovativen Sektoren der Wirtschaft unseres Landes zurückkehren. Dieser Prozess beginnt damit, dass die Amerikaner bezüglich ihres Geldes, ihrer Bildung und ihrer beruflichen Qualifikationen intelligente Entscheidungen treffen. Der Wettbewerb um Arbeitsplätze ist heute dank der Technologie und gerade dank der Erfolge Amerikas im 20. Jahrhundert global.

KAPITEL 4

VON DER KURZWELLE ZUM FLASHMOB: DIE TECHNIK BRINGT DEN LAUF DER GESCHICHTE AUF TRAB

Wie so viele andere Ägypter hat auch Ramy Nagy von dem Aufstand gegen Hosni Mubarak und sein Regime über Facebook und Twitter erfahren. Der in Kairo geborene Internet-Unternehmer betreibt das arabischsprachige Videoshare-Start-up Medeo, auf dessen Website es plötzlich vor Videos mit Protesten gegen die Regierung wimmelte, die von Ägyptern per Handy gepostet worden waren. Im Unterschied zu manchen anderen behauptet Nagy nicht, soziale Netzwerke wie seines hätten die Revolution mobilisiert oder entzündet, die am Ende Mubaraks Unterdrücker-Regime stürzte. „Die Menschen mussten echte, gefährliche Entscheidungen treffen, damit irgendetwas passierte", so Nagy. Aber die sozialen Medien boten eine entscheidende Möglichkeit, die zensierten staatlichen Medien zu umgehen, welche die ersten Massenversammlungen auf dem Tahrir-Platz herunterspielten oder gar lächerlich machten.

„Die sozialen Medien – Facebook, Twitter und Sharing-Sites – spielten bei der Verbreitung von Nachrichten über Demonstrationen, Gewalt und Übergriffe in Echtzeit, die in den 18 Tagen der Erhebung über die traditionellen Medien nicht zugänglich waren, eine wichtige Rolle", so Nagy. „Diese schnelle, weit verbreitete Berichterstattung beeinflusste die Einschätzung der Menschen, wie sie den Erfolg und die Auswirkungen der Proteste zu bewerten hatten. Die traditionellen Kanäle meldeten Dinge wie: ‚Heute demonstrierten auf dem Tahrir-Platz einige Menschen', aber von den Tausenden Menschen, die über Facebook und Twitter Bilder und Informationen posteten, bekam man eine ganz andere Story vermittelt. Das motivierte die Menschen zum Mitmachen."[1]

Schnell machten weitere Ägypter mit. Wer kein Internet oder Smartphone hatte, fand Menschen, die es hatten, und es bildeten sich informelle revolutionäre Zellen, die die Ereignisse in Kairo verfolgten. Viele äußerten das gleiche einfache, starke Gefühl. „Zum ersten Mal in meinem Leben war ich wirklich stolz darauf, Ägypterin zu sein", sagte Ayah El Said, eine Ägypterin, die bei Roubini Global Economics arbeitet. „Aber niemand fiel auf Obama herein", fügte sie hinzu und meinte damit seine Entscheidung in letzter Minute, die Forderungen der Demonstranten nach Mubaraks Rücktritt zu unterstützen.

„Nachdem dieses Land 30 Jahre lang den Kerkermeister bezahlt hat, kann man von Menschen, die einen Ausbruch aus dem Gefängnis organisiert haben, nicht erwarten, dass sie sagen: ‚Danke, Amerika!'" [2]
Du großes und mächtiges Amerika, ich stelle dir Dorothy und ihre Freunde vor. Ihr Gang über deine gelbe Ziegelsteinstraße war ereignisreich und wimmelte vor Gefahren, genau wie du gesagt hast. Aber sie wollen deine Geschenke nicht mehr. Herzen, Hirne, Mut – in den Straßen von Tunis, Kairo und Manama haben sie sie gefunden. Und was noch mehr ist: Sie haben dich gesehen, Uncle Sam, wie du hinter dem Vorhang Hebel bedient und genau den Affen Flügel verkauft hast, die sie in all den Jahren unterdrückt haben. Jetzt trauen Sie deinem Gerede über Freiheit nicht mehr so recht, und auch von deiner Smaragdstadt sind sie nicht beeindruckt. Zum jetzigen Zeitpunkt bist du kaum einen Tweet wert. In der Sprache der Revolution lautete die Botschaft an Amerika kurz gesagt ungefähr so:

> „@Sam. Geh heim nach Kansas. Wir haben uns selbst befreit und du brauchst uns nicht zu sagen, was wir tun sollen (oder so zu tun, als würdest du dich um uns sorgen). – Ägypten"

Der digital befeuerte Umsturz zweier proamerikanischer Diktatoren Anfang 2011 – zuerst in Tunesien und dann noch dramatischer in Ägypten – stellt für den großen, mächtigen OZ eine gewaltige, wohlverdiente Strafe dar. Das waren nicht die ersten Erhebungen, die durch die neuen Technologien der sozialen Netzwerke und des Internets unterstützt wurden, die über den Planten fegen, und sie werden auch nicht die letzten sein. Und doch markierten Sie das Reifen eines bedeutenden Trends: Nichts – nicht die Gutenberg-Bibel, nicht Marconis Funk und auch nicht die von Goddards Raketen getragenen Satelliten – hat einzelnen Menschen so viel Macht verliehen wie die massenhafte Verfügbarkeit internetfähiger Handys und Laptops. Besonders das Smartphone – übersetzt das „kluge Telefon" – als relativ einfaches Gerät legt die kombinierte Macht der Druckerpresse, des Fernsehens, des Radios, der Spionagesatelliten und aller Bibliotheken der

Welt in die Hände durchschnittlicher Menschen, und alles bewegt sich mit unglaublicher Schnelligkeit.

Die daraus resultierende Verlagerung der politischen Macht von der Regierung zu den Massen überrascht sogar Digital-Apostel. Jared Cohen, der Direktor von Google Ideas, des großen hausinternen Thinktanks des Softwaregiganten, leitete für den Planungsstab des Außenministeriums die Social-Media-Politik, als in Tunesien Anfang 2011 die Jasmin-Revolution losging. Er sagt, die seitherigen Ereignisse in der ganzen Region hätten seine Sichtweise der Rolle verändert, welche die Technologie beim Umsturz repressiver Regimes spielen kann. Die moderne Technologie der sozialen Netzwerke, auf die man mit einfachen, aber weithin verbreiteten Handys und Computern zugreifen kann, macht nach seiner Aussage „schwache Bande stärker. Deshalb sind in einem Land wie Tunesien, wo [der ehemalige Präsident Zine el-Abidine] Ben Ali sehr repressiv war, Einzelpersonen, denen es andernfalls zu gefährlich wäre, sich offline zu organisieren, in der Lage, die Technologie als zusätzliches taktisches Mittel einzusetzen. Das ist zwar kein Stein der Weisen, aber ein zusätzliches Werkzeug, mit dem sie stärkere Bande aufbauen können."[3]

Betrachten Sie einmal das alte Modell, wie Revolutionen organisiert und verbreitet wurden. Sogar noch Ende der 1990er-Jahre, als Revolutionen „im Fernsehen gesendet" wurden, waren Monate mit heimlichen Treffen notwendig, um Tausende von Menschen zu mobilisieren, die sich einem repressiven Staat entgegenstellten. Jedes dieser Treffen konnte von den Geheimdiensten des Regimes infiltriert werden und zu Säuberungsverhaftungen, zu Arbeitsplatzverlust und in den brutalsten Fällen zu Gefängnis, Folter und Tod führen. Selbst wenn es gelang, Demonstranten auf die Straße zu bringen, bestand eine beträchtliche Gefahr, dass die Proteste niedergeschlagen wurden, ohne dass die Außenwelt jemals davon erfuhr. Selbst heute kann es Wochen dauern, bis große Aufstände und Demonstrationen in dem enorm großen Inneren von China in die Nachrichten kommen. Man muss annehmen, dass im Laufe der Jahre viele einfach niedergeschlagen wurden, bevor sie ans Licht kamen. Bis zu einem gewissen Grad änderte sich das Ende der 1980er-Jahre durch die verbreitete Einführung von Satellitenübertragungen bei den Nachrichtensendern, allerdings nur, wenn der Sender über ausgeklügelte Technik im Land verfügte und Zugang zu dem betreffenden Ereignis hatte. Als *CNN* 1989 Bilder von dem Massaker auf dem Platz des himmlischen Friedens und 1991 vom zweiten Golfkrieg ausstrahlte, veränderte dies die Art, wie die Öffentlichkeit, Regierungen, das Militär und die Medien an globale Krisen herangehen, tief greifend. Die Satellitenübertragungen (und die mutige Entscheidung von *CNN*, alle Ereignisse in Hotelzimmern vor Ort durchzustehen) haben die Beziehung zwischen Medien, Staat und Protestierern verändert und dazu geführt, dass *CNN* von seinen Konkurrenten beneidet wurde. Seine einmalige Fähigkeit, das Geschehen in Echtzeit zu zeigen, verwandelte seine Journalisten in Gebieter über die internationale Meinung in Krisenzeiten. Washington sagt, Saddam sei aus Bagdad geflohen? Was sagt *CNN*? Saddam behauptet, der Luftangriff gestern Abend habe Zivilisten getötet und eine Babymilch-Fabrik zerstört? Was sagt *CNN* dazu? Sie lagen zwar nicht immer richtig, aber *CNN* und später auch *BBC World Service*, *Al Jazeera* und andere haben die Dynamik internationaler Ereignisse verändert. Für Menschen, die versuchten, gegen eine Gewaltherrschaft anzugehen, war es unentbehrlich, dass die Bilder davon via Satellit zu sehen waren.

Trotzdem stellten *CNN* und andere Sender einzelne, nur in eine Richtung verlaufende Verbindungsknoten dar: Ihre Kameras zeigten die Bilder zwar live, aber die Empfänger befanden sich immer noch in der Rolle passiver Zuschauer. Außerdem mussten die Sender immer noch vor den Behörden zu Kreuze kriechen, sonst hätten sie ihre Satellitenverbindung verloren und ihnen wären die Visa entzogen worden. Und schließlich lernten die Regierungen und die militärischen Befehlshaber dieser Welt, dieses Problem zu bewältigen – manchmal wurden *CNN* und *Al Jazeera* hinausgeworfen, sobald die Probleme losgingen, ihre Signale wurden gestört, oder – was subtiler ist – man bestand auf sogenannten Embedded Journalists. Das tat beispielsweise das US-Militär im Irak, um den Journalisten zwar einen gewissen Zugang zu gewähren, aber zu verhindern, dass sie über das gesamte Schlachtfeld streiften.

Vergleichen Sie dieses Vorgehen einmal mit der Informationslawine, die jetzt im Nu jedes größere internationale Ereignis begleitet. Ungefähr seit Beginn des 21. Jahrhunderts werden bedeutende Ereignisse – die Anschläge vom 11. September, der Tsunami in Südasien 2004, die Anschläge auf Züge in Madrid 2004 und in London 2005 – augenblicklich von Augenzeugen in Video- und Textberichten erfasst und via Handy, Internet und soziale Netzwerke eilig weltweit verbreitet. Jeder Mensch mit Telefon wird dadurch zum Zeugen für die Welt oder gar zum Journalisten. Anstatt eines Knotens im Golfkrieg und eines Dutzends an anderen Orten, an denen die großen Nachrichtenagenturen präsent waren, geht die Zahl der Knoten heutzutage in die Millionen. Und im Unterschied zu Fernseh-, Radio- und gedruckten Berichten, die größtenteils nach wie vor in Richtung Massenpublikum fließen und von Redakteuren und Produzenten gefiltert werden, die den Auftrag haben, die Verlässlichkeit der übermittelten Nachrichten zu gewährleisten, macht das neue Modell aus der „Konversation" mehr als die bloße Übermittlung von Informationen. Zuschauer und Leser bekommen jetzt die unbearbeiteten Informationen zu sehen, die hereinströmen, und können sich mit denen unterhalten, die sie gesendet haben – sie anspornen oder gegen sie argumentieren. Nur selten treten die Urheber dieser vielen Informationsknoten einen Schritt zurück und sehen in einem weniger hektischen Bericht einer traditionellen Agentur nach, bevor sie sich wieder ins Gewühl stürzen.

Dank Menschen, die Natur- oder menschengemachten Katastrophen zum Opfer fielen, hinterließ das Handy bereits seinen Stempel, bevor angehende Revolutionäre diese neuen Möglichkeiten anwandten. Handys veranlassten die ersten unbeachteten Warnungen vor den Flugzeugentführungen am 11. September, als entsetzte Passagiere Augenblicke, bevor ihr Schicksal sie ereilte, berichteten, dass sie unter Wolkenkratzerhöhe flogen. Als die Angriffe begonnen hatten, brachen zwar viele Handynetze wegen des hohen Gesprächsaufkommens zusammen, aber trotzdem wurden Zigtausende Bilder, Videos und Textberichte über den stattfindenden Albtraum verfügbar – auch wenn die Mittel, sie auszuwerten, noch nicht erfunden waren. Der Tsunami 2004 – vielleicht die ultimative Demonstration des Handy-

Effekts, bevor sich die Social Networks dazugesellten – zeigte an, in welchem Ausmaß die traditionellen Überprüfungs- und Produktionssysteme des Journalismus und der staatlichen Nachrichtendienste von der Technologie überholt worden waren. Es erwies sich, dass die verstreuten Knoten in Form von Hunderttausenden Menschen dafür taugten, sehr schnell reichhaltige Detailinformationen über Ereignisse zu liefern, mit denen sogar die Kapazitäten zur Informationsverarbeitung der größten traditionellen Nachrichtenkanäle überfordert waren – zum Beispiel der *BBC*, *CNNs* und der *New York Times*. Alle drei hissten bald die weiße Flagge, beugten sich der neuen Realität und stellten Material von „Bürger-Reportern" in den Mittelpunkt der Berichterstattung.

Auch wenn Journalisten wegen ihrer Pflicht, redaktionelles Urteilsvermögen zu liefern, Bauchschmerzen hatten, taten die Medien damit doch das Richtige. Aus Handys und Laptops in verstreuten Winkeln des über 25.000 Quadratkilometer großen Gebiets, das von dem Erdbeben und dem Tsunami betroffen war, strömten verzweifelt benötigte Informationen. Sie reichten von den Zuständen in entlegenen Dörfern und den Schäden durch Nachbeben bis hin zu Fotos von Kindern, die von ihren Eltern getrennt worden waren. Schnell denkende Blogger fassten die Knoten zu einem einzigen Blog zusammen, dem *South-East Asia Earthquake and Tsunami Blog* (http://www.tsunamihelp.blogspot.com/), und brachten schließlich Google dazu, dass es durch ein kostenloses „Adword" die Aufmerksamkeit darauf lenkte. „Uns wurde klar, dass die Menschen auf der Suche nach Informationen waren, dass es aber nicht viele gab", so der indische Blogger Rohi Gupta, einer der Organisatoren des Blogs, in einem Interview mit der *Online Journalism Review*. „Wir hatten die Idee, eine zentrale Börse für die vielen Informationen einzurichten, die wir sammelten."[4]

Kein staatlicher Behördenapparat der Welt, geschweige denn in Südasien, hätte eine derart reichhaltige Quelle für Nachrichten von der Katastrophe oder einen derart fesselnden Einblick in die Tragödie liefern können. Auch keine Medienorganisation. Steve Outing, Redakteur beim Branchenmagazin *Editor & Publisher*, bezeichnete das als „Wendepunkt" für die „Bürgermedien" – Nachrichten für die digitale

Demokratie.⁵ Zwar hegen viele Journalisten immer noch tief greifende Vorbehalte gegen das Fehlen der Überprüfung von Fakten und der redaktionellen Priorisierung, das der „Bürgerjournalismus" mit sich bringt, aber wenn man sich jetzt dagegenstellen würde, dann wäre das so, als würde man sich darüber beschweren, dass sich die Erde um die Sonne dreht. Viel sinnvoller ist es, sich dem anzupassen.

Ein um das andere Mal passen sich Technologien, die für die alltägliche Kommunikation oder für die Wissenschaft gedacht waren, an eine neue Aufgabe an: dem Durchschnittsbürger das gesetzwidrige Verhalten und die Inkompetenz von Regierungen sowie den Bedeutungsverlust traditioneller Medien vor Augen zu führen. Im vergangenen Jahrzehnt hat sich das bei verschiedenen Gelegenheiten erwiesen: bei Naturkatastophen (Hurrikan Katrina 2005, Erdbeben in Sichuan 2008, Erdbeben in Chile und Haiti 2010), im Krieg (die Hinrichtung von Saddam, die Grausamkeiten in Abu Ghraib, das WikiLeaks-Video von einem Hubschrauber der US Army, der einen Kameramann von Reuters tötet) und in revolutionären Momenten (die niedergeschlagene Grüne Revolution im Iran 2009, die Orangefarbene Revolution in der Ukraine 2004, die Tulpenrevolution im repressiven Kirgistan 2005 und der nachfolgende Umsturz 2009, die sogenannte Twitter-Revolution in Moldawien 2009). Am bedeutendsten war der bahnbrechende Aufstand in Tunesien im Dezember 2010, nachdem WikiLeaks kaum einen Monat zuvor Geheimdepeschen von US-amerikanischen Diplomaten veröffentlicht hatte, in denen das bestürzende Ausmaß der Beamtenkorruption im diktatorischen Regime Tunesiens beschrieben wurde.

Diese Ereignisse fanden in völlig verschiedenen Ländern mit diversen politischen und Wirtschaftssystemen statt, von frei bis diktatorisch. Aber keine der betreffenden Regierungen konnte nach den alten Regeln spielen und ihren Zugang zur Macht oder die entlegene Lage von Katastrophengebieten ausnutzen, um „die Geschichte zu manipulieren". Die unbezähmbare Macht von Informationen, die unmittelbar aus der Quelle stammen, hat die seit Jahrhunderten bestehenden Möglichkeiten von Regierungen, Nachrichten zu manipulieren (manchmal auch zu zensieren), zunichtegemacht.

AUF DIE STRASSE

Während im Nahen Osten weiterhin Erhebungen und Niederschlagungen aufflammen, erteilt uns eine frühere von der Technologie befeuerte Erhebung in der postsowjetischen Balkan-Nation Moldawien wichtige Lehren darüber, wie durchschnittliche Menschen, die unter normalen Umständen wohl niemals bei Protesten gegen den Staat Leib und Leben riskiert hätten, von sozialen Netzwerken inspiriert und motiviert wurden. Dana Muntean war eine 19-jährige Studentin im ersten Jahr an der Universität in der moldawischen Hauptstadt Chisinau, als die regierende Kommunistische Partei Moldawiens verkündete, sie habe die Parlamentswahlen im April 2009 mit großer Mehrheit gewonnen, obwohl Umfragen zeigten, dass sie nur magere Unterstützung fand. „Als die Ergebnisse gemeldet wurden, war ich im Unterricht ... niemand wollte sprechen, alle dachten: ‚Was zum Teufel soll das?' Und alle sagten sich: ‚Ich verlasse dieses Land!'" Nach dem Unterricht checkten sie und mehrere Kommilitonen ihre Facebook-Accounts. „Wir sahen die vielen Botschaften, und um 18 Uhr kamen wir mit Kerzen bewaffnet auf dem zentralen Platz an, um den Kommunisten zu zeigen, dass ihre Zeit vorüber war."[6]

Es hatte das begonnen, was die internationalen Medien bald als „Twitter-Revolution" bezeichneten, aber damals sah das nach einer Neuerung aus, nicht nach dem Beginn eines Trends. Die tieferen globalen Konsequenzen entgingen sowohl den internationalen Medien als auch den jungen Moldawiern, die nachdrücklich Forderungen stellten und schließlich eine erneute Stimmenauszählung erzwangen. „Im Nachhinein bin ich sehr stolz darauf, dass die Moldawier die ersten waren, die die sozialen Medien auf diese Art einsetzten", sagt Muntean. „Ich glaube, dass der Iran, Tunesien und Ägypten, dass die alle von uns gelernt haben."[7]

DIGITALE STICHT ANALOGE DEMOKRATIE

Den digitalen Dissidenten in Moldawien gelang es nicht, ihre Regierung abzusetzen, und davor hatten schon eine Menge andere

Bewegungen SMS benutzt, um Truppen zu sammeln und Reaktionen zu koordinieren, unter anderem die Anti-Bush-Demonstranten im Wahlkampf um die Nominierung zum Präsidentschaftskandidaten in New York 2004 und die Demonstranten, die 2004 gegen die Maßnahmen protestierten, welche die konservative Regierung Spaniens sofort nach den Bombenanschlägen in Madrid traf.

Aber die Entwicklungen der Jahre 2004 bis 2009 fügten diesen Methoden eine neue Raffinesse hinzu. Sharing-Dienste wie Flickr und die Möglichkeit, über Facebook Fotos hochzuladen, hatten zur Folge, dass Bilder und Videos von Ereignissen fast augenblicklich an ein breites, selbst gewähltes Publikum gesendet werden konnten. Dank der Qualität der Handykameras, der Leistungsdauer moderner Akkus und der Tatsache, dass die Handys neuerdings allgegenwärtig waren, lag es nicht in der Macht der Regierungen – besonders nicht mittelloser wie der moldawischen –, den Diskurs zu kontrollieren.

Moldawien hatte zwar das Beispiel gegeben, aber bewiesen wurde die Regel vom Iran und von Syrien: Sogar im Angesicht von Gewalt, Festnahmen und einem ausgeklügelten staatlichen Sicherheitsapparat trugen die Vertreter der Grünen Revolution im Iran im Sommer 2009 und die Syrer, die Panzern und Infanterie gegenüberstanden, ihre Botschaft in die Welt hinaus. Das syrische Regime, das es nicht gewohnt war, dass seine Lügen derart definitiv durch harte Videobeweise widerlegt wurden, war bald diskreditiert – und zwar so sehr, dass es in der Türkei seinen wichtigsten Verbündeten verlor und dass sogar die Arabische Liga trotz ihres bisherigen moralischen Relativismus Syriens Mitgliedschaft aussetzte. Im Jahr 2009 sahen Millionen Menschen auf YouTube den Tod einer unbewaffneten jungen Frau namens Neda Agha-Soltan, die von der fanatischen iranischen Basidsch-Miliz in die Brust geschossen wurde. Viele Millionen mehr sahen andere Gräueltaten, die an friedlichen Demonstranten verübt wurden. Zwar griff der Iran hart durch und verhinderte einen Sturz des Regimes, aber dieses stand am Rande des Abgrunds und die Risse, die sich zwischen verschiedenen Fraktionen innerhalb des Regimes aufgetan haben, könnten sich noch als sein Verderben erweisen. Zumindest hat diese Öffentlichkeitswirksamkeit prodemokratischen Aktivisten an anderen Orten Mut gemacht und Irans Kampagne der Selbstdarstellung als Kraft zur Befreiung anderer Muslime von ihren Regierungen arg unterlaufen. Außerdem ließ dies die späteren Zwiespalte der Vereinigten Staaten vorausahnen, die erst einen Zickzackkurs fuhren, bevor sie Teherans hartes Durchgreifen verurteilten, denn für die Politik der Regierung hatte es Vorrang, den Iran zu produktiven Gesprächen über sein Kernwaffenprogramm zu bewegen.

Wie der Iran demonstriert hat – und Aufstände gegen ähnlich gewalttätige Regimes in Syrien, Libyen und dem Jemen zwei Jahre später gezeigt haben –, können die sozialen Medien die Ereignisse zwar nicht kontrollieren, aber sie – wie Ramy Nagy sagte – beschleunigen. Es ist eindeutig, dass Medien aller Art – vor allem die Satellitenübertragungen von *Al Jazeera*, aber auch Radiosender und Printmedien – die Kunde vom Aufstand in Tunesien und von der darauf folgenden ägyptischen Revolution verbreitet und den Mut wütender arabischer Bürger in anderen Ländern befeuert haben, die sich danach sehnten, ihren Anteil an der Menschenwürde zu fordern. Es mag ja sein, dass der Medienwirbel um Twitter- oder Facebook-„Revolutionen" die Rolle der Technologie übertreibt – wie von Jared Cohen, dem Direktor von Google Ideas, und anderen angedeutet, unter anderem von Facebook-Gründer Mark Zuckerberg. Das Ausmaß, in dem die Technologie die Fähigkeit von Staaten untergräbt, ihre Bürger zu kontrollieren, kann allerdings nicht überschätzt werden. Die digitale Revolution ist ein profunder historischer Meilenstein. Selbst der Erste Weltkrieg, der absoluten Monarchien von Deutschland über Russland bis zum Osmanischen Reich den Untergang bereitete, trug weniger zur Ermächtigung des Durchschnittsbürgers bei als Nokia, Motorola, Research in Motion und Apple – ganz zu schweigen von Facebook, Twitter, Google und den Legionen junger Aktivisten, die entschlossen waren oder sind, diese ganze Macht auch einzusetzen. Denn schließlich machten die Monarchien Anfang des 20. Jahrhunderts einfach neuen Eliten Platz – Industriellen, Militärleuten und linksgerichteten Ideologen – und um ihre Bevölkerungen zu kontrollieren, verwendeten sie die gleichen Hebel wie ihre königlichen Vorgänger: Polizeikräfte, Zensur, die

Ermordung von Unruhestiftern, das Verbot politischer Versammlungen und, wenn es ihnen nützte, Prügel, Folter und Tod.

Selbst die Sperrung des Internets, die von den Sicherheitsdiensten in Syrien, Libyen und Ägypten in verschiedenen Stadien der Erhebungen versucht wurde, kann entschlossene Cyber-Dissidenten nicht daran hindern, sich zu organisieren. In Libyen benutzten Rebellen Satellitentelefone, um Videos über Gewalt von Gaddafis Staat gegen Protestierer hochzuladen. In Ägypten gelang es Softwareentwicklern, ein alternatives Internet zu basteln – ein Peer-to-Peer-Netzwerk, welches das staatlich kontrollierte Netz umging –, als der Staat begann, den Zugang zu blockieren. Und von China über Weißrussland bis Kuba verwenden Dissidenten aktualisierte Versionen der altbewährten Samisdat-Methoden, die entwickelt wurden, um prodemokratische Schriften durch den Eisernen Vorhang zu schmuggeln: Sie speichern heruntergeladene Videos, Bilder und Texte auf winzigen USB-Sticks und schicken oder schmuggeln sie ins Ausland. Syrer haben USB-Sticks über die Nordgrenze in die Türkei geschmuggelt und selbst in den dunkelsten Momenten, als das Assad-Regime hart durchgriff, dank robuster Verbindungen zum relativ freien Libanon den Zustrom von Bildern und Informationen in den Cyberspace aufrechterhalten. Da die Vereinigten Staaten und andere öffentliche und private Körperschaften die Erforschung der Möglichkeiten finanzieren, den Vorsprung solcher Dissidenten gegenüber den Zensoren zu wahren, scheint das „Wettrüsten" zwischen den Regimes und ihren Untertanen bislang den Menschen einen einseitigen Vorteil zu bieten.

Sogar in China, wo der Staat Websites peinlich genau zensiert und ausländische Domains blockiert, um den Deckel auf Themen wie der Unabhängigkeit Tibets, Angriffen gegen die Kommunistische Partei und Umweltkatastrophen zu halten, hat die Regierung in letzter Zeit mehrere Schlachten verloren. Als der Staat auf die Entgleisung eines Hochgeschwindigkeitszugs im Sommer 2011 damit reagierte, dass er die Berichterstattung zensierte und tatsächlich mehrere Waggons vergrub, um Indizien für schlampige Verarbeitung zu vertuschen, explodierte das soziale Netzwerk Sina Weibo, das der Staat als kontrollierbare Alternative zu Microblogging-Sites wie Twitter und Facebook eingerichtet hatte, vor Empörung. Der Staat erzitterte, als Bürger lauthals Methoden der Bewusstseinskontrolle anprangerten und Anschuldigungen der Lüge und Korruption im Hochgeschwindigkeits-Schienennetz erhoben, einem von Chinas technischen Vorzeigeprojekten. Das Muskelspiel der Microblogs zwang das chinesische Eisenbahnministerium zu einer seltenen Entschuldigung und das Ausmaß der Wut, die sich gegen Chinas Premierminister Wen Jiabao richtete, war beispiellos. Konservative Mitglieder der Kommunistischen Partei verlangten, die Microblogs zu zensieren, und Stimmen innerhalb des Unternehmens Sina Weibo und seines Konkurrenten Qzone agitierten auf einmal für ein Ende der anonymen Postings – die es hauptsächlich möglich gemacht hatten, sich auf diesen Plattformen freimütig über Politik zu unterhalten.

Diese Stimmen wurden überschrien und als Agenten des Staates gebrandmarkt. In einer Antwort auf Sina Weibo hieß es: „Sammeln wir uns um den Vergewaltiger, der Aufrufe gegen Sex vor der Ehe herausgibt."[8] Während ich dies schreibe, wachsen die Microblogs sowohl hinsichtlich der Größe als auch hinsichtlich des Einflusses weiterhin, und das gilt auch für Chinas Facebook-Pendants Kaixen und Renren.

BIG BROTHERS VERLORENE HANDHABE

Auf einer Ebene bedeutet dies für Amerika einen gewaltigen Sieg. Laut der OpenNet Initiative, einem gemeinnützigen Projekt, das Usern in repressiven Ländern hilft, staatliche Anstrengungen zur Kontrolle der Internetnutzung zu umgehen, besitzt über die Hälfte der Weltbevölkerung – gut fünf Milliarden Menschen – entweder ein Handy oder einen Computer mit irgendeiner Form des Zugangs zum Internet oder zu sozialen Netzwerken. Facebook, Twitter, die Blogs, SMS und Handys, Nachrichtensendungen via Satellit und das Internet selbst haben in Amerika angefangen. Die Demokratisierung der Politik, die jede einzelne dieser Technologien und Software-Innovationen entfesselt hat, ist ein wahrhafter Jefferson-Moment – eine Welt, die frei ist, nach Leben, Freiheit und Glück zu streben.

Aus meiner eigenen Erfahrung mit den Technologien eines früheren unruhigen Zeitalters – der Revolutionen in Osteuropa 1989 – kenne ich die potenziellen Vorteile, die den Vereinigten Staaten zufließen könnten, wenn sie für die heutige Informationsrevolution die gebührende Anerkennung bekämen. Im ehemaligen Ostblock und in der UdSSR selbst schenkten die Hörer den geächteten Auslandssendern – zum Beispiel *BBC World Service, Voice of America* und *Radio Free Europe/Radio Liberty*, wo ich damals arbeitete – große Aufmerksamkeit. In Gesellschaften, die schon vor langer Zeit den Glauben an ihre eigenen, staatlich geführten Medien verloren hatten, bewirkten eine drohende internationale Krise oder Gerüchte über Unruhen im eigenen Land eine panische Flucht weg von den lokalen Quellen und hin zu den knisternden Kurzwellensendern aus dem Westen. Millionen von Menschen nahmen die Gefahr sehr realer Konsequenzen in Kauf – Gefängnis und mancherorts noch Schlimmeres –, um unzensierte Berichte über die Ereignisse zu hören, die ihr Leben bestimmten. Wie sonst sollte ein junger demokratischer Aktivist in Ungarn oder Bulgarien die bahnbrechende Arbeit der polnischen Solidarność-Bewegung verfolgen? Falls die Medien eine solche Entwicklung überhaupt erwähnten, dann in der Sprache der Propaganda, welche die Protestierenden als „Marionetten des Westens" oder „Klassenfeinde" abstempelte. Das Bewusstsein, dass die Außenwelt von den Taten des Volkswiderstands in den Polizeistaaten wusste und sich dafür interessierte, hielt in Ost-Berlin, Warschau, Prag, Bukarest und andernorts die Moral derjenigen hoch, die mittendrin waren.

„Die Menschen werden Sie überraschen", sagte Nick Kaltchev, der von den 1970er-Jahren bis zu seinem Ruhestand 1997 ein prominenter bulgarischer Rundfunksprecher von *Radio Free Europe/Radio Liberty* war. „Ich weiß, wie die Amerikaner die Menschen hinter dem Eisernen Vorhang vor dem Fall der Mauer gesehen haben – als Roboter, die nicht selbst denken können. Aber das konnten sie, und sie taten es auch. Und als sich eine Gelegenheit eröffnete, ergriffen sie sie selbst nach 45 Jahren Kommunismus beim Schopf. Sie wussten, dass Amerika nicht perfekt ist, aber da das in den Nachrichten aus Amerika zugegeben wurde, die sie hörten, waren Sie überaus glaubwürdig." [9]

Da jedoch die Vereinigten Staaten mehr als die meisten anderen Länder ein Interesse an der Aufrechterhaltung des Status quo haben, werden sie diesmal mit den Bestrebungen zu kämpfen haben, die ihre kreative Seite entfesselt hat. 23 Jahre nach dem Fall der Mauer wird es den Vereinigten Staaten ein gutes Stück schwerer fallen, die Jasmin-Revolutionen der arabischen Welt zu integrieren. Anders als im Kalten Krieg, der sich um einen ideologischen Konflikt zwischen demokratischem Kapitalismus und repressivem Kommunismus drehte, unterscheiden sich die Meinungsströmungen im Nahen Osten enorm voneinander und die dortige Politik der Vereinigten Staaten war so zynisch wie je eine Politik, die sie betrieben haben. Auch wenn hart gesottenen polnischen Nationalisten oder russischen Demokratie-Aktivisten die Tatsache aufstieß, dass sich die Vereinigten Staaten im Zweiten Weltkrieg mit Stalin verbündet hatten, so erkannten sie doch wenigstens den praktischen Sinn der Motive Amerikas an: Hitlerdeutschland zu besiegen. Aber die Araber sind bezüglich der Motive der Vereinigten Staaten in ihrer Region sehr viel weniger nachsichtig. Bestenfalls betrachtet die arabische Meinung die Vereinigten Staaten als politisch naiv und gefesselt durch die starke israelische Lobby in Washington. Häufiger jedoch sehen die Araber die Vereinigten Staaten als rassistischen, machiavellistischen Giganten an, den es nach den Ölquellen der arabischen Welt dürstet und der darauf aus ist, die Bemühungen der islamisch-arabischen Kultur zu vereiteln, den ihr zustehenden Platz in der Welt einzunehmen. Das ist die Kurzfassung des „großen Satans", den Ajatollah Chomeini, die treibende Kraft hinter der islamischen Revolution 1979 im Iran, so häufig anführte.

Manche – darunter auch ich – hatten gehofft, dass ein Regierungswechsel in Washington im Jahr 2008 eine Chance bieten würde, diese Fehlauffassungen anzugehen. Aber der Wechsel von George W. Bush zu Barack Obama, den viele Amerikaner als tief greifend und sogar historisch empfanden, macht sich in der islamischen Welt kaum bemerkbar – in dieser Region waren die greifbarsten Ergebnisse eine Erhöhung der Truppenstärke in Afghanistan und die Verstärkung des Einsatzes von Drohnen, um Terroristen aufzuspüren, die sich in den pakistanischen Stammesgebieten verstecken.

Und an der israelisch-palästinensischen Front hat der Mangel an Fortschritten nach jahrzehntelangen Gesprächen die Wasser beträchtlich getrübt. Tatsächlich deutet eine Umfrage des ehrwürdigen Pew Global Attitudes Project aus dem Frühjahr 2011 darauf hin, dass die amerikanische Politik bis weit in Obamas Amtszeit hinein eher als Ursache der Probleme in der Region gesehen wird denn als eine Lösung. „In entscheidenden arabischen Nationen und in anderen vorwiegend muslimischen Ländern bleibt das Ansehen der Vereinigten Staaten so negativ, wie es seit fast zehn Jahren ist", hieß es in dem Pew-Bericht. „Tatsächlich ist die Meinung über die USA in Jordanien, der Türkei und Pakistan noch negativer als vor einem Jahr." [10]

Traditionell tun die Amerikaner, die es gewohnt sind, an der Spitze der Nahrungskette zu stehen, solche Haltungen achselzuckend ab. Besonders arabische Haltungen werden als Ausdruck von Ressentiments einer Kultur abgetan, die für ihre eigenen Unzulänglichkeiten anderen die Schuld geben will, insbesondere den Vereinigten Staaten und Israel. Historisch gesehen empfinden viele Amerikaner die Araber als „Kultur, die ihren Höhepunkt in der Highschool überschritten hat", wie es ein schalkhafter Freund von mir einmal ausgedrückt hat. Doch der Glaube an eine solche Verallgemeinerung wiederholt den entscheidenden Fehler des Kalten Krieges – und wirft letztendlich die Ägypter, die Syrer, die Marokkaner und die Saudi-Araber genauso in einen Topf, wie Amerika einst den Warschauer Pakt pauschalisierte. Indem arabische Bevölkerungen nun aus den Felsbrocken emporklettern, unter denen ihre Diktatoren sie gehalten hatten, zwingen sie die Amerikaner zu einer Neubeurteilung. Amerikaner finden gutes Fernsehen unwiderstehlich, und seit die Mauer fiel, haben nur sehr wenige Live-Ereignisse besseres Videomaterial aus dem Ausland ergeben als das Schauspiel einer vom Volk betriebenen, durch soziale Netzwerke gestützten gewaltlosen Revolution auf dem Tahrir-Platz in Kairo.

Trotz der „Made in America"-Aufkleber auf Facebook, Twitter und anderen beschleunigenden Technologien und trotz der Tatsache, dass viele Ägypter und Tunesier auf die amerikanische Bürgerrechtsbewegung und ihre Verfassungsgarantien als Vorbild blickten, sorgt die zynische, eigennützige Politik, welche die Vereinigten Staaten im Nahen

Osten seit einer Generation betreiben, dafür, dass die Vereinigten Staaten selbst wenig Anerkennung dafür bekommen. Die technologische Revolution hat tatsächlich den Schwachen Macht gegeben, und eine der Mächte, zu deren sofortiger Ausübung sie sich entschlossen haben, war die verächtliche Behandlung des Hegemons. Außenministerin Hillary Clinton, die als erste hochrangige Vertretern nach Mubaraks Absetzung Ägypten besuchte, wurde von den Anführern der ägyptischen Jugendbewegung die kalte Schulter gezeigt. Sie posteten auf ihrer mächtigen Facebook-Seite, ihre Ablehnung beruhe „auf [Clintons] negativer Haltung ab dem Beginn der Revolution und auf der Position der US-Regierung im Nahen Osten."[11] Die Tage, in denen amerikanische Diplomaten die Stimmung in der Bevölkerung ignorieren und Absprachen mit einer abgehobenen, autokratischen Elite treffen konnten, sind gezählt. In diesem neuen, vernetzten Zeitalter zählen die Ansichten gewöhnlicher Menschen fast so viel wie die ihrer Regierung. So seltsam sich das für die Bürger eines Landes anhören mag, das Milliarden für die Bekehrung zur Demokratie ausgibt: Für Amerika wird sich das als Albtraum entpuppen.

FACKELTRÄGER

Grundlage dieses Dilemmas ist die Tatsache, dass das Amerika, das aus dem Zweiten Weltkrieg hervorging, die Aufgabe des Britischen Empires geerbt hat, die weltweiten Handelsrouten offen zu halten und Koalitionen zusammenzubringen, um Bedrohungen des Kapitalismus oder widerrechtliche Invasionen zu glätten. In der Auslegung der Vereinigten Staaten bedeutete das, den Märkten, den Diplomaten und den Verbündeten selbst dann „Stabilität" zu gewährleisten, wenn das für die Bewohner vor Ort enorme Störungen, Unterdrückung und Instabilität bedeutete. Das Nachkriegs-Amerika war zwar gegen den Kolonialismus europäischer Spielart, aber tief im Inneren hatte es ein eher dubioses Interesse an der Verbreitung der Demokratie auf dem ganzen Planeten. In Europa, Japan und den neuerdings unabhängigen europäischen Kolonien rund um die Welt war die Demokratie zwar die bevorzugte Lösung. Aber in der Dritten Welt hatte die

Demokratie nur einen Schuss frei. Wenn es ihr nicht gelang, schnell und leicht Fuß zu fassen, oder wenn sie mit staatssozialistischen Lösungen für die drückende Armut liebäugelte, unter der die meisten Länder litten, dann taten sich die Dynamik des Kalten Krieges und die Notwendigkeiten des globalen Kapitalismus zusammen und flößten den Vereinigten Staaten eine nahezu unendliche Toleranz gegenüber Staatsstreichen und den Autokraten ein, die sie an die Macht brachten, selbst wenn sie mörderisch (wie die Militärjunta in Argentinien und die Familie Duvalier in Haiti) oder religiöse Fanatiker (wie in Saudi-Arabien) waren.[12] Diese moralische Zweideutigkeit, die in dem Spruch aus dem Kalten Krieg „Er ist ein Mistkerl, aber er ist unser Mistkerl" zusammengefasst wurde, fiel in vielen Regionen nach 1989 weg. Aber in einigen üblen Ecken des Planeten hält sie sich bis heute – und der Nahe Osten ist wohl die übelste von allen.

Ob es den Amerikanern gefällt oder nicht, vieles von dem, was diese frisch befreiten Menschen ändern wollen, gehört zu der Welt, die Amerika in den letzten 70 Jahren selbst gestaltet hat. Belege für die schrecklich irregeleiteten Annahmen, die hinter der US-Politik standen, sind heute überall im arabischsprachigen Internet zu lesen. In einer Welt ohne „Befreiungstechnologie", wie das manche nennen, wäre die erneute Auferlegung einer von den Vereinigten Staaten durchgesetzten Stabilität, die auf „Mistkerlen" wie Mubarak oder Jemens langjährigem Präsidenten Ali Abdullah Saleh beruht, vielleicht möglich. Israel wäre sicherlich der Teufel, den es kennt, sogar ein blutrünstiger wie Syriens Präsident Baschar al-Assad, lieber als der Teufel, den es nicht kennt. Auch die europäischen Regierungen könnten versucht sein, sich zu wirtschaftlichen Zwecken mit russischen, chinesischen und anderen Interessen zusammenzutun, um Regierungen zu bewahren, die ihnen dank ihrer herrschenden staatlichen Monopole Öl-Explorationsrechte gewährt haben.

Aber so etwas erwartet die Welt von Mächten aus der zweiten Reihe. Die Vereinigten Staaten haben durch ihre eigene Rhetorik die Messlatte der Erwartungen höher gelegt. Für die Obama-Regierung ist der Arabische Frühling, wie die Bewegungen in der Region inzwischen genannt werden, eine Art Hydra – sobald sich die US-Politik so eingestellt hatte, dass sie eine Herausforderung rationalisieren konnte (Tunesien), tauchte eine neue auf (Ägypten), auf die eine dritte (Libyen), dann eine vierte, fünfte und sechste (Bahrain, Jemen, Syrien) folgten. Jede erhöhte den Einsatz und strapazierte das Gewebe der rhetorischen Logik bis zum Zerreißen. Washington reagierte darauf, indem es sehr klare, ziemlich schändliche Grenzen zog, was die Unterstützung von Volksaufständen angeht. Zwar setzte Washington den widerlichen, gewalttätigen Gaddafi nur allzu gern unter Druck (solange die Franzosen und die Briten bereit waren, die Polizeiaktion zu leiten), es kritisierte aber nur zögerlich Syriens bösartiges Durchgreifen gegen seine eigene unruhige Bevölkerung, und zwar weil Israel Angst vor Unruhe an seinen Grenzen hatte und wegen Syriens strategischer Stellung als bekannte, wenn auch inaktive Größe in der arabisch-israelischen Friedensdiplomatie. Noch wichtiger ist, dass Washington fast schwieg, als Saudi-Arabien und verbündete Golf-Emirate Panzer schickten, um eine Erhebung gegen die Monarchie der sunnitischen Minderheit niederzuschlagen, die über die überwiegend schiitische Insel Bahrain herrscht. Diese Schachzüge, die von Regierungsvertretern in inoffiziellen Kommentaren als „nüchterne Realpolitik" bezeichnet werden, deuten in Wirklichkeit auf etwas anderes hin: ein bleibendes, sehnsüchtiges Verlangen nach den Gewissheiten, die es in der Welt vor der Jasmin-Revolution gab, einer Welt, die nicht mehr existiert. Mit einem technologischen Touch formuliert, lebt Washington immer noch in einer Prä-Facebook-Welt. Diese Ungereimtheiten verstärken bei den Arabern noch den Eindruck des moralischen Relativismus in Washington und enthüllen auf einer tieferen Ebene eine Supermacht, die auf Ereignisse opportunistisch reagiert, weil sie nicht mehr hoffen kann, sie zu kontrollieren.

JENSEITS DER SANDWÜSTEN

Selbstverständlich kann man die zunehmende Bedeutungslosigkeit der Vereinigten Staaten nicht allein der Technologie in die Schuhe schieben. Die Fehltritte im Irak und in der globalen Finanzkrise spielen ebenfalls eine große Rolle. Aber die Technologie wächst die Kufen und macht es sehr schwer, das Abrutschen von Amerikas Ruf der Allmacht umzukehren. Schauen Sie sich einmal die US-amerikanische Politik gegenüber China und insbesondere dessen Menschenrechtsbilanz an. Man hätte erwarten können, dass diesem Thema unter Obamas Präsidentschaft große Aufmerksamkeit gewidmet würde. Doch die Regierung, die unter zwei Kriegen und einer Wirtschaftskrise ächzte, brachte in puncto Menschenrechte von Anfang an nicht viel mehr als Lippenbekenntnisse. Da nun wirtschaftliche Bande das Hauptanliegen in den Beziehungen zwischen den Vereinigten Staaten und China sind und die Befürchtungen hinsichtlich eines möglichen bewaffneten Konflikts stets kurz danach kommen, ist der Umgang Chinas mit seinen Bürgern auf der Agenda nach unten gerutscht. Heutzutage kritisiert Washington es selten, wenn China hart durchgreift, sei es gegen bloggende Demokratie-Aktivisten oder gegen ethnische Minderheiten, deren Leiden in der jüngeren Vergangenheit regelmäßig zu Gewaltausbrüchen führten, unter anderem 2008 in Tibet, 2009 seitens der Muslime in Xinjiang und 2011 seitens der Mongolen in der Inneren Mongolei. Hillary Clinton formulierte diese neue Realität anlässlich ihres ersten Peking-Besuchs als Außenministerin im Jahr 2009 vernehmlich. Sie sagte, sie würde zwar Themen wie Tibet und gefangene Dissidenten ansprechen, „aber unser Drängen in diesen Angelegenheiten darf [die Themen] globale Wirtschaftskrise, globaler Klimawandel und Sicherheitskrise nicht beeinträchtigen."[13]

In Menschenrechtskreisen ist dies Anlass für tief greifende Unzufriedenheit. Gruppierungen wie Amnesty International, Freedom House und Human Rights Watch (vollständige Offenlegung: Ich gehöre dem Kommunikationsbeirat von HRW an) sind enttäuscht darüber, dass die Menschenrechte während Obamas Amtszeit als zweitrangig behandelt werden. Aber die Geschichte mit der Technologie stellt einen Hoffnungsschimmer dar. Die rhetorische Unterstützung und der diplomatische Druck der Vereinigten Staaten sind zwar nach wie vor wichtig, aber sie sind bei Weitem nicht mehr das einzige Mittel, widerspenstige Tyrannen unter Druck zu setzen. Tatsächlich haben die Regimes von China über Saudi-Arabien bis

Kuba mehr Angst vor Bloggern und undurchsichtigen sozialen Netzwerken als vor irgendwelchen Verlautbarungen aus Washington.[14] Es dauert nicht mehr lange, dann könnten sich die Dissidenten immer mehr von dem traditionellen diplomatischen Druck von Regierungen im Stich gelassen fühlen, um den sie früher gebuhlt haben. Aber die Technologie könnte das ausgleichen, indem sie die Dissidenten stark wie nie zuvor befähigt, die Zentralregierung herauszufordern, sie zu beschuldigen und sich gegen sie zu organisieren, und auch den NGOs Macht verleiht, die das Recht der Andersdenkenden auf freie Meinungsäußerung unterstützen.

Aber natürlich bleibt die Gefahr für die Dissidenten bestehen. China sperrt Menschen, die das politische Monopol der Kommunistischen Partei infrage stellen, immer noch ein, und Kuba duldet so gut wie keine ernsthafte Kritik an seinem schlecht funktionierenden Polizeistaat. Im besten Fall würden die Vereinigten Staaten und andere Nationen, die solchen abweichenden Meinungen traditionell zumindest moralische Unterstützung bieten, dies weiterhin tun und gelegentlich – im Falle unerhörter Missbräuche – in Form konkreter Sanktionen handeln. Aber die autoritären Staaten werden sich ebenfalls bemühen, sich an diese neuen Herausforderungen anzupassen. Schon jetzt gibt es zahlreiche Hinweise darauf, dass solche Anstrengungen von den Einparteien-Regierungen in China, Kuba, im Iran, Saudi-Arabien und Usbekistan als ihre größte und schwerste Herausforderung betrachtet werden und dass die herrschenden politischen Parteien in etwas weniger repressiven Gesellschaften wie Russland und Venezuela sie als Bedrohung ihres Informationsmonopols ansehen. Selbst in Großbritannien verlangten die Polizei und einige Parlamentsmitglieder während einer Reihe von Aufständen in mehreren Städten im Sommer 2011 von Twitter und Facebook, lokale Netzwerke „zu verdunkeln", von denen die Behörden meinten, sie würden die Ausbreitung der Gewalt von einer Stadt in die andere fördern.

In freien Gesellschaften können Facebook und Twitter solchen Unsinn zum Glück zurückweisen. Aber Despoten nehmen so etwas nicht tatenlos hin. Alle entsprechenden Regierungen ergreifen nicht nur Straf- und Abschreckungsmaßnahmen wie Gefängnis und innere

Verbannung, sondern sie arbeiten auch fieberhaft daran, Internetseiten und andere Kommunikationsnetzwerke, die von ihrem Territorium aus zugänglich sind, zu filtern und zu zensieren.

„Die chinesische Regierung hat bereits ihre Absicht klargestellt, die Souveränität über ein eigenes Internet auszuüben. Andere autoritäre Staaten haben jeden Anreiz, diesem Vorbild zu folgen", schreibt Ian Bremmer, Präsident der Eurasia Group, einer Beratungsfirma in Sachen politische Risiken.[15]

Bremmer hat recht, und allzu oft stellen amerikanische und sonstige westliche Technologiefirmen, die ihren Zugang zu lukrativen, schnell wachsenden Märkten wie China oder Russland bewahren wollen, die Filter-Software bereit, die solche Regimes in die Lage versetzt, ihre Ziele zu erreichen. Doch der Versuch, den freien Fluss der Technologie aufzuhalten, ist ein von vornherein verlorenes Spiel. Heimischer Einfallsreichtum und Unterstützung von gemeinnützigen Organisationen aus der freien Welt trotzen den Filtern weiterhin, allerdings reicht ihre Wirkung immer noch, um weniger ambitionierte Menschen – im Prinzip die Massen – am Zugriff auf zensierte Informationen oder ausländische Websites zu hindern. Doch daran, wie weit Chinas dünnhäutige herrschende Partei geht, um die freie Meinungsäußerung zu verhindern – im Jahr 2011 verbannte sie das Wort „Jasmin" aus den chinesischen Suchmaschinen und entfernte die allgegenwärtige Blüte sogar von Marktbuden –, ist ersichtlich, wie sehr ein bescheidener Tweet sogar einen Drachen erschrecken kann. Die Partei kann nicht hoffen, die Technologie auf Dauer zu besiegen. Ihre Niederlage wird für die Zivilisation ein Gewinn sein.

DIE KEHRSEITE DER MEDAILLE

Die Schwächung der Kontrollmechanismen einer Diktatur ist allerdings der leichtere Teil. In den kommenden Jahren werden auch demokratische Gesellschaften, allen voran die Vereinigten Staaten, in dieser neuen Umgebung zu kämpfen haben. Denn in Amerika selbst, wo alles mögliche plötzlich online aufgetaucht ist – von der Socialist Workers Party über die Aryan Nations bis hin zu illegalen Gruppen, die mit Kinderpornografie handeln –, wird die Demokratisierung der Technologie nicht nur selbstlosen ägyptischen Studenten und chilenischen Müttern eine Stimme verleihen, die über schlampige Bauten in einem Erdbebengebiet wütend sind, sondern auch vehement antiamerikanischen Terrororganisationen wie al-Quaida oder Nationalisten und Rassisten, die jede einzelne ihrer Anklagen gegen ihre Feinde vorbringen.

Für die Vereinigten Staaten, die bereits zig Millionen Dollar für die Überwachung von al-Quaida-Chatrooms und anderen Orten ausgegeben haben, an denen sich militante Islamisten versammeln, um gegen den großen Satan zu wettern, entstand die erste konkrete Beschädigung ihrer nationalen Agenda allerdings durch einen im Ausland lebenden Australier namens Julian Assange und seine inzwischen berühmte, bahnbrechende Technologie WikiLeaks. Im April 2010 veröffentlichte Assange heimlich mit einer Bordkamera gemachte Aufnahmen davon, wie ein Apache-Hubschrauber der US-Armee im Irak einen Fotografen der Nachrichtenagentur Reuters unter Umständen niederschoss, aus denen viele Zuschauer schlossen, das sei Absicht gewesen. Nachdem es sich dadurch den Zorn des US-Militärs zugezogen hatte, setzte WikiLeaks im Juli mit mehr als 40.000 Seiten nach, die es als „Afghan War Diary" bezeichnete und die fast alle davor als geheim eingestuft worden waren. Im Oktober kamen 400 geheime Dokumente des US-Militärs über den Irak-Krieg und einen Monat später eine ähnlich große Tranche geheimer diplomatischer Depeschen aus dem US-Außenministerium.

Angeblich stammte vieles von dem, was WikiLeaks in dieser Zeit veröffentlichte, aus einer einzelnen Quelle: von einem verärgerten Irak-Veteranen und Gefreiten der US-Armee namens Bradley Manning. Als Angehöriger des Militärs der Vereinigten Staaten wird Manning eine schwere Strafe erhalten, wenn seine angebliche Entscheidung, Tausende geheimer Dokumente durchsickern zu lassen, bewiesen wird. Seine Misshandlung vor der Verhandlung – ungewöhnlich harte Haftbedingungen – veranlasste P. J. Crowley, den Sprecher des Auswärtigen Amtes und ehemaligen PR-Mann, aus Protest zurückzutreten. Unter anderem wird Manning Verrat zur Last gelegt, ein

Kapitalverbrechen, das theoretisch mit der Todesstrafe geahndet werden kann, allerdings sagt die Staatsanwaltschaft, sie werde sie nicht beantragen.

Ungeachtet der moralischen Aspekte von Mannings Schicksal und ungeachtet der Gefühle, die ihn dazu bewogen haben, seinen Eid als Soldat zu brechen – die Militärjustiz wird an ihm unweigerlich ein Exempel statuieren wollen. Die größere Frage, die sich dem US-Rechtssystem und den Vereinigten Staaten stellt, ist die Frage, was von WikiLeaks zu halten ist. Ist es ein Feind? In den Anschuldigungen gegen Manning wird es als „unautorisierte Quelle" bezeichnet, nicht als ausländische Macht oder als Feind. Ist es eine legitime journalistische Organisation, wie seine Unterstützer beharrlich behaupten, und wenn ja, wohin soll man dann die Vorladung schicken? (Und, wo wir gerade dabei sind, wohin soll die US Air Force ihre Predator-Drohne schicken?) Der staatenlose Charakter der Organisation, die Assange 2006 gegründet und mit Freiwilligen aus aller Welt – auch aus den Vereinigten Staaten – betrieben hat, verschärft das Dilemma noch. Die Gesetzgebung hinsichtlich der Veröffentlichung geheimer Informationen ist nach wie vor enorm vage, auch wenn die Regierung eindeutig beschlossen hat, das Risiko für Menschen zu erhöhen, die sie durchsickern lassen. Neben der Behandlung von Manning wird dies auch durch die Tatsache verdeutlicht, dass die Obama-Administration kürzlich zur Verfolgung von Anschuldigungen gegen konventionellere Informanten den Espionage Act von 1917 eingesetzt hat, unter anderem gegen einen ehemaligen Mitarbeiter der National Security Agency namens Thomas Drake, der der *New York Times* 2009 erzählte, dass die Bush-Administration illegal das amerikanische Telefonnetz abhörte. Am Ende bekannte sich Drake bezüglich eines viel kleineren Vorwurfs für schuldig – im Austausch dafür, dass die Anklage wegen Spionage fallen gelassen wurde.[16]

Aber der „Aktivismus" – falls das der zutreffende Begriff ist – von WikiLeaks hat eine noch größere Grauzone bezüglich der Natur der unerlaubten Informationsweitergabe und bezüglich des staatenlosen Charakters von WikiLeaks freigelegt. „Wenn man sich auf die nationale Tradition des Fair Play bezüglich Nachrichten und Berichterstattung beruft, missversteht man, worum es sich bei WikiLeaks handelt: um die Veröffentlichung von Informationen ohne Rücksicht auf nationale Interessen", schrieb Jay Rosen, Professor für Journalismus an der New York University. „In der bisherigen Mediengeschichte steht es der Presse frei, über Dinge zu berichten, welche die Großen und Mächtigen geheim halten wollen, weil die Gesetze des jeweiligen Landes sie schützen. Aber WikiLeaks ist in der Lage, über Dinge zu berichten, welche die Großen und Mächtigen geheim halten wollen, weil das Internet das ermöglicht. Das ist neu. WikiLeaks hat genauso wenig wie das Internet selbst eine terrestrische Adresse oder einen Firmensitz."[17]

Dies stellt sowohl in den Medien als auch in der Regierung langjährige Überzeugungen hinsichtlich des verfassungsmäßigen Schutzes auf den Kopf, den „die Presse" in den Vereinigten Staaten genießt. Zumindest bis vor Kurzem argumentierten die meisten Rechtsgelehrten, die Verlage seien quasi immun gegen Strafverfolgung oder staatliche Vorzensur, solange die betreffende Information nicht gesetzwidrig beschafft wurde. Diese Grenze war schon immer nebulös. Einerseits legte der Fall der Pentagon Papers 1971 (*New York Times* gegen Vereinigte Staaten) an den Staat sehr hohe Maßstäbe an – „Nur eine freie und uneingeschränkte Presse kann Täuschungen in der Regierung wirksam bloßlegen", schrieb Richter Hugo Black und schlug damit den Wunsch der Regierung Nixon ab, die Veröffentlichung der geheimen Geschichte des Vietnamkriegs einzustellen. Andererseits weisen andere darauf hin, dass die Gesetze, mit deren Hilfe man den Informanten (einen ehemaligen Berater des National Security Council namens Daniel Ellsberg) eventuell hätte belangen können, noch nie ausprobiert wurden.[18] Laut Gabriel Schoenfeld, einem Wissenschaftler und Experten für nationale Sicherheit am Hudson Institute, ist die landläufige Auffassung der Medien – dass ein Informant, der aus Gewissensgründen handelt, schuldlos sei und ein Verlag durch den ersten Verfassungszusatz geschützt sei – falsch. Er merkt an, dass sich die Nixon-Administration, die in ihr eigenes juristisches Gezerre um die Watergate-Affäre verwickelt war, die sie am Ende zu Fall brachte, aus ihren eigenen Gründen dafür entschied, weder

Ellsberg noch die *New York Times* wegen Spionage strafrechtlich zu verfolgen. [19] Spulen wir vier Jahrzehnte vor, dann scheint es, als könnte die US-Regierung, die diesmal von einem Demokraten und bekennenden Verfechter eines offenen Staates geleitet wird, diese Strategie überdenken.

Clay Shirky, ein führender Denker in Sachen Entwicklung der Medien, des Internets und der Gesetzgebung, ist überzeugt, dass nach der Episode um die Pentagon Papers eher eine Art Gentlemen's Agreement als ein Präzedenzfall entstanden ist. Diese Übereinkunft ist seiner Argumentation zufolge jetzt überholt.

> Manchmal ist eine Absprache so robust, dass sie Jahrhunderte überdauert, etwa die Verhandlung mit Geschworenen, aber manchmal ist er so sehr ein Produkt seiner Zeit, dass er das Ende seiner Ära nicht überlebt. Ich glaube, dass unser altes Gleichgewicht zwischen Geheimnissen und Lecks von diesem Schicksal ereilt wurde. Das heißt zwar nicht, dass der Präzedenzfall der Pentagon Papers WikiLeaks von einer Strafverfolgung befreien sollte, es heißt aber, dass die alten Regeln nicht mehr zu den alten Ergebnissen führen werden [...].
> Die Regierung erlebt ebenso wie die Musikbranche die millionenfache Expansion von Randpunkten, die eigenständig agieren können, ohne jemanden um Hilfe oder Erlaubnis bitten zu müssen. Und ebenso wie die Musikbranche schaut sie sich diverse Strategien an, um die Kontrolle an Zwischenpunkten zu verstärken, die in dem alten Modell nicht behelligt wurden. [20]

Solche Unruhe stiftenden Aktivitäten im Internet sind nicht ganz neu. In den 1990er-Jahren begannen ideologisch ausgerichtete Hacker, Websites zu attackieren und sogar in die Datenbanken von Regierungen und Großunternehmen einzudringen, unter anderem von US-Behörden wie CIA, FBI, NSA und den Kernforschungslabors der US-Regierung. Im Jahr 1998 nahmen zwielichtige Vertreter einer

Gruppe namens AntiOnline Kontakt mit meinem Kollegen Brock Meeks von msnbc.com und mir auf und behaupteten, sie hätten sich in die Datenbank von Indiens wichtigstem Kernwaffenlabor gehackt.[21] Das klang zwar unwahrscheinlich, aber Indien bestätigte die Verletzung der Sicherheitsbestimmungen. Das Ausmaß des Datendiebstahls blieb zwar geheim, aber das war ein erster Hinweis auf die potenziellen Auswirkungen, die gewiefte Einzelpersonen – seien es Aktivisten oder Terroristen – auf unvorsichtige Staatsbürokratien haben können.

In den Folgejahren setzten sich die Hacks und die Sicherheitsverletzungen fort – einige davon waren zweifellos das Werk ausländischer Nachrichtendienste aus China, Russland, dem Iran und anderen Ländern. Ende 2011 ließen die Vereinigten Staaten die Maske fallen, als ein Bericht des Geheimdienstausschusses an den Kongress China und Russland beschuldigte, sie hätten sich in Netzwerke des amerikanisches Staates sowie in Unternehmens- und Forschungs-Computersysteme gehackt. Die Regierung unternahm einen ungewöhnlichen Schritt, der auf die bewusste Entscheidung schließen lässt, beide Nationen in Verlegenheit zu bringen: Der Bericht wurde veröffentlicht, einschließlich detaillierter Berichte über Infiltrationsbemühungen und Methoden. Zwar vermerkte der Bericht auch, dass „befreundete" Nationen ebenfalls einen Teil dieser Verhaltensweisen pflegen, aber: „Die chinesischen Akteure sind die aktivsten und hartnäckigsten Täter im Bereich der Wirtschaftsspionage, [und] die russischen Nachrichtendienste betreiben eine Reihe von Aktivitäten, um sich wirtschaftliche Informationen und Technologien von US-amerikanischen Zielen zu beschaffen."[22]

Das ist natürlich nichts Neues, nur eine Bestätigung dessen, was die meisten, die sich mit solchen Angelegenheiten befassen, schon wussten. Fast mit Sicherheit haben sich russische Hacker im Streit um ein russisches Militärdenkmal in Server des estnischen Staates gehackt. Das Ausmaß der chinesischen und russischen Bemühungen, in sensible US-Datenbanken von Unternehmen und der Regierung einzudringen, ließ vermuten, dass dafür beträchtliche Mittel aufgebracht wurden. Es gab auch Berichte, dass sich beide tief in Server gehackt hätten, die das landesweite Stromnetz der Vereinigten Staaten kontrollieren.[23]

Offensichtlich reicht ihnen die Möglichkeit, die US-Wirtschaft durch das Abstoßen von Dollar zu unterminieren, nicht aus: Sie wollen in der Lage sein, nach dem Tag des jüngsten Gerichts auch die Lichter auszuschalten. China, das die öffentlichen Vorwürfe dementierte, bestätigte peinlicherweise seinen eigenen Medien gegenüber einen Großteil der Aktivitäten – in einer Fernsehsendung, die im August 2011 von China Central Television ausgestrahlt wurde. Dazu gehörte auch die Fähigkeit, innerhalb von US-Computern „Datenbomben" zu legen.[24] Kurz bevor William Lynn III, einer der stellvertretenden Verteidigungsminister, ein paar Monate zuvor als Leiter der Abteilung Cyber-Sicherheit im Pentagon zurückgetreten war, hatte er enthüllt, dass während eines einzigen Eindringens im März 2011 über 24.000 geheime Dokumente gestohlen worden waren.[25]

Allerdings brauchen die Amerikaner angesichts solcher Berichte nicht überzureagieren. Die amerikanischen Cyber-Krieger – bei den Geheimdiensten und beim Militär – sind unübertroffen, was die Reichweite ihrer Aktivitäten angeht. Laut William Arkin, einem Experten für die Geheimdienstbemühungen der Vereinigten Staaten und ihre digitale Kriegführung, fühlen sich die ausländischen Regierungen wahrscheinlich sogar noch mehr bedrängt. „Jeder Fortschritt, den China oder Russland bei der Entschlüsselung der digitalen Infrastruktur der Vereinigten Staaten machen, ist nur ein Schritt des Aufholens", so Arkin. „Wir entschlüsseln deren elektronische DNS schon seit Jahren."[26] Um es anders und frei nach dem großen preußischen Militärtheoretiker Carl von Clausewitz zu formulieren, sind die staatlichen Aktivitäten der Cyber-Kriegführung nur die Fortsetzung des Krieges mit anderen Mitteln und kommen im Laufe der Menschheitsgeschichte kaum überraschend. Man erfinde eine neue Technologie, dann wird sie das Militär innerhalb einer Generation in eine Waffe umarbeiten, an ihr feilen und sie verbessern.

Vielleicht noch bemerkenswerter ist die stark wachsende Zahl von Hackern mit politischen Zielen, die nicht in staatlichen Diensten stehen, oder gar von staatlich ungebundenen politischen Bewegungen wie al-Quaida oder Greenpeace. Solche digitalen Aktivisten führen ebenso wie Assange gern die vollständige Transparenz als höchstes Gut ins Feld, und in einer Welt, in der nukleare Geheimnisse oder auch nur die Finanzinformationen von Durchschnittsbürgern in zahllosen Datenbanken verwahrt werden, ist das ein diskutables Anliegen. Da jedoch die Vereinigten Staaten keine Navy-SEALs entsenden können, um sie zum Schweigen zu bringen, müssen sie wohl lernen, in einer Welt zu leben, in der Geheimnisse regelmäßig enthüllt werden und in der unehrenhafte Motive oder zynisches Kalkül als das entlarvt werden, was sie sind. Vielleicht ist das ja nicht nur schlecht.

DIE ZELLEN-KULTUR

Wie die anderen Anpassungen, die die Vereinigten Staaten vornehmen müssen, wird auch das Umdenken beim Umgang mit globalen Informationen nicht leicht. In vielerlei Hinsicht tragen die amerikanischen Nachrichtendienste, die politische Kommunikation und die Kanäle der Public Diplomacy wie etwa *Voice of America* und die Websites des Bundes immer noch unverkennbar den Stempel des Kalten Krieges. Das Motto „Wenn es nicht kaputt ist, wird es auch nicht repariert" hat ein paar Jahrzehnte lang ausgereicht. Aber Ereignisse, die bereits in den 1990er-Jahren stattgefunden haben, hätten eigentlich andeuten müssen, dass das Denken der Vereinigten Staaten an dieser Front zutiefst „kaputt" ist.

Zwar überschütten die globalen Medien seit Beginn des Arabischen Frühlings das Potenzial der digitalen Zersetzung von Diktaturen mit Aufmerksamkeit, aber bereits 1989 begannen Kurzwellensender und Amateurfunker, Samisdat-Zeitungen und andere Methoden, den Zentralregierungen in Osteuropa und der Sowjetunion die Kontrolle über die Informationen abzuringen. In den 1990er-Jahren beschleunigte das Aufkommen des Satellitenfernsehens und der E-Mails diesen Prozess. Als die NATO im April 1999 einen Bombardierungsfeldzug begann, um die serbischen Truppen aus der Provinz Kosovo zu vertreiben, behauptete Außenamtssprecher James Rubin, die Serben hätten in Kosovos Hauptstadt Pristina Tausende von Männern in einem Fußballstadion zusammengetrieben, anscheinend als Auftakt von

Exekutionen. Innerhalb von Minuten landete in meinem msnbc.com-Posteingang eine E-Mail mit einem Foto einschließlich Zeitstempel von diesem Fußballstadion – leer. Diese Information konnte zwar nicht bestätigt werden, aber sie reichte aus, um Fragen bezüglich der Quellen des Außenministeriums aufzuwerfen (und letztendlich einen Widerruf von Rubin zu veranlassen). Im weiteren Verlauf des Konflikts leugnete ein Pentagonsprecher, dass Bomben auf ein Wohngebiet in Belgrad gefallen waren. Wieder kam innerhalb von Minuten per E-Mail ein Foto – diesmal von einem Aktivisten, der gegen die serbische Regierung unter Slobodan Milosevic arbeitete –, das einen Bombenkrater im Hinterhof des Gebäudes zeigte, in dem sich der Fotograf aufgehalten hatte. Zwei Episoden innerhalb weniger Wochen zeigten, dass es nicht mehr ausreichen würde, dass sich Regierungssprecher über Dinge äußern. Wir würden bei allen Angelegenheiten Menschen von beiden Seiten direkt ins Spiel bringen müssen.

Die Vereinigten Staaten stehen vor der Herausforderung, sich diese Welle der Demokratisierung zu eigen zu machen, ohne Anarchie zu säen oder ihre eigenen legitimen Interessen und die ihrer Verbündeten zu unterminieren. Dafür wird es notwendig sein, dass Washington im Ausland Gespräche mit einer viel breiteren Gruppe von Menschen aufnimmt – nicht nur mit den Eliten, die gerade an der Macht sind, oder mit Oppositionellen, die für Amerikas Ziele empfänglich sind. Es bedeutet auch ein Überdenken von Amerikas eigenen Informationsstrategien im Ausland – *Voice of America*, *Radio Free Europe/Radio Liberty* und insbesondere des fehlgeleiteten von den Vereinigten Staaten finanzierten arabischsprachigen Senders *Alhurra*. Selbst wenn solche hierarchisch strukturierten Organisationen ihren hohen journalistischen Standard bewahren, ist ihre Glaubwürdigkeit in einer Welt der sozialen Medien einfach begrenzt. Die Hunderte Millionen Dollar, die für ihre prodemokratischen Missionen ausgegeben werden, verblassen neben den weitaus weniger teuren Bemühungen von Einzelpersonen wie Wael Ghonim, dem ägyptischen Google-Manager, dessen Facebook-Seite dazu beitrug, den Sturz Mubaraks zu organisieren.

Eine letzte Bemerkung: Es wird die Zeit kommen, da all die Despoten und Terrorgruppen lernen, diese Technologien effektiver für ihre eigenen Zwecke zu nutzen. Beispielsweise steckt al-Quaida im Moment noch in der Rundfunk-Welt fest – es veröffentlicht zwar krude Propagandavideos, erweist sich aber kaum als fähig, von den neuen Technologien zu profitieren, die von Natur aus ein Schlag ins Gesicht seiner zentralisierten, undemokratischen Doktrin sind.

Tatsächlich erwies sich die Abhängigkeit von dieser analogen Technik als Achillesferse, die 2011 ein Team der US Navy SEALs in Osama bin Ladens Villa führte. Geheimdienstagenten hatten einen verdächtigen Kurier verfolgt, der neben anderen Aufgaben die berüchtigten Videobänder von bin Laden zu *Al Jazeera* beförderte.

Al-Quaida und andere Gruppierungen werden dieses Versagen ebenso verinnerlichen wie die staatlichen Sicherheitskräfte tyrannischer Regimes. Angesichts der Größe und der Finanzmittel von Mubaraks Sicherheitsapparat gehörte es zu den Überraschungen des Aufstands in Ägypten, dass offenbar so wenig Falschinformationen über Protestierer in den Cyberspace eingeschleust wurden. Die ägyptischen Sicherheitsdienste erwiesen sich als völlig unfähig, Twitter, Facebook oder SMS einzusetzen, um die vielen Ängste der 80 Millionen Einwohner auszunutzen. Es ist besorgniserregend, wenn man sich vorstellt, welche Verwüstungen ein paar wohlplatzierte Posts von Maulwürfen hätten anrichten können, während sich die Ereignisse in Kairo zu einem Crescendo aufschaukelten. Eine versierte Cyber-Geheimdiensteinheit hätte sich zum Beispiel online als Protestierer ausgeben und sich mit Enthauptungen muslimischer Polizisten durch die koptische Minderheit oder mit der Entweihung des Korans durch junge Säkularisten brüsten können, die hinter der Erhebung standen. Zum Glück begnügten sich Mubaraks Schläger mit Kamelen und Knüppeln. Doch Sie können sicher sein, dass die iranischen Revolutionswächter, die chinesische Polizei und andere ihre Lektion gelernt haben. Das nächste Mal könnte es anders kommen.

Zu den ersten Dingen, die das ägyptische Militär nach Mubarak tat, gehörte tatsächlich die Einrichtung einer Facebook-Seite.

„Wenn man in den Fernsehnachrichten sieht, wie ein Pressesprecher seine Stellungnahme abgibt, verliert sich das im Gedächtnis. Das, woran man sich erinnert, sind die Kommentare verschiedener

Nachrichtenquellen zu diesen Stellungnahmen mit ausgewählten Zitaten, die etwas auf den Punkt bringen sollen", sagt der ägyptische Internetunternehmer Nagy. „Daher kommt in der Politik letztlich das schädliche ‚sagte er/sagte sie'. Wenn es offene Direktkanäle zwischen Regierungen und ihrem Volk gibt, und zwar so, dass sie dokumentiert und mit anderen geteilt werden können, dann macht das die Regierungen viel menschlicher, nahbarer und glaubwürdiger, allerdings auch rechenschaftspflichtig."²⁷

Diktaturen streben von Natur aus fieberhaft danach, gerade diejenigen Kräfte unter Kontrolle zu bekommen, die Innovationen hervorbringen, und dürften somit dazu verurteilt sein, dem technischen Fortschritt stets hinterherzuhinken. Zum Glück braucht dies jedoch nicht das Schicksal der Vereinigten Staaten zu sein – des Landes, das diese Technologien ausgebrütet und durch ihre verbreitete Einführung langfristig am meisten zu gewinnen hat. Dass die alten Hebel der amerikanischen Vorherrschaft im Angesicht des digitalen Ansturms beginnen werden, zu versagen, ist für die Vereinigten Staaten umso mehr ein Grund, die neue digitale Realität zu begrüßen. Es wäre falsch, wenn die Amerikaner glauben würden, nachdem wir 40 Jahre lang geholfen haben, im gesamten Nahen Osten Diktaturen zu stützen, würden uns die Araber mit Dankbarkeit überschütten, weil wir im letzten Moment beschlossen haben, Mubarak oder Gaddafi in die Pfanne zu hauen. Aber Programme wie das im Entstehen begriffene Projekt „suitcase Internet" des Außenministeriums können langfristig mehr bewirken, als Regimes zu verändern: Sie können das Denken von Menschen verändern.

KAPITEL 5

MENETEKEL IM NAHEN OSTEN

Amerika, so würden Ihnen die meisten seiner Bürger schnell sagen, ist kein Imperium. „Manche Nationen bringen es zu Größe, aber den Vereinigten Staaten wurde die Größe aufgedrängt"[1], schrieb der Historiker Ernest May 1961 – vier Jahrzehnte bevor er zum Seniorberater des 9/11-Ausschusses wurde. In den Augen vieler Menschen brachte Mays geschickte Formulierung einen unbequemen Widerspruch unter einen Hut: Die Vereinigten Staaten, die 1776 aus einer Revolution gegen imperialistische Tyrannei hervorgegangen waren, hatten auf dem Höhepunkt des Kalten Krieges in allen Winkeln der Welt Soldaten und Kriegsschiffe stationiert und ihre militärischen, nachrichtendienstlichen und diplomatischen Institutionen arbeiteten ständig auf Anschlag. Sie waren zugegebenermaßen ein „Imperium wider Willen" – das rücksichtslose Verhalten Europas und Japans im 20. Jahrhundert und dann die aggressive Entscheidung der Sowjetunion, Osteuropa nach dem Zweiten Weltkrieg stillschweigend in sein Imperium aufzusaugen, machten es so gut wie unmöglich, die Welt sich selbst zu überlassen. Die Hauptströmung des politischen Denkens in den Vereinigten Staaten behauptete immer noch, Amerikas Außen- und Wirtschaftspolitik ziele auf Befreiung ab, nicht auf Kolonisierung. Und so waren zwar einige Nationen von Washingtons Schutz oder Finanzhilfe abhängig geworden, aber die Geschichte hatte gezeigt, dass es, wenn dies nicht – in vernünftigem Rahmen – gewährt wurde, später bloß noch mehr amerikanisches Blut kosten würde.

Aber nirgends war diese Formulierung aus der Mitte des 20. Jahrhunderts weniger überzeugend als bei ihrer Anwendung auf den Nahen Osten. Es stimmt schon, dass die Vereinigten Staaten während des Kalten Krieges überall im Namen des Antikommunismus Tyrannen unterstützten, und selbst heute machen sie in Ländern wie Äthiopien, Vietnam und Kasachstan mit repressiven Regimes gemeinsame Sache, wenn ihre strategischen Interessen auf dem Spiel stehen. Aber im größten Teil der Welt endete diese Praxis mit dem Kalten Krieg. Im Nahen Osten änderte der Wegfall von Washingtons antisowjetischer Ausrede allerdings gar nichts. Die Finanzhilfen und Waffenverkäufe an Ägypten, Algerien, Marokko, den Jemen, Saudi-Arabien, Jordanien und andere repressive Regierungen gingen nach 1989 unvermindert weiter und waren kaum an Bedingungen geknüpft. Bei denjenigen, die unter der Knute von Regimes lebten, die von den Vereinigten Staaten unterstützt wurden, blieb dies nicht unbemerkt. Auch die Hilfe für Israel wuchs, und während Washington versuchte, im Konflikt um das Heilige Land zu vermitteln, schirmte es Israel durch sein Veto im UNO-Sicherheitsrat vor Missbilligungen der Vereinten Nationen ab. Außerdem weigerte sich Washington selbst dann, entschlossenen diplomatischen Druck auszuüben, als die Friedensgespräche das entscheidende Endstadium erreichten. Im Grunde schufen die Vereinigten Staaten ein israelisches Veto, das über allen entsprechenden Bemühungen hängt, und dies führte zu einem langen, blutigen Patt. Das ist ein Segen für israelische Siedler und US-amerikanische Waffenlieferanten, für arabische Diktatoren ist es eine nützliche Ablenkung von ihren eigenen Mängeln, aber für die ganze Welt wirkt es sich verheerend aus.

SICH DEM WORT MIT I STELLEN

Amerika, der Macht, die im Nahen Osten seit Jahrzehnten das Sagen hat, muss das gefallen. Man braucht keinen Doktorgrad in internationalen Beziehungen, um die Vorteile zu sehen.

„Vor drei Jahrzehnten benutzte die radikale Linke den Begriff ‚amerikanisches Imperium' als Schimpfwort", schrieb Joseph Nye, Autor, Harvard-Professor und früher Ministerialdirektor im Verteidigungsministerium unter Bill Clinton. „Jetzt hatte dieser Begriff sein Coming-out: Sowohl linke als auch rechte Analysten benutzen ihn, um die amerikanische Außenpolitik zu erklären oder gar zu lenken."[2]

Im Nahen Osten liegt diese Realität offen zutage. Während sich die amerikanische Militär- und Geheimdienstaktivität nach dem Kalten Krieg überall sonst vermindert hat, hat sie im Nahen Osten exponentiell zugenommen – in den 1990er-Jahren hat sie sich ungefähr verdoppelt und Anfang der 2000er-Jahre ist sie explosionsartig angestiegen (siehe Abbildung 5.1). Im Jahr 1989 beschränkte sich der „Fußabdruck" der Vereinigten Staaten auf eine Marinebasis in Bahrain, ein auf die UdSSR ausgerichtetes Fliegergeschwader in der Türkei und 750

US-amerikanische Blauhelme auf der ägyptischen Sinai-Halbinsel, ein Vermächtnis des Camp-David-Abkommens von 1979. Nach dem Golfkrieg schoss rund um den Persischen Golf ein Netzwerk neuer Luftwaffenbasen und Versorgungslager aus dem Boden, und dazu neue Armee-Einrichtungen in Saudi-Arabien, Kuwait und Djibouti. Diese Anhäufung, die demonstrativ die Scheichtümer am Golf vor Saddam Husseins Irak schützen sollte, wurde im Laufe des Jahrzehnts noch ausgebaut. In Oman und Kuwait wurden „vorgelagerte" Munitionslager eingerichtet, in Saudi-Arabien wurden Basen der Luftwaffe und der Bodentruppen erweitert und die Präsenz der US Navy in Bahrain wurde um einen ständigen Flugzeugträger-Einsatz aufgestockt. Weiter im Norden kontrollierten die amerikanische und die britische Luftwaffe durch Patrouillenflüge von der NATO-Basis in der Türkei aus die Flugverbotszone im kurdischen Teil des Iraks. Im Zuge dessen wurden Hunderte Luft- und Bodensoldaten stationiert und fast täglich wurden irakische Flugabwehrgeschützstellungen bombardiert. In den Vereinigten Staaten bekamen die Flugverbotsgeplänkel wenig Presse, aber da die Iraker ihre Waffen oft in zivilen Gebieten platzierten, sendeten die arabischen Medien zehn Jahre lang einen stetigen Strom von Bildern, die die zerfetzten Körper von Frauen und Kindern zeigten.

Dann kam der 11. September, der unter anderem den Zweck hatte, „ungläubige" Truppen von der arabischen Halbinsel zu vertreiben, zumindest laut Osama bin Ladens auf Video aufgezeichneten Forderungen.[3] Hunderttausende US-amerikanische und verbündete Soldaten strömten in die Region. Das US-Oberkommando richtete aktive Befehlszentralen in Katar ein. Nicht nur die Vereinigten Staaten bauten neue Militärbasen, sondern auch Großbritannien und Frankreich, und eine neue Art der Kriegsführung – mit bewaffneten Drohnen – begann, im Himmel über der Region Unheil verkündend zu schweben. Ende 2010 befanden sich trotz des fast vollständigen Abzugs aus dem Irak rund 195.000 Mitarbeiter des amerikanischen Militärs in der Region[4], dazu noch 100.000 Mann an Auftragsstreitkräften sowie 41.000 Soldaten der NATO und anderer Verbündeter, die in Afghanistan stationiert waren.[5]

Eingesetzte US-Soldaten nach Region, 1950-2010

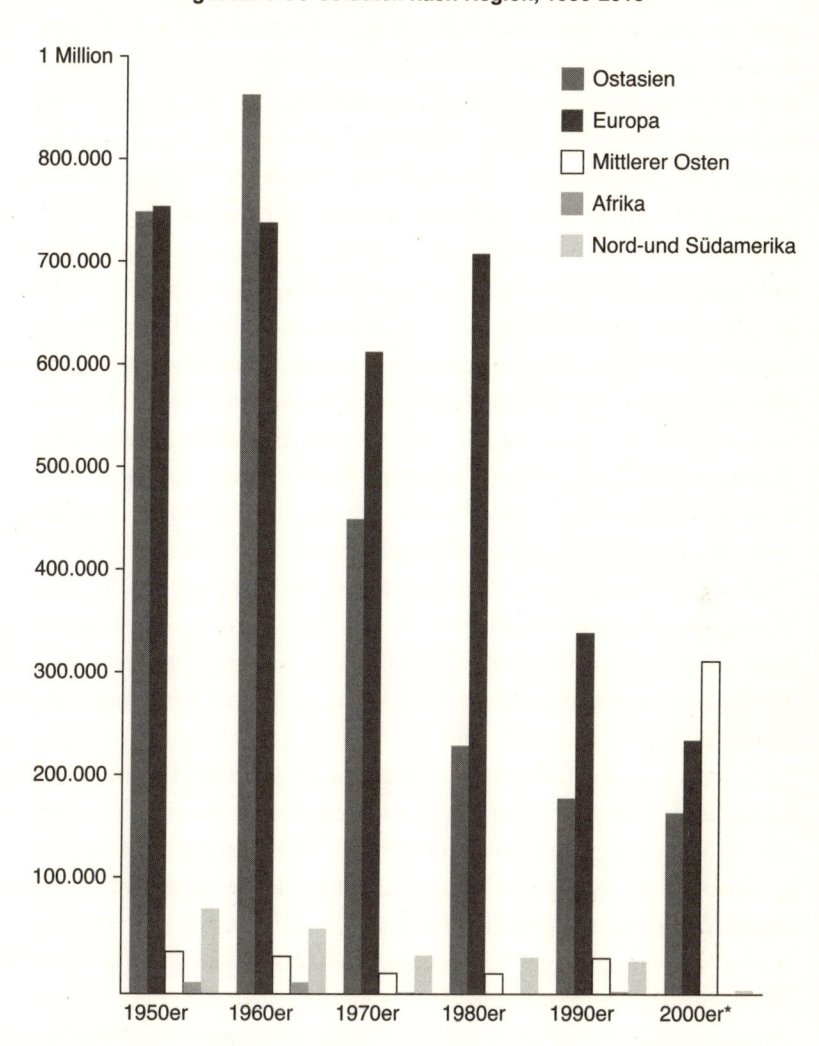

- Ostasien
- Europa
- Mittlerer Osten
- Afrika
- Nord-und Südamerika

Abbildung 5.1
Quelle: GlobalSecurity.org. Where are the Legions? http://www.globalsecurity.org/military/ops/global-deployments.htm. Tim Kane, Troop Deployment Dataset, 1950-2005, The Heritage Foundation, http://www.heritage.org/Research/NationalSecurity/troopsdb.cfm.

Nicht mitgerechnet sind dabei die 4.000 Luftwaffen- und Marinesoldaten, die den Bombenfeldzug gegen Libyens Oberst Muammar Gaddafi unterstützten, oder die 36 Kriegsschiffe und rund 150.000 Seeleute und Piloten der Sechsten Flotte der Vereinigten Staaten im Mittelmeer. Ist es da ein Wunder, dass die Revolution, die das Regime stürzte, aus der Sicht von Ägyptern wie der feministischen Romanautorin Nawal El Saadawi, die unter Anwar Sadat in Haft und unter Mubarak im Exil war, nicht nur eine Diktatur beendete, sondern auch das Ende des „US-Imperialismus" markierte?[6]

Die Vereinigten Staaten haben gute Gründe, sich im Nahen Osten weiterhin zu engagieren. Selbst nach bin Ladens Tod ist diese Region nach wie vor die wahrscheinlichste Quelle dessen, was Militärs als „asymmetrische Bedrohungen" für das amerikanische Festland bezeichnen, also Terrorismus. Und da der Nahe Osten auf zwei Dritteln der weltweit bestätigten Erdölreserven sitzt, kontrolliert er auch den Preis des wertvollsten Rohstoffs der Welt.

Zudem können wir aus Gründen der Strategie und der Pflicht Israel nicht seiner eigenen Verteidigung überlassen. Egal, wie man zu Israels Haltung und Verhalten steht – beides wurde durch eine stetige Botschaft der Unterstützung aus Washington sowie durch mangelnde Aufrichtigkeit hinsichtlich der langfristigen Erfolgsaussichten gefördert und ermöglicht. Wenn Amerikas Macht schwindet, könnte das Dämpfen von Israels Erwartungen die schwierigste Aufgabe sein, vor der die Vereinigten Staaten außerhalb ihrer Grenzen stehen. Daher ist es wahrscheinlich, dass die Vereinigten Staaten jede Faser anspannen, um im Nahen Osten engagiert zu bleiben, auch wenn ihr Einfluss abnimmt. Gleichzeitig werden ölabhängige aufstrebende Mächte wie China und Indien unweigerlich ihre eigenen Interessen schützen – nämlich den Fluss des Öls weiterhin sichern. Es ist kein Zufall, dass die ersten Einsätze japanischer und chinesischer Streitkräfte außerhalb Ostasiens seit dem Zweiten Weltkrieg im Nahen Osten stattfanden – Japan setzte 2004 Truppen im Irak ein und China evakuierte mit einem Kriegsschiff Ölarbeiter aus dem vom Krieg zerrissenen Libyen. Angesichts dieser Herausforderungen werden die Mittel, mit denen Amerika seit Mitte des 20. Jahrhunderts seine Vorherrschaft im Nahen

Osten aufrechterhält – pure militärische Kraft, Zwangsdiplomatie, wirtschaftliche Anreize und Unterstützung Israels –, nicht mehr ausreichen. Andere Akteure – manche freundlich, andere nicht – haben ihren Einfluss und ihre Interessen in der Region vergrößert und werden darauf bestehen, Washington bezüglich seiner zentralen Rolle in der Diplomatie in dieser Region abzusetzen. Die relative Schrumpfung der wirtschaftlichen und militärischen Stärke der Vereinigten Staaten wird mit mehr Glaubwürdigkeit und Kompetenz von Staaten einhergehen, die Israel feindlich gesonnen oder zumindest mit ihm uneinig sind. Dazu gehören der Iran, Ägypten, die Türkei, Saudi-Arabien, der Irak und Syrien – in einigen dieser Länder ist die Regierung im Fluss und viele von ihnen sind Mächte, die möglicherweise die vergiftete Politik in der Region reformieren, wenn alles gutgeht. Und alle könnten im kommenden Jahrzehnt eigene Atomwaffen bekommen. Es ist sowohl für die Vereinigten Staaten als auch für Israel ein Katastrophenrezept, sich an eine Politik zu klammern, die in einer Zeit der kurzen, aber unangefochtenen Hegemonie der Vereinigten Staaten formuliert wurde. Schon während die US-Truppen aus Irak und Afghanistan abziehen, müssten die Vereinigten Staaten anfangen, andere, gutwillige Regionalmächte – besonders die Türkei und Ägypten – zu einem breiter gefächerten Diskurs über die Lösung des Konflikts zwischen Israel und den Palästinensern und darüber einzuladen, wie verhindert werden kann, dass die wachsende Rivalität zwischen Saudi-Arabien und Iran beziehungsweise zwischen Sunniten und Schiiten zur Geißel eines neuen Jahrhunderts wird.

DIE BEKÄMPFUNG ALTER MYTHEN

Die Einstellung auf den „neuen" Nahen Osten beginnt mit einem nüchternen Blick in den Spiegel. In den Augen der meisten Amerikaner ist die Geschichte ihres Landes und des Nahen Ostens seit dem Zweiten Weltkrieg eine einseitige Erzählung von Feindseligkeit gegenüber den Vereinigten Staaten, natürlich mit Ausnahme Israels. Warum hassen die uns? Das war die Frage, die viele Amerikaner nach den Anschlägen vom 11. September auf den Lippen hatten.

Präsident George W. Bush lieferte in einer Rede vor dem Kongress am 20. September 2001 im Namen der Nation folgende Antwort: „Sie hassen unsere Freiheiten – unsere Religionsfreiheit, unsere Redefreiheit, unsere Freiheit, zu wählen."[7] Die Amerikaner stimmten ihm größtenteils zu und wählten ihn 2004 für vier weitere Jahre.

Doch wenn Amerikas Freiheiten den Muslimen derart zuwider sind, wie erklären sich die Amerikaner dann, dass sich Zehntausende Araber Panzern und Maschinengewehren entgegengestellt haben (die ihren Peinigern oft von den Vereinigten Staaten verkauft worden waren), um genau diese Freiheiten zu bekommen? Ab 2009 gingen junge und alte, männliche und weibliche Araber in Kairo, Tunis und in den Städten und Dörfern Syriens, Libyens, Jemens und Bahrains auf die Straße und forderten – in Ermangelung eines besseren Begriffs – Freiheit. Und was ist mit den Millionen, die sich freiwillig zum Dienst in den von den Vereinigten Staaten unterstützten Polizei- und Streitkräften demokratisch gewählter Regierungen in Irak und Afghanistan gemeldet haben? War niemand von ihnen von den Wahlen und der relativen Meinungsfreiheit beeindruckt, die auf das Trauma der amerikanischen Besetzung folgten? Umfragen – unter anderem vom Pew Research Center, von Al Jazeera und vom Arab-American Institute[8] – zeigen, dass Araber und Muslime außerhalb der arabischen Welt nicht weniger als Amerikaner an einer Regierung interessiert sind, die ihre Würde respektiert. Nur zehn Jahre nach dem 11. September bilden diese Tatsachen eine vollständige Widerlegung des Casus Belli dar, den Bush 2001 geliefert hat und der von den Amerikanern weithin akzeptiert wurde.

Rückblickend war Amerika um die Jahrhundertwende außerordentlich schlecht für die Beantwortung der Frage gerüstet, warum die uns hassen. Bush hatte die Wahl im Jahr 2000, also vor 9/11, unter anderem damit gewonnen, dass er kritisierte, wie viel Zeit sein Vorgänger in der Clinton-Gore-Administration mit Weltpolitik verbracht hatte. „Wenn wir eine arrogante Nation sind, werden sie sich über uns ärgern, doch wenn wir eine bescheidene, aber starke Nation sind, werden sie uns willkommen heißen", sagte er in einer Debatte mit Al Gore weniger als ein Jahr vor den Anschlägen.[9] Tatsächlich kanalisierte Bush den

Zeitgeist. Zu jener Zeit war ich Redakteur im internationalen Ressort bei msnbc.com und ab den 1990er-Jahren – nach den Selbstmord-Bombenanschlägen auf die US-Botschaften in Kenia und Tansania – drängten mein Kollege Robert Windrem bei NBC News und ich intern auf mehr Berichterstattung über Osama bin Laden, der in seinen weitschweifigen Videomitteilungen regelmäßig drohte, die Vereinigten Staaten anzugreifen.[10] Allerdings stießen wir damals auf enormen Widerstand. Die Amerikaner wollten einfach ihren Jahrtausendwende-Wohlstand genießen. Als 19 arabische Männer im Sommer 2001 die Vereinigten Staaten infiltrierten und die Entführung von vier Passagierflugzeugen vorbereiteten, waren die Bürger der größten Macht aller Zeiten in die anzügliche Berichterstattung über die Suche nach der vermissten Kongress-Praktikantin Chandra Levy vertieft und von wüst übertriebenen Berichten über Hai-Angriffe vor der Ostküste verschreckt. Windrem und ich wurden verlacht, weil wir das „Schlaftabletten-Thema" eines weit entfernten islamischen Eiferers vorantrieben. David Doss, der damalige Chef von *NBC Nightly News*, bezeichnete meinen Freund definitiv hinter seinem Rücken als „Robert bin Windrem". Als wir eine Story über bin Ladens Helferrolle bei der Rückkehr der afrikanischen Botschaften nach Pakistan anboten, durch die sie sich der Justiz entzogen, lehnte Phil Griffin, der damals leitender Produzent bei msnbc war, sie unverblümt ab. „Wenn bin Laden nicht gerade Killerhaie trainiert, die in Florida junge Amerikanerinnen attackieren, interessiert das unsere Zuschauer nicht", spöttelte er.[11] Griffin, der jetzt Präsident des Kabelsenders MSNBC ist, lag mit seiner Einschätzung der Weltsicht seines Zielpublikums genauso goldrichtig wie Bush.

Für die Menschen außerhalb dieser amerikanischen Blase bestätigte die eigennützige Haltung, die Amerika selbst dann vor sich hertrug, als sein Militär regelmäßig Bomben auf die irakische Flugverbotszone warf, den schon lange gehegten Verdacht, dass sich die Amerikaner um die Meinung von irgendjemandem außerhalb ihrer Grenzen kaum scherten, und noch weniger um das Leben von Nicht-Amerikanern. Supermächte sind dazu verdammt, sich nur sehr schwer vorstellen zu können, wie sie kleineren Nationen erscheinen – das ist der bekannte Gulliver-Effekt. Das sollte aber keine Ausrede dafür sein, dass es die amerikanischen Politiker nicht einmal versuchen. Jede einzelne Nation sieht die Vereinigten Staaten durch ihr eigenes, auf sich bezogenes historisches Prisma – das, wenn auch zu Unrecht, davon ausgeht, dass ein so mächtiges Land wie die Vereinigten Staaten nichts zufällig tut. Es wird unterstellt, dass jeder Hieb, jede Kränkung und jede barsche Antwort aus Washington die Kraft der vollen Absicht trägt. So wie Nachbarn, die in einer Straße in einer Mittelschicht-Vorstadt dicht nebeneinander wohnen, äußerst abweichende Meinungen voneinander haben – die oft auf flüchtigen Begegnungen oder trüben Erinnerungen an etwas beruhen, das sie über den Zaun gesehen, gehört oder gerochen haben, so bringen die Nationen der Welt ihre eigenen exzentrischen Bezugspunkte mit, anhand deren sie die Vereinigten Staaten beurteilen. Diese werden auch dann zur allgemeinen Ansicht, wenn sie nur Halbwahrheiten sind. Hier ein paar Beispiele:

- Die meisten Iraner – egal, ob sie den islamischen Staat unterstützen oder ablehnen – verurteilen den 1953 von der CIA unterstützten Sturz ihres demokratisch gewählten Präsidenten Mossadegh. Sie betrachten ihn als Katastrophe für ihre Nation, die zu den Repressionen unter dem von den Vereinigten Staaten unterstützten Schah und letztlich zum Aufstieg der Ajatollahs geführt hat.
- Die Syrer erinnern sich an den 1949 von dem CIA-Agenten Miles Copeland organisierten Staatsstreich [12], der die gewählte parlamentarische Regierung stürzte, welche die Franzosen hinterlassen hatten, als sie das Land 1946 in die Unabhängigkeit entließen. Die Demokratie sollte danach nie wieder zurückkehren.
- Die Saudis schäumen vor Wut darüber, dass im Irak eine Demokratie eingerichtet wurde, die fast unweigerlich von schiitischen Gruppen dominiert wird, die mit dem Iran sympathisieren – und über die Entscheidung der Regierung Obama, in Ägypten Hosni Mubarak fallen zu lassen, anstatt einen treuen Verbündeten an der Macht zu halten.

- In der ganzen Region wurden Generationen, während sie aufwuchsen, von den Medien ständig daran erinnert, dass die Bomben, Raketen und Kampfflugzeuge, die die Israelis benutzten, in den Vereinigten Staaten gebaut wurden. Unabhängig davon, ob man das in einer bestimmten Nachrichtenmeldung als relevant erachtet oder als anti-israelische Propaganda betrachtet: Man kann die kumulierte Wirkung lebenslang gesehener Fernsehaufnahmen von toten Zivilisten, die durch „von den USA gelieferten israelischen F-16-Jägern" getötet wurden, nicht wegwünschen.

Diese Liste lässt sich endlos fortsetzen – viele Bahrainer ärgern sich über den Einfluss, den die US-Marine in ihrem Land hat, die Algerier kreiden es den Vereinigten Staaten an, dass sie ihrem Militärregime während des blutigen Bürgerkriegs in den 1990er-Jahren Öl abgekauft haben, und die Türkern ärgert es, dass allzu selbstsichere offizielle Vertreter Amerikas im Jahr 2003 ihre Warnung vor dem Irakkrieg nicht nur ignorierten, sondern sie sogar als feige verspotteten. Solche empfundenen Kränkungen sind in einer komplexen Welt teilweise unvermeidlich und manche kann man als berechtigt bezeichnen. (Wenn beispielsweise die Saudis etwas gegen die Entscheidung haben, die Verbindungen zu Mubarak zu kappen, sollten sie eigentlich über ihr eigenes repressives Vorgehen nachdenken, nicht über die Qualität der Allianz mit den Vereinigten Staaten.)

Aber das Empfinden ist wichtig und die spärliche Rücksicht, die die Vereinigten Staaten auf die Meinung der ansässigen Bevölkerung genommen haben (womit nicht die korrupten Eliten gemeint sind), bedeutet, dass sie sich in jeder Hinsicht wie ein Imperium verhalten haben. Indem Washington die Ölversorgung über alles andere gestellt und noch so widerwärtige Regimes unterstützt hat, solange sie den USA freundlich gesinnt waren, und indem es das Verhalten Israels in allen Fällen verteidigte, hat es sich genauso verhalten wie alle anderen erobernden Mächte in der Geschichte. Es intervenierte militärisch, es beutete die Energieressourcen der Region aus, es errichtete ein Netz von Militärbasen, unterstützte seine örtlichen Lieblinge und bestrafte jeden, der wagte, das infrage zu stellen.

Wenn man zumindest in dem engen Kontext des Nahen Ostens die Auffassung von einem amerikanischen Imperium akzeptiert, kann man sich besser vorstellen, warum Washingtons Ansprüche auf die „prinzipielle globale Führungsposition" in heutigen arabischen, persischen oder türkischen Ohren so hohl klingen. Seit 2000 wurde diese Region Zeuge der gescheiterten Vermittlung der Vereinigten Staaten im Friedensprozess von Oslo (2000), der Anschläge und Gegenschläge des 11. September (2001), der Diskreditierung von Washingtons Theorie, der Irak besitze Massenvernichtungswaffen (2003) und einer globalen wirtschaftlichen Kernschmelze, die vor allem von gewissenlosem finanziellen Handeln in den Vereinigten Staaten verursacht wurde (2008). Dass danach in Tunesien, in Ägypten und im Jemen Regimes stürzten, die von den Vereinigten Staaten unterstützt worden waren, und dass Washington danach kleinlaut die Invasion Saudi-Arabiens in Bahrain zuließ – das war der Gnadenstoß, der bestätigte, was für die meisten Menschen in der Region schon längst ausgemacht war: Amerikas Gerede über Freiheit und Demokratie ist zumindest im Nahen Osten Augenwischerei.

EIN TREFFEN IN ÄGYPTEN

Hat sich Amerika diesen Ballast selbst aufgeladen oder wurde er ihm aufgedrängt? Schon ein flüchtiger Blick auf die Beziehungen der Vereinigten Staaten zum Nahen Osten in der jüngeren Geschichte offenbart, dass sie in dieser Region von Anfang an aggressiv ihre eigenen Interessen verfolgt haben. Ihre übertriebene Einmischung begann, als 1933 Standard Oil of California (später Chevron) die weltweit erste Konzession bekam, in Saudi-Arabien nach Öl zu bohren.[13] Ab diesem Zeitpunkt behandelte Washington Saudi-Arabien und später alle arabischen Staaten ganz anders als seine Verbündeten in anderen Teilen der Welt. Es sah von der prodemokratischen Botschaft ab, die es in Asien, Afrika und Lateinamerika vorantrieb. Es ist kein Zufall, dass es kein *Radio Free Arabia* gibt. Im Nahen Osten, wo der größte Teil der weltweiten Erdöl- und Erdgasvorkommen lagert, wurde die sonst übliche messianische Agenda der Vereinigten Staaten durch das Streben nach „Stabilität" ersetzt. Diese Stabilität blieb noch lange nach dem Ende des Kalten Krieges und dem Verschwinden der vermeintlichen Bedrohung durch die Sowjetunion das oberste Ziel der US-amerikanischen Außenpolitik, auch wenn dadurch diktatorische Regimes zugelassen wurden, die politische Gegner und Menschenrechtsaktivisten folterten und töteten, die Frauen entrechteten und in den schlimmsten Fällen radikale Gruppen gründeten, deren Ableger Terroranschläge auf die Vereinigten Staaten planten.

In den Jahren vor dem Eintritt der Vereinigten Staaten in den Zweiten Weltkrieg machte Standard Oils arabische Unternehmung auf die arabische Welt im Ganzen keinen großen Eindruck. Vor dem Krieg wurde die Region in Form mehrerer Kolonien von den Briten, Franzosen und Italienern beherrscht. Der amerikanische Blick auf die Araber und ihre Länder war vor allem von Hollywood geprägt. Die arabischen Ansichten über Amerika waren von den Erzählungen der wenigen Auswanderer – vor allem orthodoxen Christen aus der Levante – und von den Sendungen der *BBC* und anderer europäischer Kolonialmächte geprägt. Dann schaltete sich die amerikanische Armee 1942 in den Kampf zwischen Deutschland und Großbritannien in Nordafrika ein. Sie marschierte in Marokko und Algerien ein, um den Druck auf die Briten in Ägypten zu vermindern. Das Britische Empire kämpfte verzweifelt dagegen, dass der deutsche Feldmarschall Erwin Rommel den Suezkanal einnahm und möglicherweise bis zum ölreichen Persischen Golf vorstieß. Doch für die meisten Araber vor Ort war der Krieg nur ein weiteres Elend, das ihnen die Europäer bescherten – unterstützt von ihren nordamerikanischen Nachkommen. Doch selbstverständlich wird die Geschichte solcher Kriege von den Siegern geschrieben, sodass die nicht teilnehmenden Ägypter, Tunesier, Marokkaner, Palästinenser, Algerier und Libyer in der Literatur des Westens über den Krieg kaum vorkommen. Die arabischen Lehrbücher hingegen betrachten den Krieg selbstverständlich durch die Brille ihrer nationalen Unabhängigkeitsbewegungen und vermerken die Gewalt, die ihnen von den Truppen aller Seiten angetan wurde, auch von den Amerikanern. Rick Atkinson schildert in seinem meisterlichen Blick auf das erste Stadium der US-Beteiligung am europäischen Krieg mit dem

Titel *An Army at Dawn: The War in North Africa, 1942–1943* die vielen nachgewiesenen Fälle, in denen US-Soldaten zum Spaß arabische Zivilisten erschossen, während sie durch die Wüsten Nordafrikas zogen.[14] In den westlichen Geschichtsbüchern sind das bloß Fußnoten, aber in der arabischen Erfahrung steht es im Mittelpunkt und deutet darauf voraus, wie der Westen im neuen Zeitalter der Entkolonialisierung die Araber behandeln würde.

Wie bereits erwähnt, kamen die Meinungen von Arabern in politischen Entscheidungen der Vereinigten Staaten kaum vor – Washington interessierte sich für das, was unter ihren Wüsten lag, nicht für das, was ihnen am Herzen lag. Präsident Franklin D. Roosevelt war da keine Ausnahme. Im Ersten Weltkrieg war er leitender Berater des Marineministeriums gewesen und er wusste, dass die Briten und Franzosen im Weltkrieg fast ausschließlich von den amerikanischen Ölreserven abhängig gewesen waren. Und er wusste, dass sich dies in den frühen 1940er-Jahren wiederholte, nachdem die Vereinigten Staaten in den Krieg eingetreten waren. Aber diesmal warnten ihn seine Energieberater, dass die US-Reserven schnell abnahmen. Deshalb traf sich Roosevelt im Februar 1945, nur zwei Monate vor seinem Tod, mit Saudi-Arabiens König Abdul Aziz Ibn Saud in der Nähe von Kairo und legte den Grundstein für eine der bedeutendsten und umstrittensten bilateralen Beziehungen des Jahrhunderts.[15]

Vieles von dem, was für die Vereinigten Staaten seit 1945 im Nahen Osten richtig und falsch gelaufen ist, lässt sich auf diese Gespräche zwischen Roosevelt und dem saudischen König auf der USS Quincy zurückführen, die an jenem Tag in einem Mündungsarm des Nils festgemacht hatte. In allererster Linie zementierte dieses Treffen die neue US-amerikanisch-saudi-arabische Allianz, auch wenn damals kaum jemand einen derart großspurigen Begriff für ein Abkommen zwischen dem Staatschef der mächtigsten Demokratie der Welt und dem König eines staubigen, kaum bevölkerten Wüstenstaats verwendet hätte. Neben dem Versprechen von Hilfsgeldern in Millionenhöhe für das verarmte Königreich und Hilfe bei der Ausbeutung der Ölreserven hoffte Roosevelt, dass der König „irgendwie hilfreich dabei wäre, ein gewaltiges Problem zu bewältigen, von dem der Präsident wusste, dass es kommen würde: die Zukunft Palästinas und die Umsiedlung der europäischen Juden."[16] Das volle, schreckliche Ausmaß des Holocaust wurde gerade erst klar, während Hitlers Rückzug zur Befreiung von Auschwitz und anderen Todeslagern führte.

Bereits 13 Jahre nach Standard Oils bahnbrechender Konzession bekam es eine neue Bedeutung, sich bei der arabischen Welt lieb Kind zu machen. Inmitten des Weltkriegs erregte die Begegnung von Roosevelt und König Saud kaum öffentliche Aufmerksamkeit. Und doch wirkte sich das Treffen genauso stark auf die späteren Ereignisse des Jahrhunderts aus wie alles, was Roosevelt, Churchill und Stalin ein paar Tage zuvor auf der Konferenz von Jalta besprochen hatten. Berichte von anwesenden Staatsvertretern, unter anderem von Roosevelts Übersetzer und Gesandten beim König – dem Oberst der US-Marine William A. Eddy –, schildern, dass der saudische Monarch den Gedanken eines jüdischen Staates in Palästina rundweg ablehnte.[17] „Welches Leid haben denn die Araber den Juden in Europa zugefügt?", so die berühmte Frage des Königs, als sich Roosevelt auf den Holocaust berief und für eine Rückkehr der Juden nach Palästina eintrat. „Die christlichen Deutschen haben ihnen ihre Wohnstätten und ihr Leben genommen. Sollen doch die Deutschen dafür bezahlen."[18]

Roosevelt konnte den König nicht davon überzeugen, dass es nicht praktikabel war, Juden, die den Völkermord knapp überlebt hatten, wieder in Deutschland anzusiedeln. Laut Eddys Bericht wandte er sich stattdessen wieder der Ölfrage zu. Um sicherzustellen, dass die Vereinigten Staaten auf Jahrzehnte hinaus Zugang zum Öl hatten, verstieg er sich sogar zu dem Versprechen, die Vereinigten Staaten würden die Errichtung eines jüdischen Staates in Palästina nicht unterstützen. Zwei Monate später, als er nur noch eine Woche zu leben hatte, bestätigte Roosevelt seine Zusicherung (wenn auch in meisterhaft mehrdeutigen Formulierungen) in einem Schreiben an den König, das er am 5. April 1945 verfasste.[19] Die damaligen Vertreter Amerikas wussten die spätere Bedeutung dieses Versprechens für die Araber vielleicht nicht zu würdigen, vielleicht meinten sie auch, die immense Macht, die die Vereinigten Staaten 1945 besaßen, würde ihnen seine Einhaltung ersparen. Heute wissen wir es viel besser.

Eine Generation zuvor, nach dem Ersten Weltkrieg, fühlten sich sowohl die Araber als auch die Juden zutiefst verraten. Inmitten dieses Konflikts hatte Großbritannien den Arabern ähnliche Zusicherungen hinsichtlich der Zukunft Palästinas gegeben, um sich ihre Unterstützung bei einer Erhebung gegen die osmanische Türkei zu sichern, die mit Deutschland verbündet war. Fast zur gleichen Zeit versprach es den führenden jüdischen Politikern das Gegenteil und verschwor sich dann zum Verrat an beiden, indem es 1916 das Sykes-Picot-Abkommen unterzeichnete, das die eroberten osmanischen Gebiete zwischen Frankreich und Großbritannien aufteilte. Dieser Vertrag, 1917 gefolgt von der Balfour-Deklaration, die eine jüdische Heimat in Palästina versprach, stand in unmittelbarem Widerspruch zu dem Versprechen, das Oberst T. E. Lawrence und andere führende britische Offiziere gegeben hatten: Wenn sich die Araber erheben und an der Seite der britischen Streitkräfte gegen das Osmanische Reich kämpfen würden, sollten sie nach dem Krieg einen geeinten, unabhängigen arabischen Staat bekommen, der Palästina einschloss.[20] Diese Erhebung ist den meisten heutzutage dank David Leans meisterlichem Film *Lawrence von Arabien* aus dem Jahr 1962 bekannt und sie trug dazu bei, die Osmanen aus Jerusalem und schließlich auch aus großen Teilen Syriens zu vertreiben. Allerdings war 1917 schon klar, dass die britische Politik gelinde gesagt sich selbst widersprach und dass die Zukunft Palästinas Verfügungsmasse war. Am Ende stießen die Europäer sowohl ihre jüdischen als auch ihre arabischen Verbündeten beiseite und beherrschten die Region über Kolonien und Mandatsgebiete.

Wir werden nie erfahren, ob Roosevelt wusste, mit welchen Emotionen sein Versprechen befrachtet war. Für die Araber bedeutete es jedenfalls, dass die Unterstützung ihres Anliegens offizielle US-Politik war. Und eindeutig war die Politik der Vereinigten Staaten inzwischen die einzige, die zählte. Der Untergang der Macht Großbritanniens und Frankreichs in der Region wurde von fast allen (vielleicht mit Ausnahme der Briten und Franzosen selbst) als vollendete Tatsache angesehen. Der Beinahe-Tod der imperialistischen Mächte Europas im Zweiten Weltkrieg von Deutschlands und Japans Hand schürte rund um den Erdball Hoffnungen auf eine allgemeine Entkolonialisierung. Die Vereinigten Staaten hatten durch die Verbreitung von Roosevelts Rede über die „vier Freiheiten" von 1941[21] die Flammen solcher Leidenschaften angefacht und sich große Mühe gegeben, klarzustellen, die Unabhängigkeit der kolonialisierten Völker sei eines ihrer Kriegsziele. Als Roosevelts Nachfolger Harry Truman 1948 bezüglich des Palästina-Versprechens eine dramatische Kehrtwende vollzog und die Errichtung Israels unterstützte, hatte das tief greifende Auswirkungen auf die arabische Welt. Zum zweiten Mal in drei Jahrzehnten hatten sich Versprechungen des Westens an die Araber als wertlos erwiesen. Für die Araber war der Staat Israel eine Kolonie von Europäern, die die einheimische arabische Bevölkerung vertrieben, und die Tatsache, dass die Vereinigten Staaten dem Versprechen Roosevelts an König Saud auswichen, bestätigte ihren Verdacht, dass Amerika nicht besser sein würde als Großbritannien und Frankreich. „Die Araber hatten sich von England oder Frankreich nie viel erhofft", sagte der ägyptische Präsident Gamal Abdel Nasser, der in der Nachkriegszeit die dominierende arabische Figur war, 1955 der Zeitschrift *Life*. „Doch seit Ihr Präsident Roosevelt von den vier Freiheiten gesprochen hatte, blickten die Araber mit Hoffnung auf die Vereinigten Staaten. Wir hatten immer gedacht, Sie würden uns helfen, unsere Freiheit zu erlangen. Als Sie das nicht taten – als Sie sich auf die Seite Ihrer Verbündeten Großbritannien und Frankreich schlugen –, da fühlten wir uns verraten und waren von Ihnen enttäuscht."[22]

Warum unterstützte Truman Israel trotz Roosevelts Zusicherung an Saud? Dieses Thema, das so arg strapaziert wurde wie kein anderes in der Region, wurde in Dutzenden von Büchern in ebenso vielen Sprachen erörtert. Trumans außenpolitische Berater, einschließlich General George Marshall, vor dem Truman fast väterlichen Respekt empfand, waren vehement gegen diesen Schachzug. Natürlich spielte dabei auch Kalkül im Rahmen des Kalten Krieges über die Notwendigkeit einer Rückkehr der vernichteten Volkswirtschaften Westeuropas zur Stabilität eine gewisse Rolle. Inzwischen kam die Truman-Doktrin voll zum Tragen, Griechenland und die Türkei zu unterstützen, um weiteren Zulauf der Sowjets zu verhindern, und ebenso die noch größeren Hilfsleistungen im Rahmen des Marshall-Plans zum Wiederaufbau Großbritanniens, Frankreichs, Deutschlands, Italiens und der restlichen Länder auf dem übel zugerichteten Kontinent. Unterdessen hatten die Briten 1948 angekündigt, dass sie sich aus Palästina zurückziehen würden, und ihre Herrschaft ging schnell in einen Bürgerkrieg zwischen Juden und Arabern über. Angesichts der Vorstöße der Sowjets nach Griechenland und auf den restlichen Balkan war auch die Stabilisierung dieser Situation ein strategisches Anliegen der Vereinigten Staaten.

Aber letztlich beruhte die Entscheidung, Israel anzuerkennen, auf Trumans persönlichem Gerechtigkeitsempfinden. Von Natur aus ließ Truman keine Liebe zu den Juden erkennen. Wie spätere Veröffentlichungen seiner privaten Korrespondenz und offizieller Dokumente zeigen, war er zutiefst antisemitisch.[23] Doch er identifizierte sich aufrichtig mit Israels Sache und insbesondere mit dessen alterndem Gesandten Chaim Weizmann. Die Tatsache, dass der höchste arabische Vertreter Jerusalems – der Großmufti – während des Krieges bei Hitler zu Gast gewesen und sogar zum SS-Gruppenführer der Nazis gemacht worden war, machte die Sache natürlich nicht besser. Trotzdem hätte Truman womöglich den Plan der Vereinten Nationen zur Teilung Palästinas abgelehnt, wenn nicht ein früherer Kamerad aus seiner Artillerie-Einheit namens Eddie Jacobson eingeschritten wäre. Die beiden hatten gemeinsam im Ersten Weltkrieg gedient und der Jude Jacobson war nach dem Krieg Trumans Partner in einer Kurzwarenhandlung gewesen, die bankrottgegangen war. Als die Debatte unter Trumans Beratern in vollem Gange war, nahm Jacobson mit Truman Kontakt auf und drängte ihn, sich mit Weizmann zu treffen, bevor er eine Entscheidung fällen würde. Den Rest erledigte Weizmanns Lobbyarbeit.[24]

Auf Trumans Anordnung unterstützten die Vereinigten Staaten 1948 die entscheidende Aufteilung durch die Vereinten Nationen. Die Araber, denen die gebrochenen Versprechen des Westens einen erneuten Stich versetzten, lehnten den Plan, Palästina unter Arabern und Juden aufzuteilen, sofort ab. Sie griffen den neuen Staat an und verloren den später so genannten Israelischen Unabhängigkeitskrieg. Fast eine Million arabische Palästinenser flohen im Gefolge des Krieges aus Israel oder wurden vertrieben – jeder von ihnen eine lebende Brutstätte der Verbitterung, die diese Region bis heute belauert.

DIE „STABILITÄTS-TROIKA"

Das Öl, Israel und die Angst vor dem sowjetischen Expansionismus: Im Jahr 1948 hatten sich diese drei Faktoren, die im restlichen Jahrhundert die Triebkräfte der amerikanischen Politik werden sollten, festgesetzt. Die Vereinigten Staaten päppelten Israel durch Waffen- und Finanzhilfe zu einer Regionalmacht auf und hofierten gleichzeitig weiterhin die Königreiche am Persischen Golf. Langsam brachten der diplomatische Druck der Vereinigten Staaten und die Niederlagen, die ihnen Israel beibrachte, einige arabische Staaten von ihrer prosowjetischen und antiisraelischen Linie ab, sodass sich ihre Beteiligung am zentralen Konflikt der Region zwischen Arabern und Israelis neutralisierte. Und vor allen Dingen halfen die Vereinigten Staaten bei der Aushandlung des letzten kleinen Fortschritts, nämlich des Friedensabkommens zwischen Israel und Ägypten in Camp David 1979. Allerdings verloren die Vereinigten Staaten im gleichen Jahr im Iran einen ebenso mächtigen Verbündeten, als der autokratische Schah von einer Revolution gestürzt wurde, die am Anfang Demokratie forderte, aber am Ende von islamischen Klerikern gekidnappt wurde, die einen tiefen Groll gegen Amerika hegten.

Amerikanische außenpolitische Zeitschriften vertraten regelmäßig die Vorstellung, die arabische Kultur sei überhaupt nicht für die Demokratie geeignet.[23] Wenn die Bestrebungen von Arabern, Persern oder Türken überhaupt je ins Blickfeld der Politik der Vereinigten Staaten hineinkamen, dann im Zusammenhang mit mangelndem Handeln der Vereinigten Staaten, wenn ihre Verbündeten im Nahen Osten die Menschen- oder die politischen Rechte ihrer Bürger missachteten. Der Gedanke, dass Araber des Rechts auf Demokratie würdig sein könnten, trat nur einmal kurz und widersprüchlich während der zweiten Bush-Regierung in Erscheinung, und da auch nur, nachdem die ursprüngliche Begründung für den Krieg im Irak – Massenvernichtungswaffen in den Händen eines Saddam Hussein, der angeblich am

11. September mitschuldig war – der Sache nicht mehr gerecht wurde. Die Politik von Bush war reich an Zeitungskommentaren, aber arm an Realitäten, und wie alle vorigen US-Regierungen knüpfte diese Regierung während ihrer gesamten Amtszeit immer engere Bande mit den unterdrückerischen starken Männern in Ägypten, im Jemen, in Algerien, Saudi-Arabien und sogar Libyen. Diese konsequent heuchlerische Haltung belastet die Bemühungen der Vereinigten Staaten, mit den aktuellen Volksaufständen in der Region voranzukommen, schwer. Welcher aufstrebenden Demokratiebewegung würden die Ziele der Vereinigten Staaten denn nicht suspekt vorkommen? Der Einfluss der Vereinigten Staaten war in keinem der vom Arabischen Frühling betroffenen Länder maßgeblich – nicht einmal in Libyen, wo sie etwas verspätet die Luftangriffe unter Führung der Briten und Franzosen unterstützten, die die Aufständischen die Oberhand gewinnen ließen.

Überraschenderweise führt der nachlassende Einfluss Amerikas nicht dazu, dass Israel seine Sicherheitspolitik überdenkt. Israels Weigerung, aggressiv auf eine Verhandlungslösung für das Palästina-Problem zu dringen, grenzte schon vor dem Arabischen Frühling ans Selbstzerstörerische. Israels Sicherheitsstrategie fußte auf drei Säulen, die alle schnell schwächer werden: auf dem Frieden mit Ägypten, auf seinem Bündnis mit den Vereinigten Staaten und auf seiner nuklearen Abschreckung. Im Westen setzte Israel seit 1979 auf den Frieden von Camp David, der Ägypten als mächtigsten arabischen Staat befrieden sollte. Im Osten bedeuten die Aussicht auf einen nuklear bewaffneten Iran und die Wahrscheinlichkeit, dass ein solcher Schachzug des Irans die Türkei, Saudi-Arabien und Ägypten dazu anstacheln würde, eigene Kernwaffenarsenale anzustreben, dass andere benachbarte Länder Israels nuklearer Abschreckung bald etwas entgegensetzen könnten. Unterdessen hat auch die Fähigkeit der Vereinigten Staaten nachgelassen, in den Ländern rundherum die diplomatischen und militärischen Entwicklungen zu kontrollieren. Und doch setzt Israel eine Politik fort, die auf der falschen Annahme basiert, Amerika würde immer die Macht und das diplomatische Gewicht haben, die Waage zu seinen Gunsten sinken zu lassen. Noch verfügen die Vereinigten Staaten über ein Vetorecht in der UNO, was den Israelis einen gewissen Trost bietet. Aber die Tage, als sich ein türkischer oder ägyptischer Staatschef wegen eines Anrufs aus Washington auf die Zunge biss, sind vorbei. Israel ist ebenso wie sein amerikanischer Schutzpatron an einem Wendepunkt angelangt.

Viele Verbündete Amerikas auf dem ganzen Planeten werden vor ähnlichen Dilemmas stehen, wenn die Macht der Vereinigten Staaten in den kommenden Jahren schwindet – in Taiwan und Japan, in Südost- und Zentralasien, in Europa und möglicherweise auch in Lateinamerika. Für Israel ist die Bedrohung allerdings viel unmittelbarer. Wenn die amerikanischen Politiker nicht offen und ehrlich mit Israel über die Lage der Dinge sprechen, wird die Dynamik des Arabischen Frühlings die Regierungen der Region dazu zwingen, auf die angestauten arabischen Kränkungen hin zu handeln. Die Vereinigten Staaten und alle anderen, die behaupten, das Schicksal Israels sei ihnen wichtig, erweisen dem Land einen großen Bärendienst, wenn sie zulassen, dass es glaubt, die Zeit sei auf seiner Seite. Wenn Israel seinen Umgang mit der Palästinafrage nicht wesentlich ändert, die Agenda ausweitet und außer Washington weitere Unterstützer rekrutiert, ist ein Krieg, der die Weltwirtschaft erschüttert und den Nahen Osten mit Tragik und Tod überzieht, unvermeidlich.

Aus allen diesen Gründen wird die US-amerikanische Politik, zuzulassen, dass Israel die Bedingungen eines etwaigen Friedensvertrags diktiert oder dass es selbst bestimmt, wann und wo es gegen seine Nachbarn Gewalt gebrauchen darf, schnell untragbar. US-Verteidigungsminister Leon Panetta hat das Offensichtliche ausgesprochen – und damit dennoch einen Präzedenzfall dafür geschaffen, dass ein amerikanischer Politiker offen über dieses Thema spricht –, als er auf einer Pressekonferenz im Oktober 2011 in Tel Aviv sagte: „Reicht die Aufrechterhaltung der militärischen Überlegenheit aus, wenn Sie sich im diplomatischen Bereich isolieren? Echte Sicherheit kann nur durch beides erreicht werden, große diplomatische Anstrengungen und große Anstrengungen, Ihre militärische Stärke zu bewahren."[27] Genauso gut hätte er die Frage dem außenpolitischen Establishment Amerikas stellen können, das anscheinend entgeistert darüber ist, dass Amerikas Einfluss und Glaubwürdigkeit im Nahen Osten derart abgebaut haben, dass nun wieder die UNO am Zuge ist. Das schwache Veto der Vereinigten Staaten gegen die UNO-Resolution, den Palästinensern den Beobachterstatus zu gewähren, mag vom taktischen Standpunkt her vertretbar sein, aber wie lange werden die Palästinenser noch warten? Und welche Indizien deuten darauf hin, dass eine republikanische, demokratische oder sonstige amerikanische Regierung den politischen Willen und das Standvermögen besäße, Israel Zugeständnisse abzuverlangen?

Der Kollaps von Amerikas Fähigkeit, im Nahen Osten die Agenda zu bestimmen, ist der Gipfelpunkt von Jahrzehnten der Arroganz. Jahrzehntelang haben die Vereinigten Staaten, die um jeden Preis Wert auf Stabilität legten, Israels Verhalten nicht kritisiert – auch nicht die Besetzung des Westjordanlands und des Gaza-Streifens, die Verbreitung von Atomwaffen, die Verweigerung des Wahlrechts und des Rechts auf Grundbesitz gegenüber den Palästinensern und die umstrittene unverhältnismäßige Stärke der Gegenschläge gegen seine Feinde. Aber Veränderungen – auch zum Besseren – bringen immer Risiken mit sich. Verhandlungslösungen langwieriger historischer Konflikte führen unweigerlich zu Gegenreaktionen seitens gewaltbereiter Extremisten, und das gewöhnlich auf beiden Seiten. Allein in den letzten Jahrzehnten folgten auf Friedensabkommen in Osttimor, Nordirland, Südafrika, Bosnien, im Kosovo und im Baskenland Massaker, Terrorismus und andere Gräuel. Doch in allen Fällen hat der allgemeine Friedenskonsens gehalten.

Leider funktionieren im arabisch-israelischen Kontext Taktiken zur Vereitelung von Vereinbarungen besser, und zwar unter anderem wegen des mangelhaften Zustands der palästinensischen Demokratie und der Spaltung der israelischen Wählerschaft. Auf beiden Seiten gibt es genug Abtrünnigkeit, damit es einer relativ kleinen Fraktion aufgebrachter Militanter gelingt, den gesamten Friedensprozess in die Luft zu jagen, egal von wem er vorangetrieben wird, Jitzchak Rabin, Jassir Arafat, Ehud Barak, Mahmoud Abbas oder Ehud Olmert. Arabische Gruppen, die sich weigern, das Existenzrecht Israels anzuerkennen – die Hamas, die Hisbollah und kleinere palästinensische Splittergruppen –, sind mittlerweile geschickt darin, die politische Szene

Israels durch zeitlich abgestimmte Gewalttaten zu manipulieren, zum Beispiel 1996 durch die Serie von Bombenanschlägen auf Busse durch die Hamas. Sie machte die Wahlhoffnungen des Kandidaten Schimon Peres von der Arbeiterpartei, der eine Einigung befürwortet, zunichte. Ein weiteres Beispiel ist das Massaker an 29 Palästinensern in einer Moschee in Hebron, das ein rechtsgerichteter jüdischer Fanatiker 1994 anrichtete. Und im Jahr darauf wurde Premierminister Jitzchak Rabin von einem aufgebrachten israelischen Siedler ermordet.

In allen diesen Fällen und in anderen, die seither aufgetreten sind, haben die palästinensischen und israelischen Politiker, die häufig internem Druck von Splittergruppen ausgesetzt sind, die Friedensgespräche abgebrochen und sich stattdessen auf gegenseitige Schuldzuweisungen konzentriert. Bei den Palästinensern führten die verpassten Gelegenheiten und die Korruption beinahe zu einem Bürgerkrieg und sie hatten eine erst jüngst behobene Spaltung zwischen der Hamas, die den Gazastreifen beherrscht, und der Fatah, Arafats alter Partei und offizieller Beherrscherin Palästinas, zur Folge. Bevor der Arabische Frühling die Palästinenserfraktionen zu einer unbehaglichen Versöhnung zwang, hatte diese Spaltung zwischen Fatah und Hamas praktisch beide Seiten als Verhandlungspartner disqualifiziert und der risikoscheuen israelischen Regierung eine perfekte Ausrede geliefert.

Indes hat Israel seine eigene Stärke wiederholt falsch eingeschätzt. Seit dem Sieg 1967, der Israel die Kontrolle über den Gazastreifen, das Westjordanland, Ost-Jerusalem und die syrischen Golanhöhen verschaffte, hat Israel immer angenommen, es könne ein Friedensabkommen schließen oder es auch sein lassen – seine militärische Stärke und sein Bündnis mit den Vereinigten Staaten gäben ihm die Option, *keinen* Frieden zu schließen. Doch jetzt hat sich das Ökosystem auf einmal grundlegend verändert. Amerika muss dies Israel sofort nachdrücklich klarmachen und die Trägheit überwinden, die es den Politikern durch die jahrzehntelange reflexartige Unterstützung von allem, was Israel tat, anerzogen hat. Da das Nuklearprogramm des Irans voranschreitet, gibt es keine Zeit zu verlieren.

Der Ausgang der Unruhen, die in der MENA-Region (Middle East North Africa = Naher Osten und Nordafrika) wüten, ist nach wie vor ungewiss. Selbst in den hoffnungsvollsten Fällen – Tunesien und Ägypten – kann die Sache immer noch schiefgehen, zum Beispiel könnte die Revolution ebenso wie im Iran von islamischen Extremisten gekidnappt werden. Eines ist allerdings klar: Die Politik des Westens, der Lippenbekenntnisse zur Demokratie äußerte, aber Millionen Dollar auf die Bankkonten regionaler Despoten überwies, ist im Nahen Osten umfassend diskreditiert.

Die Vereinigten Staaten müssen demonstrieren, dass sie diese Realität begreifen, und am nachdrücklichsten könnten sie das tun, indem sie im Umgang mit dem israelisch-palästinensischen Konflikt eine starke Hand beweisen.

DIE SCHLACHT AN DER HEIMATFRONT

Die Bemühungen, die Meinung in den Vereinigten Staaten umzugestalten, werden zumindest schwierig werden. Manche Fachleute meinen, Israel übe einen ungebührlichen Einfluss auf die Außenpolitik der Vereinigten Staaten aus. Das Gegenargument, dem die überwältigende Mehrheit der Gesetzgeber im US-Kongress und ein Gutteil der etablierten Außenpolitiker der Vereinigten Staaten anhängen, besagt, die amerikanische Unterstützung Israels ergebe sich aus natürlichen geistigen Übereinstimmungen, aus der Vorgeschichte enger militärischer und nachrichtendienstlicher Zusammenarbeit und aus der moralischen Verpflichtung, eine Nation zu schützen, die als Rettungsboot für die Überlebenden von Hitlers Holocaust gegründet wurde. Indes haben die Selbstmordanschläge auf Flughäfen und die Anschläge vom 11. September der arabischen Seite der Streitfrage besonders in den Vereinigten Staaten gelinde gesagt ein Image-Problem beschert.

Wie alle Streitigkeiten im Zusammenhang mit dem Nahen Osten beinhaltet auch die über die Israel-Lobby eine Menge Leidenschaft und prominente Stimmen auf beiden Seiten. Ihren Mittelpunkt bildet eine mächtige, höchst ausgefeilte Lobby in Washington. Sie ist zwar nicht einheitlich, aber im Allgemeinen unterstützt sie hinsichtlich der zentralen Frage eines Austauschs „Land gegen Frieden" mit den Palästinensern einen harten Kurs. Diese Lobby und ihre aktivistischen

Ableger sind zwar in der Tat eindrucksvoll, aber ihr Einfluss wird häufig übertrieben dargestellt. Zum Beispiel verblasst das AIPAC – das American Israel Public Affairs Committee, das der mit Abstand stärkste Arm der Lobby ist – hinsichtlich seiner Macht und Größe neben den Verbänden, welche die Großen der Erdölindustrie, die amerikanischen Senioren und die unverwüstliche amerikanische Bankenbranche repräsentieren, um nur einige zu nennen. Im Wahljahr 2010 gab das AIPAC laut Zahlen der US Federal Election Commission 2,74 Millionen Dollar für Lobbyarbeit aus. Das ist ein Bruchteil der 132 Millionen, die die US Chamber of Commerce ausgegeben hat, oder der 22 Millionen, die der Verband der Ruheständler und die American Medical Association ausgegeben haben.[28]

Tragen die gut organisierte Lobbyarbeit pro-israelischer Gruppen und die Agitation jüdischer und evangelikal-christlicher Kongressabgeordneter dazu bei, den Einfluss der Vereinigten Staaten im Nahen Osten zu untergraben? Veranlasst die Effektivität dieser mächtigen Koalition die israelischen Regierungen zu der Überzeugung, sie könnten sich dem US-amerikanischen Druck, mit den Palästinensern zu verhandeln, kräftig widersetzen? Schirmt sie Israel vor Kritik aus Amerika ab, wenn Militäraktionen Israels die Grenze überschreiten? Ja, immer wieder. Ist irgendetwas davon ungesetzlich, unmoralisch oder „unamerikanisch"? Absolut nicht. Vielmehr ist das genau die Funktionsweise der amerikanischen Demokratie. Die United Federation of Teachers macht das so, die Irish Americans und ihre Lobby tun das, und ebenso die Kohleindustrie und der Sierra Club. Könnten wir diesen Prozess reformieren, indem wir Lobbyverbände daran hindern, in politischen Kampagnen Geld als Waffe einzusetzen? Vielleicht schon, und wenn ich König wäre, würde ich genau das tun. Aber das wäre dann keine Demokratie mehr. Die Amerikaner leben in der Demokratie, die sie verdienen, mitsamt ihren Unzulänglichkeiten.

Ob man mit der „Israel-Lobby" einverstanden ist, sie als Agenten einer ausländischen Macht betrachtet oder überzeugt ist, dass ihr Einfluss übertrieben wird, ist aber gar nicht der Punkt. Als Anwalt israelischer Sicherheitsinteressen, insbesondere so, wie sie die israelische Rechte definiert, ist sie überaus effektiv. Aber jeder, der heute seine

Hoffnungen für Israels Sicherheit an die amerikanische Israel-Lobby knüpft, hat völlig den Überblick verloren. Während sich das neue Jahrhundert entfaltet, erscheinen die Argumente dieser Lobby immer hysterischer. Die Gleichung ist einfach:

1. Das Öl wird zumindest noch ein paar Jahrzehnte lang die Grundlage der modernen Volkswirtschaften bleiben. Auch wenn die Vereinigten Staaten ihren eigenen Ölbedarf größtenteils außerhalb des Nahen Ostens decken, wird der Preis doch von den vorwiegend im Nahen Osten liegenden Erdöl exportierenden Staaten der OPEC bestimmt. Wenn diese Länder demokratischer werden, werden sie verlangen, dass der Streit zwischen Israelis und Palästinensern zu Bedingungen bewältigt wird, die für beide Seiten annehmbar sind, und sie werden das Öl einsetzen, um Druck auf die Vereinigten Staaten auszuüben.
2. Jahrzehntelang war Israel eine emotionale und moralische Verpflichtung, die die Vereinigten Staaten erfüllt haben. Aber inzwischen ist es eine große Bürde für die Vereinigten Staaten, wenn sie im Nahen Osten ihren Weg finden wollen. Israels Wert als strategischer Verbündeter in geheimdienstlichen und militärischen Angelegenheiten hat nach dem Kalten Krieg abgenommen und wiegt die Probleme nicht auf, die die Unterstützung der israelischen Politik im Gleichschritt inzwischen für Washington erzeugt.
3. Wenn sich die einflussreichsten Länder des Nahen Ostens – vor allem die Türkei, Ägypten und Saudi-Arabien – noch mehr von den Vereinigten Staaten abkoppeln, werden sie eine aggressivere Haltung gegenüber der israelischen Besetzung des Westjordanlands und der Golanhöhen verlangen. Und wenn der Iran zur Atommacht wird, könnten auch diese drei Regionalmächte – die bereits zu den G20 gehören – dem Atomklub beitreten. Dies würde sowohl für die US-amerikanischen als auch für die israelischen Politiker ein gefährliches, unüberschaubares Umfeld schaffen.

Aus all diesen Gründen sollten sich die Vereinigten Staaten und Israel schnell auf eine Verhandlungslösung der Palästinenserfrage zubewegen. Andernfalls dürften sie vom Rest der Welt unter weitaus ungünstigeren Bedingungen an den Verhandlungstisch gezwungen werden. Die Grundzüge der Lösung liegen seit Jahrzehnten schmerzlich auf der Hand – eine Rückkehr zu einem überarbeiteten Status quo von 1967 und eine palästinensische Hauptstadt in Ost-Jerusalem sowie ein Gebietstausch, der einen zusammenhängenden Palästinenserstaat im Westjordanland und im Gazasteifen ermöglicht, wobei Israel den inneren Ring von Siedlungen in unmittelbarer Nachbarschaft Jerusalems behält. Aufgrund der Rolle, die Großbritannien, Frankreich und Deutschland bei der Schaffung des Problems gespielt haben, vertrete ich den Standpunkt, dass sie sich darauf einigen sollten, eine internationale Friedenstruppe aufzustellen oder zumindest zu finanzieren und zu bewaffnen, die nach Unterzeichnung des Friedensvertrags für eine festgelegte Dauer an den neuen Grenzen patrouilliert. (Wie gesagt: Die Vereinigten Staaten taugen in den Augen der Meisten in dieser Hinsicht nicht mehr als „ehrlicher Vermittler" – Wasser auf die Mühlen derjenigen, die nicht geneigt sind, zuzusehen, wie im Nahen Osten noch mehr amerikanische Soldaten eingesetzt werden.)

Aufgrund der vom Arabischen Frühling herbeigeführten Veränderungen ist heute ein breiterer Ansatz nötig, um Fortschritte zu erzielen, und er sollte neue selbstbewusste Verbündete in der Region einbinden. Dass die Obama-Administration die Anerkennung des Palästinenserstaats in der Generalversammlung der Vereinten Nationen nicht unterstützt hat, unterstreicht, wie sehr die US-Diplomatie inzwischen den Kontakt zur Realität verloren hat. Wie realistisch ist es denn, dass die Vereinigten Staaten von einem gewählten palästinensischen Regierungschef verlangen, auf diese Segnung zu verzichten?

DER NEUE KALIF

Die Vereinigten Staaten haben zwar in Israel nach wie vor einen enormen Einfluss, aber die letzten Jahre haben konkrete Fragen bezüglich seiner Fähigkeit aufgeworfen, eine ähnliche Friedenskonferenz einzuberufen, wie sie George H.W. Bush 1991 nach seinem Sieg im Golfkrieg in Madrid versammelt hat. Das war ein wegweisender Moment, in dem Araber und Israelis einander zum ersten Mal seit der Gründung Israels am Verhandlungstisch gegenübersaßen. Die Schwierigkeiten, die sein Sohn hatte, 16 Jahre später in Annapolis im Bundesstaat Maryland eine ähnliche Großtat zu vollbringen, zeigen nur, wie schnell das Prestige der Vereinigten Staaten nachgelassen hat.

Vielleicht hat der jüngere Bush gedacht, seine Überwindung Saddams wäre ein genauso starkes Mittel, das Denken der Araber und der Israelis in die gleiche Richtung zu lenken, wie der Sieg seines Vaters im Golfkrieg. Da jedoch 2007 der Irakkrieg in Misskredit stand und die US-Streitkräfte schwer unter irakischen Aufständischen zu leiden hatten, glaubten weder die Israelis noch die Araber, Amerika könne einen Friedensvertrag liefern. Und damit hatten sie recht. Israels Feilschen um weitere Zugeständnisse machte den Prozess fast schon von Anfang an zunichte. Premierminister Ehud Olmert konnte mit seiner regierenden Kadima-Koalition nie einen Konsens über ein annähernd umfassendes Abkommen schmieden. Insbesondere die ultraorthodoxe Schas-Partei und die nationalistischen Expansionisten von Jisra'el Beitenu drohten mit dem Sturz der Regierung, falls Ost-Jerusalem zur Debatte stehen sollte. Der „Fahrplan für den Frieden", den die Bush-Administration jahrelang angepriesen hatte, entpuppte sich als Fahrplan ins Nirgendwo.[29]

Vielleicht hat Obama mehr Glück, aber nicht ohne Hilfe. Er hat ein paar bescheidene Schritte unternommen, welche die Vereinigten Staaten trotz ihres ungeschickten Herumlavierens im Arabischen Frühling in ein besseres Licht rücken. Dazu gehören die Intervention in Libyen und sein verspäteter Entschluss, auf die Absetzung der Diktatoren im Jemen und in Syrien zu dringen. Auch seine Entscheidung, eine gewagte Mission zu riskieren, um Osama bin Laden außer Gefecht zu setzen, bessert sein Prestige auf. So sehr die Region auch der amerikanischen Überheblichkeit überdrüssig sein mag – kein Akteur hat sein Ansehen beim Publikum gründlicher verspielt als bin Laden.

Wie allgemein bekannt ist, sehnte er sich nach einer Wiedereinrichtung des Kalifats – einer Wiederkehr des osmanischen Sultans, der einst den gesamten Nahen Osten nach islamischen Grundsätzen regierte. Bin Laden lebte gerade lange genug, um die vollständige Zurückweisung dieses Traums zu erleben. Die Aufstände des Jahres 2011 waren von dem Wunsch nach „dekadenten" Werten wie Gewaltlosigkeit, persönlicher Freiheit, Rechtsstaatlichkeit, wirtschaftlichen Chancen und Meinungsfreiheit motiviert. Und was noch Salz in die Wunde streut: Sollte am Ende aus dem Land der osmanischen Sultane ein politischer Führer hervorgehen, dann wäre er kein feuriger Verfechter der islamischen Revolution, für die bin Laden gebetet hat, sondern eher der Führer einer säkularen Demokratie mit einer modernen Wirtschaft, herzlichen Beziehungen zum Westen, einem Militärabkommen mit Israel und einer Mitgliedschaft in genau dem Militärbündnis, das in Afghanistan die Reste von al-Quaida bekämpft hat, nämlich der NATO.

Nach dem Sturz Nassers Anfang der 1970er-Jahre ist keine einzelne Gestalt mehr hervorgetreten, die glaubhaft den Anspruch hätte erheben können, dass sie für die arabische Welt sprechen würde. Es ist keine geringe Ironie, dass die infrage kommende Führungspersönlichkeit ein Nicht-Araber ist: der türkische Premierminister Recep Tayyip Erdogan. Umfragen zeigen, dass Erdogan, der geübt mit den vielen widerstreitenden Leidenschaften der Region jongliert, von der Atlantikküste Marokkos bis zur Grenze des Irans der am meisten bewunderte Regierungschef ist. In der jüngsten Arab Public Opinion Poll – einer Erhebung zur öffentlichen Meinung der arabischen Welt, die jedes Jahr von der University of Maryland und Zogby International durchgeführt wird – gaben 20 Prozent der arabischen Befragten den türkischen Premierminister an, als sie gefragt wurden: „Welchen Weltpolitiker bewundern Sie am meisten?" Venezuelas Präsident Hugo Chavez und Irans Präsident Ahmadinedschad waren mit zwölf respektive 13 Prozent die abgeschlagenen Verfolger und bin Laden kam (vor seinem Tod) auf schlappe sechs Prozent.[30]

Dass der Regierungschef der Türkei das Szepter der Führung im Nahen Osten in die Hand nimmt, kehrt den ein Jahrhundert währenden

Rückgang des Einflusses der Türkei seit dem Zusammenbruch des Osmanischen Reiches 1918 um. Darüber hinaus wäre das für die Vereinigten Staaten und die gesamte Region ein gewaltiger Segen, wenn Washington und sein türkischer Verbündeter weise handeln. Zunächst einmal könnte Washington zwischen Israel und der Türkei eine Versöhnung aushandeln. Die Türkei ist eine der wenigen muslimischen Nationen, die schon vor langer Zeit Israel anerkannt haben, und bis vor ganz Kurzem hatte sie enge Beziehungen zu Israel. Die türkische Regierung stand dem israelischen Vorstoß in Gaza 2008 höchst kritisch gegenüber und das Wohlwollen wurde 2011 bis zum Zerreißen strapaziert, als israelische Einsatzkräfte eine aus der Türkei kommende zivile Hilfsflottille aufbrachten, die das UNO-Embargo gegen den Gazastreifen brechen wollte, wo die Sanktionen humanitäre Probleme verursachten. Unter umstrittenen Umständen töteten die Einsatzkommandos neun Türken und die Kritik der Türkei an Israel wurde giftig.

Erdogans gemäßigt islamistische Regierung des langjährigen NATO-Partners der Vereinigten Staaten handelte sich im Inland Kritik für die Lockerung einiger der strengeren Grundsätze der säkularen Verfassung der Türkei ein – am bekanntesten ist seine Erlaubnis, dass Frauen, die dies wünschen, das islamische Kopftuch tragen dürfen. Das macht Erdogan wohl kaum zu einem militanten Islamvertreter, auch wenn seine politischen Gegner in der Türkei, deren Schwerpunkt in der Armee liegt, etwas anderes behaupten würden. Wichtiger ist hingegen, dass Erdogan unter Führung seines Außenministers Ahmet Davutoglu in der Außenpolitik einen eher eigenständigen Kurs eingeschlagen hat. Dessen Doktrin „keine Probleme mit den Nachbarn der Türkei" lieferte die Rechtfertigung für seine manchmal unbehaglich engen Beziehungen zu Ländern wie Syrien und dem Iran sowie zu der palästinensischen Hamas-Bewegung. Gleichwohl hat die Tatsache, dass die Regierung Erdogan ihre Unabhängigkeit von Washington bewiesen hat, ihr gerade in dem Moment große Glaubwürdigkeit in der arabischen Welt eingebracht, als eine solche Stimme verzweifelt gebraucht wurde. Falls es für Erdogans Einfluss überhaupt einen Rivalen geben könnte, dann wäre das realistisch betrachtet wahrscheinlich ebenfalls ein Nicht-

Araber: der unberechenbare iranische Regierungschef Ahmadinedschad. Das ist für die Vereinigten Staaten umso mehr ein Grund, dem ehrgeizigen türkischen Regierungschef in Dingen der regionalen Wirtschaft und Sicherheit eine ernsthafte Partnerschaft anzubieten.

Folgendes könnte jedoch Sorgen bereiten: Der Türkei fiel es nicht leichter als Washington, den Despoten auf einmal den Rücken zu kehren, und das insbesondere in Libyen und Syrien. Die türkische Politik seit Beginn das Arabischen Frühlings grenzte schon ans Bizarre. Dass die Türkei selbst dann noch gegen eine Flugverbotszone über Libyen war, als die ansonsten schweigende Arabische Liga eine verlangte, irritierte Erdogans Bewunderer, vor allem diejenigen, die ihr Leben riskierten, um gegen Gaddafi vorzugehen. Außerdem übte die Türkei bezüglich Syriens auch dann noch eine fürchterliche Zurückhaltung, als Assads Panzer zivile Flüchtlinge über ihre Grenze trieben, wo sie nach Schutz vor dem gewalttätigen Durchgreifen suchten.

„Infolgedessen geben die Türken zu einem Zeitpunkt beispielloser Veränderungen in der Region, während die Macht des Volkes und die Demokratie durch den Nahen Osten fegen, ein furchtsames, ungeschicktes und hilfloses Bild ab – ganz und gar nicht das der regionalen Führungsmacht, die Ankara sein möchte", so Stephen Cook, Fellow für Middle East Studies beim Council on Foreign Relations und Verfasser von Büchern über die Türkei und arabische Militärregimes.[31] Aber auch hier vollzog die Türkei einen Kurswechsel und beherbergte 2011 eine bewaffnete Gruppe namens Syrische Befreiungsarmee, die Assad stürzen will.

Auch hat Erdogan die Bande zu Israel nach den Tötungen auf der Flottille nach Gaza nur zögerlich wieder geflickt. Allerdings wurden die Beziehungen zwischen der Türkei und Israel nicht offiziell abgebrochen und der Handel zwischen den beiden Ländern hat zugenommen. In den letzten Jahren ist er um 40 Prozent pro Jahr gewachsen. Die Tatsache, dass die diplomatischen und wirtschaftlichen Beziehungen intakt bleiben – obwohl im August der israelische Botschafter im Zuge eines weiteren Zanks um eine von den Türken verlangte „Entschuldigung" gebeten wurde, zu gehen –, deutet darauf hin, dass die Türkei weiß, dass ein vollständiger Bruch ihren einmaligen Einfluss und die

Rolle der „regionalen Supermacht" aushöhlen würde, die sie anstrebt. Die Türken liebäugeln eindeutig mit einer bedeutenden Rolle bei Friedensvermittlungen in der Region – sie haben das wiederholt zwischen Assads Regierung in Syrien und der israelischen Regierung bezüglich der Golanhöhen versucht. Wenn die Vereinigten Staaten die Türkei einladen würden, gemeinsam mit ihnen Gespräche zwischen den Israelis und den Palästinensern zu veranstalten, würden sie anerkennen, dass sie selbst nicht mehr als gerechter Vermittler in dem Konflikt gelten. Außerdem würde dies den Saudis signalisieren, dass die Tage, in denen Amerika vor ihren Interessen zu Kreuze kroch, vorbei sind. Zudem würde dies für alle Seiten den Einsatz erhöhen – für Israel, das seine beschädigten Beziehungen zur Türkei wieder reparieren will, für die Vereinigten Staaten, die darauf aus sind, das neue Selbstbewusstsein der Türkei zu nutzen, und für die Türkei selbst, denn daran würde gemessen werden, ob sie auf der Weltbühne angekommen ist.

Außerdem hätte eine Partnerschaft zwischen den Vereinigten Staaten und der Türkei enorme strategische Vorteile, die über den israelisch-palästinensischen Konflikt hinausgehen. Konkret würde sie ein realistischeres Herangehen an das iranische Atomprogramm ermöglichen. Die derzeitigen UNO-Sanktionen und die unilateralen Maßnahmen, die Teheran unter Druck setzen sollen, zeigen zwar in letzter Zeit mehr Wirkung, aber da die hohen Ölpreise der iranischen Wirtschaft Auftrieb geben, zwingen die Sanktionen allein Iran nicht zu harten Verhandlungen. Im Jahr 2009 hat die Türkei bereits in Partnerschaft mit Brasilien versucht, mit dem Iran eine Vereinbarung über die Urananreicherung zu schließen. Das scheiterte vor allem daran, dass die Vereinigten Staaten dagegen waren. Wenn man einen wahrhaft gemeinschaftlichen türkisch-amerikanischen Ansatz schmieden würde, könnte er die Blockade aufbrechen.

Außerdem ist die Türkei die einzige Macht der Region, die sowohl über industrielle Kapazitäten als auch über einen hoch entwickelten Banken- und Unternehmenssektor verfügt, was sie in die Lage versetzt, Geld vom Golf in nützliche Infrastruktur zu verwandeln. Ihr Wirtschaftswachstum und ihre Bau- und Planungsfirmen von Weltformat könnten in Kombination mit Investitionen aus Saudi-Arabien und den

Golf-Emiraten die Nachbarländer herrichten, in denen die Straßen, Eisenbahnen und Wohngebäude immer noch weitgehend aus dem bestehen, was die Franzosen und Briten vor einem halben Jahrhundert hinterlassen haben.

Nichts davon wäre einfach. Durch ihren jüngsten Streit mit Israel und durch ihre eigenständige Außenpolitik hat sich die Türkei in Washington Feinde gemacht. Doch für die Schaffung einer dauerhaften Sicherheitsstruktur wird es entscheidend sein, dass die Türkei immer tiefer in die Politik ihres früheren Reiches hineingezogen wird. Das könnte eine Art NATO des Nahen Ostens sein, die den Frieden gewährleistet, wenn die Macht Amerikas schwindet und andere interessierte Akteure von China über Indien bis hin zur öldurstigen EU Schritte unternehmen, um die lebenswichtigen Ressourcen der Region zu sichern. Mit Washingtons Hilfe und unter Beteiligung von Ägypten sowie möglicherweise Saudi-Arabien könnte die Türkei zur Schaffung der ersten wahrhaft regionalen Sicherheitsgemeinschaft im Nahen Osten beitragen.

Die amerikanischen Politiker scheinen kaum Gedanken auf diese Möglichkeit zu verwenden, weil sie wieder annehmen, Washington selbst würde die Rolle des „Stabilisators" spielen. Doch die Geschichte zeigt, dass es zu Chaos führt, wenn man solche Einzelheiten dem Zufall überlässt. Die Vereinigten Staaten sollten ab jetzt für die geregelte Auflösung ihres Einflusses im Nahen Osten in fernerer Zukunft planen – ab 2025 –, wenn die geopolitische und ökonomische Dynamik so richtig zum Tragen kommt. Wenn wir nicht erwarten, dass der amerikanische Steuerzahler die aktuelle Konstellation von amerikanischen Militärbasen und Marine-Flottillen in der Region ewig unterhalten wird, muss ein alternatives System eingerichtet werden, um die unzähligen „nicht-israelischen" Konflikte in der Region zu regeln.

SCHEICH GEGEN MULLAH: DER NEUE ZENTRALE KONFLIKT

Dass die fortbestehenden Konflikte aus dem 20. Jahrhundert schnell und entschlossen bewältigt werden – insbesondere der Konflikt zwischen Israelis und Palästinensern –, ist vor allem deshalb wichtig, weil sich in der Region eine weitere, möglicherweise noch gefährlichere Kluft auftut: der Kampf zwischen dem Iran und Saudi-Arabien um die Vorherrschaft am Persischen Golf. In dieser Rivalität treten zwei überaus instabile Regimes gegeneinander an, und jedes von ihnen hat die Macht, die internationalen Energiemärkte zu erschüttern sowie sich die höchstentwickelten Waffen des Erdballs zu beschaffen (einschließlich Atomwaffen), und sie praktizieren widerstreitende Versionen des Islams.

Der letztgenannte Punkt der Rivalität zwischen Sunna und Schia trägt den Konflikt über die Grenzen der üblichen internationalen Konkurrenz hinaus in das Reich des Mystischen – weshalb er umso mehr gegen vernünftige Überlegungen gefeit ist. Die Wurzeln der Spaltung zwischen Schiiten und Sunniten liegen im Nachfolgestreit nach dem Tod des Propheten Mohammed im siebten Jahrhundert. Die Schiiten, die weltweit höchstens 200 Millionen der geschätzten 2,3 Milliarden Muslime stellen, leben vor allem im Iran, im Irak, in Bahrain sowie in Minderheitengemeinden in benachbarten Ländern. Im 21. Jahrhundert nimmt dieses Schisma schwer bewaffnete, hochgradig ideologische Formen an und bringt globale Wirtschaftsrisiken mit sich. Im Irak, wo lange Zeit eine sunnitische Minderheit über die schiitische Mehrheit herrschte, haben die Invasion der Vereinigten Staaten und die dadurch verordneten Wahlen den Spieß umgedreht. Vali Nasr, ein im Iran geborener Gelehrter und Verfasser des Buches *The Shia Revival: How Conflicts within Islam Will Shape the Future*, ist überzeugt, dass der Irak-Krieg in der Region eine neue Dynamik losgetreten hat: „Einerseits gibt der Aufstieg der irakischen Schiiten zur Macht den Schiiten im gesamten Nahen Osten Hoffnung, aber andererseits macht er den Sunniten in der Region Angst [...]. Der Gegenschlag der Sunniten beginnt sich schon weit über die Grenzen des Iraks auszubreiten, von Syrien bis Pakistan, und er beschwört das Gespenst eines umfassenderen Machtkampfs zwischen den beiden Gruppen herauf, der die Stabilität der Region gefährden könnte. Der jordanische König Abdullah hat davor gewarnt, dass ein neuer ‚schiitischer Halbmond', der sich von Beirut bis Teheran erstreckt, den überwiegend sunnitischen Nahen Osten zerschneiden könnte."[32]

Nirgendwo ruft die Aussicht auf mächtig gewordene, wütende Schiiten mehr Angst hervor als in den Herrscherpalästen der Saud-Dynastie. Zusätzlich zu der Besorgnis über die wachsende Macht des schiitischen Irans und die Abkühlung der bislang engen Beziehungen zu den Vereinigten Staaten fürchten die Saudis einen solchen „schiitischen Halbmond" zum Teil aus Eigennutz und zum Teil aus echter Besorgnis wegen ihrer Verwundbarkeit. Die Unruhen im benachbarten Bahrain – einer mehrheitlich schiitischen Insel, über die eine sunnitische Monarchie herrscht – wurden auf Saudi-Arabiens Betreiben niedergeschlagen, wobei zwar viel von „iranischer Einmischung" die Rede war, aber dafür gab es herzlich wenig Beweise. Tatsächlich ergaben die frappierend offenen Ermittlungen über die vom Monarchen Bahrains sanktionierte Gewalt keine glaubhaften Belege dafür, dass eine iranische Beteiligung besteht – obwohl sie in schrecklichen Einzelheiten die Auspeitschungen, die Hinrichtungen durch Stromschlag und andere Folterqualen dokumentierten, welche die Sicherheitspolizei der Inselmonarchie den Protestierenden zufügte.[33] Für viele Außenstehende sahen die Unruhen in Bahrain weniger nach einem religiösen Aufstand als nach einer wahrhaft multireligiösen Forderung nach Demokratie aus, ganz ähnlich den Bewegungen jenes Frühlings an anderen Orten – allerdings nach einem Aufstand, der von regimetreuen Hardlinern massiv manipuliert wurde. Doch ungeachtet der Fakten gilt: Da die Kontrolle über zwei Drittel der weltweiten Erdölreserven auf dem Spiel steht, werden weder die Vereinigten Staaten noch die EU noch die aufstrebenden Mächte Ostasiens einschließlich China die Rivalität zwischen Iran und Saudi-Arabien ignorieren können.

Die Vereinigten Staaten haben seit Langem die Befürchtungen der saudischen Monarchie genährt, eine aggressive feindliche Macht könnte eines Tages die vergleichsweise schwachen arabischen Staaten am Golf überwältigen und Anspruch auf die reichsten Erdöl- und Erdgasfelder der Welt erheben. In den 1990er-Jahren konzentrierten sich die Vereinigten Staaten dabei auf Saddam Hussein. Als Saddam und seine sunnitischen Schergen gestürzt waren, lauerte der Iran als hauptsächliche Bedrohung. Solche militärischen und wirtschaftlichen Bedenken sind durchaus berechtigt: Eine mehrwöchige Unterbrechung der Öllieferungen aus dem Persischen Golf könnte ausreichen, um die Weltwirtschaft und insbesondere die anfälligen Volkswirtschaften der Vereinigten Staaten, Europas und Japans erneut an den Abgrund der Depression zu drängen. Irans Drohung im Dezember 2011, die Straße von Hormus zu blockieren, verriet zwar die Verzweiflung des Regimes angesichts der neuen Sanktionen, aber gleichwohl unterstreicht sie diesen Punkt. Da so viel auf dem Spiel steht, ist es eindeutig notwendig, dass die Vereinigten Staaten in irgendeiner Form weiterhin im Persischen Golf engagiert bleiben. Unklar ist nur, wie das geschehen soll, wie das Ziel aussehen und wer die Zeche bezahlen soll.

Aus diesen Gründen ging die Obama-Regierung mit den Unruhen in Bahrain ganz anders um als mit den vorherigen Aufständen in Nordafrika. Dies legte wieder einmal bloß, dass der Westen mit zweierlei Maß misst. Die Erdöl produzierenden Monarchien am Golf sind zwar nicht gegen Ärger gefeit, aber Washington entschied sich mit Zustimmung der meisten westlichen Mächte dafür, um der wirtschaftlichen Stabilität (sprich: der Stabilität der Energiepreise) willen ihre Herrscher zu unterstützen.

Während die Vereinigten Staaten den Einsatz von Gewalt durch die Regimes in Ägypten, Tunesien und sogar im relativ kleinen Libyen als nicht tolerierbar beurteilten, zog das Weiße Haus im Hinblick auf Bahrain nie auch nur etwas entfernt Ähnliches in Betracht wie den Aufruf zu Präsident Mubaraks Rücktritt, den es Ende Februar 2011 ausgab. Und doch könnte sich diese Vorsicht als richtig erweisen: Die Bereitschaft des Königreichs, einen transparenten Rechenschaftsbericht über die Gewalt zuzulassen, die das Regime verübt hat, ist im Nahen Osten beispiellos. Ernst gemeinte Maßnahmen gegen diejenigen, die sich Verbrechen haben zuschulden kommen lassen, und eine längerfristige Reform, welche den entrechteten Schiiten echte Macht geben würde, könnten mehr bewirken als zehn saudi-arabische Divisionen, die den Einfluss des Irans in Schach halten. Aber das ist vielleicht Wunschdenken.

Wenn keine solche Überraschung eintritt, ist die politische Lektion für die Golf-Potentaten eine vertraute: Mit dem Öl können sie sich Bewegungsspielraum und moralischen Relativismus in den Hallen der westlichen Macht erkaufen. Das hat aber auch schon zu voreiligen Aktionen geführt. Unter dem Schirm des regionalen Golf-Kooperationsrats haben Saudi-Arabien und die Vereinigten Arabischen Emirate den fatalen Schritt unternommen, Truppen nach Bahrain zu entsenden, damit das sunnitische Königshaus die Proteste der schiitischen Mehrheit heil überstehen konnte. Kurzfristig mag dies König Hamad bin Isa Al Chalifa Zeit für die Einführung demokratischer Reformen und die Rettung seines Regimes verschaffen. Doch andererseits stellt es Saudi-Arabien – indirekt auch die Vereinigten Staaten – auf die Seite der repressiven sunnitischen Monarchie und drängt im Gegenzug den Iran in eine Rolle, die er sich seit Beginn der Aufstände in Nordafrika und dem Nahen Osten nicht mehr anmaßen konnte: Vorkämpfer des Volkes.

Die Rivalität zwischen Iran und Saudi-Arabien, die schon seit Jahren unter der Oberfläche brodelt, nimmt jetzt eine gefährlichere Färbung an. Der Iran wird mit Sicherheit Anstrengungen unternehmen, die schiitischen Minderheiten in den östlichen Provinzen Saudi-Arabiens und im benachbarten Jemen zu radikalisieren, wo eine weitere pro-saudische sunnitische Regierung in den Seilen hängt. Die Gefahr eines offenen Krieges ist nach wie vor gering, weil beide Seiten andere Möglichkeiten haben. Die Saudis können den Iran dadurch unter Druck setzen, dass sie für eine Rückkehr des Ölpreises unter Vorkrisenniveau (90 Dollar pro Barrel) sorgen. Dadurch würden die iranischen Ölfelder nicht mehr ausreichen, die Staatsausgaben zu decken (und damit würden sich die Saudis in Washington einschmeicheln). Es könnte saudisches Geld in die grüne Bewegung im Iran fließen und das Königreich könnte Israels Ängste vor den Atomplänen des Irans nähren.

Der Iran bedroht seinerseits die Schifffahrtsrouten im Golf, setzt seine Geheimdienste im Ausland gegen die Interessen Saudi-Arabiens ein und könnte die Ostprovinzen mit Agenten infiltrieren, welche Ölanlagen sabotieren und Unruhe stiften. Durch das offene Eingreifen in Bahrain hat Saudi-Arabien zugelassen, dass ein jahrhundertealtes islamisches Schisma die Schwankungen des Ölmarkts weiter verkompliziert.

Das endlose Streben nach „Stabilität" im Nahen Osten hat Amerika dazu gebracht, sich mit Regimes zu verbünden, die es ansonsten kritisiert oder gemieden hätte. Dazu zählen auch die kürzlich gestürzten Autokraten, die Ägypten und Tunesien beherrschten, die repressiven starken Männer in Algerien und im Jemen, eine Reihe von Monarchen von Dubai über Jordanien bis Marokko und die unduldsamen Hauptakteure, die Saudi-Arabien regieren. Der Arabische Frühling hat die Vereinigten Staaten endlich gezwungen, das Risiko einzugehen, sich auf die Bewohner einzulassen. Allerdings nicht auf alle. Wenn der Frieden ohne Demokratie erkauft werden kann, ist das für Washington anscheinend in Ordnung. Wahrscheinlich ist die einzige wahre allgemeine Aussage, die man über die Revolutions-Saison der Region bislang treffen kann, die folgende: Je höher das Pro-Kopf-BIP eines Landes, umso geringer die Wahrscheinlichkeit, dass seine Bürger dem Beispiel der tunesischen Jasmin-Revolution gefolgt sind.

Davon gab es positive Ausnahmen. Der marokkanische König hat sich einem Referendum unterworfen, in dem 98 Prozent seiner Untertanen sagten, sie wollten eine konstitutionelle Monarchie mit einem gewählten Parlament – und der König hat versprochen, dies zu erfüllen. Die laufenden Aufstände in Syrien könnten am Ende Assad stürzen, den brutalsten Führer unter den verbliebenen Diktatoren. Die iranischen Mullahs könnten für erneuten Druck seitens reformwilliger Demokratiebewegungen anfällig sein. Und auch Israel könnte aufwachen und mit der Hilfe von Freunden in der Region sowie den verbündeten Vereinigten Staaten einen letzten, nachhaltigen Anlauf zum Frieden mit den Palästinensern unternehmen.

Die Wahrscheinlichkeit aller dieser Möglichkeiten liegt allerdings immer noch unter 50 Prozent. Selbst wenn der Arabische Frühling weiter voranrollt, vereiteln die Vetos aus Israel und Saudi-Arabien die Politik der Vereinigten Staaten und hindern Washington daran, als die inspirierende Kraft aufzutreten, die es 1989 für eine frühere Generation von Revolutionären darstellte. Letzten Endes haben sich die Vereinigten Staaten deshalb dafür entschieden, diese ganzen Regimes zu stützen – oder sie zumindest nicht herauszufordern –, weil sie den Instinkten derjenigen misstrauen, die Gefangene dieser Regimes sind. Wie jeder weiß, der einmal den Nahen Osten bereist hat, beherbergen alle diese Länder – vielleicht mit Ausnahme Israels – zahlreiche unterbeschäftigte und unglückliche junge Menschen, die einen fruchtbaren Boden für islamistisch-extremistische Werber bilden. Aber der Extremismus hatte 2001 seinen großen Tag und es ist ihm nachweislich nicht gelungen, die arabischen Regimes hinwegzufegen, die er fast genauso abgrundtief hasste wie den Westen und Israel. Und so hat die arabische Gesellschaft Amerika endlich dazu gezwungen, Farbe zu bekennen. Als die Region in Flammen aufging, waren es vor allem die Flammen der Freiheit. Diese Menschen sind weit davon entfernt, die Freiheit zu hassen, sondern sie wollen sie verdammt noch mal haben. Und sie wollen, dass wir ihnen dabei verflucht noch mal nicht mehr im Weg stehen.

KAPITEL 6

CHINA UND AMERIKA: DIE GEFAHREN DER GEGENSEITIGEN ABHÄNGIGKEIT

Es gehört zu den bleibenden Ironien der umstrittenen „Rettung" von General Motors (GM) 2009 durch den US-amerikanischen Staat, dass der Autobauer seinen Sitz nach dem Bankrott zwar immer noch in Detroit hat, aber mit seiner chinesischen Tochter inzwischen mehr Umsatz erzielt als auf dem heimischen Markt. Die Republikaner mögen sich auf die Rettung der Autoindustrie durch die Obama-Administration als Beruhigungspille für die Gewerkschaften eingeschossen haben, aber wahrscheinlich hat sie mehr für Arbeitsplätze in den Fabriken der GM China Group in Schanghai getan als für irgendeinen Standort der United Auto Workers in Nordamerika.

„In China verkaufen die viel mehr Buicks als in Amerika, und das macht GM zum größten Hersteller im bedeutendsten Schwellenland der Welt", sagt George Maglione, ein leitender Automobil-Volkswirt der Beratungsfirma IHS Global Insight. „Daran besteht kein Zweifel. Vaters Oldsmobile ist für immer dahin, aber die Chinesen haben mit ein bisschen Hilfe von Uncle Sam den Buick gerettet."[1]

Die gegenseitigen Abhängigkeiten, die die Globalisierung geschaffen hat, sind viel zu kompliziert, als dass die Gewinne und Verluste von Arbeitsplätzen, Währungskursen und Außenhandelsbilanzen ein Nullsummenspiel wären. Besonders gilt dies für die wichtigste Wirtschaftsbeziehung der Welt – diejenige zwischen den Vereinigten Staaten und China. Man könnte diese derzeit leicht als Einbahnstraße darstellen, die China zugute kommt und die Arbeitskräfte in den Vereinigten Staaten untergräbt, während China durch den Kauf von Schatzanleihen gleichzeitig eine wirtschaftliche Handhabe gegen Washington bekommt. Aber diese Sichtweise ist zu einfach. Tatsächlich macht Chinas Abhängigkeit vom amerikanischen Markt und seinen Handelsinnovationen Peking auf dem Weg ins Zentrum der globalen Bühne äußerst verwundbar. Neben der wachsenden Abhängigkeit von Energieimporten, den anhaltenden inneren Unruhen und der Anfälligkeit für Inflationsschübe und Hamsterkäufe stellt die Stoßmich-Ziehdich-Beziehung zwischen China und Amerika die kommunistische Führung in Peking vor schlimme Dilemmas.

Entgegen den Unkenrufen in den Schlagzeilen findet Chinas Aufstieg zum Wirtschaftsgiganten und schließlich zu einem militärischen und diplomatischen Konkurrenten der amerikanischen Macht unter Bedingungen statt, die die Vereinigten Staaten beeinflussen und sogar zu ihrem Vorteil nutzen können. Doch die Vereinigten Staaten haben es in den drei Jahrzehnten, seit China seine Wirtschaft dem Kapitalismus geöffnet und seinen halsbrecherischen Sprint in Richtung Weltmacht-Status begonnen hat, versäumt, eine konsequente Strategie für die Ausnutzung dieser Vorteile zu entwickeln – besonders in puncto Innovation, Technologie und geistiger Kreativität. Für eine solche Strategie wäre es notwendig, dass Washington massiv in seine eigenen wirtschaftlichen und kreativen Stärken investiert und dass es seine militärische Stellung im Pazifik so anpasst, dass sie legitimen chinesischen Interessen entgegenkommt und keine zufälligen Konflikte entzündet. Außerdem müsste Washington darauf bestehen, dass sich China stärker an der internationalen Diplomatie sowie an friedenserhaltenden Maßnahmen beteiligt, und es müsste seine Verbündeten in Asien auf die bevorstehende Neuausrichtung der Macht vorbereiten. Es ist schade, dass man sich in den Vereinigten Staaten meist eng auf die negativen Aspekte dieser Wirtschaftsbeziehung fokussiert, denn dies verzerrt die Tatsache, dass auf beiden Seiten mächtige Anreize dafür bestehen, die andere Seite gedeihen zu sehen.

DES KAISERS NEUE KLEIDER

Im Umgang mit China während des vergangenen Jahrzehnts – deutlich vor der Finanzkrise – schien den Vereinigten Staaten nicht bewusst zu sein, dass sich das Chancenfenster für die Festschreibung einer stabilen, florierenden Pazifikregion als dauerhaftes Vermächtnis der schwindenden Pax Americana schloss. Nach dem Massaker auf dem Platz des himmlischen Friedens 1989 waren die Beziehungen zwischen den Vereinigten Staaten und China tiefgefroren. Diese Zuckung der mörderischen Repression verschloss der politischen Liberalisierung in China eine Generation lang die Tür. Nach und nach wich die Isolation einem paternalistischen Ansatz und die Vereinigten Staaten lockten mit „Belohnungen" wie der Meistbegünstigungsklausel oder einer Mitgliedschaft in der Welthandelsorganisation (WTO) als Anreiz für China, seine Wirtschaft weiter für den Wettbewerb zu öffnen. Wie im postsowjetischen Osteuropa tourten US-amerikanische Wirtschafts- und Finanzvertreter durchs Land, um den Chinesen Vorträge darüber zu halten, wie man eine Marktwirtschaft verantwortlich führt, und die chinesischen Staatsvertreter ertrugen das mit Höflichkeit. Am Anfang, als der chinesische Binnenmarkt ausländischen Produkten weitgehend verschlossen war und die Auslandsinvestitionen auf Knebel-Joint-Ventures mit Staatsunternehmen beschränkt waren, war das auch ausnehmend sinnvoll. Aber dieser Ansatz verlor seine Wirksamkeit, nachdem China den massiven, dynamischen Bankensektor Hongkongs in seine Volkswirtschaft gesaugt hatte und immer mehr in den Vereinigten Staaten und an anderen ausländischen Universitäten ausgebildete Chinesen in ihr Heimatland zurückkehrten. Die Mischung aus langfristiger Wirtschaftsplanung, erstklassigem Finanz- und Geschäftssinn sowie billigen Krediten wirkte wie ein Turbolader, das Wachstum Chinas zog an, und es wurde klar, dass sein Aufstieg zum Wirtschaftsgiganten unaufhaltsam war, egal was der Westen davon hielt.

Robert Greifeld, der Präsident der NASDAQ OMX, sagte mir Anfang 2009, er sei kurz zuvor bei einem Besuch in China über die geringschätzige Haltung chinesischer Wirtschaftsfunktionäre entsetzt gewesen. „Im Grunde haben die gesagt: ‚Danke für die Ratschläge, aber anscheinend haben Sie Ihre eigenen Probleme, um die Sie sich kümmern müssen'", erzählte er mir.[2] Als die großen westlichen Volkswirtschaften weiter stagnierten und in Schulden versanken, breitete sich diese Einstellung auf andere Schwellenländer aus. Der *Financial-Times*-Kolumnist Philip Stephens schrieb, die Finanzkrise 2008 „war das Ereignis, an dem die neue weltpolitische Ordnung auskristallisierte. Bis dahin waren solche Vorgänge Entwicklungs- und Schwellenländern vorbehalten gewesen – Lateinamerika und Asien. Dieses war jedoch Made in America. Die Heilige Schrift des liberalen Kapitalismus der freien Marktwirtschaft, die unter dem Namen ‚Konsens von Washington' bekannt ist, wurde zerfetzt. Da die Vereinigten Staaten und Europa in eine Rezession taumelten, war es an China, Indien und Brasilien, eine allgemeine globale Flaute abzuwenden."[3]

Die exakte Form der „neuen weltpolitischen Ordnung" ist aber nach wie vor unklar. Manche sehen die Vereinigten Staaten und China als rivalisierende Bannerträger konkurrierender Ideologien – des demokratischen Marktkapitalismus und des repressiven Staatskapitalismus –, die im 21. Jahrhundert genauso aufeinanderprallen müssen wie im vorigen Jahrhundert der Faschismus, der Kommunismus und die Demokratie. Aber wenn man sich zu eifrig an diese Überzeugung klammert, läuft man Gefahr, eine selbst erfüllende Prophezeiung zu erzeugen. Das gilt besonders in einer Welt, in der sich das Machtgleichgewicht in Asien und andernorts im Übergang befindet und in der keine der alten Quasselbuden – die Vereinten Nationen, der Verband südostasiatischer Nationen (ASEAN) oder die Asiatisch-pazifische wirtschaftliche Zusammenarbeit (APEC) – bereit ist, ein glaubwürdiges Forum für die Vermittlung in Streitigkeiten zu stellen. Wie bereits gesagt, scheint weder in den alten G7 noch in den neuen G20 oder den imaginären „G2" aus den Vereinigten Staaten und China ein Konsens zu bestehen, der ausreicht, um große, länderübergreifende Themen wie den Klimawandel, internationale Finanzregulierungen oder die Verbreitung von Atomwaffen anzupacken. Zwar fördert die gegenseitige wirtschaftliche Abhängigkeit der Vereinigten Staaten und Chinas in gewisser Weise die Stabilität, aber wenn gegen die neue Entschlossenheit der chinesischen Führung, als gleichrangig behandelt zu werden, und die verletzte, defensive Haltung der Vereinigten Staaten nach der Krise nichts unternommen wird, enthalten beide den Keim einer Katastrophe.

Zu den Symptomen gehört, dass man sich auf verhältnismäßige Kleinigkeiten konzentriert statt auf langfristige Trends. Die Fragen, die von beiden Seiten obsessive Aufmerksamkeit bekommen – die unterbewertete chinesische Währung, umstrittene Gebietsansprüche im Südchinesischen Meer und die schrittweise Modernisierung des chinesischen Militärs –, erhöhen das Risiko einer plötzlichen Fehlkalkulation, die weltweit unbeabsichtigte und tragische Folgen haben könnte. Darüber hinaus verschleiert die Schwarzweiß-Sicht, die von allzu vielen amerikanischen Gelehrten angeboten wird (und in China freudig von Nationalisten aufgegriffen wird, die den Motiven der

Vereinigten Staaten misstrauen), die Tatsache, dass die Vereinigten Staaten in vielfacher Hinsicht immer noch die Oberhand haben, insbesondere militärisch und wirtschaftlich. Im Fall von Buick könnte man beispielsweise argumentieren, diese Arbeitsplätze wären in den Vereinigten Staaten geblieben, wenn GM nicht Ende der 1990er-Jahre in China investiert hätte, indem es Lizenzen auf Buick-Konstruktionen vergab und Fabriken im Land eröffnete. Aber eine solche Argumentation widerspricht vollkommen den modernen Realitäten der globalen Wirtschaft. Die Globalisierung ist heute keine Wahlmöglichkeit mehr, sondern die Luft, die wir alle atmen. Richtiger wäre daher die Aussage, Buick wäre jetzt ein Museumsstück, wenn nicht ein führender amerikanischer Autohersteller in China seine Ansprüche abgesteckt hätte.

„Wenn Buick nicht schon in China Fuß gefasst hätte, wäre es in der Finanzkrise den gleichen Weg gegangen wie Hummer, Saturn, Pontiac und Saab", sagt Maglione und benennt die vier Marken, die GM im Zuge des Insolvenz-Ausverkaufs eingestellt oder verkauft hat.[4]

Leider geht das wahre Ausmaß der Handhabe, die Amerika besitzt, in der aus kurzen Schnipseln bestehenden Welt der Politik unseres Landes häufig unter. Deshalb liegt der Schwerpunkt der chinesisch-amerikanischen Beziehungen nicht auf einer groß angelegten Strategie für die nächsten drei Jahrzehnte, sondern auf Mini-Ärgernissen, die man problemlos auf Wahlkampfslogans oder „Informationsblätter" von Lobbys reduzieren kann.

Dass 2010 die Tea Party in den Kongress einzog – das erste Mal seit Generationen, dass eine bedeutende republikanische Fraktion hinsichtlich der protektionistischen Stimmung mit den Demokraten konkurrierte –, fördert diese Konzentration auf Symptome auf Kosten einer Heilung noch, und ihr Beharren auf Sparhaushalten macht die notwendigen Investitionen in das Humankapital und die Innovations-Infrastruktur des Landes unmöglich. Das ist nicht nur aus den ökonomischen Gründen kurzsichtig, die ich in Kapitel 1 erläutert habe, sondern auch, weil China und andere aufstrebende Volkswirtschaften mit jedem Jahr, das vergeht, den noch verbleibenden Vorsprung der US-Wirtschaft verkürzen: Innovation, Produktivität und Unternehmergeist.

Eigentlich sollte Washington eine Zukunft planen, die auf den eindrucksvollen Stärken der freien Gesellschaft und der wirtschaftlichen Produktivität Amerikas basiert. Doch stattdessen macht es seinen Hauptkonkurrenten China zum Sündenbock, weil dieses sich bemüht, seine Bevölkerung aus der Armut herauszuholen. Seit der Finanzkrise 2008 verhalten sich die Vereinigten Staaten wie eine Football-Mannschaft, die nur auf Verteidigung spielen kann, und diese defensive Haltung hat die amerikanischen Politiker bis vor sehr Kurzem daran gehindert, durch Investitionen und Anreize für private Forschungs- und Entwicklungsausgaben zukunftswichtige Werte anzustreben. Dieses reaktive Wegducken bringt die amerikanische Außenpolitik und die Verteidigungspolitiker in eine gefährliche Lage, denn das chinesische Militär kommt im Pazifik zunehmend mit dem gigantischen US-amerikanischen Militär- und Geheimdienstapparat in Berührung.

Ein typisches Beispiel ist die laufende Debatte über Chinas Währung Renminbi (RMB), die auch Yuan genannt wird. Die People's Bank of China – die Notenbank des Landes – hält den RMB-Kurs niedrig, um die Wettbewerbsfähigkeit chinesischer Produkte zu maximieren. Das geht auf Kosten der Vereinigten Staaten und anderer Mitbewerber, insbesondere Chinas asiatischer Nachbarn und Amerikas Handelspartner Mexiko in der NAFTA (Nordamerikanisches Freihandelsabkommen). Seine Vorteile aus der Freihandelszone werden durch den Aufstieg Chinas und anderer asiatischer Billighersteller signifikant beeinträchtigt (auch wenn steigende Löhne in China diesen Trend mit der Zeit umkehren könnten). Kritiker weisen seit Jahren darauf hin, dass Chinas Währung unterbewertet ist, und kaum jemand bestreitet das. In der Debatte treten diejenigen gegeneinander an, die meinen, ein starker Renminbi würde US-amerikanische Erzeugnisse weltweit wettbewerbsfähiger machen, und diejenigen, die dies als relativ kleines Problem im Rahmen einer sehr komplizierten Beziehung sehen. „Manche Beobachter meinen fälschlicherweise, ein merklicher Anstieg des chinesischen Renminbi (RMB) im Verhältnis zum US-Dollar würde die Herstellungsaktivität und die Anzahl der Arbeitsplätze in den Vereinigten Staaten signifikant erhöhen", sagte der damalige Notenbankvorsitzende Alan Greenspan 2005 vor dem Kongress. „Mir sind keine glaubhaften Indizien bekannt, die eine solche Schlussfolgerung stützen."[5]

Wie bereits erwähnt, geht es bei dem größeren Problem nicht um Wechselkurse oder Marktzugänge, sondern um „globale Ungleichgewichte" – darum, dass die chinesischen Verbraucher im Vergleich zu dem ausgabewütigen, kreditsüchtigen Westen enorm viel sparen und wenig konsumieren. Wenn man die chinesischen Verbraucher in die Weltwirtschaft einbinden könnte, würde das viel mehr zur Beschäftigung amerikanischer Arbeitskräfte beitragen als eine Nachjustierung der Wechselkurse. Anstatt einen Berg von Überschüssen aus Exporteinnahmen anzuhäufen, den es in US-Schatzanleihen und andere Anlagen steckt, könnte China dieses Geld im Inland wieder in Umlauf bringen und dadurch einen Konsumentenboom anregen, der positive Auswirkungen auf sämtliche bedeutenden produzierenden Mächte der Erde hätte. Natürlich stehen dieser Umstellung strukturelle Hemmnisse entgegen – zum Beispiel fungieren die chinesischen Banken im Grunde als Einfülltrichter, der einen Großteil der Ersparnisse chinesischer Haushalte aufnimmt und sie (über die Bankbilanzen) an den Staats- und Unternehmenssektor transferiert, wodurch die Banken dessen Risiken bei Investitionen in massive Infrastruktur- und sonstige Projekte übernehmen und die Verbraucherausgaben niedrig halten. Reformen dieses Systems, die in gemeinsamen Verlautbarungen der Vereinigten Staaten und Chinas kaum vorkommen, würden dazu führen, dass mehr in China hergestellte Produkte in China bleiben und weniger auf Auslandsmärkten billig verschleudert würden.

„Die ausschließliche Fokussierung auf das Thema Renminbi-Kurs dürfte sowohl unwirksam als auch kontraproduktiv sein", schreibt der chinesische Volkswirt Yiping Huang von der Universität Peking. „Von Mitte 2005 bis Mitte 2008 hat der Renminbi gegenüber dem US-Dollar 22 Prozent und in realer Kaufkraft 16 Prozent zugelegt. Aber Chinas einseitige Außenhandelsbilanz ist trotzdem weiter schnell gewachsen."[6]

Doch solche Feinheiten verstehen die amerikanischen Gesetzgeber nicht. Anstatt sich auf Möglichkeiten zu konzentrieren, die Führungsposition der Vereinigten Staaten im gehobenen verarbeitenden Gewerbe zu bewahren und auszubauen, führen die US-Politiker eine zum Scheitern verurteilte Schlacht um die Erhaltung von Branchen wie der Textil- und Möbelindustrie, bei denen keine Hoffnung besteht, dass sie das finanzieren können, was die amerikanische Erwerbsbevölkerung als anständiges Leben betrachtet. Infolgedessen hat der Kongress – teils auf Druck der amerikanischen Gewerkschaften und teils wegen des zunehmenden Nativismus der republikanischen Basis – sowohl Greenspan und seinen Nachfolger Bernanke als auch eine Reihe von Finanzministern gedrängt, die Aufwertung des Renminbi zur „Sonderaufgabe" bei Finanzgesprächen der Vereinigten Staaten mit China sowie bei den G20, der APEC und anderen internationalen Wirtschaftstreffen zu machen. Zugegeben: Die Vereinigten Staaten haben auch einen jährlichen bilateralen Wirtschaftsgipfel eingerichtet, der versucht, die Gespräche auf Bereiche wie Energie und Klimawandel auszuweiten, aber wenn sich die Arbeitslosenquote der Vereinigten Staaten um die neun Prozent bewegt, lässt der Druck, einen Sündenbock zu suchen, nicht nach. Dass man dadurch in törichter Weise alles auf eine Karte setzt, ist klar, und es ist unwahrscheinlich, dass China nachgeben wird, denn das würde möglicherweise auf Kosten seiner fragilen inneren Stabilität gehen. Die Position der Vereinigten Staaten – vermutlich, dass kein Land das Recht habe, seine Währung zu kontrollieren – ist sogar grundsätzlich unrichtig. Das *Wall Street Journal*, das ja kein Freund der chinesischen Wirtschaftspolitik ist, versuchte 2010 in einem Leitartikel, die Position der Vereinigten Staaten zu widerlegen:

> Der Kern dieser Argumentation ist ein grundsätzliches Fehlverständnis der Währungspolitik. Für Währungen gibt es keinen freien Markt wie für Weizen oder Bananen. Währungen werden zwar an Weltmärkten gehandelt, aber das Angebot wird von einem Kartell aus Notenbanken kontrolliert, die ein Monopol auf die Geldschöpfung haben. Die Federal Reserve kontrolliert die weltweite Dollarmenge und hat daher einen viel größeren Einfluss

auf den Wert des Greenbacks als irgendein anderer einzelner Akteur.

Auch ist ein fester Wechselkurs keine schändliche wirtschaftliche Praxis, die in den Geschäften der Menschheit selten wäre. Vom Ende des Zweiten Weltkriegs bis zum Anfang der 1970er-Jahre waren die meisten weltweiten Wechselkurse durch das Währungssystem von Bretton Woods festgelegt. Dieses System brach in den 1970er-Jahren aufgrund der von den Vereinigten Staaten angeregten Inflation zusammen und ein großer Teil der Welt ging zu schwankenden Wechselkursen über.

Allerdings binden zahlreiche Länder ihre Währungen weiterhin an den Dollar und im Zuge der Einführung des Euro beschloss der größte Teil Europas, auf ein System der festen Wechselkurse umzustellen. Der Grund dafür ist nicht, das diese Länder Handelsvorteile gegenüber ihren Nachbarn gewinnen wollen, sondern dass sie die wirtschaftlichen Vorteile stabiler Wechselkurse haben wollen – und in manchen Fällen eine stabilere Währungspolitik. Ein stabiler Wechselkurs beseitigt bei Anlageentscheidungen, im Handel und bei den Kapitalflüssen eine bedeutende Quelle der Unsicherheit.[7]

ÖL INS FEUER

Tatsächlich praktiziert die Federal Reserve seit der Finanzkrise etwas ganz Ähnliches, allerdings mit größeren globalen Auswirkungen. Ab 2008 begann die Fed einen Prozess namens „Quantitative Easing" – abgekürzt als QE. Um das US-Bankensystem zu retten, begann die Fed, „toxische Vermögenswerte" aus den Bankbilanzen herauszukaufen: 1,75 Billionen Dollar in hypothekenbesicherten Anleihen, 175 Milliarden Dollar in Ramsch von Fannie Mae und Freddie Mac sowie 300 Milliarden Dollar in langlaufenden US-Schatzanleihen. Nachdem die positive Wirkung von Obamas Steueranreizen im

Sommer 2010 nachließ und der langfristige Schaden für die Wirtschaft klar wurde, startete die Fed die QE2 und schluckte weitere 630 Milliarden Dollar in US-Schatzanleihen. Somit hat die Fed mit rund 1,6 Billionen Dollar in Schatzanleihen einen leichten Vorsprung vor China mit rund 1,2 Billionen Dollar.[8]

Als Durchschnittsbürger könnte man ja meinen, das hätte auf die US-Wirtschaft nur minimale Auswirkungen – abgesehen von dem nominalen Wertverlust des Dollar an den Devisenmärkten und dem Anstieg des Goldpreises auf die Ratschläge von Fondsmanagern und Tradern wie Peter Schiff und Rick Ackerman hin, die eine Hyperinflation ähnlich wie in der Weimarer Republik vorhergesagt hatten. Tatsächlich bleibt die Inflation in den Vereinigten Staaten aber relativ zahm, und das weitgehend wegen der gigantischen Belastung der Volkswirtschaft durch landesweit 300 Millionen Schuldner, die ihre Schulden abbauen. Und die QE verhinderte nicht nur, dass der Dollar stieg, was dazu beitrug, US-Produkte im Ausland billiger zu machen, sondern sie hielt auch die Kreditkosten in den Vereinigten Staaten gering und wertete gleichzeitig die Schatzwechsel und andere US-Besitztümer von Gläubigern wie China ab. Richard Fisher, der Präsident der Federal Reserve Bank of Dallas, war 2010 gegen die QE, weil auch er Inflation befürchtete. Allerdings warnte er auch vor einer internationalen Gegenreaktion, falls die QE weiterhin den Wert von US-Anleihen im Besitz ausländischer Investoren verwässern würde. „In den nächsten acht Monaten wird die Zentralbank der Nation die Verschuldung des Bundes monetarisieren", sagte er Ende 2010, als die QE2 einsetzte.[9]

Die tief greifenderen Auswirkungen der QE fanden eigentlich außerhalb der Vereinigten Staaten statt. Sie verwässerte nicht nur den Wert der riesigen chinesischen und anderen Schatzanleihen-Portfolios, sondern sie löste in Emerging Markets von Brasilien über Ägypten bis China Inflation aus. Als die Fed den QE-Hahn öffnete, folgte das Geld dem Sog der Schwerkraft von der entwickelten Welt mit ihren niedrigen Zinsen in die Schwellenländer mit ihren hohen Zinsen und Wachstumsraten. Außerdem führte dies dazu, dass mehr in Rohstoffe investiert wurde – was ebenfalls häufig Schwellenländer betrifft und enorme Probleme verursacht. Die daraus resultierende Dollarwelle veranlasste Brasilien, Indien, Malaysia und andere Länder, Devisenkontrollen einzuführen, die verhindern, dass ihre Volkswirtschaften mit „billigen Dollar" überschwemmt werden und daraus Inflation und Kurszuwächse ihrer jeweiligen Währungen resultieren. Die Praxis, Geld von Niedrigzinsländern in Hochzinsmärkte zu verschieben, um damit schnelles Geld zu verdienen, nennt man „Carry Trade" und sie hat US-amerikanischen und anderen Investmentfonds von Anbeginn der QE gigantische Gewinne eingebracht. Allerdings hat sie viele Länder, in denen die Investments landeten, übel zugerichtet, denn ihr Finanzsystem kann die von der QE entfesselte Schwemme ganz einfach nicht bewältigen. Kevin P. Gallagher, außerordentlicher Professor für internationale Beziehungen an der Boston University, beschreibt die Auswirkungen des Carry Trade auf die Volkswirtschaften von Emerging Markets:

> Man zieht also Geld aus den Vereinigten Staaten heraus, wo die Zinsen bei niedrigen zwei, drei oder vier Prozent liegen, und parkt es zum Beispiel in Brasilien zu 10,53 Prozent. Das ist ein fantastischer, schneller Aufschlag. In der US-Wirtschaft bekommt man das nirgends [...]. Die Schwellenländer verzeichnen massive Kapitalzuflüsse. Das hat zweierlei Auswirkungen. Erstens lässt es ihre Währungen steigen, sodass ihre Exporte teurer werden. Brasiliens Währung ist seit 2008 um 37 Prozent gestiegen. Seine Waren sind in der restlichen Welt jetzt teurer. Das heißt, wenn wir versuchen, unsere Wirtschaft [durch die QE] anzukurbeln, finden die auf der Welt nicht viele Absatzmärkte, weil ihre Sachen zu teuer sind. Das ist die eine Sache. Die andere Sache ist [...] die Tatsache, dass das spekulatives Kapital ist. Es fließt ins Land hinein und wieder heraus und könnte in [...] seiner Volkswirtschaft Blasen verursachen. Und wenn sich in den Vereinigten Staaten die Zinsen ändern oder in einem Land ein bisschen Angst aufkommt, kann

es sich genauso schnell wieder zurückziehen, wie es hereingekommen ist, und das Finanzsystem des Landes destabilisieren.¹⁰

Auch für Brasilien, Indien und China ist es eine Überlebensfrage, auf Verteidigung zu spielen. Und China will tatsächlich wie alle Großmächte, die aus einer langen Periode der Rückständigkeit hervortreten, aus seinen Lohnkostenvorteilen das Beste machen, solange sie noch bestehen – Giganten des amerikanischen Kapitalismus im 19. Jahrhundert wie John D. Rockefeller und Andrew Carnegie hatten das sehr wohl begriffen. Das Fairplay, das in der Rhetorik der heutigen amerikanischen Politiker einen so wichtigen Platz einnimmt, kam in der Entwicklung des amerikanischen Kapitalismus überhaupt nicht vor, als er in Richtung globaler Vorherrschaft marschierte. „Ich kann die eine Hälfte der Arbeiterklasse einstellen, um die andere zu ruinieren", höhnte Jay Gould, der Pacific Railroad wie ein Diktator führte. In den Jahren nach dem Bürgerkrieg setzte er Gewalt ein, um die Lohnkosten niedrig zu halten, und gleichzeitig manipulierte er leidenschaftlich die Devisen- und Rohstoffmärkte in den Vereinigten Staaten.

Nun stellen Sie sich einmal vor, China würde von einer demokratisch gewählten Regierung geführt, die den chinesischen Wählern Rechenschaft schuldet. Angesichts der Wahrscheinlichkeit, dass eine Aufwertung des Renminbi zu Massenentlassungen führen würde, weil dann Fabriken in ausländischem Besitz zu anderen, noch billigeren asiatischen Produzenten wie Bangladesch oder Vietnam wechseln würden, würde jede Regierung, die den Anspruch hat, im Namen ihrer Bürger zu handeln, dem von außen kommenden Aufwertungsdruck auf den Renminbi widerstehen. Aus politischen Gründen und weil die Löhne in China – somit auch die Produktionskosten – steigen, hat China in den letzten Jahren eine leichte Steigerung des Renminbi-Kurses zugelassen, und es dürfte weiterhin kleine, schrittweise Kursanstiege erlauben. Wäre China eine Demokratie, wäre ein solcher Schachzug politischer Selbstmord. Im realen, autoritären China, wo Unruhen eines der wenigen Mittel sind, ernsthaft zu widersprechen, befürchtet die Kommunistische Partei Chinas (KPCh) ebenfalls, dass diese

Handlungsweise auf einen Selbstmord des Regimes hinauslaufen könnte. Egal, wie die Erfolgsbilanz im Hinblick auf Wachstum und Linderung der Armut in den letzten Jahrzehnten auch aussehen mag, der KPCh ist nichts wichtiger als die Bewahrung ihres Monopols auf die politische Macht. Die Tatsache, dass sich die KPCh 2012 im Vorfeld eines Führungswechsels befindet, verschärft diese Dynamik noch. Der Parteitag 2012 wird die Führung an die sogenannte fünfte Generation von Maos' Partei übergeben und keiner dieser jungen Kämpfer hat vor, die Wettbewerbsfähigkeit Chinas zu untergraben, bevor dieser Übergang sie fest in ihre Machtpositionen einsetzt.

Ungeachtet der Generation fürchtet die KPCh nichts mehr als die Aussicht auf Massenarbeitslosigkeit und Arbeiteraufstände in ihren riesigen, wimmelnden Fabrikstädten (tatsächlich bescherte die gleiche Aussicht Carnegie und Rockefeller im 19. Jahrhundert Albträume). Die Partei hat mit ihren Bürgern einen grundsätzlichen Handel geschlossen, der politische Rechte gegen eine stetige Zunahme des Wohlstands eintauscht. Dass Peking bereit ist, bis aufs Äußerste zu kämpfen, um ein anhaltendes BIP-Wachstum von rund acht Prozent jährlich zu gewährleisten, sollte eigentlich niemanden überraschen – die meisten Volkswirte glauben, bei diesem Tempo könnte China weiterhin die Löhne erhöhen und größere Entlassungen sowie Forderungen seiner Mittelschicht nach mehr Beteiligung an der Führung des Landes verhindern.

Indes machen sich weder die Chinesen noch andere ausländische Inhaber von US-Schatzpapieren Illusionen darüber, worauf die US-Politik letztlich abzielt: eine verdeckte Abwertung des US-Dollar, wodurch der Wert der enormen Investitionen Chinas und anderer Gläubiger der Vereinigten Staaten in Form von Anteilen an deren Staatsverschuldung drastisch gesenkt wird.

„Bislang sind diese Auslandsgläubiger noch bereit, die Vereinigten Staaten zu finanzieren, und um ihre Konkurrenzfähigkeit im Handel aufrechtzuerhalten, bemühen sich etwa China und andere Schwellenländer aktiv, zu verhindern, dass ihre Währungen gegenüber dem US-Dollar zulegen", sagt der Volkswirt Nouriel Roubini, der sich seine Sporen als Berater des US-Finanzministeriums während der

Asienkrise 1997 verdient hat. „Sie werden sich nicht verbeugen und bereitwillig die massive reale Kapitalabschöpfung vom Wert ihrer Dollar-Anlagen hinnehmen, die Inflation und/oder eine Abwertung des Dollar nach sich ziehen würde. Deshalb besteht ein erhebliches Risiko, dass ausländische Gläubiger hinsichtlich der Auslandsverschuldung der Vereinigten Staaten und ihrer Leistungsbilanz den Stecker ziehen. Letzten Endes verlassen sich die Vereinigten Staaten bei der Finanzierung ihrer Auslandsverschuldung und ihres Defizits auf ‚die Freundlichkeit der Fremden' – oder auf ‚ein Gleichgewicht der finanziellen Abschreckung'." [11]

SELBSTVERTEIDIGUNG ZUM EIGENEN SCHADEN

Dieses Fehlen einer übergreifenden Strategie in Amerikas Umgang mit China liegt auch in den Handelsstreitigkeiten der jüngeren Geschichte offen zutage. Als Chinas staatlicher Ölkonzern China National Offshore Oil Corporation (CNOOC) ab 2005 versuchte, den finanziell abgebrannten kalifornischen Ölförderer Unocal zu kaufen, stellten amerikanische Politiker die Frage, welche Investitionen Chinas in die US-Wirtschaft akzeptabel seien. In der jüngeren Vergangenheit wurde ein Kaufgebot des chinesischen Telekommunikationsunternehmens Huawei Technologies für die amerikanische Firma 3Leaf auf Druck des US-Ausschusses für ausländische Investitionen in den Vereinigten Staaten fallen gelassen – dieser Ausschuss wurde im Kalten Krieg gebildet, um zu verhindern, dass dem Ostblock sensible Technologien in die Hände fielen. Im Jahr 2007 verbot das gleiche Gremium Huawei den Kauf von 3com, einem Hersteller von Internetroutern. Stattdessen wurde 3com von dem US-Giganten Hewlett-Packard gekauft.

Es wird Fälle geben, in denen solche Maßnahmen sinnvoll sind. Einige der größten Firmen Chinas sind nach wie vor eng mit dem Staat und dem chinesischen Militär verflochten. Und nicht alle Investitionsvorhaben Chinas haben sich zu politischen Kämpfen ausgewachsen – die chinesische Lenovo kaufte 2006 die PC-Sparte von IBM und die riesige Baufirma China State Construction Engineering Corporation ist ein großer Auftragnehmer beim Teilneubau der Bay Bridge in San Francisco. Außerdem hat sie den Zuschlag für Arbeiten an der New Yorker U-Bahn und andere große Infrastrukturprojekte erhalten. Aber die chinesischen Direktinvestitionen in US-Unternehmen sind immer noch winzig – 2009 waren es magere 791 Millionen Dollar im Vergleich zu mehr als 43 Milliarden Dollar, die amerikanische Firmen im gleichen Jahr in China investierten.[12] Da sich Chinas Appetit auf solche Investitionen laut einem Bericht der Beratungsfirma Kissinger Associates im nächsten Jahrzehnt verachtfachen dürfte, wäre es töricht von den Vereinigten Staaten, solches Geld abzuwehren, als wäre es irgendwie nicht ganz koscher. „Seit 30 Jahren wird China dadurch stärker, dass es seine Türen einseitig für Auslandsdirektinvestitionen weiter öffnet. Die Vereinigten Staaten sollten das auch tun, sonst laufen sie Gefahr, dass chinesische Unternehmen Fabriken in Ontario statt Michigan oder in Juarez statt El Paso errichten", heißt es in dem Bericht.[13] Besonders töricht ist dieses Verhalten, wenn man bedenkt, dass solche Investitionen langfristig die US-amerikanischen Exportunternehmen stützen und das enorme Außenhandelsdefizit ausgleichen würden, das die Vereinigten Staaten gegenüber China seit Jahrzehnten verzeichnen und das sich 2010 auf 273 Milliarden Dollar zu Chinas Gunsten belief.[14]

Wie gesagt, Wachsamkeit ist sinnvoll und weder die Vereinigten Staaten noch andere fortgeschrittene Herstellernationen unterliegen irgendeiner Verpflichtung, die andere Wange hinzuhalten, wenn beispielsweise chinesische Verbrechersyndikate hemmungslos Urheberrechte verletzen. Die Motion Picture Association of America, die eine der kulturell mächtigsten Exportbranchen repräsentiert, schätzt, dass Hollywood durch chinesische Piraterie jährlich 2,3 Milliarden Dollar entgehen. Noch dringlicher ist die Sache, wenn Technologien auf dem Spiel stehen, die möglicherweise für militärische oder industriestrategische Vorteile genutzt werden können. Peking holt aus dem Appetit ausländischer Mitbewerber auf seinen wachsenden Markt möglichst viel heraus. Für einen Buick Regal mag es nicht viele militärische Einsatzmöglichkeiten geben, aber andere Technologien wurden, um eine Lieblingsformulierung der Diplomaten zu verwenden, eindeutig „geborgt". Pekings Politik der „heimischen Innovation", die angeblich Forschungs- und Entwicklungsanstrengungen fördern soll, gilt im Westen als bloßer Euphemismus für Produktnachbau und den Diebstahl geistigen Eigentums.

Eine weitere heimtückische Praxis dreht sich um hochwertige Hightech-Produkte und Industriespionage. Boeing und der europäische Flugzeugbauer Airbus beklagen – angesichts des großen Marktes, der auf dem Spiel steht, allerdings nur behutsam –, chinesische Flugzeugbauer hätten sich ihre Entwürfe „geborgt". Japanische, schwedische, kanadische und deutsche Firmen glauben, dass die Entwürfe für kürzlich gebaute Hochgeschwindigkeitszüge während früherer „Joint Ventures" mit der staatlichen Eisenbahngesellschaft entwendet wurden. [15]

In diesem Sinne war auch das Auftauchen eines chinesischen Tarnkappenkampfflugzeugs Anfang 2011 während eines Besuchs des damaligen US-Verteidigungsministers Robert Gates in Peking aus politischen Gründen peinlich – sein Jungfernflug fand sechs Jahre früher statt als vom Pentagon vorhergesagt. Seine Konstruktion ließ allerdings eindeutig eine mögliche gegen Lockheed gerichtete Industriespionage vermuten, das ein mittlerweile jahrzehntealtes seltsam ähnliches Kampfflugzeug baut. Die nationalistisch gesinnten Offiziere der Volksbefreiungsarmee waren über diese Episode zweifellos entzückt, aber ihre tieferen Implikationen sollten sie eigentlich beunruhigen: China schafft es nicht, ureigene Technologien zu entwickeln.

EINEN VORTEIL HERAUSSPIELEN

Im Jahr 2007, noch bevor die Blase des auf Glauben basierenden US-Wirtschaftswachstums platzte, war die zunehmende Vitalität des Chinas der rauchenden Schornsteine bereits klar. „China Makes, the World Takes" lautete der Titel eines scharfsinnigen Artikels in der Zeitschrift *Atlantic* – eine Anspielung auf das inzwischen leider unpassende Schild, das Autofahrer in der heruntergekommenen einstmaligen Fabrikstadt Trenton in New Jersey begrüßt.[16] Ebenso wie im 19. Jahrhundert Trenton und zahllose andere amerikanische Fabrikstädte, die dazu beitrugen, die industrielle Revolution in die Neue Welt zu tragen, dominieren heute Chinas große Herstellungskomplexe die Weltmärkte auf riesigen Produktstrecken unter anderem bei Haushaltsgeräten, Unterhaltungselektronik und langlebigen Konsumgütern wie Sportartikeln, Bekleidung, Spielwaren, Möbeln und Textilien.

Jedoch fehlt China etwas, über das Trenton und Seinesgleichen im 19. Jahrhundert haufenweise verfügten: Innovatoren. Beispielsweise gründete Charles Roebling, der Sohn des Mannes, der durch die Vervollkommnung einer Maschine für riesige Drahtseile Hängebrücken möglich machte, Roebling Steel (zufällig lieferte er auch den Stahl für den ersten Slinky, der heute ironischerweise in Taiwan produziert wird). Zwar gelingt es China hervorragend, etablierte Produktlinien wie die Buicks von GM und zahllose andere westliche und japanische Produkte zu bauen und sogar weiter zu verbessern, aber mit Neuerungen tut es sich schwer. Nicht einmal im Jahr 2010, dem Jahr, in dem China offiziell Japan als zweitgrößte Volkswirtschaft der Welt überholte, konnte man irgendeine chinesische Marke mit Fug und Recht als allgemein bekannten Namen in irgendeinem asiatischen Markt – geschweige denn weltweit – bezeichnen. [17] Die alljährlich von dem Marktforschungsunternehmen TNS durchgeführte Markenstudie ergab 2010, dass Verbrauchermarken aus Dänemark, Finnland, Südkorea und der Schweiz unter die Top 20 kamen, aber kein chinesisches Produkt unter den Top 1.000 auftauchte. [18] Elf der 20 bekanntesten Marken kamen aus den Vereinigten Staaten, darunter Giganten wie Google, McDonald's, Coca-Cola und Facebook. Vier waren japanische Marken, darunter Sony auf Platz 1, außerdem noch Panasonic, Honda und Canon. Zwei weitere (Samsung und LG) stammten aus Südkorea. Die beiden berühmtesten chinesischen Erfinder des 20. Jahrhunderts – der PC-Pionier An Wang und der Wissenschaftler Flossie Wong-Staal, der an der Identifizierung des AIDS-Virus beteiligt war – haben sich ihren Namen in den Vereinigten Staaten gemacht.

Sicherlich werden aus einer Nation mit 1,3 Milliarden Menschen in diesem Jahrhundert brillante Designer, Ingenieure, Wissenschaftler und andere Innovatoren hervorgehen. Seit dem Jahr 2000 haben etwa chinesische Forscher die rauchfreie Zigarette (erfunden von dem

Pharmazeuten Hon Lik 2002), eine Windturbine in Magnetschwebetechnik (entwickelt von Li Guokun 2006) und den ersten quasi-ballistischen Langstrecken-Seeziel-Flugkörper hervorgebracht – eine Erfindung, die die Navy mit großer Sorge erfüllt (mehr dazu in Kapitel 7).

Das sind zwar bemerkenswerte Leistungen, aber irgendetwas verzögert Chinas Übergang vom Trittbrettfahrer zum innovativen Platzhirschen. Die Art von verarbeitendem Gewerbe, die für fast sämtliche Exporteinnahmen Chinas verantwortlich ist, nutzt preisgünstigen Input (darunter die Arbeitskraft) – im Gegensatz zu der Wertschöpfung durch Qualität und Technologie, die dem verarbeitenden Gewerbe fortgeschrittener Volkswirtschaften zugrunde liegt, vor allem Japans, Deutschlands und der Vereinigten Staaten. Diese Exporteinnahmen – im Prinzip die Differenz zwischen dem, was China für den Import von Produkten bezahlt, und dem, was es an der Ausfuhr verdient – speisen nach und nach das Wachstum von Chinas bekanntestem Staatsfonds, der China Investment Corporation (CIC), und einer Reihe staatlicher Unternehmen und staatlich ausgerichteter Banken, die die 3,2 Billionen Dollar schwere Kriegskasse an Reserven in harten Devisen kontrollieren.[19] Das ist das Geld, mit dem Staatsanleihen der Vereinigten Staaten und vieler anderer fortgeschrittener Volkswirtschaften gekauft werden, außerdem Kupferminen in Peru, Ölkonzessionen in Angola, Sudan und Iran, eine Mehrheitsbeteiligung an der Panama Canal Authority und Anteile an US-Unternehmen (unter anderem gab es kürzlich ein Gebot für ein großes Anteilspaket an Facebook). Für viele Amerikaner klingt all das unheilvoll.

Die Kombination eines Geschäftsmodells aus dem 19. Jahrhundert mit pseudokommunistischer politischer Unterdrückung aus dem 21. Jahrhundert beschert China Nachteile, die es extrem anfällig für Störungen des Handels nicht nur mit den Vereinigten Staaten, sondern auch mit der EU und Japan machen. Dabei geht es nicht nur um Absatzverluste chinesischer Produkte auf diesen Märkten, sondern auch um den Verlust der Entwürfe, Technologien und Verfahren, die für ihre Herstellung gebraucht werden. Das Modell „Import/Assimilation/Re-Innovation", wie es Wirtschaftswissenschaftler nennen, fördert laut einer aktuellen Studie über die Wettbewerbsfähigkeit der Vereinigten Staaten und Chinas des liberalen US-amerikanischen Thinktanks Center for American Progress kein Klima eigener, origineller Innovation.[20] Langfristig könnte dieses Problem durch Investitionen in Forschung und Entwicklung sowie Reformen der wirtschaftlichen Anreize und des Bildungssystems in China gelöst werden – tatsächlich litt Japan am Anfang seines Aufstiegs aus den Tiefen der Zerstörung nach dem Zweiten Weltkrieg zur Wirtschaftsmacht unter exakt den gleichen Problemen. Allerdings vermuten Volkswirte auch, dass sich der zentralistische Charakter des chinesischen Staates als dauerhafte Bürde erweist, die es den Vereinigten Staaten und anderen fortgeschrittenen Volkswirtschaften ermöglicht, ihre Führungsposition bei Hightech-Waren viel länger zu behalten, als es ansonsten wohl der Fall wäre. Zwar hat die Fähigkeit, klare Entscheidungen zu fällen und sich an jahrzehntelange Vorausplanungen zu halten, eindeutig gewisse Vorteile, aber sie hemmt auch die Kreativität und dämpft die Anreize, die eine Marktwirtschaft für die Umsetzung von Patenten in kommerzielle und technische Durchbrüche schafft, die effektiv auf entstehende Bedürfnisse und Beschwerden von Verbrauchern reagieren.

Dies unterstreicht ein tiefer liegendes Dilemma. Chinas rohe Kraft im verarbeitenden Sektor beruht auf dem einfachen und womöglich nicht tragfähigen Abkommen, das die kommunistische Partei mit ihren urbanen Eliten geschlossen hat – nämlich dass sie für steigende Einkommen sorgt und die städtischen Eliten in Ruhe Geld verdienen lässt, solange diese ihre politischen Bestrebungen für sich behalten. Da aber immer mehr Chinesen in dem riesigen, armen Landesinneren Anspruch auf ihr eigenes Stück vom Kuchen erheben, werden die Löhne steigen und die Forderung nach Sicherheits- und Umweltgesetzen wird die Wettbewerbsfähigkeit aushöhlen. Wenn das passiert und die Arbeitslosen wütend werden, könnten die urbanen Eliten das Abkommen zugunsten eines größeren Mitspracherechts in ihrer eigenen Regierung aufkündigen. Doch selbst dann haben die ländlichen Millionen womöglich nicht mehr viel Geduld übrig.

Ian Bremmer, Präsident der politischen Beratungsfirma Eurasia Group, hat mir gesagt, er betrachte China eindeutig als Hauptkonkurrenten Amerikas um die weltweite Macht im 21. Jahrhundert, aber auch als Staat, der unter Widersprüchen leidet, die möglicherweise existenziell werden könnten. Dies hat China mit anderen „staatskapitalistischen" Mächten gemeinsam, etwa mit Russland, Saudi-Arabien, dem Iran und – je nach seiner Entwicklung – Ägypten.

Überall haben autoritäre Staaten gelernt, durch die Einführung eines marktgesteuerten Kapitalismus international konkurrenzfähig zu werden. Aber wenn sie die Entscheidung, wer die Gewinner und Verlierer des Wirtschaftswachstums sind, völlig den Marktkräften überlassen, laufen sie Gefahr, diejenigen zu stärken, die ihren Wohlstand einsetzen könnten, um ihre politische Macht herauszufordern. Wissend, dass Planwirtschaften zum Scheitern verurteilt sind, aber auch befürchtend, dass wahrhaft freie Märkte ihrer Kontrolle entgleiten würden, haben die autoritären Systeme etwas Neues erfunden: den Staatskapitalismus. In diesem System setzen Regierungen verschieden geartete Staatsunternehmen ein, um die Ausbeutung derjenigen Ressourcen zu verwalten, die sie als Kronjuwelen des Staates betrachten, und um in hoher Zahl Arbeitsplätze zu schaffen und zu erhalten. Für die Beherrschung gewisser anderer Wirtschaftssektoren setzen sie ausgewählte Privatunternehmen ein. Die sogenannten Staatsfonds verwenden sie, um ihr überschüssiges Geld so zu investieren, dass der Gewinn des Staates möglichst groß ausfällt.[21]

Aber das staatskapitalistische Modell erzeugt bei den Eliten, die das Land regieren, eine tief reichende politische Paranoia. Chinas herrschende Partei KPCh ist mit 80 Millionen Mitgliedern keine kleine Gruppierung. Und doch stellt sie in einem Land mit 1,3 Milliarden Einwohnern eine winzige, übel gelittene Elite dar. „Viele Mitglieder der

[Kommunistischen Partei Chinas] glauben, dass sie vor einer Existenzkrise steht, während sie sich auf die irgendwann unvermeidliche Verlangsamung des Wirtschaftswachstums vorbereitet und gleichzeitig in der städtischen Mittelschicht die Forderungen nach mehr Mitsprache zunehmen", schrieb Jamil Anderlini, Leiter des Peking-Büros der *Financial Times*, kurz bevor die Partei im Juli 2011 ihren 90. Geburtstag feierte.[22]

INTELLIGENTE PRODUKTION STATT RAUCHENDER SCHORNSTEINE

Wie die Zunahme der Patente in letzter Zeit zeigt, ist China keineswegs dazu verdammt, eine Macht der rauchenden Schornsteine zu bleiben. Die wachsenden Investitionen in Wissenschaft, Technologie und andere Innovationssektoren, die sich inzwischen auf rund 1,5 Prozent des BIPs belaufen, stellen China unter den aufstrebenden Volkswirtschaften bezüglich der Ausgaben für Forschung und Entwicklung auf den Spitzenplatz und insgesamt auf den vierten Platz, nur noch hinter den Vereinigten Staaten, Japan und Deutschland.[23] Anders ausgedrückt kann China auf der Wertschöpfungs-Nahrungskette emporklettern und seine Unternehmen über das Ziel hinaustragen, einen besseren, billigeren Buick zu bauen – in Highend-Märkte mit hohen Margen wie Software, Luft- und Raumfahrt, Robotik und Maschinenbau, in denen bislang die Vereinigten Staaten, Europa und Japan dominieren. Doch bisher sind die Fortschritte kaum messbar und das mittelmäßige höhere Bildungssystem des Landes, seine demografischen und politischen Herausforderungen sowie die Korruption lassen vermuten, dass das eher ein Langer Marsch als ein Großer Sprung nach vorn wird.

Nehmen wir einmal das Problem der Demografie. Man kann gewiss nicht sagen, dass es China an Menschen mangelt, aber es leidet aufgrund der Umsetzung der Ein-Kind-Politik zur Bevölkerungskontrolle seit 1979 unter einem akuten Mangel an Menschen einer bestimmten Generation. Zwar beruht die Verlangsamung des Bevölkerungswachstums zum Teil wahrscheinlich auf dem wachsenden Wohlstand – der gewöhnlich mit kleineren Familien einhergeht –, aber die oft brutale Vergeltung gegen Menschen, die dieses Gesetz missachten, bis hin zur Ergreifung von Kindern zwecks Adoption, hat eine tickende Zeitbombe unter die chinesische Volkswirtschaft gelegt. „China hat einen der weltweit niedrigsten Abhängigkeitsquotienten. Auf jedes abhängige Kind beziehungsweise jeden abhängigen alten Menschen kommen ungefähr drei erwerbstätige Personen", das ergab laut *The Economist* eine aktuelle Studie der demografischen Probleme Chinas. „Daher genießt [China] eine höhere demografische Dividende (zusätzliches Wachstum dank des hohen Verhältnisses von Arbeitskräften zu Abhängigen) als seine Nachbarn. Aber für diese Dividende wird es bald eng. Von 2000 bis 2010 hat der Bevölkerungsanteil unter 14 – künftige Versorger ihrer Eltern – von 23 auf 17 Prozent nachgegeben. Jetzt hat China nicht mehr zu viele junge Menschen, sondern zu wenige. In China kommen auf jede Person über 65 rund acht Menschen im arbeitsfähigen Alter. Im Jahr 2050 werden es nur noch 2,2 sein. In Japan, der momentan ältesten Volkswirtschaft der Welt, sind es 2,6. China wird alt, bevor es reich geworden ist."[24]

In den Vereinigten Staaten kommen laut Hochrechnungen des Census Bureau auf jeden Rentner 3,7 erwerbstätige Personen – und der Trend soll leicht nach oben gehen. Tatsächlich haben es von den Ländern, die im weiteren Verlauf dieses Jahrhunderts zu den größten Volkswirtschaften der Welt zählen werden, nur die Vereinigten Staaten, Brasilien und die Türkei geschafft, akute Probleme mit dem Abhängigkeitsquotienten zu vermeiden. Den Vereinigten Staaten haben eine relativ hohe Geburtenrate (im Vergleich zu anderen großen Volkswirtschaften in Europa und Asien) und ein offenerer Umgang mit der Einwanderung das Schlimmste der Krise erspart. Deutschland, Frankreich, Großbritannien und Italien erkennen an, dass dieses Thema bereits zum Staatsschuldendebakel in der Eurozone beiträgt. Auch auf drei der vier BRIC-Staaten (Russland, China und Indien) warten ernste Probleme – alle das Ergebnis menschengemachter Katastrophen. Außer in China mit seiner Ein-Kind-Politik befindet sich auch Russlands Bevölkerung in einem historischen Rückgang, seit der Fall der Sowjetunion die Menschen ohne ausreichende staatliche Dienstleistungen, mit einer Gesundheitskrise, mit einer rückläufigen Lebenserwartung und mit galoppierender Korruption dastehen ließ. Dieser Niedergang ist so ernst, dass Präsident Dimitri Medwedew 2011 jeder Familie, die ein drittes Kind bekam, ein Baugrundstück von rund 1300 Quadratmetern schenkte.[25]

In Indien hat die selektive Abtreibung weiblicher Föten – beschleunigt durch den illegalen Einsatz mobiler Ultraschallgeräte – zu einem enormen Ungleichgewicht zwischen Jungen und Mädchen geführt. Eine kürzlich in der führenden britischen medizinischen Zeitschrift *Lancet* veröffentlichte Studie schätzt, dass auf 1.000 Geburten von Jungen nur noch 806 Mädchengeburten registriert werden. China leidet unter einem ähnlichen, allerdings weniger ernsten Ungleichgewicht, das wahrscheinlich ebenfalls auf selektiven Abtreibungen beruht (die gesellschaftlichen und wirtschaftlichen Implikationen des Geschlechterungleichgewichts in Indien könnten sich als bedeutendes Problem erweisen und werden in Kapitel 7 besprochen).[26]

Angesichts der großen demografischen Probleme, vor denen Indien und China stehen – die beiden Länder, die am häufigsten als ebenbürtige Konkurrenten der Vereinigten Staaten im neuen Jahrhundert bezeichnet werden –, brauchen sich die Vereinigten Staaten um den Ruhestand ihrer zwischen 1945 und 1964 geborenen Babyboomer wahrscheinlich gar nicht so viele Sorgen zu machen. Der Congressional Research Service räumte in einem Bericht zum Thema aus dem Jahr 2010 ein, dass die Berentungen die Solvenz des US-amerikanischen Rentensystems, der Social Security, infrage stellen. Doch anders als die demografischen Herausforderungen, mit denen China, Indien und Russland konfrontiert sind und für die es keine offensichtliche Lösung gibt, ist die Solvenz der Sozialversicherung nur eine Frage des politischen Willens: Sie kann durch eine Mischung aus Steuererhöhungen, Leistungssenkungen und mehr Einwanderung gewährleistet werden, die junge, gesunde Arbeitskräfte ins Land bringt. Der Bericht des Congressional Research Service kam 2010 zu dem Ergebnis, dass Folgendes passiert, wenn am derzeitigen System nichts geändert wird:

Der Treuhandfonds [der Sozialversicherung] wird 2037 erschöpft sein und [...] schätzungsweise 78 Prozent der planmäßigen Leistungen werden dann durch die eingehenden Beiträge gedeckt sein (gemäß den mittelfristigen Hochrechnungen). Der Hauptgrund dafür ist die Demografie. Laut Hochrechnungen steigt die Zahl der Menschen, die 65 Jahre und älter sind, von 2010 bis 2030 um 76 Prozent, während die Zahl der Arbeitskräfte, die das System tragen, nur um acht Prozent steigt. Überdies sagen die Verwalter voraus, dass das System in den Jahren 2010, 2011 und dann in allen Jahren von 2015 bis zum Ende des 75 Jahre langen Hochrechnungszeitraums ein Kassendefizit verzeichnen wird. Wenn die laufenden Beitragseinnahmen der Rentenversicherung nicht zur Bezahlung der Leistungen und der Verwaltungskosten ausreichen, werden im Besitz des Treuhandfonds befindliche Bundesanleihen eingelöst und das Finanzministerium deckt die Differenz aus anderen Zahlungseingängen ab. Wenn keine überschüssigen Staatseinnahmen vorhanden sind, haben die Politiker drei Möglichkeiten: die Steuern oder sonstige Einnahmen erhöhen, andere Ausgaben senken oder sich bei der Allgemeinheit Geld leihen (oder eine Kombination dieser Möglichkeiten).[27]

Da dafür mehr als zwei Jahrzehnte Zeit ist und eine Menge Anreize zur Behebung des Problems bestehen, dürfte es zu bewältigen sein. In China könnte es sich jedoch als destabilisierend erweisen – sowohl wirtschaftlich als auch politisch. Wenn Chinas Fabriken plötzlich mit einem Mangel der momentan im Überfluss vorhandenen Erwachsenen im erwerbsfähigen Alter konfrontiert werden, steigen nach Aussage von Volkswirten im Idealfall die Löhne, die Sparquote sinkt und der Konsum steigt – alles positive Ziele im Sinne des soeben beschriebenen „globalen Ausgleichs". Wenn diese Dinge jedoch zu schnell passieren, könnten scharfe Preiserhöhungen eine Bankenkrise oder Unruhen in der Industrie auslösen, welche die Stabilität des ganzen Landes bedrohen würden.[28]

Wie gesagt, diese Herausforderungen sind aufgrund der komplexen Beziehung zwischen den Vereinigten Staaten und China (sowie entgegen den Behauptungen mancher Experten) kein Nullsummenspiel. Probleme in Shenzhen führen nicht direkt zu Freude in Akron oder Pittsburgh. Allerdings lässt die beschriebene Bevölkerungsdynamik die Theorie unsinnig erscheinen, wonach China unweigerlich die restliche Welt überrollen wird. Und sie stellt eine Gelegenheit dar, die sich die fortgeschrittenen Industriegesellschaften – vor allem die Vereinigten Staaten – nicht entgehen lassen sollten, denn das können sie sich nicht leisten. Die Herausforderung, mit China Kopf an Kopf zu konkurrieren, während es die obersten Sprossen der Herstellungs-Leiter erklimmt, kann durchaus bewältigt werden, allerdings nicht von Staaten, die tief in radikalen Sparhaushalten feststecken. Ebenso wenig wie Griechenland unter den Bedingungen der Sparpläne, die jegliche Investitionen in seine künftige Produktion verhindern, hoffen kann, wieder Wachstum zu erzielen, können die Vereinigten Staaten und andere fortgeschrittene Volkswirtschaften ihre führende Stellung in Wissenschaft und Technologie verteidigen, wenn die staatlichen Gelder für Forschung und Entwicklung in diesen Sektoren plötzlich zusammengestrichen werden. Sie brauchen anhaltende Anstrengungen der Regierung, Anreize für Forschungs- und Entwicklungsbemühungen des privaten Sektors zu bieten und diejenigen zu belohnen, die Risiken eingehen, um neue Ideen auf den Markt zu bringen. Insbesondere in den Vereinigten Staaten ist es nötig, dass das Netzwerk aus Labors, Forschungsuniversitäten und anderen Institutionen, die die Vereinigten Staaten in puncto Innovation mit Abstand führend machen, kontinuierlich aus staatlichen Quellen direkt finanziert wird.

Der Autor und Journalist William J. Holstein, der seit 1979 für *Businessweek* und UPI über Chinas Aufstieg aus der maoistischen Provinzialität zur Wirtschaftsmacht berichtet, behauptet, die Vereinigten Staaten könnten ihre Vorteile ausnutzen und es mit allen aufstrebenden Mächten im verarbeitenden Gewerbe der Welt aufnehmen: „Wir können den Vorsprung vor Chinas Aufstieg behalten", schreibt er. „Es ist nicht vorherbestimmt, dass Amerika im asiatischen Jahrhundert hinweggefegt wird."[29] Das ist ein begrüßenswerter Vorstoß einer abweichenden Meinung. Sicher, Deutschland, Japan und andere hochentwickelte Volkswirtschaften erzielen aufgrund ihrer Exporteinnahmen aus Waren mit hoher Wertschöpfung und aufgrund ihres relativ geringen Importhungers immer noch hohe Außenhandelsüberschüsse. In den Vereinigten Staaten ist das seit Anfang der 1980er-Jahre nicht mehr so. Damals exportierten sie zum letzten Mal mehr, als sie importierten. Allerdings heizt das Zusammenspiel mehrerer Faktoren bei großen Herstellern wie General Electric, Procter & Gamble, Hewlett-Packard und anderen derzeit einen Exportaufschwung an. Die jüngsten Wirtschaftsdaten und die veränderten globalen Trends an den Märkten für Arbeitskräfte, Energie und andere Dinge sprechen für eine längerfristige Version von Holsteins Optimismus.

Die Boston Consulting Group (BCG) berichtete 2011, dass dank einer Reihe veränderter ökonomischer Realitäten die Kostenvorteile der Produktion in Asien nicht mehr automatisch die Risiken überwiegen. Zu diesen Änderungen zählen steigende Löhne und wirtschaftliche Erwartungen bei den chinesischen Arbeitern, neue Arbeits-, Umwelt- und Sicherheitsvorschriften im Ausland, gestiegene Energiekosten für den Transport von Produkten um die halbe Welt, der US-Markt und die ungewissen politischen Risiken in den betreffenden Ländern. Tatsächlich sagt der BCG-Bericht eine „Renaissance des verarbeitenden Gewerbes der Vereinigten Staaten" voraus, weil sich die Lohnkosten in den Vereinigten Staaten und China um das Jahr 2015 herum annähern dürften.

„Manager, die eine neue Fabrik in China planen, um Produkte für den Verkauf in den Vereinigten Staaten zu exportieren, sollten sich die Gesamtkosten sehr genau anschauen", so Harold L. Sirkin von BCG, einer der Verfasser des Berichts. „Es ist immer wahrscheinlicher, dass sie in den Vereinigten Staaten günstige Löhne aushandeln können und erhebliche Anreize bekommen, sodass der Kostenvorteil Chinas vielleicht nicht groß genug ist, dass sich die Mühe lohnt – und das schon ohne Berücksichtigung des zusätzlichen Kosten- und Zeitaufwands aufgrund der komplexen Logistik."[30]

In Einzelfällen sieht man die Auswirkungen bereits in Form neuer Werke, die in den Vereinigten Staaten gebaut werden, und in Form von Fabriken, die vor einer Generation im Ausland errichtet wurden, um die niedrigen Lohnkosten auszunutzen, und die nun wieder zurück in die Vereinigten Staaten verlegt wurden – im Marktjargon spricht man von Rückverlagerung, „Backshoring" oder „Reshoring". Zwei Jahre, nachdem General Electric (GE) angekündigt hatte, es würde die Produktion energieeffizienter Kühlschränke ins Ausland verlagern, vollzog es im Januar 2011 eine Wende und entschied sich dafür, das Werk in Bloomington im Bundesstaat Indiana für 93 Millionen Dollar aufzurüsten und dadurch über 700 Arbeitsplätze zu retten. Das Gleiche hatte das Unternehmen vorher schon in Louisville in Kentucky getan. Dort investierte es 80 Millionen Dollar in die Modernisierung einer Warmwasserbereiter-Fabrik, anstatt die 400 Arbeitsplätze nach Übersee zu verlagern. Der GE-Konkurrent Whirlpool, ebenfalls ein großer Hersteller von Elektrogeräten, hat bereits mehrere Fabriken in Mexiko und seine südkoreanischen Rivalen stellen dort einige ihrer Küchengeräte her. Nach einer mehrmonatigen Studie entschied sich Whirlpool Mitte 2010 jedoch, 120 Millionen Dollar für ein neues Werk in Cleveland auszugeben, das 150 zusätzliche Arbeitsplätze schafft, wenn es in Betrieb geht. In Mexiko wären die Lohnkosten zwar niedriger, aber Whirlpool fand viele Gründe dafür, in der Region Cleveland zu bleiben. Dort hat es bereits ausgebildete Arbeitskräfte und es braucht keine Abfindungen zu bezahlen. Die Frachtkosten sind niedriger, weil die meisten Produkte des Werks in den Vereinigten Staaten verkauft werden.

Dieser Trend existiert auch außerhalb der langlebigen Konsumgüter. Caterpillar baut im texanischen Victoria für 120 Millionen Dollar ein Werk für die Herstellung gigantischer Planierraupen, darunter auch Modelle, die früher in Japan gebaut und von da aus an die amerikanischen Abnehmer geliefert wurden. Das Werk in Japan hat jetzt mehr Kapazitäten für den boomenden asiatischen Markt frei.

Dow Chemical, der Registrierkassenhersteller NCR, Sauder Woodworking, der Schlosshersteller Master Lock und der Werkzeugmaschinenhersteller GF AgieCharmilles – sie alle haben in den letzten drei Jahren Produktionsanlagen in den US-Markt zurückverlagert. Wenn die Hauptfaktoren dieser Entscheidungen die Lohnkosten und der schwache Dollar wären, dann wären das Pyrrhussiege. Die Eingangsgrößen Energie, Transport, Rohmaterialien und sonstige Herstellungskosten werden schwanken. Doch laut der Argumentation Holsteins und anderer zählen zu den entscheidenden Vorteilen auch innovative Management- und Produktionsmethoden, eingesparte Transportkosten, geringeres politisches und Korruptionsrisiko sowie die Produktivität und der vergleichsweise hohe Ausbildungsstand der amerikanischen Arbeitskräfte. Ein weiterer Vorteil entsteht durch die Auswirkungen von Chinas riesenhaftem Herstellungssektor auf die Währungen anderer Länder. Wenn China Kohle, Öl, Holz, Mineralien und andere Rohstoffe kauft, führt dieser Boom in Ländern, die auch mit US-Produkten konkurrieren, zu Inflation, unter anderem in Kanada, Australien, Südafrika, Brasilien und Russland.

Diese Faktoren bescheren dem US-amerikanischen verarbeitenden Gewerbe durch die Bank Vorteile. Eine nach Sektoren gegliederte Studie über Fertigerzeugnisse, die in den Vereinigten Staaten verkauft werden, ergab 2011, dass die amerikanischen Hersteller bei 94 Prozent aller in den Vereinigten Staaten verkauften Waren entweder wettbewerbsfähig oder im Vorteil sind. Laut den Verfassern der Studie ist das ein Anstieg gegenüber den 91 Prozent, für die das nur zwei Jahre zuvor galt. Diese Differenz – lediglich drei Prozentpunkte – bedeutet Milliarden Dollar Gewinn und Zehntausende Arbeitsplätze im größten Verbrauchermarkt der Welt. Und es bedeutet, dass es für die überwältigende Mehrheit der Unternehmen, die für den US-amerikanischen Markt produzieren, wirtschaftlich nicht mehr sinnvoll ist, die Produktion ins Ausland zu verlagern. Dabei ist zu beachten, dass diese Ergebnisse für Waren gelten, die für den Verbrauch in Nordamerika produziert werden, nicht für den Export – dort sieht die Rechnung aufgrund niedrigerer Preise und zusätzlicher Transportkosten ganz anders aus. Die Studie der Managementberatungsfirma

Booz & Company und des Tauber Institute for Global Operations der University of Michigan teilt die in den Vereinigten Staaten verkauften Fertigerzeugnisse in vier Segmente ein.[31] In den Branchen Luft- und Raumfahrt, Medizinausrüstung, Chemikalien sowie Lebensmittel und Getränke können die Vereinigten Staaten laut der Studie Produkte erzeugen, die den Wettbewerb im amerikanischen Binnenmarkt bewältigen oder dominieren. Die Herstellung von Produkten mit geringem Mehrwert – etwa Textilien, Möbeln, Spielwaren und manchen Komponenten für Computer und andere elektronische Geräte – für den Verkauf in den Vereinigten Staaten zahlt sich hingegen nicht aus.

Was die sechs Prozent der Waren angeht, die laut der Studie in den Vereinigten Staaten unmöglich profitabel produziert werden können, so weist sie die Schuld der unermüdlichen Jagd nach billigen Arbeitskräften in Ländern wie Vietnam und Sri Lanka zu. Das erklärt beispielsweise, wieso die Zeiten für die einst florierenden Möbel- und Textilfabriken im amerikanischen Süden so schwer geworden sind.

Bei weiteren 41 Prozent der Produkte – unter anderem bei Automobilen und manchen Luxusgütern – bewegt sich der Mehrwert durch die Verarbeitung an der Grenze. Das heißt, die Produktion könnte in den Vereinigten Staaten bleiben oder ins Ausland abwandern – je nach dem Know-how des Unternehmens. Hier entscheiden fortgeschrittene Methoden und effizientes Management darüber, ob die Einrichtung von Produktionslinien in den Vereinigten Staaten rentabel ist.

DIE GEFAHREN DER LÄHMUNG

Einen Vorteil zu haben oder ihn zu nutzen, sind natürlich zwei Paar Schuhe. Deutschland, Japan und anderen fortgeschrittenen herstellungsorientierten Volkswirtschaften gelingt es seit Jahren, hohe Außenhandelsüberschüsse zu erzielen, indem sie folgende Faktoren ausnutzen: Innovation, auf innovativen Entwürfen basierende flexible Produktion, Produkte mit hohem Mehrwert sowie erfahrene, hochqualifizierte Arbeitskräfte. Wenn die Vereinigten Staaten das richtige Gleichgewicht zwischen leichter Steuerung und Investitionen finden würden, könnten sie dank ihrer Größe und ihrer Offenheit alle aufkommenden Mitbewerber ausstechen. So sind beispielsweise in Deutschland und Japan Anreize für Universitätsabschlüsse und Doktorgrade in naturwissenschaftlichen Fächern Gegenstand der staatlichen Politik. Außerdem gibt es dort zahlreiche Fach- und Berufsschulen. In den Vereinigten Staaten gibt es keine entsprechenden staatlichen Programme.

Da die Schaffung von Arbeitsplätzen landesweit Vorrang genießt, erwärmen sich die Demokraten zwar für das Thema Innovation, aber der Begriff *Investition* wird von der neuesten Klasse republikanischer Gesetzgeber als „Konjunkturspritze" diffamiert, vor allem im mehrheitlich republikanischen Repräsentantenhaus. Obama versucht, parteiübergreifende Unterstützung für solche Programme aufzubauen, indem er sich mit den Vorstandsvorsitzenden von zwei der erfolgreichsten Exporthersteller zusammentut, nämlich Boeing und GE.[32] „Die Annahme vieler Menschen, die Vereinigten Staaten könnten sich von einer auf Technologie basierenden und exportorientierten Wirtschaftsmacht in eine dienstleistungsorientierte und auf dem Konsum basierende Volkswirtschaft verwandeln, ohne dabei viele Arbeitsplätze, viel Wohlstand und viel Prestige zu verlieren, war fundamental falsch", schrieb der GE-Verwaltungsrats- und Vorstandsvorsitzende Jeffrey Immelt im Rahmen dieser Bemühungen in einem Leitartikel der *Washington Post*. „GE verkauft mehr als 96 Prozent seiner Produkte an den privatwirtschaftlichen Sektor, auf dem Amerikas Zukunft aufgebaut werden muss. Aber der Staat kann Unternehmen helfen, in unsere gemeinsame Zukunft zu investieren. Ein solides, wettbewerbsfähiges Steuersystem und eine Partnerschaft zwischen Wirtschaft und Staat in den Bereichen Bildung und Innovation auf Gebieten, in denen Amerika führend sein kann – zum Beispiel saubere Energie –, sind für nachhaltiges Wachstum unerlässlich."[33]

Im derzeitigen Klima stößt diese vergleichsweise milde Beschreibung auf beträchtlichen Widerstand. Eric Cantor, Führer der republikanischen Mehrheitsfraktion im Repräsentantenhaus, sagte dazu:

„Wenn er über Investitionen spricht [...], wenn wir ‚investieren' hören, dann heißt das für mich mehr Ausgaben."³⁴ Sie können darauf wetten, dass die zentralen Planer Chinas etwas freier atmen, wenn sie solche kurzfristig orientierten Äußerungen hören.

Bisher gereicht die sorgfältig austarierte Wechselbeziehung beiden Seiten zum Vorteil. Auf jeden Arbeitsplatz, der in den Vereinigten Staaten verloren geht, kommt ein chinesischer Bürger, dessen Erwartungen über das Existenzielle hinausgewachsen sind und mit dem die repressiven Machthaber fertig werden müssen. Es könnte sein, dass sie infolge ebendieser Erwartungen dem Zusammenstoß der Ideologien durch eine langsame, sanfte Demokratisierung zuvorkommen. Mit dieser Realität war Michail Gorbatschow 1987 konfrontiert: Die zentrale Planung kann nicht einmal in der aufgeladenen staatskapitalistischen Spielart das kreative Genie einer großen Nation anzapfen.

Die politische Klasse Chinas befasst sich genauso ausführlich mit dem Zusammenbruch der Sowjetunion, wie sich die Vereinigten Staaten mit der Großen Depression befassen. Die regierende Partei Chinas ist zwar entschlossen, Gorbatschows Fehler zu vermeiden, aber die jüngere Wirtschaftsgeschichte der Vereinigten Staaten zeigt, dass diese Entschlossenheit nicht gegen Kräfte von außen gefeit ist.

Die Volkswirtschaft der Vereinigten Staaten mit ihrem kreativen Unternehmenssektor, ihrer transparenten Verwaltung, den besten Universitäten der Welt und ihren hochqualifizierten Arbeitskräften braucht sich China nicht kapitulierend zu beugen. Sie kann im Wettbewerb mithalten und sich an die Tatsache anpassen, dass China und eine gute weitere Milliarde Arbeitskräfte mittleren Einkommens aus anderen Schwellenländern in die Weltwirtschaft eintreten, wenn sie ihre Führung im hochqualitativen, wissensbasierten Geschäftsbetrieb ausbaut. Die eigentliche Gefahr für die Vereinigten Staaten liegt nicht in den räuberischen Sweatshops Asiens. Sie liegt vielmehr darin, dass sie sich aus politischen Gründen in eine übertrieben feindselige Haltung hineinmanövrieren könnten, welche die beiden mächtigsten Nationen der Welt auf einen derart fürchterlichen Krieg zutreibt, dass keine Nation ihn überlebt, egal für welches wirtschaftliche oder politische Modell sie sich entscheidet.

KAPITEL 7

DER NICHT BESONDERS PAZIFISTISCHE PAZIFIKRAUM

„L'Angleterre est une nation de boutiquiers", lautet ein berühmter Ausspruch Napoleons über Frankreichs wichtigsten militärischen Rivalen England. Damit tat er ihn als „Krämernation" ab. Natürlich sollte er das später bedauern. Seine Beschreibung erfasst, was sich heute alle Nationen von ihren Rivalen erhoffen, vor allem von großen Nachbarn – dass sie sich auf ihre inneren Angelegenheiten konzentrieren, dass sie eher vom Handel als von der Kriegskunst besessen sind und dass sie eher entschlossen sind, zu gedeihen, als zu erobern.

Ist China eine „Krämernation"? Anderthalb Milliarden Inder, Japaner, Südkoreaner, Vietnamesen, Philippiner und die Bewohner zahlloser anderer Nationen, einschließlich eines schwindenden, unsicheren Stamms von rund fünf Millionen fernöstlichen Russen, hoffen das bestimmt.

Peking will das Ziel wirtschaftlicher – nicht territorialer – Gewinne vorantreiben, so heißt es in seiner offiziellen Richtlinie des „friedlichen Aufstiegs und der friedlichen Entwicklung" in Asien. „China hat seine umfassende nationale Stärke und seinen internationalen Status durch sein Bekenntnis zur friedlichen Entwicklung schnell verbessert", schreibt der chinesische Politik-Kommentator Zheng Xiwen in der Zeitung *Guangming Daily*. Der Artikel transportiert die Stimme des mächtigen Zentralkomitees der Kommunistischen Partei, das diese Zeitung herausgibt. Zheng argumentiert ebenso wie die Partei, die ihn bezahlt, das Ausland solle sich beruhigen, was Chinas Militärausgaben und seine Entschlossenheit betrifft, seine Gebietsansprüche im Südchinesischen Meer durchzusetzen. Schließlich wäre ein Krieg doch eine Ablenkung von Chinas Geschäftsplan. „Gegenwärtig befindet sich China in einer entscheidenden Phase seiner Umgestaltung und Öffnung und dabei sollten Probleme vermieden werden, wann immer es möglich ist. Ein Krieg könnte China in die Gefahr bringen, dass es seltene Entwicklungschancen und Wachstumsdynamik verliert." [1]

Warum sollte China das Huhn, das goldene Eier legt, töten – oder auch nur aufscheuchen? Es lohnt sich, bei dieser Frage einen Augenblick zu verweilen. China floriert, und obwohl seine territorialen Streitigkeiten mit Nachbarstaaten Schlagzeilen machen und die ungelösten Fragen bezüglich Taiwan und der koreanischen Halbinsel immer noch unheilverkündend über Asiens Gedeihen schweben, scheinen die Anreize für einen „friedlichen Aufstieg" zu sprechen. Die Buick-begeisterten Kader von Chinas regierender Partei haben derart viel in die US-Wirtschaft investiert und verdienen an der einseitigen Handelsbeziehung mit ihr derart viel Geld, dass nur eine schwere Fehlkalkulation eines dieser Giganten eventuell zu einem offenen Krieg führen könnte. Wir können getrost davon ausgehen, dass keine der beiden Seiten damit beschäftigt ist, einen Verrat wie in Pearl Harbor zu schmieden.

Aber Fehler passieren. Der Krieg im Irak und die globale Finanzkrise sind nur die jüngsten Ereignisse, die daran erinnern. Während China wächst, kommen die Vorreiter seiner neuen Stärke und seiner neuen Ambitionen zunehmend mit der amerikanischen Macht in Kontakt. Außerdem kommen sie den Interessen vieler Nationen in der Pazifikregion in die Quere, die sich hinsichtlich der Aufrechterhaltung des Machtgleichgewichts in der Region auf die Vereinigten Staaten verlassen. Es besteht zwar ein reger Handel zwischen China und all diesen Ländern, aber trotzdem machen sie sich in letzter Zeit ernsthafte Gedanken darum, wie lange Chinas Aufstieg wohl friedlich bleibt. Taiwan ist in Pekings Augen nach wie vor eine „abtrünnige Provinz", allerdings sind die Spannungen in den letzten Jahren abgeflaut. In den letzten Jahren sind Gebietsstreitigkeiten mit Japan, Südkorea und den Philippinen über Landstriche im Ostchinesischen und Südchinesischen Meer aufgeflammt. Auch entlang seiner Grenze mit Indien im Himalaja wird China bestimmter. Unterdessen schüren Chinas spezielle und immer noch enge Beziehungen zu dem unberechenbaren Nordkorea die Befürchtungen hinsichtlich seiner langfristigen Motive. Das tut auch das militärische Modernisierungsprogramm, das im Laufe des vergangenen Jahrzehnts alle Teile von Chinas Streitkräften ausgebaut hat. China wird 2012 seinen ersten Flugzeugträger in Auftrag geben und es hat gezeigt, dass es mit Lasern Satelliten abschießen kann. Sein Programm zur Entwicklung von Waffen gegen Satelliten und Schiffe erschwert den Vereinigten Staaten die Machtprojektion und somit auch die Unterstützung ihrer asiatischen Verbündeten. Unter Chinas Nachbarn und in den Hallen der Macht in Washington fahren diejenigen, die nicht geneigt sind, an den „friedlichen Aufstieg" zu glauben, diese Belege auf, um zu argumentieren, dass China darauf aus sei, die Macht der Vereinigten Staaten in Asien herauszufordern.

SO VIEL ZUR NACHBARSCHAFT ...

Doch nicht alle in der Region reagieren darauf angstvoll. „Es spricht viel dafür, dass Chinas Ausbau der Seestreitkräfte zum Teil dafür gedacht ist, seine legitimen Interessen als Nation zu schützen, die einen großen Teil ihres Handels und ihres Energieimports auf dem Seeweg abwickelt", schreibt Rory Metcalf, ein australischer Sicherheitsexperte und ehemaliger Diplomat. „Ich stimme weitgehend mit dem Argument überein, dass Chinas militärische Modernisierung in wesentlichen Teilen das verständliche Verhalten einer Großmacht mit einer schnell wachsenden Wirtschaft und breiten internationalen Interessen ist."[2] Wenn dem so ist, wirft Chinas Verhalten spätestens seit Ende 2009 echte Fragen dahingehend auf, ob ihm klar ist, wie seine Maßnahmen im Ausland gesehen werden. Die Serie von Geplänkeln mit seinen kleineren Nachbarn veranlasste viele von ihnen, ihre Verteidigungsausgaben zu erhöhen und die Beziehungen zum US-Militär zu erneuern. In den Augen des Singapurer Autors und Strategen Kishore Mahbubani beweist dies nur, dass Peking genauso ist wie alle anderen Mächte – einschließlich der Vereinigten Staaten. „Sie machen zwar kurzfristige Fehler, aber langfristig korrigieren sie ihren Kurs sehr schnell. Und das ist ihre Stärke [...]. Sie haben ein paar Verlautbarungen über das Südchinesische Militär gemacht. Das hat manche Leute sehr empört. Dann haben sie gemerkt, dass die Stimmung sehr wütend wurde, und ich glaube, sie haben auf ihre eigene Art die Temperatur hinsichtlich dieser Gebiete wieder heruntergefahren."[3]

Unabhängig davon, ob Chinas neues Selbstbewusstsein tatsächlich ein Fehler ist oder der Vorbote einer aggressiveren Zukunft, auf jeden Fall haben die wenigen Zwischenfälle in ein Wespennest gestochen. Der schwerste Zwischenfall, ein Zusammenstoß japanischer

AUSLAUFMODELL
SUPERMACHT 221

Gebietsstreitigkeiten im Südchinesischen Meer

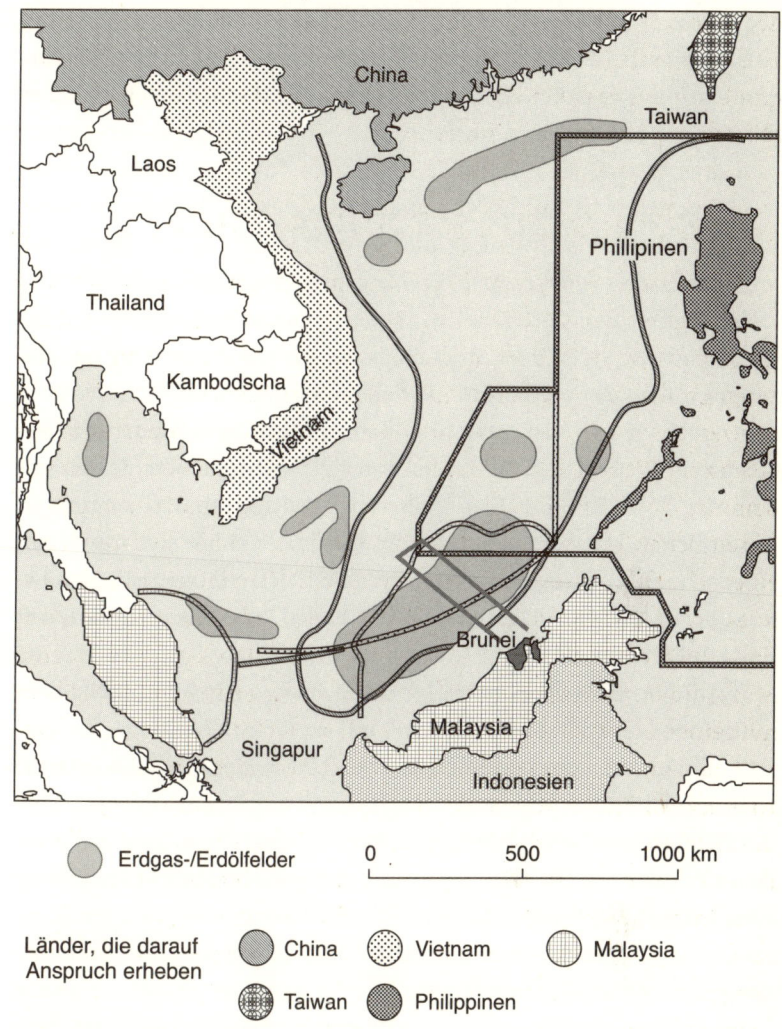

● Erdgas-/Erdölfelder   0   500   1000 km

Länder, die darauf Anspruch erheben: China, Vietnam, Malaysia, Taiwan, Philippinen

Abbildung 7.1
Quelle: South China Sea, Analysis Briefs, U.S. Energy Information Agency, März 2008, Zugriff am 6. Dezember 2011 unter http://www.cia-gov/countries/regions-topics.cfm?fips=SCS.

Kriegsschiffe mit chinesischen Fischerbooten im Ostchinesischen Meer, endete mit einer Demütigung der Japaner. Beide Länder erheben Anspruch auf eine kleine Inselgruppe in der Nähe von Okinawa und während militärischer Operationen in diesem Gebiet nahmen die Japaner den Kapitän eines chinesischen Fischerboots in Gewahrsam, weil er zwei japanische Patrouillenboote gerammt hatte. Nach zwei Wochen Haft wurde der Kapitän freigelassen. Allerdings wurde Japan nicht durch Chinas militärische Macht, sondern durch sein wirtschaftliches Muskelspiel gezwungen, einen demütigenden Rückzieher zu machen, obwohl es Videobeweise hatte, die seine Version der Ereignisse stützten. China reagierte auf die Verhaftung des Kapitäns, indem es den Export von Seltenen Erden nach Japan einstellte – diese werden fast ausschließlich in China gefördert und von China exportiert, und sie werden von vielen japanischen Herstellern in Auto-, Solar- und Elektronikfabriken benötigt. Japan war der größte Importeur von Seltenen Erden und China schadete sich durch den Boykott zweifellos selbst. Dieser Zwischenfall bestätigt also, dass Peking bereit ist, gegen seine wirtschaftlichen Interessen zu handeln, wenn sein nationaler Wille herausgefordert wird.

Zwar herrschte zwischen China und seinem alten Feind noch nie eine große Liebe, aber der Zeitpunkt war für Japan besonders schmerzlich. Die chinesischen Medien lassen keine Gelegenheit aus, zu erwähnen, dass ihre Volkswirtschaft 2010 offiziell Japan als zweitgrößte der Welt überholt hat.[4] Aber Japan hat auch den Wert seiner militärischen Allianz mit den Vereinigten Staaten wiederentdeckt. Es ist kein Zufall, dass die in Japan regierende Liberaldemokratische Partei, die in ihrem Wahlkampfprogramm den Abzug der US-Streitkräfte von Okinawa und Sicherheitsbeziehungen zu China und anderen asiatischen Ländern angekündigt hatte, diese Vorhaben im Kielwasser des Zwischenfalls im Ostchinesischen Meer auf Eis gelegt hat.

Zwar flauten die Spannungen wieder ab und Japan war nach dem Erdbeben in Tohoku im März 2011 mit grausamen neuen Ablenkungen konfrontiert, aber der Inselstreit ist nach wie vor ungelöst und die Beziehungen zwischen China und Japan bröckeln. Ein weiterer Zwischenfall zwischen China und Japan könnte ernste regionale Probleme hervorrufen und durchaus eine Wiederbewaffnung Japans in Gang setzen – zu einer Zeit, zu der eigentlich die Rezession, Erdbeben, Tsunamis und schmelzende Kernreaktoren Vorrang haben sollten. Eine weitere dauerhafte Auswirkung ist, dass Japan und China ein Abkommen über die gemeinsame Erschließung von Teilen der Erdgasreserven im Chinesischen Meer ausgesetzt haben. Sie werden von CNOOC auf 48 Milliarden Kubikmeter geschätzt, und dazu kommen noch bis zu 18 Millionen Barrel Erdöl. Jetzt ist zu erwarten, dass der eine oder der andere versuchen könnte, unilateral vorzugehen.

Und das ist nur eine von dem halben Dutzend Kontroversen, die China geschürt hat, seit während der globalen Finanzkrise das Ausmaß von Amerikas wirtschaftlichen Problemen klar geworden ist. Regionale Verteidigungsvertreter halten auch den Zeitpunkt für heikel. Hoch oben im Himalaja ist eine Gebietsstreitigkeit, die 1962 einen Krieg zwischen China und Indien entfachte, erneut aufgeflammt, und die beiden benachbarten Giganten unterstützen in Nepal gegensätzliche politische Interessen. In Bezug auf Nordkorea ist China offenbar zu dem Schluss gekommen, dass eine nuklear bewaffnete Kim-Dynastie seinen Interessen mehr zugute kommt als eine Implosion des stalinistischen Staates, die einen Teil seiner 23 Millionen Insassen zu Flüchtlingen machen würde. Peking hat die Militärjunta in Myanmar und Kambodschas diktatorischen starken Mann Hun Sen unterstützt. Peking gilt auch weithin als die Quelle ballistischer Raketen und diverser Kernwaffentechnologien in Pakistan. Und es schüchtert fortgesetzt seine kleineren Nachbarn im Südchinesischen Meer ein, wo eine Konfrontation mit den Flotten von Vietnam, Südkorea, den Philippinen oder Malaysia leicht zu Gewalttätigkeiten eskalieren könnte. China beharrt darauf, dass es seinen ziemlich abstrusen Anspruch auf „unumstrittene Souveränität" über das gesamte Südchinesische Meer durchsetzen wird, das sich Hunderte von Seemeilen über seine Festlandsgrenzen und alle international anerkannten Seegrenzen hinaus erstreckt. Da vermutet wird, dass unter diesen Gewässern Öl- und Gasreserven verborgen sind, werden die Einsätze größer werden, wenn der Durst der chinesischen Volkswirtschaft nach Energiequellen, die das Wachstum erhalten, immer größer wird.

Die US-Außenministerin Hillary Clinton verkündete 2010 das Interesse der Vereinigten Staaten an „freier Seefahrt, offenem Zugang zum asiatischen Seegebiet und Einhaltung des internationalen Rechts im Südchinesischen Meer". China fasste dieses Statement als Herausforderung auf, seine besorgten Nachbarn als Schutzangebot.[5]

GULLIVERS FUSSSPUREN

Hinter diesen Streitigkeiten lauern die großen amerikanischen Garnisonen in Japan und Südkorea sowie die Siebte Flotte der US-Marine, der Hauptgarant von Amerikas Versprechen, Taiwan zu verteidigen, falls China jemals versucht, sich die Insel mit Gewalt zu nehmen. Mit zwei Flugzeugträgern vor Ort und drei weiteren in der Nähe samt Schiffs- und U-Boot-Eskorten sowie mehreren amphibischen Eingreiftruppen und den Sturmeinheiten der US Marines stellt die Siebte Flotte die größte in Bereitschaft befindliche Militärstreitkraft der Welt dar. Zusätzlich zum Flottenhauptquartier im japanischen Yokosuka gibt es in der ganzen Region amerikanische Flugplätze, Basen und Hafenanlagen, von Australien bis Okinawa, von Seoul bis Singapur und von Guam im Mittelpazifik bis zu der winzigen Insel Diego Garcia 1.780 Meilen südlich von Sri Lanka im Indischen Ozean. Ende 2011 wurde zusätzlich ein neues US Marine Corps in Darwin an der Nordspitze Australiens stationiert. „Die Vereinigten Staaten sind eine pazifische Macht und wir werden hier bleiben", sagte Präsident Obama dem australischen Parlament in einer Rede, in der er die neue Stationierung ankündigte. „Tatsächlich modernisieren wir bereits Amerikas Verteidigungsstellung in der Asien-Pazifik-Region. Sie wird breiter verteilt – wir behalten unsere starke Präsenz in Japan und auf der koreanischen Halbinsel bei und verstärken gleichzeitig unsere Präsenz in Südostasien. Unsere Stellung wird flexibler sein – mit neuen Möglichkeiten, die sicherstellen, dass unsere Streitkräfte ungehindert operieren können. Und unsere Stellung wird nachhaltiger sein, denn wir helfen Verbündeten und Partnern durch mehr Ausbildung und Übungen, ihre Kapazitäten auszubauen."[6]

Diese Streitkräfte symbolisieren Amerikas allgemeines strategisches Bekenntnis, das Machtgleichgewicht in der Region aufrechtzuerhalten. Diese ganze Streitmacht, die anfangs dafür gedacht war, im Zweiten Weltkrieg gegen Japan zu kämpfen, und dann im Kalten Krieg für die Abschreckung der sowjetischen Pazifikflotte angepasst wurde, konzentriert sich jetzt auf China und seinen unberechenbaren Verbündeten Nordkorea. Seit Jahren sorgt die schiere Präsenz dieser gewaltigen amerikanischen Streitmacht für eine Art Stabilität und verhindert, dass die rationale Wachsamkeit kleinerer Mächte in Paranoia und Wettrüsten umschlägt. Insbesondere die Japaner, aber auch die Südkoreaner, die Indonesier, die Australier und sogar die Philippiner erwarten von der Macht der Vereinigten Staaten, dass sie ihnen die gleiche Art von Sicherheitsschirm bietet, wie ihn die Europäer heute von der NATO erwarten. Außerdem erhielt Taiwan so die Sicherheit, die es brauchte, um sich auf wirtschaftliche Angelegenheiten zu konzentrieren, anstatt seine gesamte Energie der Abwehr chinesischer Versuche zu widmen, es mit Gewalt zu schlucken.

Aber das Machtgleichgewicht in der Region verschiebt sich eindeutig, und damit auch Amerikas Verbündete. Bis vor Kurzem lag dies ausschließlich am wirtschaftlichen Gewicht Chinas, das sich von einem relativ kleinen Handelspartner vieler Volkswirtschaften der Region zu ihrem wichtigsten entwickelt hat. Inzwischen ist China der wichtigste Handelspartner Südkoreas, Japans, Australiens und sogar des regionalen Rivalen Indien, der 2002 fast gar keinen Handel mit Peking betrieb. Für alle außer Indien war bis vor Kurzem Amerika der beste Kunde.[7] Doch in den Hauptstädten von Amerikas engsten Verbündeten und sogar in manchen Ländern, die nur ungern öffentlich zugeben, dass sie von der Macht der Vereinigten Staaten abhängig sind, ist die Absicherung nach allen Seiten inzwischen voll im Gange. Sehen Sie sich die eindeutigen Anzeichen für ein strategisches Umdenken in diesen Ländern an:

- In Seoul, der Hauptstadt einer Nation, die 27.000 US-Soldaten beherbergt und von der man behaupten kann, sie würde ohne den Krieg von 1950 bis 1953, der 50.000 amerikanische

Soldaten das Leben kostete, nicht existieren, führte kürzlich ein Angriff Nordkoreas gegen südkoreanische Zivilisten dazu, dass die Diplomaten des Landes sehnlich in Richtung der chinesischen Hauptstadt blickten. China hat auf den kommunistischen Norden mehr Einfluss als Washington, das nur ungern seinen ganzen anderen Problemen einen offenen Konflikt mit dem atomar bewaffneten Nordkorea hinzufügen möchte. Letztlich finden Chinas Interesse an Stabilität und seine Angst vor Flüchtlingen bei den Südkoreanern Anklang.

- In Japan sind Tabus weggefallen, die eine echte Debatte über die militärische Macht des Landes und die amerikanische Präsenz verhindert hatten. Im Jahr 2009 wählten die japanischen Wähler die Demokratische Partei Japans (DPJ) unter Führung von Premierminister Naoto Kan an die Macht – er ist der erste japanische Regierungschef seit dem Zweiten Weltkrieg, der sich öffentlich fragt, ob die Ausrichtung seines Landes an den Vereinigten Staaten ein Dauerzustand ist. Eine der ersten Entscheidungen der DPJ war ein früher Vorstoß in Richtung einer regionalen Absicherung gegen das Nachlassen des amerikanischen Einflusses in Asien in Form einer ostasiatischen Gemeinschaft, die Japan, China, Südkorea und andere Länder in ein gesamtasiatisches Sicherheitsbündnis einbinden würde. Kans Regierung hielt bis September 2011, und in dieser Zeit kamen Ereignisse dazwischen, die die DPJ zwangen, von solchen Vorsätzen wieder Abstand zu nehmen. Auch dämpfte die Regierung ihr Versprechen, die US Marines von ihren Basen in Okinawa zu vertreiben, nachdem die Hilfe der Amerikaner für die Opfer des Erdbebens in Tohoku ein neues Licht darauf warf, was es wert ist, wenn man große Freunde hat. Trotzdem stärkte die Debatte Japans einheimische Gegner der immer noch beträchtlichen US-Militärpräsenz – tatsächlich legitimierte sie diese Frage und löste eine ernsthafte Überprüfung der militärischen Stellung Japans aus. Deren Ergebnis betont die Notwendigkeit, dass Japan selbstständiger wird.

- In Australien tobt eine ernste Debatte darüber, dass die Wirtschaft des Landes immer abhängiger von China wird. Zwar hat der Rohstoffexport in Australien einen Aufschwung ausgelöst, aber Thinktanks und Militärakademien diskutieren darüber, ob sich Australien stärker an Indien, Japan und Indonesien annähern sollte, um der verminderten Fähigkeit der Vereinigten Staaten zur Aufrechterhaltung des Status quo zuvorzukommen. Australien und Japan haben 2007 ein gegenseitiges Verteidigungsabkommen unterzeichnet. Trotz der neuen US-Basis in Darwin sind die australischen Verteidigungspolitiker eindeutig der Meinung, dass, wie es ein Weißbuch bereits im Jahr 2000 formulierte, „die trilateralen Beziehungen zwischen China, Japan und Indien den strategischen Rahmen in Ostasien bestimmen werden". [8]
- Was Indien angeht, haben die Vereinigten Staaten den Wunsch der indischen Staatsvertreter nach einer engen strategischen Beziehung unterschätzt, als sie auf Indiens Ausschreibung für ein künftiges nationales Kampfflugzeug zwei alternde Modelle anboten, die Lockheed Martin F-16N und die Boeing F/A-18 Super Hornet. Die aktuellen US-Kampfflugzeuge F-22 und F-35, die Australien, Großbritannien und Israel angeboten wurden, schloss Washington aus. Indien empfand das als Affront und lehnte die US-Flugzeuge in der ersten Bieterrunde ab, sodass nur noch die französische Rafale und der von einem europäischen Konsortium gebaute Eurofighter um den Vortritt und ein Milliardengeschäft fochten.

Der wirklich atemberaubende Angelpunkt ist allerdings Taiwan. Technisch gesehen stehen China und Taiwan seit 1949 im Bürgerkrieg. Damals flohen die Nationalisten der Kuomintang (KMT) auf die Insel, die damals noch Formosa hieß. Die Chinesen betrachten Taiwan, das bis in die 1980er-Jahre hinein eine Militärdiktatur war, als abtrünnige Provinz. Aber Taiwans Wirtschaft florierte, und selbst nachdem die Vereinigten Staaten ihre diplomatische Anerkennung 1979 im Rahmen der vom ehemaligen Außenminister Henry Kissinger ausgehandelten Annäherung von Taiwan auf Peking verlagerten, sorgen sie noch dafür, dass die Streitkräfte der Insel gut ausgerüstet sind und dass sich China bezüglich der US-Haltung keinen Illusionen hingibt, falls es eine Invasion probieren sollte. Tatsächlich schien Taiwan noch im Jahr 2005 geneigt zu sein, seine Unabhängigkeit zu erklären, und China reagierte darauf mit einem Gesetz, das den Einsatz von Gewalt erlaubt, wenn die Insel dies wagen sollte. Als Zeichen der Unterstützung hielten sich routinemäßig US-Flugzeugträger in der Nähe auf. Ein Bericht der RAND Corporation über das US-Militär aus dem Jahr 2007 kam zu folgendem Schluss: „Es ist unwahrscheinlich, dass sich Taiwans Status in nächster Zeit entscheidet", und der Status quo werde wahrscheinlich noch eine weitere Generation lang bestehen bleiben, „wie unangenehm dies strategisch gesehen den Politikern in Washington, Peking und Taipeh auch sein mag."[9]

WENN DU SIE NICHT BESIEGEN KANNST ...

Aber die globale Wirtschaftskrise hat in Kombination mit Chinas wachsendem Gewicht und dem Kalkül der taiwanischen Wähler die Dinge enorm verändert. Als im Juli 2008 die US-Wirtschaft aus dem Ruder lief und die amerikanischen Streitkräfte noch im Irak und in Afghanistan feststeckten, lehnten die taiwanischen Wähler eine weitere Amtszeit der Demokratischen Fortschrittspartei ab, die für die Unabhängigkeit ist. Stattdessen wählten sie einen Mann von der KMT, der im Wahlkampf für engere Wirtschaftsbeziehungen zum Festland geworben hatte. Als Präsident setzt sich Ma Ying-jeou weiterhin für die Absicherung gegen die Abhängigkeit von der Macht Amerikas ein.

Anders als im Nahen Osten, wo Israel weiter so Politik macht, als wäre die Macht Amerikas ungebrochen, hat sich Taiwan dafür entschieden, ein paar Eier aus dem amerikanischen Korb herauszunehmen. „Präsident Ma hat bedeutende Durchbrüche bei der Versöhnung mit dem Festland und in der Vertiefung der synergetischen Verknüpfung zwischen China und Taiwan erzielt", schreibt Fu S. Mei, eine

Analystin für Verteidigung in Asien bei dem konservativen amerikanischen Thinktank Jamestown Foundation. „Für Peking ist der nächste Schritt ein offizieller politischer Dialog und chinesische Staatsvertreter üben zunehmend Druck auf die Regierung Ma aus, diesen aufzunehmen. Taipeh bemüht sich sehr, so lange wie möglich auf die Bremse zu treten, weil Fragen der Souveränität in Taiwan politisch sehr heikel sind. Überdies ist Herrn Ma vielleicht klar, dass er die Trümpfe, die er am Tisch der Friedensverhandlungen braucht, erst noch sammeln muss."[10]

Aus Sicht von Jamestown und den meisten anderen amerikanischen Sicherheitsorganisationen muss zu diesen Chips eine weitere Runde von Waffeneinkäufen gehören, um Taiwans schrumpfenden technischen Vorsprung gegenüber seinem gigantischen Möchtegern-Tanzpartner aufzubessern. In diesem Sinne hat die Obama-Administration Taiwan im Januar 2010 Flugabwehrraketen und modernisierte Kommunikationsausrüstung für seine F-16-Kampfflugzeuge im Wert von sechs Milliarden Dollar verkauft. Dies veranlasste China, alle militärischen Beziehungen zu den Vereinigten Staaten abzubrechen – damit pokert es hoch, wenn man bedenkt, wie wichtig gegenseitiges Verständnis wird, wenn die chinesische Marine und andere Streitkräfte zunehmend mit der Siebten Flotte in Berührung kommen. Im Sommer 2011 tobte eine Lobbykampagne für einen zweiten Verkauf, die den Vereinigten Staaten ein enormes Dilemma beschert. „Das Bemühen, beide Seiten zufriedenzustellen, ist äußerst schwierig und wird wahrscheinlich scheitern", schreibt Ted Galen Carpenter, ein Militärexperte vom Cato Institute.[11]

Admiral Mullen, der Vorsitzende der Joint Chiefs of Staff, meldete Bedenken gegen eine erneute Brüskierung Chinas an, als er im Juli 2011 von einem Besuch zurückgekehrt war, bei dem er in einem chinesischen U-Boot mitgefahren war und Antiterrorübungen der Volksbefreiungsarmee beobachtet hatte. Das war der erste Informationsaustausch auf hoher Ebene zwischen amerikanischem und chinesischem Militär seit dem Waffenhandel von 2010, der zu einem kompletten Einfrieren der militärischen Beziehungen zwischen den Vereinigten Staaten und China geführt hatte. Da amerikanische

Verbündete unangenehm nahe an Chinas Militär heranrücken, bringt dieser selbstverordnete Blackout echte Gefahren mit sich – das ist fast so, als würde man die wichtigste Beziehung der Welt den jungen Befehlshabern kleinerer chinesischer, japanischer, vietnamesischer und philippinischer Kriegsschiffe anvertrauen, die in asiatischen Küstengewässern miteinander in Berührung kommen. Bis zum Zeitpunkt von Mullens Goodwill-Reise, auf die eine ähnliche Reise des militärischen Stabschefs Chinas folgte, hatte Taiwan einen zweiten, noch umstritteneren Waffenverkauf beantragt: die Lieferung einer modernisierten Version des F-16-Kampfflugzeugs, das die Luftwaffe der Insel 1992 gekauft hatte. Taiwan argumentierte, das ältere Flugzeug laufe Gefahr, von den neuesten in China gebauten Modellen deklassiert zu werden. Obama entschied sich, Taiwan auf halbem Wege entgegenzukommen – den Verkauf fortschrittlicherer Flugzeuge lehnte er zwar ab, aber er stimmte der Lieferung von „Aufrüstsätzen" für die Bordelektronik und die Waffensysteme der älteren Flugzeuge zu. Für Taiwan bestätigte diese Entscheidung die neue Realität: Mehr würden die Vereinigten Staaten hinsichtlich eines Versprechens, das 1979 unter der Präsidentschaft von Jimmy Carter gegeben wurde, heute nicht mehr riskieren.

Die Taiwan-Entscheidung rief die üblichen Vorwürfe der Beschwichtigungspolitik hervor, insbesondere aus der weitgehend republikanischen Kongressdelegation, die die F-16-Fließbänder in Texas vertritt. Aber der Aufruhr blieb örtlich beschränkt. Diesmal beschloss China, die militärischen Beziehungen nicht einzufrieren, weil es mit dem Kompromiss anscheinend zufrieden war. Die Stimmen, die in Washington einst gefragt hatten: „Wer hat China verloren?", waren von der Bühne verschwunden. Im Pentagon, das durch ein Jahrzehnt des übertriebenen Ehrgeizes gedämpft war, behielt der Realismus die Oberhand. Mullen erklärte in einem Leitartikel der *New York Times* nach seinem Chinabesuch, dass die Vereinigten Staaten die Koexistenz mit China über alle anderen Angelegenheiten stellen müssen: „Ich verstehe die Bedenken derjenigen, die meinen, die Kooperation käme China mehr zugute als den Vereinigten Staaten. Aber ich bin anderer Meinung. Diese Beziehung ist zu wichtig, als dass man sie mit blindem Argwohn und Misstrauen managen könnte. Das haben wir schon versucht. Es funktioniert nicht. Ich empfehle nicht, dass wir bei ernsthaften Angelegenheiten wegschauen, dass wir die gesunde Skepsis aufgeben oder dass wir unseren militärischen Schwerpunkt in der Region ändern sollen. Aber wir müssen die Kommunikation offen halten und uns um die Verbesserung jeder Interaktion bemühen." [12]

Taiwan hatte sich schon vor der F-16-Entscheidung nach mehreren Seiten abgesichert. Es hat Geld in eine heimische Rüstungsindustrie gepumpt, die zwar genauso hoch entwickelt wie alles auf dem Festland ist, aber nicht auf die Größe von Pekings Industrieaufbau hoffen darf. Noch wichtiger ist, dass die Regierung Ma im Juni 2010 das historische Freihandelsabkommen zwischen China und Taiwan unterzeichnet hat, das offizielle Handelsbeziehungen eröffnet und einen Weg zu künftigen politischen Verhandlungen vorzeichnet. [13] Dieses Abkommen hat mehr als 500 zwischen den Parteien bestehende Handelszölle aufgehoben. Außerdem öffnete es erstmals Taiwans Privatunternehmen für Investitionen aus China. Zwar beschränkt Taiwan weiterhin die Anteile, die China kaufen darf, aber niemand kann sicher sein, wie viele von den Investitionen, die jedes Jahr nach Taiwan fließen, bereits chinesisches Geld enthalten, das über Investmentbanken aus dem Ausland eingeschleust wird. Der Zustrom von Touristen vom Festland – ein weiteres Ergebnis der neuerdings wärmeren Beziehungen – stärkt Taiwans Wirtschaft ebenfalls den Rücken.

Das soll nicht heißen, dass die Stimmung in Taiwan die Wiedervereinigung sehr befürworten würde. Viele Taiwaner haben das Leben unter ihrer eigenen Diktatur noch persönlich erlebt, und da sie Zugang zu den chinesischen Medien und zu ihren eigenen hartnäckigen journalistischen Kanälen haben, ist ihr Blick auf das Leben auf der anderen Seite der Taiwan-Straße differenziert. Die Festlandchinesen waren vom Verlauf der Wahlen in Taiwan im Januar 2012, die Ma eine zweite Amtszeit verschafften, schwer beeindruckt. Mas Slogan „Keine Vereinigung, keine Unabhängigkeit" ermöglicht es den Diplomaten beider Seiten, sich an die Art von Kompromiss heranzutasten, die die Briten 1979 mit Peking bezüglich der Rückgabe Hongkongs aushandelten. Vielen Taiwanern mag dies nicht besonders gefallen:

Der Mangel an demokratischen Garantien in Hongkong nach der Übernahme der Kontrolle durch China im Jahr 2004 strafte die verbreitete Vorstellung Lügen, wenn China eine freie, demokratische Gesellschaft in sich aufnimmt, würde es irgendwie auch selbst demokratisiert werden. Trotzdem glauben in der chinesischen Elite viele, Taiwan könnte tatsächlich der Moderator sein, der alles ändert.

Großbritanniens Fehler bestand nicht darin, eine Verhandlungslösung anzustreben, sondern darin, viel zu lange zu warten. Als 1979 unter Margaret Thatcher die Gespräche begannen, war Großbritannien zu einer zweitklassigen Militärmacht abgesunken und war nicht mehr wirklich in der Lage, in Asien Macht auszuüben. Als Garant der demokratischen Freiheiten, um deren Gestaltung sich Taiwan seit dem Ende der KMT-Diktatur in den 1980er-Jahren bemüht, sollten die Vereinigten Staaten jetzt versuchen, den über die Taiwan-Straße reichenden Prozess voranzutreiben – solange die Siebte Flotte noch den Pazifik beherrscht und die US-amerikanische Wirtschaft noch auf einem der Spitzenplätze rangiert. Wenn der Stillstand noch länger als ein Jahrzehnt anhält, stellt sich nicht mehr die Frage, welche Garantien die Vereinigten Staaten im Rahmen einer friedlichen Wiedervereinigung herausschlagen können, sondern vielmehr, auf welche Art Taiwan geschluckt werden möchte – schnell und mit Gewalt oder freiwillig unter wirtschaftlichem und politischem Druck.

AUFTRITT DER „CARRIER-KILLER"

Das Zittern, das den Bogen der von den Vereinigten Staaten unterstützten Staaten rund um den Pazifik befällt, hat mehrere Ursachen – von Nordkoreas Atomwaffenprogramm über die Gebietsstreitigkeiten im Südchinesischen Meer bis hin zu langfristigen Berechnungen, wie lange die Vereinigten Staaten noch in der Lage sind, ihre riesige militärische Präsenz in der Region aufrechtzuerhalten. Im Jahr 2011 kam allerdings eine neue Angst hinzu, die US-Marinestrategen genauso große Sorgen bereitet: Chinas Einführung einer neuen ballistischen Seezielrakete, die Kriegsschiffe bis zu einer Entfernung von 1.200 Meilen vor der Küste treffen kann.

Wie auch beim Prototyp des chinesischen Tarnkappen-Kampfflugzeugs wussten die US-Geheimdienste schon lange, dass China versuchte, eine solche Seeabwehrwaffe zu entwickeln, aber die Schnelligkeit, mit der diese einsatzfähig wurde, traf sie unvorbereitet. Admiral Robert Willard, Befehlshaber des US-Pazifikkommandos, sagte Reportern im Dezember 2010, die DF-21D habe die erste Stufe der Einsatzfähigkeit erreicht, und Chinas Oberbefehlshaber General Chen behauptete im April 2011, der Flugkörper habe eine Reichweite von fast 2.800 Kilometern.[14] Schon wenn die Reichweite nur halb so groß ist, haben die trägergestützten Streitkräfte der Siebten Flotte der Vereinigten Staaten ein ernstes Problem.[15]

China, das auf absehbare Zeit nicht hoffen kann, die gleiche Stärke wie die trägergestützten Streitkräfte der US-Marine zu erreichen, verfolgt seit Jahrzehnten das Ziel, die amerikanische Armada so weit von der Küste fernzuhalten, dass sie nicht auf dem Festland zuschlagen kann. Das Erscheinen der neuen Rakete mit der technischen Bezeichnung DF-21D, die allerdings von Analysten der US-Marine den Spitznamen Carrier-Killer bekam, ändert die seit Langem geltenden Annahmen, wie sich ein Zusammenstoß zwischen den Vereinigten Staaten und China wegen Taiwan oder eines der anderen belasteten Szenarien abspielen würde, grundlegend.

Niemandem ist das klarer als der US Navy. Die Reichweite trägergestützter Flugzeuge beläuft sich ohne Nachtanken auf rund 735 Meilen – liegt also deutlich innerhalb der Reichweite von Chinas ballistischer Seezielabwehr. In einem Artikel in einer wissenschaftlichen Marinezeitschrift behaupten zwei Pentagonstrategen unter der Überschrift „Die Götterdämmerung des überflüssigen Flugzeugträgers", diese neue Realität müsse zwingend dazu führen, dass die Vereinigten Staaten die Zusammensetzung der Marine und die Pazifikstrategie überdenken. Sie schreiben, letztendlich sei es im 21. Jahrhundert weder ein akzeptables Risiko noch eine glaubwürdige Abschreckung, wenn man einen atomgetriebenen Flugzeugträger wie die neue *Gerald R. Ford* und seine 5.000 Mann starke Besatzung in Reichweite solcher Waffen bringen würde.

Innere und äußere Faktoren beschleunigen das Ende des Flugzeugträgers. Konkurrenten aus dem Ausland konzentrieren ihre Aufmerksamkeit auf die Fähigkeit der Vereinigten Staaten, sich an jeden Punkt der globalen internationalen Gewässer zu begeben und Ziele an Land präzise zu treffen. Das Ergebnis dieser Konzentration ist die Entwicklung einer Reihe von Sensoren und Waffen, die dank der Kombination ihres Reichweiten- und Schlagkraftprofils in der Lage sind, Flugzeugträgerverbänden den Zugang zu verwehren, der notwendig wäre, um gegen landgestützte Einrichtungen gerichtete Flugzeugstaffeln starten zu lassen.

[Eine] Reihe schlechter Kaufentscheidungen, angefangen beim Missmanagement und der daraus resultierenden Streichung der A-12 Avenger als Ersatz für die A-6 Intruder als Flugzeug für Angriffe im tieferen Landesinneren, haben das Problem mit der Effizienz der Flugzeugträger noch verschärft. Die daraus resultierende Verminderung der kampftauglichen Reichweite der Träger-Flugzeuggeschwader von 1.050 auf 500 Seemeilen zwingt die Flugzeugträger, näher an feindlichen Küsten zu operieren, gerade wenn die Abwehrsysteme sie eigentlich weiter hinaus auf See zwingen. [Der Präsident] müsste schon mit einem äußerst ernsten Szenario konfrontiert sein, um einen solchen strategischen Aktivposten mit 5.000 Männern und Frauen Besatzung aufs Spiel zu setzen. Die *Gerald R. Ford* ist die erste ihrer Klasse. Sie sollte auch die letzte sein."[16]

KAPITEL 8

INDIEN, BRASILIEN UND DAS NEUE AMERIKANISCHE DREAMTEAM

Nachdem Amerika jahrzehntelang große Koalitionen gegen einen „-ismus" nach dem anderen angeführt hat – im Ersten Weltkrieg gegen den monarchistischen Absolutismus, im Zweiten Weltkrieg gegen den Faschismus, im Kalten Krieg gegen den Kommunismus und nach dem 11. September gegen den Terrorismus –, überrascht es nicht, dass es angesichts der Komplexität, mit der es heute konfrontiert ist, total verwirrt ist. Keiner der Siege, die im vergangenen Jahrhundert errungen wurden, war absolut – irgendwo auf der Welt überleben immer noch Ableger der erwähnten „-ismen" und der Ausdruck „Krieg gegen den Terror" ist zwar in Ungnade gefallen, aber auch die Schlacht um diesen „-ismus" tobt immer noch.

Allerdings verdecken diese Kämpfe gegen pauschale und leicht charakterisierbare Übel die dringende Notwendigkeit einer tiefer reichenden, differenzierteren Strategie. Während des größten Teils des 20. Jahrhunderts verfolgten die amerikanischen Politiker eine groß angelegte Strategie, die darauf aus war, das Ethos des Kapitalismus zu verbreiten, und wenn die betreffenden Länder auch noch ihre Regierungen demokratisch wählten – umso besser. Viele Autoren haben festgehalten, dass im Grunde der Sturz der letzten greifbaren Bedrohung des Marktkapitalismus – der Sowjetunion – und Chinas Abfall von den marxistischen Wirtschaftsprinzipien diese Aufgabe erledigt haben. Die meisten Ziele von Amerikas groß angelegter Strategie wurden erreicht. Dann begann die Drift, und die Illusion der Allmacht setzte ein – mit verheerenden Auswirkungen.

Da es nun an einer großen, übergreifenden Strategie fehlt – teils wegen Amerikas eigener kühnen Weigerung und teils, weil wir in Zeiten des Übergangs leben –, verfallen die Vereinigten Staaten erneut in eine oft widersprüchliche Mischung aus alten Gewohnheiten und schlechten Instinkten. Manche konkreten Maßnahmen – zum Beispiel die Betonung der grundsätzlichen Instabilität autoritärer Staaten und die Vermeidung überstürzter Rückzüge aus dem Irak und Afghanistan – kommen der Welt sowohl kurzfristig als auch langfristig zugute. Doch ebenso wie die Verwaltung der heimischen Wirtschaft wird die Pflege von Freundschaften und Bündnissen kurzfristige Opfer und erhebliche Flexibilität erfordern, die darauf abzielen, das langfristige Spiel selbst zu gewinnen und zu verhindern, dass das Modell der freien Marktwirtschaft den gleichen Weg geht wie seine marxistischen Erzfeinde.

Die globale Finanzkrise hat vorgeführt, wie zäh und wachstumsstark die aufstrebenden Mächte China, Indien, Brasilien, Türkei, Indonesien und andere sind. Sie hat aber auch die Botschaft an die Politiker in Washington gesandt, dass seine traditionellen Verbündeten unter Stagnation oder einem noch schlimmeren Niedergang leiden als es selbst. Die Finanzwehen der Eurozone werden die EU trotz Deutschlands potenter Volkswirtschaft zu jahrzehntelangen brutalen inneren Machtkämpfen um Rentenreformen und staatlichen Schuldenabbau verdammen und im schlimmsten Fall sogar dazu führen, dass sie auseinanderbricht. Japan, das bereits darniederliegt, weil Anfang der 1990er-Jahre seine volkswirtschaftliche Blase geplatzt ist, weist keine Anzeichen dafür auf, dass es die Kraft wiedergewinnt, die es in den 1980er-Jahren besaß. Und die Bürde des Wiederaufbaus nach dem Seebeben, dem Tsunami und dem Reaktorunglück im Jahr 2011 wird sicherlich verhindern, dass es demnächst einen Durchbruch erlebt. Anscheinend sind unter Amerikas traditionellen Verbündeten nur Kanada, Australien und Norwegen relativ unversehrt aus der Finanzkatastrophe von 2007 bis 2009 hervorgegangen, und das auch nur, weil sie rohstoffreiche Volkswirtschaften sind – im Marktjargon „Commodity Plays" –, die immer größere Mengen an Rohmaterialien und Energie an China liefern.

DIE BOLZPLATZ-DOKTRIN

Wie reagieren die Vereinigten Staaten auf diese Dynamik? Nachdem sich Amerika zwei Jahrzehnte lang so benommen hat, als wäre seine Hegemonie ein Dauerzustand, fällt es ihm schwer, sich an die Realität anzupassen. Wie ein Kind, das Mitspieler für eine Fußballmannschaft auf dem Bolzplatz wählt, schätzen die Vereinigten Staaten stattdessen den potenziellen Wert neuer Verbündeter ab, die seine bereits bestehende Bank verstärken sollen. Das ist eine schlechte Strategie für ein veraltetes Spiel, aber die Vereinigten Staaten sind anscheinend darauf aus, nach den alten Regeln vorzupreschen, weil sie irrtümlich einen globalen Wettkampf voraussehen, in dem sie die Verteidigung der Demokratie, des Kapitalismus und anderer Angelegenheiten anführen, die im Interesse Amerikas (und somit der Menschheit) liegen. Laut den jüngsten öffentlichen Äußerungen und politischen Maßnahmen von amerikanischen Politikern, Diplomaten und Unternehmensvorständen sind die gewünschten Vizekapitäne des amerikanischen Dreamteams Indien und Brasilien.

Auf dem Papier spricht vieles für diesen Ansatz. Brasilien und Indien – die demokratisch legitimierte Hälfte der BRICs – dominieren die wirtschaftlichen und militärischen Angelegenheiten ihrer jeweiligen Region, Südamerika und Südasien. Wirtschaftlich gesehen sind ihre Unterschiede genauso zahlreich wie ihre Ähnlichkeiten, aber ihre dynamischen Wachstumsraten, ihr großes Arbeitskräftepotenzial, die Verbesserung des Bildungsstands und der Infrastruktur sowie ihre relative Offenheit für Auslandsdirektinvestitionen stellen sie unter den anderen Schwellenwirtschaften der Welt in die gleiche Kategorie wie China.

Schon ein Mini-Profil dieser beiden Volkswirtschaften straft wohlfeile Annahmen Lügen: Indiens Wachstum werde durch Softwarefirmen und ausgelagerte Callcenter genährt oder Brasilien lebe hauptsächlich vom Rohstoffreichtum der Amazonasregion. Natürlich haben diese Faktoren den beiden Ländern geholfen, sich aus den scheinbar hoffnungslosen Tiefen der Dritten Welt zu Hochburgen der Investitionen und des Wachstums aufzuschwingen. Aber ihre wirtschaftliche Entwicklung im vergangenen Jahrzehnt und die Wege, die sie in Zukunft beschreiten wollen, zielen darauf ab, sich durch die schwierige Herausforderung der „mittleren Einkommen" zu manövrieren, die darin besteht, immense Massen zutiefst verarmter, schlecht ausgebildeter und häufig unzufriedener Menschen in die mittlere und untere Mittelklasse zu hieven.

Dabei ist Indiens Herausforderung sowohl politisch als auch zahlenmäßig weitaus größer. Da ist es natürlich gut, dass es hinsichtlich der Reformierung seines Arbeitsrechts eine viel aggressivere Haltung an den Tag legt. Bis vor Kurzem verhinderten Indiens Gesetze die Entwicklung mittelgroßer und großer Unternehmen, die notwendig sind, um einer Bevölkerung von rund 700 Millionen auf dem Lande lebenden Arbeitskräften Beschäftigung zu geben, die momentan an Jobs in der Landwirtschaft, dem Bergbau und anderen vorindustriellen Bereichen gebunden sind, die sie gerade so am Leben erhalten. Die Investmentbank Morgan Stanley erwartet, dass Indiens Wirtschaft in den kommenden 25 Jahren schneller wächst als alle anderen großen Volkswirtschaften – um acht bis zehn Prozent im Jahr (China nur um sieben bis acht Prozent). „Wir glauben, dass Indiens Wachstum in den Jahren 2013 bis 2015 nachhaltig auf neun bis zehn Prozent anzieht, nachdem sich der Durchschnitt in den letzten zehn Jahren auf 7,3 Prozent belaufen hat", schrieben die Morgan-Stanley-Volkswirte Chetan Ahya und Tanvee Gupta kürzlich in vergleichenden Berichten über die beiden Volkswirtschaften.[1] Außerdem dürfte Indiens viel jüngeres Arbeitskräftepotenzial dazu beitragen, dass es Chinas Wachstumsraten künftig übertrifft, wobei ein viel höherer Teil der Bevölkerung tatsächlich erwerbstätig ist und die Älteren unterstützt.

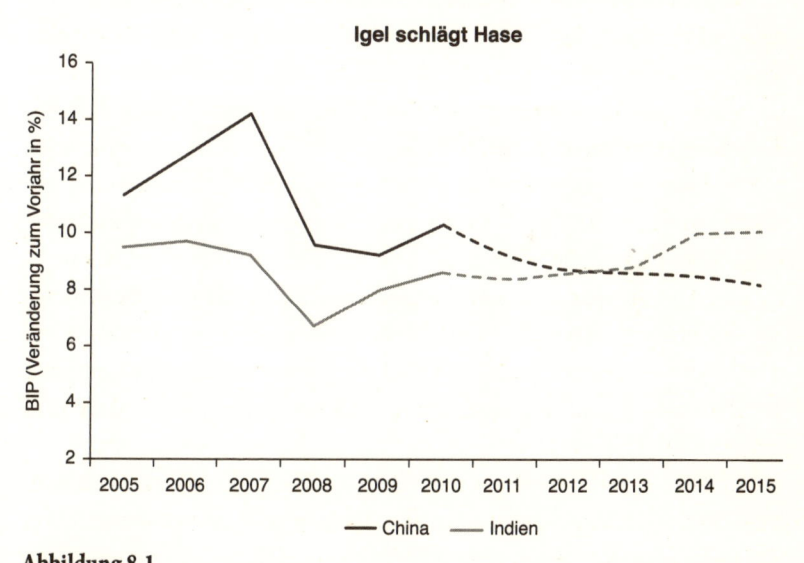

Abbildung 8.1

Quelle: National Bureau of Statistics, India Ministry of Statistics, Roubini Global Economics Forecasts.

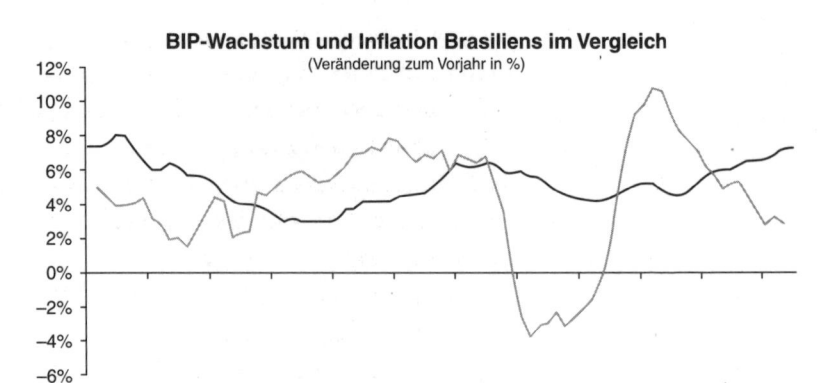

BIP-Wachstum und Inflation Brasiliens im Vergleich
(Veränderung zum Vorjahr in %)

— IPCA   — Konjunkturindikator (3 Monate rollierend)

IPCA = Inflations-/Verbraucherpreisindex für Brasilien / Konjunkturindikator = Indikator der brasilianischen Zentralbank

Abbildung 8.2
Quelle: Haver/Roubini, Global Economics, http://www.roubini.com/analysis/165606.php.

Demografische Unterschiede zwischen China und Indien

0-14   15-64   65+   — Altersquotient (rechte Skala)

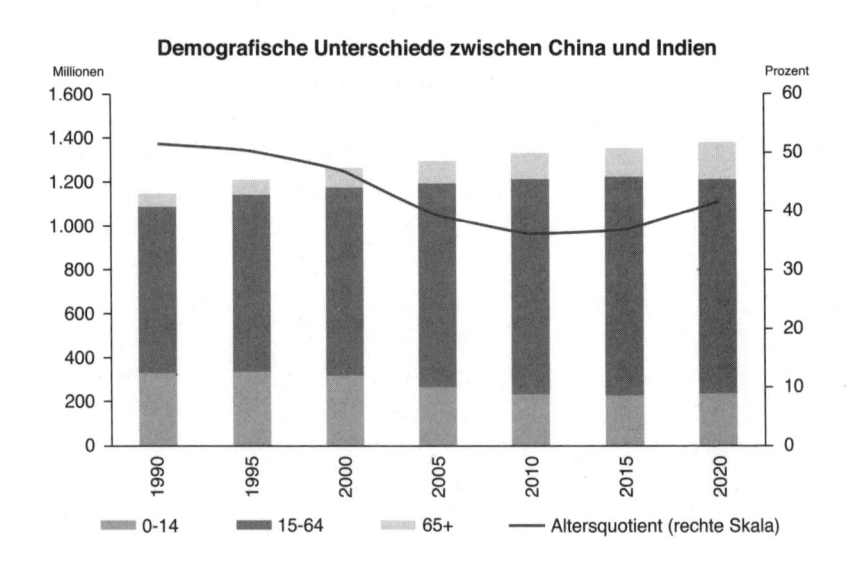

Abbildung 8.3a
Quelle: US Census Bureau/Roubini Global Economics.

Indiens demografische Dividende

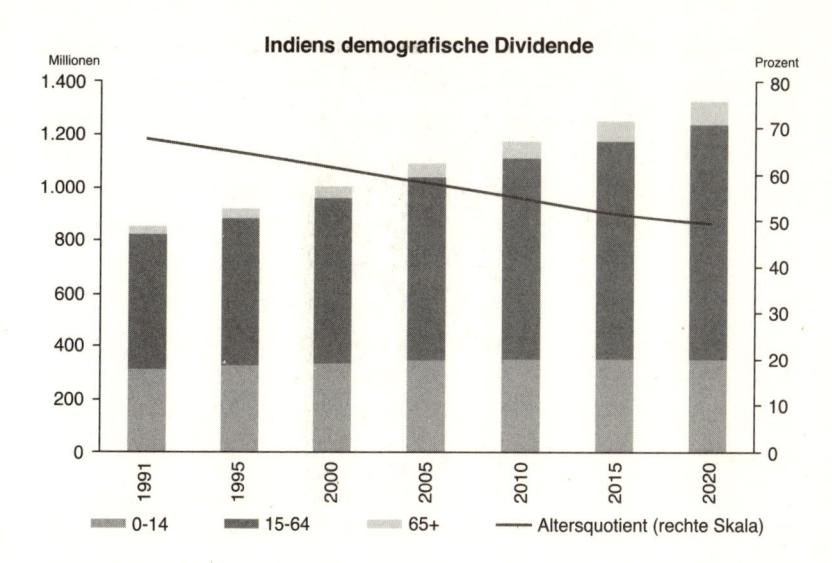

[Diagramm: Bevölkerungsverteilung nach Altersgruppen (0–14, 15–64, 65+) in Millionen und Altersquotient in Prozent, 1991–2020]

Abbildung 8.3b
Quelle: US Census Bureau/Roubini Global Economics.

„Wir glauben, dass Indien und China bis 2012 ähnliche Wachstumsraten um die neun Prozent [des BIPs jährlich] haben werden und dass Indien zwischen 2013 und 2015 anfangen wird, Chinas BIP-Wachstum spürbar zu übertreffen. Die demografischen Trends der beiden Länder weichen wahrscheinlich voneinander ab. In China erreicht den Erwartungen zufolge der Altersquotient um das Jahr 2015 einen Wendepunkt."[2] In Kombination mit fortgesetzten Reformen, die Indien für Auslandsdirektinvestitionen öffnen, einer hohen Reinvestitionsquote in die Infrastruktur und wachsenden Ausgaben für Bildung und Grundlagenforschung könnte Indiens Wirtschaft in der zweiten Hälfte des 21. Jahrhunderts durchaus China und die Vereinigten Staaten überholen und zur größten Wirtschaftsmacht der Welt aufsteigen.

Brasilien spielt sowohl hinsichtlich der Größe als auch der Intensität in einer etwas anderen Liga. Das beruht zum Teil auf dem vorsichtigen Charakter der Wirtschaftsreformen in Brasilien. Diese belassen große und wichtige Bestandteile der Wirtschaft in staatlicher Hand, darunter einige seiner erfolgreichsten internationalen Marken – den

Bergbaugiganten Vale, den Flugzeughersteller Embraer und natürlich den Ölmonopolisten Petrobras. Mit 193 Millionen leben in Brasilien nur so viele Menschen wie in einem mittelgroßen indischen Bundesstaat. Hauptsächlich deshalb geht es dem Durchschnittsbrasilianer viel besser: Mit einem Pro-Kopf-BIP von 10.816 US-Dollar belegt er weltweit den 56. Platz. In Indien beträgt diese Zahl kaum ein Sechstel, nämlich 1.265 Dollar – in der Rangfolge des IWF Platz 138 von 185 Ländern.[3] Das entschuldigt zu einem gewissen Grad Brasiliens niedrigere BIP-Wachstumsrate von 4,0 bis 4,5 Prozent. Aber Brasilien hat andere Probleme, die dazu führen könnten, dass es in seinem Aufstieg zu Weltbedeutung ins Wanken gerät, wenn sie nicht richtig bewältigt werden.

Das Land ist immer noch sehr vom Rohstoffexport abhängig, was an sich noch nicht schlecht wäre. Aber die Rohstoffpreise haben in den letzten Jahren stark geschwankt und der Anteil von Brasiliens Exporteinnahmen, der von China und anderen ostasiatischen Volkswirtschaften abhängt, ist so sehr gestiegen, dass ein Abschwung in China großen Schaden in Brasilien anrichten könnte. Noch besorgniserregender ist, dass der Rohstoffboom zusammen mit Chinas unterbewerteter Währung und den Wellen billiger Dollar, die aufgrund der QE-Maßnahmen der Fed in Länder wie Brasilien fließen, die Inflation angefacht und die Wettbewerbsfähigkeit der brasilianischen Arbeitskräfte zerstört hat. Dies hat zu einem bedrohlichen Absacken des brasilianischen Industriesektors geführt, dessen Anteil an der Volkswirtschaft des Landes 2009 auf 15,5 Prozent und damit auf den tiefsten Stand seit einem halben Jahrhundert zurückgegangen ist. „In Brasilien sind viele Menschen besorgt, weil die lockeren monetären Bedingungen in den Vereinigten Staaten und die großen Deviseninterventionen in China dazu geführt haben, dass der [Brasilianische] Real gegenüber dem Dollar und dem Yuan gestiegen ist, und weil die billigen chinesischen Importe die Herstellungsbasis des Landes beschädigt haben", hieß es 2011 in einem Arbeitsbericht des Council on Foreign Relations. „Brasiliens ineffizientes und komplexes regulatorisches Umfeld sowie die schlechte Infrastruktur, die mangelhafte Bildung, die hohen und komplizierten Steuern und die strengen arbeitsrechtlichen Anforderungen machen es kostspielig und schwierig, in Brasilien neue Technologien kommerziell zu verwerten und neue Unternehmen zu gründen."⁴

WERTE UND VISIONEN

Für die beiden Länder sind das zwar riesige Herausforderungen, aber in Kombination mit ihren Wachstumsaussichten und der Tatsache, dass beide enorme Devisenreserven angehäuft haben, stellen sie auch Chancen für die alten G7-Staaten dar, die über das technologische Wissen und über Erfahrung darin verfügen, wie man sich durch diesen tückischen Übergang manövriert, denn erst vor ein oder zwei Generationen haben sie das selbst getan. US-amerikanische, japanische und europäische Unternehmen sind in beide Märkte vorgestoßen, und ungeachtet der regulatorischen und kulturellen Frustrationen können Partnerschaften wie diejenige, die GE und die japanische Nippon Steel in Brasilien beziehungsweise Credit Suisse und Cisco in Indien geschlossen haben, mehr zur Förderung des wirtschaftlichen Erfolgs beitragen als jahrelange traditionelle Entwicklungshilfe.

Die wirtschaftlichen Argumente für eine engere Zusammenarbeit der alten G7-Mächte mit diesen beiden aufstrebenden Giganten liegen zwar auf der Hand, aber die amerikanischen Politiker sind noch mehr von deren politischen und sozialen Instinkten begeistert, die Indien und Brasilien theoretisch zu natürlichen potenziellen Verbündeten machen. Diese gigantischen Vielvölkerstaaten sind ebenso wie die Vereinigten Staaten und ihre älteren Verbündeten überzeugt, dass die manchmal chaotischen politischen Freiheiten der Demokratie notwendig sind, um die ökonomische Kreativität zu nähren, und dass sie ein nützliches Sicherheitsventil für die Erhaltung des sozialen Friedens sind. Ihre Verfassungen respektieren religiöse und ethnische Unterschiede und schreiben eine flexible Auffassung dessen fest, was es bedeutet, Brasilianer respektive Inder zu sein. Beide beherbergen weltweit führende Industriemarken und haben Hunderttausende wirtschaftlich erfolgreiche Einwanderer in die Vereinigten Staaten und nach Europa geschickt. Zwar hat Brasilien in den 1980er-Jahren auf

Atomwaffen verzichtet, nachdem es im Geheimen daran gearbeitet hatte, aber bald wird es sich Indien und sechs anderen Ländern anschließen, die als einzige atomgetriebene Angriffs-U-Boote betreiben. Aus Washingtons Sicht noch wichtiger ist, dass sowohl Brasilien als auch Indien den ernsthaften Wunsch demonstrieren, damit anzufangen, ihren enormen potenziellen Einfluss über ihre Nachbarländer hinaus auszuüben. Brasilien und Indien streben Plätze neben Washington und den vier anderen ständigen Mitgliedern des UN-Sicherheitsrats an. Beide betreiben Flugzeugträger und werden in Zukunft wahrscheinlich noch mehr bauen. Beide übernehmen wie die Vereinigten Staaten eine aktive Rolle bei internationalen Friedensmissionen und beide sind zwar so groß wie ein Kontinent, wenden aber der großen weiten Welt ein offenes Gesicht zu – anders als die Chinesen und Russen. Kurz gesagt: Wenn Kapitän Amerika auf seine Bank voller alternder, apathischer und verkümmerter Überbleibsel der Mannschaft blickt, die den Kalten Krieg „gewonnen" hat, wird ihm die Notwendigkeit frischen Blutes schmerzlich klar – und Brasilien und Indien scheinen die Lösung zu sein.

Doch auch hier stoßen die Vereinigten Staaten auf ein vertrautes Problem, das viele ihrer größeren Initiativen im Ausland behindert. Auf jede soeben erwähnte Gemeinsamkeit kommt nämlich ein ebenso zwingender wirtschaftlicher, politischer oder historischer Grund, weshalb weder Indien noch Brasilien – noch andere Supermittelgewichte unter den aufstrebenden Mächten – willens sein dürften, sich an etwas zu binden, das man als „antichinesische" Allianz mit Amerika auslegen könnte. Anders als die Meinungsverschiedenheiten zwischen China und Japan, Taiwan, Südkorea und den Ländern Südostasiens, werden Meinungsverschiedenheiten zwischen Peking und den größten Schwellenländern – so sie überhaupt existieren – locker von den Gezeitenwellen des Handels und der Investitionen überdeckt. Selbst Indien, das eine echte Vorgeschichte der Gegnerschaft zu China hat – den Grenzkrieg 1962, fortbestehende Gebietsfragen und geopolitische Bedenken wegen Chinas Einfluss im eigenen Hinterland –, zieht es im derzeitigen Stadium vor, nicht allzu sehr auf eine strategische Allianz mit Amerika zu setzen. „Liegt es im Interesse Indiens, sich dem Westen anzuschließen und gegen den Aufstieg Chinas zu arbeiten?", fragte Kishore Mahbubani, Autor und Stratege aus Singapur, kürzlich in einem Vortrag. „Ich gehe davon aus, dass dies zu verneinen ist. In der Weltpolitik gibt es eine einfache Regel. Wenn drei Mächte in Konkurrenz zueinander stehen, ist es immer am besten, die mittlere Position einzunehmen."[5]

EINE BOTSCHAFT AN INDIEN

Der Platz „in der Mitte" ist Indien vertraut, denn im Kalten Krieg gelang es ihm, „blockfrei" zu bleiben, obwohl es im Himalaja zwischen China und Pakistan eingeklemmt war, und in der langwierigen ideologischen Kriegführung des 20. Jahrhunderts zwischen den Vereinigten Staaten und der Sowjetunion. Sogar sein erster Vorstoß als globale Wirtschaftsmacht hatte etwas von einem Zwischenhändler an sich, als in den 1990er-Jahren Callcenter, Buchhaltungsabteilungen und sonstige Backoffice-Funktionen amerikanischer Großunternehmen nach Bangalore und in andere indische Städte umzogen und Unmut über die Auslagerung US-amerikanischer Arbeitsplätze in „asiatische Ausbeuterbetriebe" entzündeten.

Indiens Potenzial, mehr zu sein als ein Ort, an dem billig Software geschrieben wird, peinigt amerikanische außenpolitische Denker allerdings schon lange, vor allem solche, die der Überzeugung waren, dass im längerfristigen politischen „Kampf" des 21. Jahrhunderts Demokratien gegen autoritäre Staaten antreten würden. Im Jahr 2000 fungierte eine solche Person – Condoleeza Rice – als Wahlkampfberaterin des republikanischen Präsidentschaftskandidaten George W. Bush. Rice, die trotz ihres jungen Alters in den letzten Jahren des Kalten Krieges unter den Regierungen von Reagan und Bush Senior bereits eine wesentliche Rolle gespielt hatte, schrieb in jenem Jahr einen Artikel für die Zeitschrift *Foreign Affairs*, in dem sie den außenpolitischen Ansatz der künftigen Regierung darlegte. Als Zeitdokument ist er eine faszinierende Lektüre: Weder Afghanistan noch al-Quaida kommen darin vor, Russland hingegen 36-mal, die NATO achtmal und Milosevic dreimal. Jedoch signalisierte Rice auch ein neues Interesse an dem wegen der Kernwaffentests 1998 noch mit US-Wirtschaftssanktionen belegten Indien, das noch während ihrer Amtszeit zu einem ausgewachsenen Liebeswerben erblühen sollte. Sie schrieb, die Vereinigten Staaten sollten „mehr auf Indiens Rolle für das regionale Gleichgewicht [in Asien] achten. Es besteht eine starke Tendenz, Indien konzeptuell mit Pakistan zu verknüpfen und dabei nur an Kaschmir und den nuklearen Wettbewerb zwischen den beiden Ländern zu denken. Aber Indien spielt in Chinas Kalkül eine Rolle und das sollte es auch in Amerikas Kalkül tun. Noch ist Indien keine Großmacht, aber es besitzt das Potenzial, zu einer aufzusteigen."[6]

Das hört sich recht zahm an, aber als kaum ein Jahr später die Türme des World Trade Center und das Pentagon in Flammen standen, führte Rice den Vorstoß der Bush-Administration zur Aufhebung der Sanktionen gegen Indien und Pakistan an, weil Washington Unterstützung und Luftraum für seinen Gegenschlag in Afghanistan organisierte. Am 23. September 2001 sagte Präsident Bush mit seiner typischen Direktheit, die Sanktionen lägen „nicht in den nationalen Sicherheitsinteressen der Vereinigten Staaten".[7]

In Indien herrschte zwar spürbare Freude darüber, aber die sollte nicht lange anhalten. Da Indien schlimmste Bedenken hatte, Pakistan könnte den aufkommenden Krieg nutzen, um engere Bande mit Washington zu schmieden, bot es in den ersten Tagen nach den Anschlägen Zugang zu seinen Luftwaffenbasen und zu seinen reichhaltigen nachrichtendienstlichen Informationen über die Taliban und ihre pakistanischen Verbündeten. Angesichts der Vorgeschichte des Misstrauens, von der die Beziehungen zwischen den Vereinigten Staaten und Indien seit Indiens Unabhängigkeit 1947 geprägt waren, war das eine beispiellose Geste. Aber die Bush-Administration entschied, dass Pakistan, das zwei Jahrzehnte zuvor an der Seite der Vereinigten Staaten in Afghanistan gegen die Sowjets gekämpft hatte, trotz seiner engen Beziehungen zu den Taliban Vorrang haben müsse. Das war eine historische Fehlkalkulation – Pakistan hat bewiesen, dass es genauso sehr ein Problem wie ein Vorteil ist – und eine Entscheidung, die vielleicht die beste Chance vertan hat, die die Vereinigten

Staaten je haben werden, eine tatsächliche militärische Allianz mit der größten Demokratie der Welt zu schließen.

KNAPP DANEBEN IST AUCH VORBEI

Die Entscheidung der Vereinigten Staaten, Indiens Angebot abzulehnen und ganz auf den pakistanischen General Pervez Musharraf zu setzen, bestätigte erneut Indiens Verdacht, Amerika könne nie wirklich zu einem verlässlichen strategischen Verbündeten werden. Als Milliarden Dollar an Waffen und hochtechnischer nachrichtendienstlicher Ausrüstung in die Hände seines Feindes strömten, musste der indische Geheimdienst hilflos zusehen, wie ein großer Teil dieser Hilfsleistungen von ihrem beabsichtigten Zweck – nämlich Taliban- und al-Qaida-Zellen in ihren Verstecken in den Grenzprovinzen Pakistans aufzustöbern – abgezweigt und stattdessen für die Aufrüstung gegen Indien verwendet wurden. Selbstverständlich hatte die Bush-Regierung gute Gründe, zu versuchen, sich die Hilfe Pakistans zunutze zu machen, allerdings sympathisierten die pakistanischen Geheimdienste und Teile der Armee während des Krieges in Afghanistan weiterhin mit den Taliban und unterstützten sie, nachdem sie sie während des langen Bürgerkriegs gefördert hatten, um Afghanistan im pro-pakistanischen Lager zu halten. Ungeachtet dessen beklagte sich Indien häufig über die zweckentfremdete Militärhilfe und über die Aktivitäten von Pakistans bestechlichem Geheimdienst Inter-Services Intelligence (ISI), der weiterhin militante Islamisten ausbildete und sogar für Terroranschläge nach Indien einschleuste (zum Beispiel im November 2008 in Mumbai mit 164 Todesopfern). Der US-amerikanische General Stanley McChrystal, der von 2008 bis 2010 Oberkommandierender im Afghanistankrieg war und die Strategie der US Army gegen die Aufständischen mitverfasst hatte, räumt rückblickend ein, dass Pakistan wohl nie der Verbündete sein wird, den Amerika brauchen würde, um in Afghanistan eindeutig zu gewinnen.[8]

Auch wenn die Entscheidung zugunsten Pakistans 2001 wahrscheinlich die aufkommende „pro-amerikanische" Lobby in indischen Militär- und außenpolitischen Kreisen zunichte gemacht hat, hielt

Indien eine Zusammenarbeit mit den Vereinigten Staaten bezüglich Afghanistans trotzdem für sinnvoll. Indien ist genauso entschlossen, das Aufkommen eines pro-pakistanischen Regimes in Kabul zu verhindern, wie Pakistan die Absicht hat, ein solches zu begründen. Seit Jahren versorgt Indien Washington mit einem Strom von nachrichtendienstlichen Informationen über den Fortbestand von Verbindungen des ISI zu al-Quaida und aufständischen Taliban. Unmittelbar nach dem 11. September brachte der ISI Hunderte von Taliban-Kommandeuren und andere „Aktivposten" in Sicherheit – die sogenannte Luftbrücke des Bösen.⁹ Diese Geheimdienstinformationen umfassten auch Informationen über das mörderische Haqqani-Netz, das Dutzende von US- und NATO-Soldaten getötet hat und dem Entführungen, Selbstmordbombenanschläge und Enthauptungen von afghanischen und ausländischen Zivilisten zur Last gelegt werden.¹⁰ Diese Geheimdienstinformationen, die von US-amerikanischen Quellen bestätigt wurden, waren höchst unbequem. Aber nachdem die Vereinigten Staaten beschlossen hatten, alles auf die pakistanische Karte zu setzen, blieben ihnen kaum Auswege, nachdem der Krieg schon im Gange war. Es dauerte fast ein Jahrzehnt, bis US-amerikanische Staatsvertreter endlich zu dem Schluss kamen, dass sie im Kampf gegen al-Quaida und die Taliban kaum vorankommen würden, wenn sie nicht den pakistanischen ISI und sogar das pakistanische Militär außen vor lassen würden. Die Entscheidung, bei der Operation, die Osama bin Laden tötete, genau dies zu tun, ist ein dramatischer Beleg dieser Tatsache – zu Washingtons und Neu-Delhis großer Bestürzung.

Anscheinend erkannte die Bush-Administration von Anfang an, dass Indien ein zuverlässigerer regionaler Partner als Afghanistan sein würde, sobald sich der Staub in Afghanistan gelegt hat. Die Bush-Regierung bemühte sich angestrengt, ihren zunehmenden Rückgriff auf das unzuverlässige, korrupte pakistanische Regime durch Freigebigkeit gegenüber Indien auszugleichen. Das dramatischste Beispiel für dieses Bemühen fand im Juli 2005 statt, als Präsident Bush und der indische Premierminister Manmohan Singh ein Abkommen unterzeichneten, das US-amerikanische Unterstützung der zivilen Atomindustrie Indiens im Austausch gegen eine erweiterte Kooperation der Vereinigten Staaten und Indiens bei Energie- und Satellitentechnik vorsieht. Dieser Handel wurde zwar immer noch nicht von Indiens lärmendem Parlament ratifiziert, aber er verschafft amerikanischen Technologieunternehmen einen – relativ kleinen – Zugang zu Indiens zivilem Nuklearsektor und verlangt von Indien, das den Atomwaffensperrvertrag nicht unterzeichnet hat, zumindest Inspektionen seiner zivilen Anlagen durch die Internationale Atomenergiebehörde (IAEA) zuzulassen und ein Moratorium seiner Atomwaffenversuche anzukündigen. Atomwaffenexperten stellte dieses Abkommen allerdings nicht zufrieden, weil sich Indien danach immer noch weigerte, den Atomwaffensperrvertrag zu unterzeichnen, was bedeutet, dass sein militärisches Atomprogramm weiterhin internationalen Prüfungen entzogen ist. Gleichzeitig brachten beide Seiten Vereinbarungen über militärische Zusammenarbeit auf den Weg, insbesondere das Versprechen, auf „Interoperationabilität" hinzuwirken – im Militärjargon ist damit die Fähigkeit gemeint, so wie die Vereinigten Staaten und Großbritannien ihre Streitkräfte mit einer ziemlichen Gewissheit gemeinsam auf ein Schlachtfeld schicken zu können, ohne dass sie mehr eigene als feindliche Soldaten töten.[11] (Wenn sich verbündete Soldaten mit dem US-Militär zusammentun, ist das nicht selbstverständlich.)

Der Wert des Atomabkommens und anderer logistischer Vereinbarungen mag zwar fragwürdig sein, aber Washingtons Motive waren kristallklar. „Die Vereinigten Staaten versuchen, ihre Beziehungen zur größten Demokratie der Welt zu zementieren, um ein Gegengewicht zu China zu bilden", sagte Charles Ferguson, Präsident der Federation of American Scientists, über das Atomabkommen.[12] Die mächtige kommunistische Partei Indiens ist der gleichen Meinung – und wenn das Abkommen nicht ratifiziert wird, liegt das wahrscheinlich daran, dass Indiens Linke es als Teil eines Plans betrachtet, Indien durch Tricks dazu zu bringen, dass es zum Anführer eines von den Amerikanern gestalteten Eindämmungsrings um China wird. Indes war auch das Logistikabkommen, das den Transfer höchst sensibler Aufklärungs- und Kommunikationstechnologie erlaubt hätte, Ende 2011 noch nicht ratifiziert. Indien behauptete, damit würde es seine eigenen Systeme beeinträchtigen – ein weiteres Anzeichen dafür, dass sich die Inder Washington lieber vom Leib halten.

HOCHFLIEGEND?

Wie jeder tüchtige Freier sind die Vereinigten Staaten vor allen Dingen hartnäckig und immer noch von Leidenschaft für Indien entflammt, obwohl es Anzeichen dafür gibt, dass seine Bemühungen nach hinten losgehen könnten. Während sowohl das Atomabkommen als auch die Abkommen über Militärtechnik in der Schwebe waren, hofften die Vereinigten Staaten, es würde ihnen gelingen, die Beziehung durch die Hintertür zu fördern, nämlich indem sie zu Indiens wichtigstem Lieferanten von Hightech-Rüstungsgütern werden. Seit 2001 haben die Vereinigten Staaten Indien eine Reihe von Waffensystemen verkauft, darunter 2008 das Transportflugzeug C-130 und 2009 seegestützte Langstrecken-Patrouillenjets von Boeing. Aber nichts drückt auf strategischer Ebene so sehr „Liebe" aus wie ein Hochleistungs-Kampfflugzeug, und die Vereinigten Staaten dachten, hier könnten sie endlich den Köder auslegen.

Im Jahr 2010 schrieb die indische Luftwaffe, die auch im 21. Jahrhundert noch vorwiegend mit Kampfflugzeugen aus Sowjetzeiten ausgerüstet ist, die Lieferung eines Kampfflugzeugs aus, das für die nächsten Jahrzehnte die Hauptstütze der indischen Luftverteidigung sein soll – für den Hersteller, der den Zuschlag erhält, wäre der Auftrag möglicherweise elf Milliarden Dollar wert. Die Vereinigten Staaten hatten eigentlich gehofft, bis dahin schon engere Beziehungen zwischen den Streitkräften beider Länder zu haben, aber sie waren trotzdem zuversichtlich, dass sie das beste Gesamtpaket anbieten würden – Waffensystem, Wartungsvertrag und die sonstigen „Vorteile", die damit verbunden sind, ein Top-Kunde der US-Militärszene zu sein. Dahinter steht der Gedankengang, dass außer Nahrung und Energie nichts ein Land so sehr an ein anderes bindet wie ein Abhängigkeitsverhältnis in Bezug auf wichtige Waffensysteme – und Indiens Abhängigkeit von postsowjetischem Gerät schien sich so langsam zu einem größeren Problem auszuwachsen.

Da Pakistan bereits alte, aber durchaus diensttaugliche Versionen der F-16 flog, etwa Jahrgang 1982, wollte Indien eine garantierte Überlegenheit.

Zu den Flugzeugen, die sich um diesen Preis bewarben, gehörten zwei amerikanische Jets, die sich beide wiederholt im Kampf bewährt hatten. Washington dachte, nachdem es Indien so hartnäckig den Hof gemacht hatte, wären die Boeing F/A-18 [13] und die Lockheed Martin F-16 [14] – wobei es bei Letzterem um ein weitaus moderneres Modell ging als das von Pakistan geflogene – den russischen und europäischen Konkurrenten in der Ausschreibung überlegen. Die Vereinigten Staaten beschlossen, weder ihr Spitzen-Kampfflugzeug F-22 noch die neue F-35 anzubieten, die an Australien, Großbritannien und andere enge Verbündete verkauft werden. Trotzdem gingen Boeing und Lockheed großtuerisch in diesen Wettbewerb hinein, weil sie es gewohnt waren, bei solchen militärischen Schönheitskonkurrenzen zu gewinnen. Doch der Stolz der Vereinigten Staaten bekam einen Dämpfer, denn beide Kampfflugzeuge wurden in der ersten Runde „aus technischen Gründen" abgelehnt. Die indischen Luftwaffenkommandeure bevorzugten die französische Rafale und den europäischen Eurofighter Typhoon, die nun den Kampf um den Auftrag über 126 Flugzeuge untereinander ausfochten – und um den Einfluss auf die indischen Streitkräfte, nach dem es Washington so sehr gelüstet hatte. (Die schwedische Saab Gripen und die russische MiG-35 wurden ebenfalls abgelehnt.) Der Südasien-Experte Bruce Riedel, der Clinton und beide Präsidenten Bush beraten hat, sah hier eher geopolitische Strategie als Avionik am Werk: „Es gibt die Auffassung, dass die Vereinigten Staaten im Krisenfall, insbesondere in einer Krise zwischen Indien und Pakistan, den Stecker ziehen könnten, was Ersatzteile, Munition und Flugzeuge angeht – gerade dann, wenn sie am dringendsten gebraucht werden. In diesem Teil der Welt ist das Gedächtnis lang", sagte er der *Washington Post*.

Im Pentagon sorgte der Schlag ins Gesicht, den ihm das indische Militär versetzt hatte, für eine gewisse verspätete Klarsicht. Im November 2011 übermittelte das Verteidigungsministerium dem Kongress einen Ad-hoc-Bericht über „Die Sicherheitszusammenarbeit zwischen den USA und Indien", der ohne Tamtam die Entscheidung rückgängig machte, die F-35 zurückzuhalten.[16] Von Neu-Delhis neuem Standpunkt aus war das zu wenig und kam zu spät. Für die indischen Generäle steht es hingegen eins zu null: Wenn das nächste Mal ein amerikanischer Wirtschaftsgesandter eine Beschwerde darüber vorbringt, dass indische Callcenter Amerikanern Jobs wegnehmen, kann Indien zu Recht mit der F-35-Episode kontern.

Natürlich wird das Werben der Vereinigten Staaten um Indien weitergehen. Präsident Obama sorgte im November 2011 bei seinen Gastgebern für Begeisterung, als er mit seinem Gewicht für Indiens Antrag auf Aufnahme als ständiges Mitglied des UN-Sicherheitsrats eintrat. Seine Chefdiplomatin Hillary Clinton hob bei einem Besuch in der boomenden Stadt Chennai im August 2011 die gemeinsamen Werte hervor: „Die indische Führung hat das Potenzial, die Zukunft des Asien-Pazifik-Raums positiv zu gestalten. Wir sind überzeugt, dass Amerika und Indien eine grundsätzlich ähnliche Vision von der Zukunft dieser Region teilen."[17] Wie schon gesagt, das trifft alles absolut zu. Aber Indien hat noch andere Eisen im Feuer – und die sind seinen Grenzen näher.

DAS ROTE TEAM TRITT AUF DEN PLAN

Die Gründungsversammlung der Shanghai Five – inzwischen Shanghaier Organisation für Zusammenarbeit (SCO = Shangai Cooperation Organization) – erregte 1996 inmitten der amerikanischen Präsidentschaftswahl (Clinton gegen Dole), der olympischen Spiele in Atlanta und der Entsendung einer 40.000 Mann starken Friedenstruppe unter amerikanischer Führung zur Beendigung der Gewalt in Bosnien-Herzegowina kaum Aufmerksamkeit. Denjenigen, die im Westen überhaupt von ihrer Existenz wussten, erschien die SCO, die China, Russland, Kasachstan, Tadschikistan und Kirgistan miteinander verband, eher wie eine Hilfstruppe für Not leidende ehemals kommunistische Staaten denn wie ein ernsthafter Global Player. „The Scared Commie Organization" nannte sie ein hochrangiger US-Diplomat mir gegenüber damals scherzhaft, als ich in London Analyst der

BBC für US-Angelegenheiten war.[18] „Es ist bestimmt nicht leicht, wenn man sein Leben lang die Planwirtschaft gepredigt hat und dann merkt, dass die Menschen in Wirklichkeit die ganze Zeit den Kapitalismus wollten."

Die SCO konnte sich trotz solcher Ansichten halten und veranstaltete jährliche Gipfeltreffen, auf denen sie sich regelmäßig über die Herablassung Amerikas beschwerte. Im Jahr 2001 nahm sie Usbekistan als weiteres Mitglied auf (darum die Namensänderung) und sprach über grenzüberschreitende Zusammenarbeit zur Bekämpfung von Terrorismus und Drogenhandel sowie über die Verbesserung der Infrastruktur. Als die SCO im Jahr 2006 jedoch den Iran, Indien, Pakistan und die Mongolei als Beobachter zur jährlichen Versammlung einlud, erregte das in Washington plötzliches Stirnrunzeln. Der kasachische Präsident Nursultan Nasarbajew prahlte als Gastgeber des Gipfels in jenem Jahr: „Die Regierungschefs der Staaten, die an diesem Verhandlungstisch sitzen, vertreten die Hälfte der Menschheit."[19] Seither hält die Gruppe gemeinsame Militärübungen ab, sie hat gemeinsam den geplanten Raketenabwehrschild der Vereinigten Staaten in Osteuropa verurteilt, eine neue Stimme für die Schwellenländer im IWF gefordert sowie die schrittweise Abschaffung des US-Dollar als Weltreservewährung gepredigt. Im Moment denkt sie über den Aufnahmeantrag des Irans als Vollmitglied nach.

„Jetzt erkennen wir deutlich die Mängel des Weltfinanzmonopols und die Politik des wirtschaftlichen Eigennutzes", sagte Wladimir Putin den anderen SCO-Regierungschefs 2007. „Um das derzeitige Problem zu lösen, wird sich Russland daran beteiligen, die globale Finanzstruktur so zu verändern, dass sie die Stabilität und den Wohlstand der Welt gewährleisten und den Fortschritt sichern kann."[20]

Da Indien seit 2006 den Status eines SCO-Beobachters genießt, bieten ihm die Gipfeltreffen eine nützliche Gelegenheit, Gespräche auf höchster Ebene mit China und in diskreterem Rahmen mit seinem Rivalen Pakistan zu führen. Die SCO wünscht sich sehr den Beitritt Indiens, der ihr beträchtliches zusätzliches Gewicht geben würde. Aber Indien weiß, dass die SCO ein Dilemma darstellt. Da China alte

Gebietsansprüche im Himalaja erhebt und als wichtigster Unterstützer von Pakistans Anspruch auf die umstrittenen von Indien beherrschten Teile Kaschmirs auftritt, liegt es wohl kaum auf der Hand, dass die von China dominierte SCO Indiens Interessen im Sinn hat. Auch stimmt Indien nicht immer mit der scharf formulierten Kritik an den Vereinigten Staaten und Europa überein, die zu einem regelmäßigen Kennzeichen der gemeinsamen SCO-Verlautbarungen geworden ist. Tatsächlich war Indien bis vor Kurzem der Meinung, dass der Beobachterstatus reicht.

„Wenn der historische Zweck der NATO darin bestand, ‚die Deutschen klein, die Amerikaner drin und die Russen draußen zu halten', dann besteht der Minimalkonsens der SCO in dem Motto, ‚die Amerikaner draußen zu halten'", schreibt Professor Sreeram Chaulia, Sicherheitsexperte an der indischen Jindal School of International Affairs. „Indiens strategische Kreise sind im Gegensatz dazu darauf aus, die Amerikaner so lange wie möglich in Afghanistan zu halten, weil sie glauben, dass ein Abzug der Vereinigten Staaten einer erneuten pakistanischen (und indirekt chinesischen) Hegemonie an einem geostrategischen Dreh- und Angelpunkt Tür und Tor öffnen würde."[21]

Das mag sich 2009 geändert haben, als sich die Vereinigten Staaten öffentlich darauf festlegten, sich bis 2014 aus Afghanistan zurückzuziehen. Diejenigen Inder, die argumentiert hatten, die Vereinigten Staaten würden einen erneuten Talibanstaat in Afghanistan verhindern und vereiteln, dass Pakistan seine Ansprüche in Kaschmir mittels Terrorismus durchsetzt, haben dadurch viel an Boden verloren. Indien, das sich wie jeder andere absichern will, hat im Juni 2011 offiziell die Mitgliedschaft in der SCO beantragt. Auch dafür hatte es außer der Befürchtung, sich zu sehr an Amerika anzunähern, noch andere gute Gründe – zum Beispiel möchte Indien unbedingt eine neue Ölpipeline durch Zentralasien vorantreiben, die seine energiehungrige Wirtschaft mit Energie versorgen soll. Aber in Anlehnung an das Argument des türkischen Außenministers Ahmet Davutoglu gilt: Im Zeitalter der sozialen Netzwerke ist eine Außenpolitik unhaltbar, wenn sich die Bevölkerung gegen sie stellt. Trotz aller Gemeinsamkeiten und der Träume, die größte Demokratie der Welt mit der mächtigsten Demokratie der Welt zu verbinden, muss die Idee eines *Jugalbandi* – das Hindi-Wort für „Zwillinge" oder „Duo" – gegen fast ein Jahrhundert der Missverständnisse sowie gegen eine kulturelle und wirtschaftliche Kluft ankämpfen, die nur schwer zu verstehen ist, wenn man nicht nach Indien reist.

Harish Khare, ehemaliger Medienberater des indischen Premierministers und Herausgeber einer der einflussreichsten indischen Zeitungen namens *Hindu*, weist darauf hin, dass das urbane Indien, das die Amerikaner anscheinend vor Augen haben, kaum ein Fünftel der Nation ausmacht. Die ländliche Bevölkerung, die er als „*Mofussil-*" oder „Hinterland-Nationalisten" bezeichnet, stellt die Mehrheit der mehr als eine Milliarde Einwohner Indiens. Sie ist nach wie vor massiv antiamerikanisch eingestellt, „aus dem einfachen Grund, dass der ‚amerikanische Traum' für 700 Millionen Inder, die täglich mit Mangel und Unannehmlichkeiten zu kämpfen haben, keine Relevanz besitzt. In kleinen und mittelgroßen Städten wie Sitapur, Moradabad, Ambala, Kota, Kozhikode und Dharwad sind die Vereinigten Staaten immer noch ein fernes Land, das dieser Nation nur Böses wünschen kann. Die Nationalisten in den *Mofussil* haben noch keinen Grund bekommen, ihren traditionellen Verdacht aufzugeben, dass Washington etwas gegen unseren Aufstieg zur Großmacht hat."[22]

Gut 300 Millionen andere Menschen – die urbane Mittelschicht Indiens – kommen zu einem ganz anderen Schluss. Sie halten zwar mehr Macht in den Händen, aber auch sie müssen sich der komplexen indischen Realität stellen. Vor allem aus diesem Grund ist es wahrscheinlich, dass Indien eine Mittelstellung anstrebt und sich aus Streitigkeiten zwischen China und Amerika heraushält, die es nicht unmittelbar betreffen – in der Hoffnung, dass es seine eigenen komplizierten ethnischen und wirtschaftlichen Probleme lösen kann, während die beiden anderen Elefanten die Stoßzähne miteinander verhaken. China, das im Indischen Ozean eine Reihe von Marinebasen aufgebaut hat, könnte diese Situation ändern, wenn es nicht vorsichtig vorgeht. Schon jetzt produzieren indische Militärakademien stapelweise Analysen der „Perlenkette" – der Reihe chinesischer Militärbasen,

Flugplätze und Häfen, die von seiner südlichsten Insel Hainan durch Myanmar, Bangladesch, Sri Lanka und Pakistan bis nach Somalia verläuft. Da China den größten Teil seiner Energie vom Persischen Golf und aus Afrika importiert, hat es gute Gründe, die Schifffahrtswege zu schützen. Das bedeutet aber auch, dass chinesische Kriegsschiffe indische Seewege kreuzen. Und da beide Länder eine modernere, leistungsfähigere Marine aufbauen, wird es immer schwieriger, „Fehler" zu vermeiden. Die indischen Analysten beharren allerdings darauf, dass mehr nötig wäre als ein Zwischenfall auf See, um Indien in eine echte Allianz mit den Vereinigten Staaten zu treiben. „Die Restskepsis gegenüber den Vereinigten Staaten sitzt in Indien tief", schreibt Shashank Joshi, ein indischer Fellow am Royal United Services Institute in London. „Indiens Interesse ist die Absicherung nach allen Seiten, nicht ein eindeutiges Gleichgewicht. Auf längere Sicht wird dies dazu führen, dass es mit dem Einsatz von Flotteneinheiten östlich von Singapur sehr vorsichtig sein wird."[23]

DAS „B" IN „BRIC"

Wenn man den Vereinigten Staaten vorhält, in ihrem Verhältnis zu Indien würden sie zu vieles für selbstverständlich halten, so scheint dies auch perfekt auf Brasilien zu passen. Wenn es um den Giganten des Nordens geht, zieht es Brasilien vor, nicht auf dem Radarschirm aufzutauchen. „Wenn wir Amerikas Aufmerksamkeit auf uns ziehen, wecken wir in Washington Erwartungen, dass Brasilien als ‚verantwortungsvoller Akteur' fungieren wird – wobei die Kriterien für die Bedeutung von ‚verantwortungsvoll' willkürlich sind –, oder die Vereinigten Staaten üben Druck auf Brasilien aus, wenn unsere Interessen nicht zusammenfallen", schreibt Matias Spektor vom Zentrum für Internationale Beziehungen in Rio de Janeiro. „Deshalb herrscht unter den Brasilianern Konsens, dass sie mit einer Politik des ‚Abtauchens' – den Kopf unter Wasser verbergen, wenn der hegemonische Adler in der Nähe ist – bisher gut gefahren sind."[24]

Falls dem so war, fand das Abtauchen im Mai 2010 ein plötzliches Ende, als Brasilien und die Türkei verkündeten, sie hätten ein

Abkommen über das iranische Atomprogramm erreicht, das den Iran ihrer Meinung nach davon abhalten werde, eine Atombombe zu bauen, und das die angedrohten militärischen Präventivschläge der Vereinigten Staaten oder Israels verhindern werde.[25] Nach einer Pressekonferenz mit einem lächelnden iranischen Präsidenten Mahmoud Ahmadinedschad erfuhr der damalige brasilianische Präsident Luiz Ignacio Lula da Silva, dass die Vereinigten Staaten über das Abkommen erbost waren. Eine Woche zuvor hatte er von Präsident Obama ein Schreiben erhalten, in dem er die Position der Vereinigten Staaten erläuterte, und weshalb sich Washington hinsichtlich der komplexen Frage der Urananreicherung nicht auf das Wort des Irans verlasse: „Anstatt Vertrauen aufzubauen, hat der Iran während dieses ganzen Prozesses durch die Art, wie er an diese Chance herangeht, das Vertrauen untergraben. Deshalb bezweifle ich, dass der Iran bereit ist, sich ohne böse Absichten mit Brasilien einzulassen, und deshalb habe ich Sie bei unserem Treffen gewarnt. Um einen konstruktiven diplomatischen Prozess zu beginnen, muss sich der Iran gegenüber der IAEA konstruktiv verpflichten, Vereinbarungen über offizielle Kanäle zu treffen – was er bisher nicht getan hat."[26]

Für Obamas Verhältnisse waren das harte Worte, und US-Politiker lehnten die brasilianisch-türkische Initiative ab. Der empörte Lula sagte danach im brasilianischen Fernsehen: „Warum ruft Obama nicht Ahmadinedschad an? Oder Sarkozy oder Angela Merkel oder Gordon Brown?" Er erwähnte die Regierungschefs Frankreichs, Deutschlands und Großbritanniens, weil sie ebenfalls an den Gesprächen über das iranische Atomprogramm beteiligt waren. „Die Leute reden nicht miteinander."[27]

Brasiliens Entscheidung, es der Türkei nachzutun und die internationale Bühne zu betreten, traf Washington unvorbereitet. Wie wir inzwischen wissen, hat sich Brasilien über die Jahre zu etwas Komplizierterem entwickelt als dem riesigen, Bikinis tragenden und Regenwälder rodenden Entwicklungsland von früher. Die altmodischen, geografischen Maßstäbe für seine Größe werden zwar inzwischen von seinen Wirtschaftsdaten überflügelt, aber sie sind nach wie vor beeindruckend. Brasilien ist nach der Landmasse das fünftgrößte

Land der Welt, es kontrolliert im Amazonasbecken 18 Prozent der weltweiten Süßwasservorräte und sein Regenwald produziert 20 Prozent des Sauerstoffs der Welt. Bis zum Ende des Jahrzehnts wird es zu den zehn größten Erdölproduzenten zählen, es wird in der Rangfolge der Wirtschaftsleistung vom achten auf den fünften Platz klettern und auch hinsichtlich des Pro-Kopf-Einkommens weiter aufsteigen. Weltpolitisch gesehen war es allerdings immer ein schweigender Riese, und deshalb traf Lulas Iran-Initiative bei den Amerikanern einen Nerv.

„Das Unbehagen ist mit Händen zu greifen", schreibt Celso Amorim, Lulas damaliger Außenminister. Das Abkommen mit dem Iran rief seiner Aussage nach „in Washington, D.C., ein gewisses Unwohlsein aus. Die Vereinbarung zwang die US-Regierung zu nicht immer überzeugenden Erklärungen, aus welchen Gründen sie ein Abkommen ablehnte, das alle Punkte erfüllte, die Präsident Obama drei Wochen zuvor in seinem Schreiben an Präsident Lula angesprochen hatte."[28]

Eigentlich hatte Brasilien schon lange vor Amtsantritt der Regierung Obama um die Kontrolle über die wirtschaftliche und diplomatische Agenda der Region gerungen. Mutig geworden, weil es nach jahrzehntelangen Auf- und Abschwüngen finanzielle Stabilität erreicht hatte und dank der immensen Bedeutung des Amazonasgebiets für eine weltweit gesunde Umwelt zur Weltbühne der Klimagespräche geworden war, begann dieses Land, das in weltpolitischen Dingen eine zuverlässige pro-amerikanische Stimme gewesen war, Washington – auf höfliche Art – wissen zu lassen, dass seine Prioritäten nicht immer im Einklang mit den lateinamerikanischen Ansichten stehen.

Auch jenseits des Irans erinnert Brasiliens Fähigkeit, mit häufig diametral entgegengesetzten Akteuren auf gutem Fuß zu stehen, an den Umgang der Türkei mit ihren Nachbarn nach dem Motto „keine Probleme". Probleme gibt es natürlich reichlich, aber Brasilien scheint ebenso wie die Türkei die Absicht zu haben, als regionale Stimme der Vernunft aufzutreten, egal ob die betreffende Frage global ist – wie das iranische Atomprogramm – oder regional – wie die Spannungen zwischen dem venezolanischen Präsidenten Hugo Chavez und der pro-amerikanischen kolumbianischen Regierung.

Brasilien intervenierte 2008 auf diplomatischer Ebene, um einen möglichen Zusammenstoß zwischen Kolumbien und Venezuela abzuwenden, weil Chavez angeblich linksgerichtete Guerilla-Bewegungen in Kolumbien unterstützte. Lula, der schon immer empfänglich für den Reiz war, den der Linkspopulismus von Chavez auf die Armen Brasiliens ausübt, duldete das Gepolter Venezuelas und verärgerte Kolumbien durch seine öffentliche Kritik an einem Abkommen, das die Stationierung amerikanischer Soldaten in diesem Land erlaubt hätte. Am Ende bekam Brasilien, was es wollte: kühlere Köpfe in seiner Nachbarschaft, eine neue und weniger kriegerische Führung in Kolumbien, die die Pläne einer US-Militärbasis fallen ließ, und die langsame, aber stetige Diskreditierung von Chavez, weil seine Maßnahmen scheiterten, womit Venezuela der neueste Fall von einem Land ist, in dem der Missbrauch des Ölreichtums das politische System bremst.

Lula absolvierte während seiner Amtszeit regelmäßig solche Drahtseilakte. Zum Beispiel spielte er bei den Gesprächen der bedeutendsten Staatsvertreter, Banker und Investoren auf dem alljährlichen Weltwirtschaftsforum in Davos mehrmals eine Starrolle, vollzog aber im Jahr darauf eine Kehrtwende, verschmähte Davos und veranstaltete stattdessen mit Chavez und anderen linksgerichteten Figuren der Region einen „Protestgipfel". Solche Schachzüge sorgten zwar in Washington für Empörung, führten aber dazu, dass Lula seinen loyalen Wählerstamm unter den armen Arbeitern Brasiliens fest im Griff behielt.

Obwohl Lula mit populistischen ausländischen Politikern tändelte, beriefen er und Dilma Rousseff, die Frau, die ihm 2010 im Präsidentenamt nachfolgte, renommierte Politiker der Mitte auf wirtschaftlich entscheidende Posten, unter anderem im Finanzministerium und in der Notenbank. Obwohl Lula gelegentlich gegen den Konsens von Washington wetterte – die 1989 erstellte Vorlage für die strenge „Wirtschaftsreform" des IWF und der Weltbank, über die in Lateinamerika so viel geschimpft wird –, zollten seine Wirtschaftspolitiker diesem Tribut, indem sie sich zwar nicht buchstäblich, aber doch dem Geiste nach an den Zehn-Punkte-Plan hielten, der von großen Haushaltsdefiziten abrät und Liberalisierungen des Marktes, eine inflationsbekämpfende Zinspolitik und schwächere Regulierungen verlangt.

Brasiliens gesundes Wachstum ermöglichte es Lula, auch hier beides zu bekommen: Nach außen ermutigten seine wachstumsfördernden Maßnahmen Investitionen aus dem Ausland. Nach innen setzte er soziale Wohlfahrtsmaßnahmen um, die gut ankamen, darunter die Bolsa Familia, die Sozial- und Unterstützungsleistungen von Versprechen wie dem, seine Kinder länger zur Schule zu schicken, abhängig macht, und Fome Zero, ein Ernährungsprogramm, das im ersten Jahrzehnt dieses Jahrhunderts die Unterernährung in Brasilien weitgehend beseitigt hat.

Manche befürchten, Rousseff könnte auf Schwierigkeiten stoßen, wenn sie versucht, zu einer Zeit weitere Wirtschaftsreformen durchzusetzen, in der die Inflation Brasilien echte Probleme bereitet. Es könnte sein, dass sich Lulas Methode, „beides zu bekommen", im Nachhinein rächt. Anstatt die Zinsen anzuheben, um die Inflation zu bekämpfen, hat die brasilianische Notenbank laut Aussage von Mark Weisbrot, Volkswirt am Center for Economic and Policy Research, „ihr Inflationsziel in den letzten sieben Jahren dadurch erreicht, dass sie die brasilianische Währung real aufgewertet hat. Das hat Konsequenzen, die einem klar sein müssen." Im Grunde wird seiner Meinung nach der Industriesektor Brasiliens – ein lebenswichtiger Teil seines Plans für den Aufstieg in der wirtschaftlichen Nahrungskette – durch Maßnahmen aufgefressen, die dazu führen, dass brasilianische Fabriken nicht mehr wettbewerbsfähig sind.

„Prognosen zufolge beläuft sich Brasiliens Handelsdefizit bei Fertigerzeugnissen in diesem Jahr auf 100 Milliarden Dollar. Im letzten Jahr waren es noch 71 Milliarden", so Weisbrot. „Das liegt zum Teil an der überbewerteten Währung, die seit Anfang 2009 um 46 Prozent zugelegt hat." [29] Dadurch gerät Brasilien auf einen wirtschaftlichen Kollisionskurs zu den Vereinigten Staaten. Dort hat die Fed angekündigt, eine erneute QE-Flut zu entfesseln – was wiederum die Investmentbanken anregt, in den Vereinigten Staaten zu annähernden Nullzinsen Geld aufzunehmen und es in Hochzinsländern wie Brasilien anzulegen. In Europa wird die Situation ganz ähnlich aussehen, denn dort wird die Staatsschuldenkrise innerhalb der Eurozone die Europäische Zentralbank zwingen, ihre Zinsen ebenfalls niedrig zu halten und sich möglicherweise auf Anleihen-Einkaufstour zu begeben, um Länder wie Griechenland, Irland, Portugal und Spanien vor dem Bankrott zu retten. Auch das erhöht den Kapitalvorrat, der rund um den Globus zirkuliert und nach hochverzinslichen Landeplätzen wie Brasilien sucht.

VON MONROE ZU LULA

Während die volkswirtschaftlichen Maßnahmen die Bemühungen Europas und der Vereinigten Staaten durcheinanderbringen, Brasilien in weltweiten Angelegenheiten „auf Linie" zu halten, stellt das sehr langsame Heranreifen des Landes zur traditionellen Großmacht ein weiteres Dilemma dar. Zwar hat es eine lange Tradition, dass sich seine Truppen an internationalen humanitären Einsätzen unter der UN-Flagge beteiligen – unter anderem spielten sie bei der Haiti-Mission Ende der 1990er-Jahre eine führende Rolle –, aber brasilianische Soldaten waren seit dem letzten Jahr des Zweiten Weltkriegs, als das Land eine Infanteriebrigade zu den alliierten Streitkräften in Europa entsandte, nicht mehr im Kampfeinsatz.

Auch erscheint Präsidentin Rousseff als unwahrscheinliche Verfechterin einer militärischen Aufrüstung. Als sie vor 40 Jahren als junge Guerillakämpferin gegen die Herrschaft der brasilianischen Militärdiktatur kämpfte, wurde sie von ihr gefoltert. Allerdings hat Brasilien unter Lula angefangen, immer rascher seine Militärmacht auszuweiten – insbesondere die Marine. Dies wird die Dynamik im Südatlantik wesentlich verändern und eine echte brasilianische Einflusszone schaffen, die sich bis weit in den Ozean erstreckt, unter dem die vor Kurzem entdeckten reichen Ölvorkommen lagern. Das bedeutet aber auch, dass sich für die Vereinigten Staaten und Europa, die es gewohnt sind, die Ereignisse auf hoher See – insbesondere im Atlantik – zu diktieren, einige wichtige Tatsachen ändern werden. Das gilt vor allem für den seit Langem bestehenden Streit um die Falkland-Inseln/Malwinen.

Stellen Sie sich einmal kurz das Albtraumszenario eines britischen Admirals vor: In nicht allzu ferner Zukunft überfällt eine nahezu bankrotte argentinische Regierung die ölreichen Falkland-Inseln. Zum zweiten Mal in einem halben Jahrhundert entfachen die Malwinen – die lateinamerikanischen Inseln, die als gestohlener Teil Argentiniens gelten – einen Krieg, der die allgemeine Aufmerksamkeit von dem wirtschaftlichen Versagen der argentinischen Regierung ablenken soll. Aufgrund der schmerzhaften Haushaltskürzungen des 21. Jahrhunderts haben die Briten derzeit keinen Flugzeugträger. Argentinien hat seinen Flugzeugträger 1962 außer Dienst gestellt. Doch anders als letztes Mal, als die britische Premierministerin Margaret Thatcher eine Flottille entsandte, um die Inseln nach der Einnahme durch Argentinien zurückzuerobern, ist der Südatlantik diesmal alles andere als leer. Er beherbergt einen brasilianischen Flugzeugträger namens São Paulo und eine Flotte atomgetriebener Angriffs-U-Boote, die in Partnerschaft mit Argentinien gebaut wurden.

Letztendlich geben diese Waffen Brasilien die Möglichkeit, in den Gewässern der Region eine modernisierte Neuauflage der Monroe-Doktrin zu verordnen. Nennen wir sie „Lula-Doktrin". Mit seinem neuen Selbstbewusstsein und seinen militärischen Ambitionen ist Brasilien ein lautstarker Verfechter von Argentiniens Anspruch auf die Malwinen. Zwar kann sich kaum jemand vorstellen, dass es je zu Militärschlägen zwischen Großbritannien und Brasilien kommt, aber die Anzeichen einer völlig anderen Realität für Großbritannien nehmen so langsam Gestalt an.

Brasiliens Entscheidung im Jahr 2009, eine Flotte aus fünf atomgetriebenen Angriffs-U-Booten zu bauen, traf westliche Militärexperten überraschend. Die U-Boote, die 2016 in Dienst gestellt werden sollen, dürften das Kräftegleichgewicht im Südatlantik dramatisch verschieben. Lula, der den Vorstoß für das Atom-U-Boot-Programm anführte, sagte vor seinem Ausscheiden aus dem Amt, die U-Boote seien „eine Notwendigkeit für ein Land, das nicht nur die Meeresküste hat, die wir haben, sondern auch die reichen Ölvorkommen, die vor Kurzem in der Tiefsee in der Pré-Sal-Schicht entdeckt wurden."[30]

Das letzte Mal, als sich ein solches Szenario abspielte, trugen die Briten den Sieg davon und die Vereinigten Staaten unterstützten ihren europäischen Verbündeten – sie boten ihm sogar insgeheim an, ihm einen von Amerikas riesigen Flugzeugträgern auszuleihen (dieses Angebot wurde allerdings abgelehnt, weil es so kompliziert gewesen wäre, ihn innerhalb einer derart kurzen Frist einzusetzen). Als die argentinische Junta unter General Leopoldo Galtieri die Inseln überfiel, machte Großbritannien eine kleine, aber brauchbare Flotte aus Flugzeugträgern, U-Booten und Schiffen zur Unterstützung einer Landungstruppe der Royal Marines mobil, die die Inseln zurückeroberte. Die Rückeroberung der Falkland-Inseln wurde zum Symbol der Entschlossenheit der damaligen Premierministerin Margaret Thatcher, das einst mächtige britische Militär nicht in die Drittklassigkeit absinken zu lassen. Sie hinterließ aber auch eine tiefe Narbe in der lateinamerikanischen Psyche. Brasilien und andere lateinamerikanische Länder unterstützten Argentinien zwar während des Krieges, sie hatten aber kaum reale Möglichkeiten, militärisch zu helfen. Vor allem vergaß die Region niemals die tödlichste einzelne Kampfhandlung des Krieges: die Versenkung des argentinischen Kreuzers General Belgrano, eines klotzigen Relikts aus dem Zweiten Weltkrieg, durch ein britisches Angriffs-Atom-U-Boot, bei der 323 Seeleute starben.

Bis vor Kurzem betrachteten Experten die Falkland-Inseln als unwahrscheinlichen Ort für weiteren Ärger. Doch durch die Entdeckung von Öl im nördlichen Falkland-Becken im Jahr 2007 hat sich das geändert. Aufgrund von Argentiniens beinahe dauerhaftem Bankrottzustand und Brasiliens neuem Selbstbewusstsein auf der Weltbühne kommen im Zusammenhang mit den umstrittenen Inseln wieder Empfindlichkeiten hoch. Zum Beispiel verweigerte Brasilien im Jahr 2011 dem kleinen britischen Kriegsschiff HMS Clyde die Erlaubnis, in Rio de Janeiro anzulegen. Das Nachbarland Uruguay wies 2010 den britischen Zerstörer HMS Gloucester ab. Indes veröffentlichte Admiral Sir John Woodward, der 1982 die Falkland-Flotte kommandiert hatte, im Juni in Großbritannien einen Leitartikel, in dem er warnte, die derzeitigen Verteidigungskürzungen würden die Falkland-Inseln hilflos machen, wenn sie mit einer erneuten argentinischen Invasion konfrontiert wären. Dies sorgte für politischen Druck, die britische Garnison zu verstärken.

Aber Brasiliens U-Boote verändern das seegestützte Kräftegleichgewicht in der Region noch drastischer als Großbritanniens Verteidigungsnöte. Britische Strategen befürchten, Brasilien könnte jetzt verlangen, dass sich ausländische Mächte einfach von seinem Hinterhof fernhalten, genauso wie es die Vereinigten Staaten im 19. und 20. Jahrhundert getan haben. Brasilianische Staatsvertreter achten darauf, die U-Boote nicht als Reaktion auf irgendeine äußere Bedrohung darzustellen, gleichzeitig unterstützen sie in internationalen Gremien Argentiniens Anspruch auf die Malwinen. Egal, ob Brasilien ein sanfter Riese ist oder nicht, sein Hinterhof wird respektiert werden müssen.

DIE ENTLEIN ZÄHLEN

Für die Mächte Europas und Amerikas ist dies nur ein weiteres Beispiel für die subtilen, aber sehr realen Veränderungen, die über den Planeten fegen. Für Europa sind wirtschaftliche Zusammenarbeit und echte Gespräche über eine irgendwie kooperativ gestaltete Zukunft für alte Kolonien wie die Falkland-Inseln die einzige Hoffnung, plötzliche schrille Krisen zu vermeiden. Die allzu simple Auffassung, die Vereinigten Staaten und Europa könnten Brasilien in eine Art globale Version der NATO aufnehmen – ein „Konzert der Demokratien", wie es John McCain, ehemaliger republikanischer Präsidentschaftskandidat und Senator aus Arizona, einmal genannt hat –, ignoriert ganz einfach die Realitäten.[31] Das gilt auch für die neueren Rezepte der amerikanischen Elite: Das Aspen Institute und das Council on Foreign Relations gaben im Herbst 2011 den Bericht eines gemeinsamen Arbeitsausschusses über die Beziehungen zwischen den Vereinigten Staaten und Indien heraus. Dieser kam zu dem Schluss, eine enge Partnerschaft sei unumgänglich, auch wenn sie schwierig sei. Die Verfasser lehnen sich weit aus dem Fenster und scheinen sich auf den Tag zu freuen, an dem Indiens Militärmacht eine Rolle erfüllen kann, die einst Amerikas NATO-Verbündeten vorbehalten war. „Indiens wachsende nationale Kapazitäten geben ihm immer bessere Mittel an die Hand, seine nationalen Interessen zum Vorteil der Vereinigten Staaten zu verfolgen. Indien hat die drittgrößte Armee der Welt, die viertgrößte Luftwaffe und die fünftgrößte Marine. Alle diese Dienste werden modernisiert, die indische Luftwaffe und die indische Marine haben technische Ressourcen von Weltrang und seine Armee strebt mehr davon an. Außerdem hat Indien *anders als manche langjährigen US-Partner* [Hervorhebung des Verfassers] bewiesen, dass es nicht nur professionelle Streitkräfte besitzt, sondern auch die Bereitschaft, zur Verteidigung von Indiens nationalen Interessen erhebliche militärische Härten und Verluste hinzunehmen."[32]

Aber die kulturellen Unterschiede und das historische Misstrauen sind nach wie vor ernste Hürden, die dem multilateralen Abkommen entgegenstehen, das die Vordenker der amerikanischen Außenpolitik gerne abschließen würden. Dazu kommen noch echte Interessenkonflikte zwischen den dreien in viel gewichtigeren Fragen als den Malwinen: die globalen Währungskurse, die Klimapolitik, Brasiliens anhaltende Beziehungen zum Iran, sein zunehmender Handel mit China – und was Indien angeht, die aussichtslose Allianz mit Pakistan, an der Washington festhält. Wie der Geostratege und Autor Parag Khanna bemerkt, wird es für die Vereinigten Staaten sehr gefährlich sein, weiter davon auszugehen, Länder wie Brasilien oder Indien – oder andere demokratisch regierte mittelgroße Mächte wie Indonesien, die Türkei oder Mexiko – würden sich überschlagen, um im 21. Jahrhundert eine ähnliche Rolle zu spielen wie Großbritannien in der zweiten Hälfte des 20. Jahrhunderts: „Die Vereinigten Staaten müssen sich jetzt einer Welt stellen, in der ihre Macht abnimmt, in der sie nur noch eine von mehreren wetteifernden Marken sind. Man sieht das daran, wie oft Amerika in militärischer oder wirtschaftlicher Hinsicht einen Alleingang machen muss, ob es will oder nicht. In diesem Sinne wird die Welt eigentlich nicht antiamerikanisch, sondern bloß nichtamerikanisch."[33]

„Nichtamerikanisch" – das könnte für Durchschnittsamerikaner ein guter Begriff sein, um sich solchen Fragen zu nähern. In der

Vergangenheit ging man zu oft – manchmal zu Recht – davon aus, alle Länder, die danach strebten, die Vereinigten Staaten ins Spiel zu bringen, würden auch danach streben, irgendwie Amerikaner zu werden. Im vom Krieg verwüsteten Europa, während des Kalten Krieges in manchen Drittweltländern sowie in manchen mittlerweile unabhängigen Ländern der ehemaligen Sowjetunion mag das sogar gestimmt haben, aber auf Indien, Brasilien und unzählige andere größere Länder, denen es gelungen ist, auf einem relativ neutralen Kurs durch den Kalten Krieg zu steuern, hat das nie wirklich zugetroffen.

Nach all diesen Jahrzehnten zu erwarten, dass sich eines dieser Länder einfach unter die Führung der im Niedergang befindlichen Vereinigten Staaten einreihen würde, ist – vor allem nach den geopolitischen und wirtschaftlichen Fehlern des vergangenen Jahrzehnts – noch schlimmer als Wunschdenken. Es ist ein kollektives nationales Nichtwahrhabenwollen.

KAPITEL 9

EUROPA: PIIGS, KANARIENVÖGEL UND BÄREN – OJE!

Trotz aller desaströsen Fehlkalkulationen der amerikanischen Außen- und Innenpolitik in den vergangenen Jahren brauchen die Bürger der Vereinigten Staaten nur über den Atlantik zu blicken, um ein bisschen Trost zu finden. Zu einer Zeit, da andernorts das Wachstum anzieht, altert Europa so sehr, dass es wirtschaftlich verkümmert, und trotz eines letzten Heldenstücks kürzlich in Libyen hat es auch sein militärisches Muskelspiel aufgegeben. Politisch wird es von zwei rivalisierenden Gespenstern heimgesucht: dem islamischen Radikalismus und der Reaktion der Rechten auf die wachsende muslimische Minderheit des Kontinents. Die EU scheint immer weniger in der Lage zu sein, sich über grundlegende Themen zu einigen – von der Finanz- und Währungspolitik bis hin zu der Frage, ob die Türkei Mitglied werden soll oder nicht. Alles in allem sieht die „Supermacht Europa", von der die Linke Europas seit Jahrzehnten träumt, dieser Tage ziemlich tot aus.

Alle großartigen Projekte werden mit Herausforderungen konfrontiert und die Schaffung eines vielsprachigen Superstaates, der einen ganzen Kontinent umfasst, aus Europas unterschiedlichen, auf sich selbst bezogenen Nationen ist großartiger als die meisten anderen. Doch selbst die schärfsten Kritiker hätten sich die Probleme kaum ausmalen können, vor denen es heute steht. Während sich die amerikanische Supermacht durch eine rücksichtslose Außenpolitik und einen leichtsinnigen Umgang mit ihrem Finanzsystem selbst schlimmen Schaden zugefügt hat, wurde ihre europäische Kusine durch die unbedachte Ausweitung der staatlichen Ausgaben auf nationaler Ebene und die Erweiterung ihrer Außengrenzen auf supranationaler Ebene zu Fall gebracht. Als die EU Zug um Zug neue Mitglieder aufnahm und von sechs auf 27 Mitgliedstaaten anwuchs, nahm sie Kryptonit in Form kleinerer Länder wie Griechenland, Portugal und Irland zu sich, die zwar nicht global wettbewerbsfähig waren, aber trotzdem an den internationalen Märkten Kredite aufnehmen durften, als wären sie so produktiv und solide wie Deutschland – zumindest eine Zeit lang.

Die Entscheidung von Kern-Europa – der sogenannten Eurozone aus 17 Ländern, die ihre Landeswährungen zugunsten des Euro aufgegeben haben –, auch schlecht geführte oder überschuldete Länder in den Klub zu lassen, erscheint rückblickend katastrophal oder gar selbstmörderisch. Wie eine Figur in einer lehrreichen Fabel wurde Europa nicht durch eine Revolution, eine Hungersnot oder einen Krieg zu Fall gebracht, sondern durch Unersättlichkeit und Verdauungsstörungen.

LUST AUF SCHWEINEFLEISCH

Die EU begann 1958 als Europäische Gemeinschaft für Kohle und Stahl mit dem vergleichsweise begrenzten Ziel, den westeuropäischen Nachkriegsvolkswirtschaften Frankreich, Italien, Belgien, Niederlande, Luxemburg und Bundesrepublik Deutschland dabei zu helfen, dass sie wieder auf die Füße kamen. Bis zur Jahrtausendwende war sie zu einem Klub von 15 Nationen zuzüglich eines halben Dutzends weiterer teils großer Volkswirtschaften wie der Türkei und Polen angewachsen, die vor der Tür warteten. Nachdem im Zuge einer Beitrittsorgie im vergangenen Jahrzehnt die meisten Länder Mittel- und Osteuropas sowie die Inseln Zypern und Malta aufgenommen wurden, umfasst die EU heute 27 Mitgliedstaaten. Im Laufe der Jahre tobten innere Debatten darüber, ob diese Erweiterungen angemessen seien, denn sie holten um die Existenz ringende Volkswirtschaften mit Niedriglöhnen ins Boot, sodass unweigerlich Geld von den reicheren, etablierten Mitgliedern an die weniger wohlhabenden Neulinge transferiert wurde. Im Jahr 2000 hatte sich eine allgemeine Auffassung durchgesetzt, die wohl auf den Erfahrungen mit Ländern wie Irland (Beitritt 1973), Griechenland (1982) sowie Spanien und Portugal (1986) beruhte, die nach ihrem Beitritt alle vermeintlich aufgeblüht waren und besser wurden. Die Befürworter argumentierten, dadurch, dass man diese Länder an die vitalen Volkswirtschaften der Kern-EU gebunden und sie gezwungen habe, gewisse steuerliche und regulatorische Reformen einzuführen, könne man sie in die Spitzengruppe der fortgeschrittensten Volkswirtschaften der Welt mitziehen und somit die Wirtschaftsmacht der gesamten EU vergrößern.

In Wirklichkeit wirkten die Ketten, die diese vier Nationen – heutzutage spöttisch als „PIGS" bezeichnet – aneinander banden, genau entgegengesetzt. Im Winter 2010 kam heraus, dass Griechenland im

Endeffekt pleite war und dass es – was noch schlimmer war – seine Bücher frisiert und so Milliardenschulden verheimlicht hatte (darunter von seiner historisch bedingten Türkei-Paranoia angeregte Verteidigungsausgaben). Das Griechenland-Debakel – eine inkompetente politische Elite und eine Wirtschaft, die vollkommen unfähig waren, das Wachstum und die ernsthaften Reformen hervorzubringen, die es ermöglichen würden, den internationalen Kreditgebern und Anleiheinhabern die Schulden zurückzuzahlen – sandte ein Schaudern durch die Rube-Goldberg-Maschine, die das EU-System darstellt. Die Kettenglieder, die eigentlich Griechenland auf das Niveau der Eurozone heraufziehen sollten, zogen stattdessen seine EU-Partner auf den wirtschaftlichen Abgrund zu.

Zu diesem Zeitpunkt, Anfang 2010, war das „Projekt Europa" durchaus noch überlebensfähig. Die griechische Wirtschaft war nämlich trotz der Verschuldung, die sich auf 142 Prozent des griechischen BIPs belief, nicht groß genug, um die mächtige EU in die Knie zu zwingen. Es wäre zwar gerechtfertigt gewesen, Griechenland auszuschließen, aber das wurde nie ernstlich in Erwägung gezogen. Zumindest hätte die EU darauf bestehen müssen, dass Griechenland zahlungsunfähig wird – und damit anerkennen, dass es pleite war –, was zwar seinen Gläubigern kurzfristig Verluste beschert, aber eine größere Krise verhindert hätte. Aus vielfältigen Gründen kamen die Anführer der EU jedoch zu dem Schluss, sie könnten sich durch die Krise hindurchmogeln und einen peinlichen Staatsbankrott in der „Ersten Welt" vermeiden. Diese kurzsichtige Reaktion war eine Katastrophe, und zwar nicht nur für Griechenland, sondern für ganz Europa. Und es bewies gegen jeden Zweifel, dass trotz allen Geredes über die Einheit Europas immer noch nationale Prioritäten und die nationale Hoheit die Oberhand behalten, wenn es hart auf hart kommt.

Deutschland und Frankreich sowie die kleineren, aber wirtschaftlich soliden Staaten der Eurozone Niederlande und Finnland wollten nicht zulassen, dass Griechenland dem Sog der Schwerkraft nachgab und seine Schulden nicht mehr bezahlen konnte – das wäre zwar wirklich eine unschöne Option gewesen, aber sie hätte bei sorgfältiger Handhabung den Weg aus der Krise ebnen und verhindern können, dass diese auf andere schwache Volkswirtschaften der Eurozone übergreift. Anfang 2010 sahen eine Reihe von Volkswirten und anderen Experten – darunter Edward Hugh, der Historiker Niall Ferguson sowie die Volkswirte Nouriel Roubini und Kenneth S. Rogoff –, dass der Abgrund einer weiteren Klippe näherrückte. Zwar sollte das Virus auch diesmal seinen Ursprung in der Alten Welt haben, aber ebenso wie 2006 war es aufgrund der globalen Natur der Finanzwelt fast sicher, dass es sich schnell über Ozeane, Bergketten und Polkappen hinweg ausbreiten und auch die Neue Welt infizieren würde.

Roubini, der seine Sporen Ende der 1990er-Jahre als Wirtschaftsberater der Clinton-Administration während der Asien-Finanzkrise verdient hat, erklärte im Juni 2010, Griechenland sei erledigt, und das Beharren der europäischen Politiker, sie könnten die Insolvenz im Stillen bewältigen, laufe auf ein Systemrisiko für die Weltwirtschaft hinaus. „Eine geordnete Insolvenz Griechenlands ist machbar und sowohl für den Schuldner als auch für die Gläubiger wünschenswert. Und wenn Europa eine Verschärfung der Krise abwenden will, ist sie auch unerlässlich", schrieb Roubini.[1]

In einer grauenhaften Wiederholung der Ereignisse von 2006, als viele dieser Experten erkannten, dass die „Kreativität" im US-amerikanischen Finanzsektor in Kombination mit seiner mangelhaften Regulierung eine tickende Zeitbombe war, wurden Roubini und andere, die Maßnahmen verlangten, ignoriert oder gar verunglimpft.[2]

Zwar spielte auch der empfindliche europäische Stolz seine Rolle – viele hatten sich in den Jahren davor selbstgefällig über Amerika mokiert, weil es in der Weltwirtschaft ein Chaos angerichtet hatte –, doch auch die bequemen Realitäten von Macht und Profit innerhalb des Binnenmarktes, der durch den Euro geschaffen worden war, fielen denjenigen in den Arm, die hätten eingreifen können. Die Unternehmenssektoren des sogenannten harten Kerns der Eurozone – der wohlhabenden und relativ vorsichtigen Volkswirtschaften Deutschland, Niederlande, Luxemburg und in geringerem Maße Frankreich – hatten dadurch floriert, dass sie ihren weniger wettbewerbsfähigen Brüdern in der Eurozone Waren verkauften. Lokale Firmen in Ländern wie Portugal, Griechenland, Irland und anderen erlebten schwere

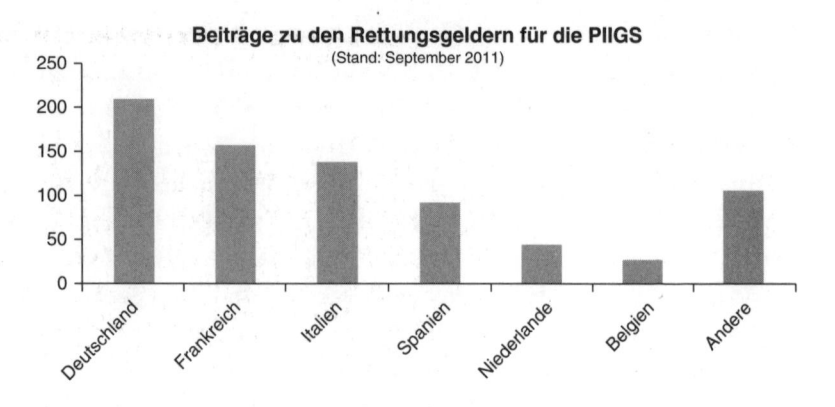

Beiträge zu den Rettungsgeldern für die PIIGS
(Stand: September 2011)

Abbildung 9.1
Quelle: Europäische Finanzstabilitätsfazilität (EFSF)/Roubini Global Economics.

Zeiten oder wurden zu Schnäppchenpreisen geschluckt und durch die Skaleneffekte von Giganten wie dem deutschen Technologie-Titanen Siemens, der niederländischen Elektronikfirma Philips oder dem französischen Supermarktriesen Carrefour in dominante Marktpositionen gehoben. Genauso war es mit dem Bankensektor. Die Finanzgenies von BNP Paribas, der Commerzbank und Barclays rechneten sich aus: Wenn diese Leute in Euro bezahlt werden und ihre Regierungen zur Eurozone gehören, ist ihre Bonität gut – sie bekommen sogar ein A-Rating!

Tatsächlich blieben sich die drei globalen Ratingagenturen treu, bauten wieder Mist und warnten so lange nicht vor den enormen Schuldenbergen, die sich in den sogenannten PIGS ansammelten, bis die Finanzmärkte an ihrer Stelle darauf hinwiesen, indem sie höhere Zinsen verlangten, wenn die betreffenden Länder ihre Anleihen verlängern mussten. Die Finanzvertreter der EU blieben ihrem Stil treu, schoben die Schuld auf das Ausland (weil Fitch, Moody's und S&P im Großen und Ganzen amerikanische Schöpfungen sind) und forderten die Schaffung einer europäischen Ratingagentur. Helmut Riesen, ein Spitzenvolkswirt der Organisation für wirtschaftliche Zusammenarbeit und Entwicklung (OECD), reagierte auf diese Kurzsichtigkeit mit Empörung. „Man zerschlägt doch keinen Spiegel, nur weil er einem sagt, dass man hässlich ist. Hingegen sollte man einen blinden Spiegel wegwerfen, der zu lange Illusionen genährt hat." Er wies darauf hin, dass sich das eigentliche Problem seit der Vorgeschichte des Zusammenbruchs von Lehman 2008 nicht verändert habe: Die Haupteinnahmequelle der Ratingagenturen sind genau die Banken, Staaten und sonstigen Körperschaften, die sie bewerten. Die Anleger, nicht die Kreditnehmer, sollten die Kosten für die Analyse tragen, die in die Beurteilung des Risikos eines bestimmten Produkts eingeht.[3]

Entsprechende Reformen blieben auf beiden Seiten des Atlantiks aus. Im Jahr 2010 war es für Europa und seine Banken allerdings zu spät. Unter denjenigen, die sich mit griechischen Schuldpapieren eingedeckt – also letztlich Athen Geld geliehen haben, indem sie Schiffsladungen an griechischen Staatsanleihen gekauft haben –, litten die deutschen und französischen Banken am schwersten, und sie wären von einem Zahlungsausfall Griechenlands am schwersten betroffen (den französischen Banken schuldet Griechenland etwa 90 Milliarden Dollar, den deutschen rund 57 Milliarden).[4]

Im Endeffekt spielten BNP Paribas, die Deutsche Bank, die Dresdner Bank und andere Titanen des kontinentalen Bankwesens in der Griechenlandkrise die gleiche Rolle wie unverantwortliche Hypothekenmakler in der amerikanischen Krise. Einem nahezu mittellosen Kreditnehmer wurden ungeachtet der damit verbundenen Risiken Darlehen gewährt, weil die Renditen so verlockend erschienen – und weil man vergnügt davon ausging, da es sich um souveräne Regierungen der Eurozone handelte, seien ihre Schulden letztlich durch die Wirtschaftskraft Deutschlands unterlegt. In der Praxis gibt es allerdings weder Belege dafür, dass diese Banken die Risiken überhaupt ernstlich registriert hätten, noch irgendeine ernsthafte Studie darüber, dass sogar der Zahlungsausfall einer kleinen Volkswirtschaft wie Griechenland durchaus das gesamte europäische Finanzgebäude zum Einsturz bringen könnte. Ebenso wie die Banken in Amerika davon ausgegangen waren, die Bundesregierung würde ihr Immobilien-Hütchenspiel ewig absichern, betrachteten die europäischen Banker ein Darlehen an einen EU-Staat mit A-Rating – so schätzte Moody's

Griechenland noch Ende 2009 ein – als praktisch risikolos. Doch in Wirklichkeit sind griechische Anleihen genauso toxisch wie die hypothekenbesicherten Anleihen, die 2008 Lehman demontierten. Dank der europäischen Banker standen die europäischen Politiker, die jedes Jahr Milliarden an Finanzhilfen und anderen Gaben an die aufstrebenden Länder dieser Welt verteilen, plötzlich vor einer neuen Sorte Nationalstaat mitten unter ihnen: einer abwärts strebenden Volkswirtschaft.

BLUTSTILLUNG VERSÄUMT

Anstatt diese olympische Eiterbeule aufzustechen, als sie 2010 sogar den Ratingagenturen auffiel, hat die Entscheidung Deutschlands und Frankreichs, sich herauszumogeln, die Krise verlängert und vertieft. Mitte 2010 schufen die Regierungschefs der Eurozone einen europäischen Stabilitätsfonds, der gemeinsam mit IWF-Krediten das Abrutschen Griechenlands in den Bankrott verlangsamte – etwa eine Woche lang. Diese Schüchternheit erwies sich als gewaltiger Fehler. Der Rettungsfonds war mit nur 45 Milliarden Euro zu klein, um die internationalen Märkte zu täuschen oder Griechenland wirksam zu stabilisieren. Dessen Schuldenlast war inzwischen so groß, dass die internationalen Märkte für den Kauf griechischer Staatsanleihen – die seit einigen Jahren einen immer größeren Anteil am griechischen Staatshaushalt stellten – genauso hohe Zinsen wie auf eine Kreditkarte verlangten. Hingegen reichte die milliardenschwere Rettung bei Weitem, damit die Steuerzahler in den gewissenhaft verwalteten Volkswirtschaften bei dem Gedanken fuchsteufelswild wurden, dass ihre schwer verdienten Euro in den Süden flossen, um „faule, verschwenderische Griechen" zu retten, wie es der britische Volkswirt Charles K. Rowley ausdrückte.[5]

Die Europäische Zentralbank machte die Sache unter der Führung von Jean-Claude Trichet noch schlimmer, indem sie die Zinsen erhöhte und dadurch auf einen früheren Fehler noch einen draufsetzte, nämlich als 2009 die globale Wirtschaft zusammenbrach. (Im November 2011 änderte die Bank an dem Tag den Kurs, an dem der

Italiener Mario Draghi Trichets Platz als Präsident der EZB einnahm – wieder einmal einen Tag zu spät und mit viel zu wenigen Euro.) Weil Deutschland als größter Akteur der Eurozone darauf bestand, blieb die EZB unter Trichet beharrlich bei Maßnahmen, die auf die Eindämmung der Inflation abzielten, obwohl die Deflation eine viel größere Gefahr darstellte. Darin spiegelt sich die historisch bedingte Tendenz wider, eine Wiederholung der Hyperinflation zu vermeiden, die dazu beigetragen hatte, dass Deutschland Adolf Hitler in die Hände gefallen war. Aber natürlich stärkten die Zinserhöhungen den Euro an den internationalen Märkten, was es Griechenland aufgrund seiner Schuldenlast und seines sehr strengen Arbeitsrechts noch mehr erschwerte – eigentlich sogar unmöglich machte –, sich jemals selbst zu einer wettbewerbsfähigen Volkswirtschaft zu restrukturieren.

Und das Schlimmste ist: Dadurch, dass der Brand, der in Griechenland wütet, nicht bekämpft wurde, bahnte man einer noch größeren Katastrophe den Weg, nämlich der Ansteckung. Bevor das Jahr 2010 zu Ende war, hatten die Flammen auf andere schwache Volkswirtschaften übergegriffen – und aus den PIGS wurden die PIIGS, weil auch noch Italien dazugekommen war, die achtgrößte Volkswirtschaft der Welt. Es setzte sich eine Art Domino-Effekt in Gang, der in Irland begann. Dieses Land wurde von dem Platzen einer Immobilienblase erschüttert, gegen das die amerikanische Version harmlos erschien. Die EU und der IWF retteten Irland im November mit Summen in der Größenordnung von 120 Milliarden Dollar und verlangten im Gegenzug scharfe Sparmaßnahmen. Es dauerte noch ein bisschen, dann erreichte der Sensenmann, der von internationalen Anleihe-Investoren angestachelt wurde, indem sie die Kreditkosten für alle betroffenen Regierungen in die Höhe trieben, Portugal, und im Mai 2011 machte das Tandem aus EU und IWF weitere 78 Milliarden Dollar für dessen Rettung locker. Am Ende des Sommers bewahrte die Europäische Zentralbank noch größere europäische Volkswirtschaften vor der Katastrophe – sie intervenierte durch den Kauf spanischer und italienischer Staatsanleihen im Wert von 6,5 Milliarden Dollar, um die steigenden Kreditkosten zu dämpfen. Griechenland und Irland können am Ende wohl gerettet werden, Spanien kann

Italien hinkt hinter dem BIP-Wachstum Deutschlands und Frankreichs hinterher

— Deutschland — Italien — Frankreich

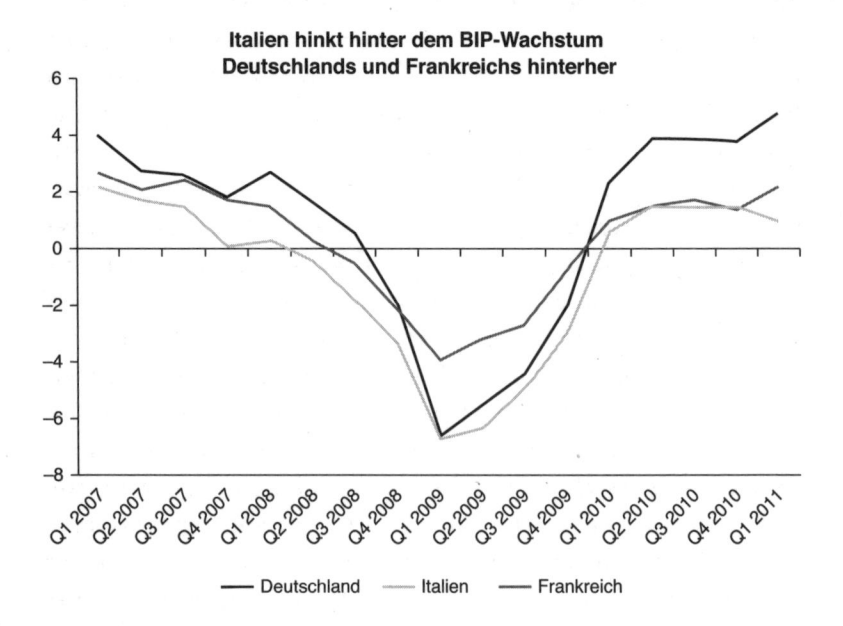

Abbildung 9.2
Quelle der Zahlen: Eurostat.

vielleicht mit Sandsäcken geschützt werden, sodass der Schaden begrenzt wird. Wenn aber Italien – eine G7-Nation und ein Gründungsmitglied der EU – zahlungsunfähig würde, dann würden die internationalen Märkte wahrscheinlich noch heftiger einfrieren als damals, als Lehman dran glauben musste.

Es ist traurig, aber vieles davon hätte verhindert werden können, wenn der „länderübergreifende" Geist Europas wirklich Fuß gefasst hätte. Daniel Gros, Direktor des Centre for European Studies in Brüssel, bezeichnet das Handeln Deutschlands und Frankreichs – der ultimativen Triebkräfte der Politik der Eurozone – als selbstmörderisch.

„Früher hielt man in Kohlegruben Kanarienvögel, weil sie an gefährlichen Gasen schneller sterben als Menschen", schrieb Gros im August 2011 in seinem viel gelesenen Blog *VoxEU*. „Wenn die Vögel nicht mehr sangen, wussten die klugen Bergleute, dass es an der Zeit war, Notmaßnahmen einzuleiten. Es stellt sich heraus, dass Griechenland der Kanarienvogel der Eurozone war. Der Kanarienvogel wurde wiederbelebt und es wurde ein kleiner Rettungsmechanismus eingerichtet, um einen oder zwei weitere Kanarienvögel zu retten – aber darüber hinaus wurde die Warnung missachtet. Sie redeten sich ein, dies sei das Problem des Kanarienvogels."[6]

Ein Auseinanderbrechen der Eurozone erscheint jetzt durchaus möglich – das bedeutet entweder den Ausschluss der schwächeren Länder (die dann wieder die Drachme, das Irische Pfund und den Escudo einführen würden, die früher ihre Wirtschaften gestützt hatten) oder den Austritt Deutschlands und Frankreichs, die von dem ständigen Transfer ihres Vermögens an die „Peripherie" genug haben. Eine europäische Bank – die belgisch-französische Kreditbank Dexia – ist bankrottgegangen. Es verheißt aber noch größeres Unheil, dass einige der mächtigsten Finanzinstitute Europas – darunter die Deutsche Bank, die Société Générale und die Commerzbank – einem Zahlungsausfall Griechenlands so sehr ausgesetzt wären, dass sie von ihren jeweiligen Regierungen Hunderte Milliarden Dollar brauchen würden, um solvent zu bleiben. Denjenigen EU-Ländern, die sich der gemeinsamen Währung gar nicht erst angeschlossen haben – vor allem Großbritannien – ist die missliche Lage Griechenlands eine Lehre, die sie so bald nicht vergessen werden. Die Schaffung einer gemeinsamen Währung ohne eine gemeinsame Finanzpolitik entpuppt sich als das Schlechteste aus beiden Welten, denn dadurch unterliegen starke Volkswirtschaften der Ansteckung durch schwächere Mitgliedstaaten, und die schwachen Volkswirtschaften sind in der Union mit den stärkeren, wettbewerbsfähigeren gefangen, die es nicht zulassen, dass sie die Währung abwerten, um durch Inflation aus den Schulden herauszukommen. Als es hart auf hart kam, schauten Deutschland, Frankreich und andere starke Volkswirtschaften der Eurozone zuerst auf ihre eigenen Interessen – und ihre Wähler.

EUROPA *IST* DER KRANKE MANN

Selbst wenn die Eurozone überlebt, werden ihre Finanzprobleme noch dadurch verschärft, dass ihre Bevölkerung bald älter ist als in allen anderen entwickelten Ländern der Welt außer Japan, und dies wird ihren Rückzug aus dem Weltgeschehen noch beschleunigen. Die zuvor vom Pazifik über den Nahen Osten bis nach Afrika dominierende Kraft Europa verliert schnell ihre Fähigkeit, auch nur die politischen und militärischen Herausforderungen in seiner eigenen Nachbarschaft zu bewältigen.

Eine ganze Reihe von Kräften verwandelt das alternde Europa von einem demografischen Phänomen in eine wirtschaftliche und politische Zeitbombe. Die Produktivität – in der wettbewerbsintensiven globalen Wirtschaft der Treibstoff des Wirtschaftswachstums – ist aus einigen europäischen Volkswirtschaften verschwunden, vor allem im südlichen Bereich entlang des Mittelmeers. Dies verschärft die Frustration in Nordeuropa, das sich in Sachen Produktivität gut hält.

Eine höhere Lebenserwartung, eine bessere Gesundheitsversorgung und drastisch niedrigere Geburtenraten treiben das Durchschnittsalter in die Höhe. Ein relativ niedriges Renteneintrittsalter, großzügige Sozialausgaben und die Unfähigkeit der meisten Länder, ihre Landeskultur mit den belebenden Auswirkungen der Einwanderung zu versöhnen, deuten auf die bevorstehende Krise voraus. Studien zufolge wird das Alter des Durchschnittseuropäers bis 2050 von heute etwa 37 auf rund 54 Jahre klettern, während das Verhältnis von Erwerbstätigen zu Rentnern von derzeit vier zu eins auf zwei zu eins fallen wird.[7] Selbst nach den „Reformen", die durch die Rettungs-Sparprogramme von EU und IWF verordnet wurden, wurde das Renteneintrittsalter in Griechenland nur auf 60 Jahre angehoben. Das Gesetz, das 2010 in Frankreich das Rentenalter von 60 auf 62 Jahre erhöhte, brachte Hunderttausende Demonstranten auf die Straße (wurde aber am Ende verabschiedet). In anderen europäischen Ländern ist das anders. In Großbritannien steigt das Renteneintrittsalter bald auf 68, Deutschland und Spanien peilen 67 an. Trotzdem bringt die demografische Arithmetik Europa hinsichtlich des Wirtschaftsausstoßes gerade dann auf einen steilen Abwärtskurs, wenn die größten Volkswirtschaften der EU – Italien, Großbritannien, Frankreich und Deutschland – von denen der BRICs und anderer Schwellenländer überholt werden. Deutschland ist es gelungen, seine überwältigende Export-

Lohnkosten in der EU

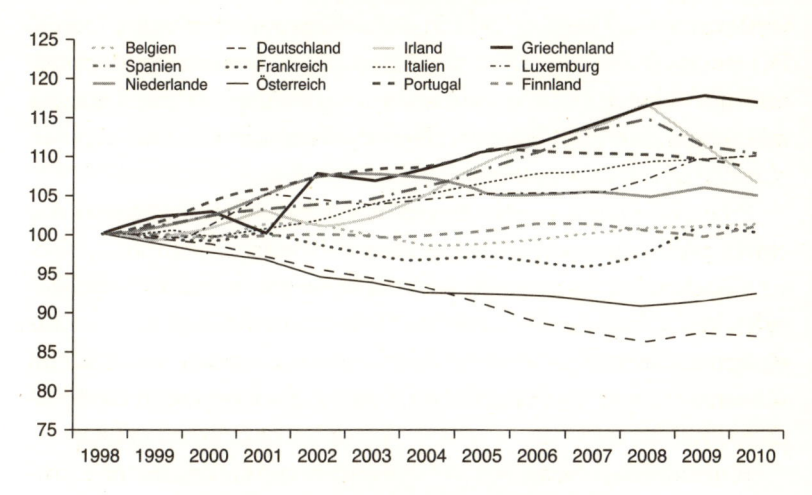

Legende: Belgien, Spanien, Niederlande, Deutschland, Frankreich, Österreich, Irland, Italien, Portugal, Griechenland, Luxemburg, Finnland

Anmerkung: Die Lohnstückkosten werden als Verhältnis des Lohns pro Beschäftigtem zum realen BIP pro Beschäftigtem berechnet.

Abbildung 9.3
Quelle: Europäische Kommission.

industrie – die immer noch die zweitgrößte der Welt nach China ist – zu bewahren, trotz der Konkurrenz aus Asien und anderen Niedriglohnregionen. Es hat sich nämlich auf das obere Ende des Herstellungsspektrums konzentriert: komplexe Technologie (Siemens, ThyssenKrupp), Chemikalien (Henkel, BASF), Automobile (BMW, Mercedes Benz, Porsche) und Design (Bosch, Braun). Die Vereinigten Staaten könnten das vielleicht nachahmen, weil ihr riesiger Binnenmarkt und ihre Innovationskultur dafür sorgen könnten, dass US-Fabriken im gehobenen Bereich ihre Bedeutung behalten. Aber die anderen europäischen Länder bieten ein düsteres Bild.

DIE NEUE ZWEITE REIHE

Frankreich und Italien – beide führend in der Herstellung von Luxusartikeln – mussten in den letzten Jahren zusehen, wie ihre Anteile am globalen Handel schrumpften. In Frankreich stellt das verarbeitende Gewerbe nur 16 Prozent des BIPs, während es in Deutschland rund 30 Prozent sind. Zwar liegt Frankreich als Exportland weltweit immer noch auf dem fünften Platz, aber Südkorea, Mexiko, Indien, Russland und andere sitzen ihm bereits im Nacken. Der ehemalige Präsident Nicolas Sarkozy hat gesagt, er wolle, dass Frankreich den Herstellungssektor bis 2015 um 25 Prozent vergrößert, aber er hat nicht gesagt, wo seiner Meinung nach die Abnehmer herkommen sollen.[8]

Italien ist mit einem noch steileren Abstieg konfrontiert – Brasilien hat es im vergangenen Jahr überholt und das G7-Gründungsmitglied als siebtgrößte Volkswirtschaft der Welt abgelöst. Indien, Russland und Südkorea werden Italien wahrscheinlich bis zum Ende des Jahrzehnts aus den Top 10 verdrängen. Was den Export angeht, Italiens Lebenselixier, so haben es Südkorea und die Niederlande 2010 vom sechsten auf den achten Rang geschoben – ein noch auffallenderer Maßstab für seine Erstarrung.

Daran müssen sich die Italiener wohl gewöhnen: Seit dem Ende des Kalten Krieges ist ihr verarbeitendes Gewerbe, das nach dem Zweiten Weltkrieg massiv aufgeblüht war, der große Verlierer. Ein paar von den großen Marken sind immer noch Dreh- und Angelpunkte der italienischen Wirtschaft: Pirelli, Fiat, Parmalat, Ferrari und Ducati – alles führende Weltmarken. Aber Italien ist mehr als irgendeine andere europäische Volkswirtschaft verzweifelt auf den Export als Wachstumstreiber angewiesen. Im vergangenen Jahrzehnt verzeichnete es kaum ein Prozent Wachstum, zwei Jahre hintereinander war das Wachstum negativ und der IWF sagt für 2011 nichts Besseres voraus. Im Jahr 1990 war Italien für rund fünf Prozent des gesamten Welthandels verantwortlich. Heute beläuft sich dieser Anteil nur noch auf 2,9 Prozent und er geht schnell zurück.[9]

Die Situation Großbritanniens ist womöglich noch düsterer, auch wenn sein flexiblerer Arbeitsmarkt und seine historische Experimentierfreude einen Hoffnungsstrahl darstellen. Früher war Großbritannien das dominierende Zentrum des Welthandels, aber sein Herstellungssektor ist zu einem Schatten seiner selbst zusammengeschrumpft. Im Jahr 1965 stellte es noch sieben Prozent des Welthandels, doch dieser Anteil ist bis 2010 auf 2,7 Prozent geschrumpft. Dies zeugt davon, dass die Investitionen in Infrastruktur in den 1960er- und 1970er-Jahren fast vollständig zusammengebrochen sind, was dann noch dadurch verschlimmert wurde, dass die Schwerindustrie in der Thatcher-Zeit zugunsten des Dienstleistungs- und insbesondere des Finanzsektors aufgegeben wurde.

Die Bedeutung Londons als Zentrum der globalen Märkte schallt durch die gesamte britische Wirtschaft, die in gewaltigem Maße von der City of London – so wird das Finanzviertel genannt – und den Gebühren, Bonuszahlungen und Gehältern abhängig ist, die sie hervorbringt. Nachdem London durch die Finanzkrise 2008/2009 fast genauso schweren Schaden genommen hat wie die Wall Street, macht die City immer noch eine Flaute durch. Sowohl ihre Größe als auch ihr Ruf haben nachgelassen und sie ist mit neuen Einschränkungen ihrer Aktivitäten konfrontiert, die einige der momentan ansässigen internationalen Großbanken veranlassen, über eine Verlagerung ihrer Handelsabteilungen in die Schweiz nachzudenken (Nomura, HSBC und UBS haben bereits angefangen, Trades über Zürich abzuwickeln, was dem Finanzministerium Ihrer Majestät womöglich Milliardenausfälle beschert). Im Laufe der Zeit könnte sich die Schrumpfung des britischen Bankensektors durchaus positiv auswirken, denn möglicherweise bekommt die Wirtschaft dadurch ein stabileres Fundament. Großbritanniens derzeitige Nöte erklären sich zum Teil durch die übertriebene Abhängigkeit vom Finanzwesen, einem Relikt aus den fröhlichen Thatcher-Jahren. Zwar bewegt sich die britische Wirtschaft noch nicht auf der Ebene der PIIGS, aber sie ist seit dem Höhepunkt 2008 um mehr als vier Prozentpunkte geschrumpft, und zwar vor allem wegen der schrecklichen Flaute im britischen Bankwesen. Die bereits beschriebenen fragwürdigen Maßnahmen des Staates, die dafür gedacht waren, das wachsende Staatsdefizit einzudämmen, haben das Wirtschaftswachstum erstickt. Trotz der Haushaltskürzungen von Premierminister David Cameron wurde anfänglich damit gerechnet, dass die britische Staatsverschuldung bis 2015 auf 70 Prozent des BIPs anwachsen würde, bevor sie zu schrumpfen beginnt. Ende November 2011 korrigierte Cameron diese Angaben radikal und räumte ein, Großbritannien stehe vor einem Jahrzehnt der Sparsamkeit, um dieses Ziel zu erreichen, wobei die Verschuldung jetzt auf 78 Prozent anwachsen solle, bevor es abwärts gehe. Diese Neuigkeit löste Arbeiterproteste aus, wie es sie seit den 1970er-Jahren nicht mehr gegeben hatte. Die OECD und andere unabhängige Analysten warnten, dass die Einkommen der Haushalte rapide abstürzen würden (in den nächsten drei Jahren um durchschnittlich 4.000 Dollar) und dass die britische Wirtschaft infolge der Sparmaßnahmen bis 2015 um 15 Prozent schrumpfen würde – und dann stehen Neuwahlen an. Sogar manche Tories begannen, sich vor dem Kurs zu fürchten, den sie vorgezeichnet hatten.[10]

Wenn Großbritannien seine Zukunftsaussichten wieder aufhellen und das Anwachsen seiner Staatsverschuldung umkehren will, muss es mehr tun, als seinen Bankensektor zu verkleinern. Zusätzlich muss es andere Branchen fördern, vor allem das verarbeitende Gewerbe. Camerons Finanzminister George Osborne räumt dies durch einen seltenen Plan ein, ein bisschen Geld für Infrastruktur, Forschung und Gewerbegebiete auszugeben. Das ist zwar ein Anfang, kommt aber kaum an das Manhattan Project heran. Die logische Alternativroute, die er – wie die Vereinigten Staaten – beschreiten könnte, wären kurzfristige Anreize von bis zu drei Prozent des BIPs und danach ein nachhaltigerer Haushaltssparplan.

Obwohl viele das Wachstum bremsende industriepolitische Maßnahmen auf das Konto der britischen Nachkriegsregierungen gehen, galt die Finanzierung (volkswirtschaftlich und unternehmerisch) nützlicher Forschungs- und Entwicklungsbemühungen einst als Stärke Großbritanniens. Heute gibt es außerhalb der Pharma- und Ölbranche – wo britische Firmen wie GlaxoSmithKline, AstraZeneca, BP und Royal Dutch Shell (zur Hälfte britisch) zur Weltspitze zählen – nur wenige dünn gesäte Lichtblicke (unter anderem den Luft- und Raumfahrtgiganten BAE Systems und die Belfaster Werft Harland and Wolf, die die Titanic und andere große Schiffe gebaut und den lukrativen Markt der Offshore-Windparks und Gezeitenkraftwerke entdeckt hat).

Doch im Allgemeinen ist die jüngere britische Industriegeschichte eine Geschichte des Niedergangs und der Deindustrialisierung im großen Stil. Die einstmals großen Namen sind entweder Geschichte oder wurden von ausländischen Konkurrenten übernommen. Rolls-Royce wurde von der deutschen BMW gekauft. Das wohl ultimative Symbol dafür, dass der Spieß umgedreht wurde, ist die Tatsache, dass Tata Motors mit Sitz in der ehemaligen britischen Kolonie Indien im Jahr 2008 das Unternehmen geschluckt hat, das die legendären Jaguars und Land Rovers baut. Es lässt tief blicken, dass sich diese Produkte nach der Übernahme durch die Ausländer verbessert haben – sowohl hinsichtlich ihrer Qualität als auch hinsichtlich ihrer Marktanteile.

Das verarbeitende Gewerbe stellt derzeit nur zwölf Prozent des BIPs – das ist der niedrigste Anteil unter den zehn größten Volkswirtschaften der Welt –, nachdem es um die Jahrtausendwende noch 20 Prozent waren. Man muss Cameron zugute halten, dass er die „Neugewichtung" der britischen Wirtschaft zu einem Ziel seiner Regierung gemacht hat. Doch abgesehen von vielen Worten über eine Innovationswirtschaft und dem lautstarken Eintreten für die Schaffung einer britischen Version des Silicon Valley hatte seine Politik größtenteils negative Auswirkungen. Die drakonischen Haushaltskürzungen drohen immer noch, Großbritannien erneut in die Rezession kippen zu lassen (bis zum Oktober belief sich das BIP-Wachstum 2011 auf weniger als ein Prozent). Der geprügelte Bankensektor heimst ebenso wie der US-amerikanische Gewinne ein, indem er sich bei der Bank of England zu Rekord-Niedrigzinsen Geld leiht und es zu hohen Zinsen in Schwellenländern anlegt. Aber in dem, was sie eigentlich tun sollten, haben die Banken von 2009 bis 2011 kläglich versagt: den kleinen und mittleren Unternehmen, welche die Motoren des künftigen Wachstums und die Brutstätten der Innovation sind, Kredite zu geben. Die britischen Bankenregulierer haben anders als die US-amerikanischen Schritte unternommen, um das zu beheben. Da hier kein Zugang zu größeren privaten Finanzierungsquellen besteht – Business Angels, Private-Equity-Firmen, Hedgefonds und anderen –, die US-amerikanischen Firmen helfen, dieses Problem zu überstehen, blieb selbst der konservativen Regierung keine andere Wahl, als einzuschreiten. Im Februar 2011 legte ein Abkommen zwischen den Regulierungsbehörden und den fünf größten britischen Banken unter der Bezeichnung „Project Merlin" Grenzen für Managergehälter und Bonuszahlungen fest und zwang die Banken, sich auf die Vergabe von Krediten in Höhe von 190 Milliarden Pfund im Jahr 2011 zu verpflichten.

DIE PAX GERMANICA

Europas künftige Entwicklung als Global Player wird weitgehend von dem einsamen Spitzenreiter des Kontinents – Deutschland – sowie von dessen Beziehungen zu seinen EU-Partnern einerseits und seinem mächtigsten Nachbarn Russland andererseits bestimmt. Die derzeitigen Entwicklungen lassen vermuten, dass die Ära von Europas weltweitem Einfluss ein jähes Ende findet. Wenn der Wirtschaftsmotor Europas stottert – sogar Deutschlands viel gepriesene Exportwirtschaft schaltete Mitte 2011 in den Kriechgang –, bekommt sein politisches und militärisches Gewicht einen Kolbenfresser. Das äußert sich nicht nur – wie in Amerika – in einem relativen Machtverlust, sondern auch in einem echten Niedergang von Frankreichs Ambitionen und darin, dass Großbritanniens Kapazitäten durch den törichten Irak-Krieg und den fortgesetzten unpopulären Einsatz in Afghanistan erschöpft sind. Langfristig ist jedoch die Tatsache von größerer Bedeutung, das dies auch die bewusste Politik Deutschlands widerspiegelt, das seine Interessen (und somit auch die gesamteuropäischen Interessen) zunehmend darin sieht, sich von den Problemzonen der Welt fernzuhalten – vor allem von Feldzügen in fernen Ländern unter amerikanischer Führung.

Der sichtbare Niedergang von Europas politischer und militärischer Macht war schon im vergangenen Jahrzehnt atemberaubend und er wird sich noch beschleunigen, wenn die europäischen Steuerzahler noch nachdrücklicher als ihre amerikanischen Genossen verlangen, dass das Staatsvermögen für inländische Probleme anstatt für ausländische Verwicklungen eingesetzt wird. Angaben zur militärischen Stärke sind in Europa etwa zu der Zeit aus der Mode gekommen, als die amerikanischen Streitkräfte 1945 zum wichtigsten Element der Sicherheit des Kontinents wurden. Aber das Ausmaß seiner

Entmilitarisierung ist trotzdem frappierend. Die 26 europäischen NATO-Mitglieder haben nur einen einzigen echten Flugzeugträger vorzuweisen: die französische *Charles de Gaulle*. China wird bis zum Ende des Jahrzehnts mindestens drei haben, Indien ebenfalls. Großbritannien verfügt über 190 Kampfflugzeuge – weniger als die US-amerikanische Küstenwache. Die Militärhubschrauber Deutschlands würden vielleicht den Bedürfnissen einer großen Ölgesellschaft genügen und die Reformen im Zuge der Aussetzung der Wehrpflicht – eine längst fällige Modernisierung – senken die Anzahl der Soldaten von derzeit etwa 251.000 bis zum Jahr 2015 auf 185.000. Nur rund 7.000 davon können im Ausland eingesetzt werden (und rund 5.000 sind tatsächlich in Afghanistan, allerdings unter Vorschriften, die die meisten offensiven Operationen untersagen).

Laut Angaben der Verteidigungsanalysefirma IHS Jane dürften die Verteidigungsausgaben der europäischen NATO-Mitglieder – die laut dem amerikanischen Verteidigungsminister ohnehin schon empörend niedrig sind – bis 2015 noch einmal um 2,9 Prozent sinken.[12] Noch vor zehn Jahren entfiel die Hälfte der NATO-Ausgaben auf die europäischen Mitglieder der Allianz. Heute sind es nach NATO-Angaben nur noch knapp 25 Prozent. Der ehemalige dänische Premierminister Anders Fogh Rasmussen, der momentan den obersten zivilen Posten der NATO innehat, befürchtet, dass sich die Vereinigten Staaten deswegen von Europa lösen werden und stattdessen Bündnisse mit aufstrebenden Mächten in Asien und Lateinamerika schließen – und dass sie Europa sich selbst verteidigen lassen. „Diese wachsende wirtschaftliche Kluft könnte auch zu einer wachsenden technologischen Kluft führen, die fast mit Sicherheit die Interoperabilität unserer Streitkräfte erschweren wird. Die Amerikaner [...] stellen immer mehr militärisches Gerät und Ausrüstung bereit und die Europäer hinken hinterher. Irgendwann wird es aufgrund der technologischen Kluft selbst dann schwierig, zu kooperieren, wenn der politische Kooperationswille vorhanden wäre."

Oberflächlich betrachtet scheint der Libyen-Einsatz solchen Bedenken zu widersprechen. Doch in Wirklichkeit mussten sich Frankreich und Großbritannien – die mit Abstand leistungsfähigsten

Militärmächte Europas – schon bis zur Grenze des Erträglichen anstrengen, um die relativ begrenzte Bombardierung eines schlecht organisierten, heruntergekommenen Gegners durchzuhalten. Ohne die anfänglichen Anstrengungen der Vereinigten Staaten, die einen großen Teil der Luftabwehr und der Radaranlagen von Oberst Muammar Gaddafi ausschalteten, wäre der Luftangriff gar nicht möglich gewesen. Und sogar die Tatsache, dass Präsident Obama darauf bestand, dass Europa die Leitung der Operation übernehmen sollte – ein sinnvoller, winziger Schritt auf dem Weg, die militärische Leistungsfähigkeit der europäischen NATO-Mitglieder nach 60 Jahren einmal aus der Reserve zu locken und bloßzustellen –, setzte eigentlich nur einen symbolischen Präzedenzfall. Zwar führten die Vereinigten Staaten die Luftangriffe mehrheitlich nicht selbst aus, aber sie mussten ihre europäischen Partner wiederholt mit Nachschub an präzisionsgelenkter Munition und anderen Hightech-Waffen versorgen, sonst wären die Luftwaffen der NATO nicht in der Lage gewesen, Operationen in Gebieten durchzuführen, in denen Zivilisten wohnen. Steven Erlanger schrieb in der *New York Times*:

> Am Krieg in Libyen haben einige der stärksten Mitglieder des Nordatlantischen Bündnisses nicht teilgenommen oder nicht mit Kampfflugzeugen teilgenommen, darunter Spanien, die Türkei und Schweden. Im Verhältnis zu ihrer Größe wurden außerordentlich viele Lufteinsätze von Dänen und Norwegern geflogen. Ihre Flugzeuge und Piloten waren erschöpft, nachdem die Franzosen ihren einzigen atomgetriebenen Flugzeugträger wegen überfälliger Reparaturarbeiten und die Italiener ihren aus Kostengründen abzogen. Nur acht der 28 Bündnispartner nahmen an den Kampfhandlungen teil und den meisten ging die Munition aus, sodass sie teure Munition aus US-Lagerbeständen kaufen mussten. Deutschland weigerte sich, teilzunehmen, sogar an der Einrichtung einer Flugverbotszone.[12]

Die Europäer lassen solche Worte kalt – vor allem die Deutschen. Aus deutscher Sicht wird Europa nicht von einer äußeren Macht bedroht. Da außerdem immer noch gut 42.000 amerikanische Soldaten auf dem Kontinent stationiert sind – die meisten davon in Deutschland –, wozu sollte man da kostbare Staatsgelder für Kriegsgerät ausgeben? Die deutsche Sicherheitsexpertin Constanze Stelzenmüller schrieb in der Zeitschrift *Internationale Politik* unter der Überschrift „Die selbstgefesselte Republik", dass die Deutschen anscheinend damit zufrieden sind, andere die harte Arbeit machen und ihre Freiheiten verteidigen zu lassen:

> Die USA haben eine Sicherheitsstrategie. Großbritannien, Frankreich haben eine. Selbst die EU hat eine. Deutschland hat ein Weißbuch des Bundesverteidigungsministeriums. Damit bleibt auf der nationalen Ebene eine programmatische Lücke. [...] Gewiss, für die Verbündeten ist es ein Problem, wenn wir uns nicht imstande sehen, ihnen mit militärischer Schlagkraft zu helfen. Natürlich schränken die gewollten geografischen und rechtlichen Einhegungen dieser Schlagkraft (caveats) deren Wirksamkeit erheblich ein. Überdies liefern wir uns mit diesen Einhegungen auf geradezu zwanghafte Weise allen anderen Forderungen unserer Alliierten schutzlos aus. Das Kernproblem deutscher Bündnisfähigkeit ist aber in Wirklichkeit eine Frage des politischen Willens. Bei den NATO-Verbündeten gelten die Deutschen als passiv, reaktiv, bremsend: kurz, als die neuen Franzosen in der NATO.[13]

„DAS DA DRÜBEN" IST VORÜBER

Zwischen den heutigen Deutschen und den reizbaren Gaullisten besteht folgender wesentlicher Unterschied: Der französische Präsident Charles de Gaulle verlangte 1966, dass die US-Soldaten „von französischem Boden entfernt" werden (was Außenminister Dean Rusk zu der Frage veranlasste: „Auch die darin begrabenen?"). Deutschland weist hingegen keinerlei Anzeichen des Unbehagens damit auf, dass es fast 70 Jahre nach Hitlers Tod im Prinzip ein besetztes Land ist. Angesichts des Gebarens der Vereinigten Staaten kann man ihm das kaum verdenken. Trotz der zum Ritual gewordenen Klagen Washingtons, die Europäer würden „nicht ihren Beitrag leisten", machen die Amerikaner das bislang mit Soldaten, Fliegergeschwadern, Marineflotten und einer riesigen europaweiten Militär-Infrastruktur mehr als wett, und all dass deutet nicht gerade darauf hin, dass Johnny bald in Richtung Heimat marschieren will.

Von den Balkonen des Hotels Edelweiß in Garmisch-Partenkirchen aus bewundern amerikanische Soldaten und ihre Familien die zerklüfteten Berggipfel der Alpen, die auch den Hintergrund für Hitlers berüchtigte Zuflucht in Berchtesgaden bildeten. Die gebieterischen Höhen der Zugspitze überragen die Stadt, in der 1936 die olympischen Winterspiele ausgetragen wurden, und bilden die Grenze zwischen Deutschland und den noch imposanteren Massiven der südlich anschließenden Tiroler Alpen in Österreich.

Das für 80 Millionen Dollar erbaute Edelweiß Lodge and Resort eröffnete 2004, um amerikanischen Militärbediensteten und ihren Familien ein subventioniertes Urlaubsziel zu bieten – eines von fünf solchen Zielen auf dem Planeten. In Anbetracht des Einsatztaktes des vergangenen Jahrzehnts im Irak und in Afghanistan ist die Erholung wohlverdient. Aber dieser Ferienort mit seinen Wellnessbereichen, Restaurants und geführten Bergtouren ist auch ein mächtiges Mahnmal der Tatsache, dass die US-Streitkräfte noch gut 15 Jahre nach dem Fall der Berliner Mauer auf dem Gebiet des vereinten Deutschlands militärische Infrastruktur gebaut haben, so als hätten sie nicht die Absicht, es jemals zu verlassen. Allein in Deutschland gibt es heute immer noch 51 große und kleine amerikanische Militärbasen. Diese reichen von dem riesigen Panzerstützpunkt in Schweinfurt bis zu dem an unpassender Stelle angesiedelten US-Regionalkommando für Afrika und sind nicht mehr auf die Verteidigung Westeuropas gegen die Panzerdivisionen des Warschauer Paktes ausgerichtet, sondern fungieren als Depots, Logistikzentren, Ausbildungseinrichtungen und – wie das Edelweiß – als Erholungsorte für den Weltpolizisten Amerika.

67 Jahre, nachdem erstmals amerikanische Soldaten den Fuß auf deutschen Boden setzten, ist die Präsenz Amerikas in einer Nation, die nach allen Maßstäben durchaus in der Lage wäre, sich selbst zu verteidigen, endlich zum Thema geworden. Doch überraschenderweise sind es von wenigen Kritikern am Rande abgesehen nicht die Deutschen, die sich beschweren.

„Unter Mitgliedern der Tea Party Patriots herrscht verbreitet die Auffassung, dass alle Posten des Haushalts, auch die Militärausgaben und die Entwicklungshilfe, auf den Tisch müssen", sagte Mark Meckler, Mitgründer der Tea Party Patriots, während der harten Gespräche über die Schuldenobergrenze im Sommer 2011.[14] Diese Meinung ist unter den neuesten Mitgliedern aus den Reihen der republikanischen Kongressabgeordneten weit verbreitet und ist seit Langem das Evangelium liberaler demokratischer Friedenstauben. Doch inzwischen stimmen auch die Eisenharten wie ein Mann in den Chor ein, auch die republikanischen Anwärter auf die Präsidentschaftskandidatur 2012.

„Beim derzeitigen Zustand unseres Haushalts müssen wir vor allem dort Ausgaben kürzen, wo wir daraus Nutzen ziehen können, zum Beispiel beim Abbau der militärischen Stationierung im Ausland. Wenn wir die übertriebenen Strukturen unserer Streitkräfte in Europa verschlanken und verkleinern, sparen wir Milliardenaufwendungen für Bautätigkeit, Betrieb und Wartung sowie die Unterstützung von Familien", sagte die texanische Senatorin Kay Bailey Hutchison, die durchaus keine liberale Politikerin ist und die unbedingt die Soldaten heimholen will. „Dadurch sparen wir nicht nur Milliarden an Steuergeldern und verbessern die Einsatzbereitschaft unserer Truppen, sondern holen auch Tausende Arbeitsplätze zurück in die Vereinigten Staaten."[15]

Der Ärger über die europäischen „Schmarotzer" – der weder die Beiträge in Libyen, im Irak und in Afghanistan noch die titanische Herausforderung der Staatsschuldenkrise in der Eurozone würdigt – baut sich schon seit Jahren auf. Für Abgeordnete wie Hutchison, die bis dahin noch jede Bewilligung von Verteidigungsgeldern oder

Einsätzen unterstützte (und noch zu erweitern suchte), macht die Finanzkrise in der Heimat dieses Gefühl zu einem unwiderstehlichen Zug, auf den sie aufspringen möchten. (Da schadet es natürlich auch nichts, dass eine der heimkehrenden Einheiten, nämlich die 1. Panzerdivision der US Army, die erwähnten „Tausenden von Arbeitsplätzen" in der Umgebung ihres Hauptquartiers im texanischen Fort Bliss schafft, also im Heimatstaat der Senatorin.)

Doch Zynismus beiseite: Die finanziellen Argumente für einen massiven Abzug amerikanischer Soldaten wiegen schwer. Laut einer Studie aus dem Jahr 2011, die vom Institute for Policy Studies in Auftrag gegeben wurde, kostet es die Vereinigten Staaten 250 Milliarden Dollar im Jahr, die Streitkräfte außer Landes in Bereitschaft zu halten. Rund 100 Milliarden von dieser gigantischen Summe, die mehr als ein Drittel der US-Verteidigungsausgaben darstellt, sind Kosten für die langsam abflauenden Kriege im Irak und in Afghanistan. Aber ein ebenso großer Brocken – 100 Milliarden Dollar im Jahr – fließt in die Finanzierung amerikanischer Streitkräfte in reichen Ländern wie Deutschland. „Die meisten Soldaten sind in Hochlohnländern wie Deutschland und Japan stationiert. Man könnte von den Gastgeberländern Zahlungen für die Präsenz der amerikanischen Truppen erheben, die ein Plus für die Vereinigten Staaten erbringen", heißt es in der Studie. „Jedoch sind solche Zahlungen derzeit minimal. Laut den neuesten verfügbaren Informationen beliefen sich die direkten Zahlungen von Verbündeten auf gut vier Milliarden Dollar und die sogenannten ‚indirekten Beiträge' auf weitere vier Milliarden Dollar. Überdies stammen 78 Prozent der direkten Zahlungen aus einem einzigen Land, nämlich aus Japan", und die Beiträge sinken schnell. „Andere Länder leisten geringe bis gar keine Beiträge zu den US-Stützpunkten."[16]

Seit einigen Jahrzehnten sind die Politiker in Deutschland und in anderen europäischen Ländern, die US-Truppen beherbergen – unter anderem Spanien, Italien, Belgien, Portugal und sogar Großbritannien – immer öfter mit einer wütenden Öffentlichkeit konfrontiert, wenn die amerikanischen Politiker beschließen, in den Krieg zu ziehen. Abgesehen von den Anfangstagen des Afghanistaneinsatzes –

der unter Artikel 5 des NATO-Abkommens zur Beistandspflicht fiel – lösten die Einsätze in Somalia und im Irak (1991 und 2003) sowie die Nutzung von Einrichtungen auf deutschem Boden für „außerordentliche Überstellungen" massive Antikriegsdemonstrationen in europäischen Städten aus. Und doch hat keine größere europäische Partei die Forderung im Programm, dass die amerikanischen Streitkräfte, die seit dem 6. Juni 1944 (D-Day) auf dem Kontinent präsent sind, ihre Sachen packen und gehen sollen. Wieso?

„Mal ehrlich, warum sollten die wollen, dass wir gehen?", fragt Stephen Sestanovich, Russland- und Eurasienexperte im Thinktank Council on Foreign Relations. „Jetzt, wo die Briten ihren Verteidigungshaushalt kürzen, investieren nur noch die Türkei und Frankreich ernsthaft in das Militär. In allen anderen Ländern war die Unterstützung ihrer Verteidigungs- und Abschreckungsbedürfnisse durch die Amerikaner nach dem Zweiten Weltkrieg derart umfassend, dass sogar das Konzept der ‚nationalen Sicherheit' verschwunden ist. Solange die Vereinigten Staaten noch Zigtausende Soldaten in Europa stationiert haben, wird sich daran auch nichts ändern." [17]

Tatsächlich haben die Europäer trotz der Kriege in Bosnien und im Kosovo in den 1990er-Jahren, trotz des Krieges zwischen Russland und Georgien 2008 und trotz der anhaltenden Spannungen zwischen Europa und seinen muslimischen Bürgern einfach nicht das Gefühl, dass ein bewaffneter Konflikt eine realistische Bedrohung ihrer Sicherheit ist. Wenn die Erfahrung in Bosnien – wo die anfängliche Intervention der Europäer in demütigender Weise von den Vereinigten Staaten gerettet wurde – und dann die unpopulären Kriege im Irak und in Afghanistan überhaupt zu einem Ergebnis geführt haben, dann laut Expertenaussagen dazu, dass Europa weniger denn je geneigt ist, für seine eigene Verteidigung einzutreten.

„Die Europäer machen sich inzwischen rückhaltlos die Geschichte mit Venus und Mars zu eigen", so Nick Childs, Verteidigungs- und Sicherheitskorrespondent der *BBC*. „Das Argument lautet: Lassen wir die Yankees Krieg spielen, unsere Macht ist sanft." [18]

Großbritannien und Frankreich sind zwar nach wie vor entschlossen, eine so große geopolitische Rolle zu spielen, wie sie ihre abnehmende ökonomische Vitalität zulässt, aber beide kürzen ihre Verteidigungsausgaben wesentlich. Noch bedeutender ist, dass das eigentliche Schwergewicht des Kontinents – nämlich Deutschland – eine Weltsicht entwickelt hat, die derjenigen Washingtons zuwiderläuft. Es pflegt den Hang zum Pazifismus, den ihm die Besatzer nach dem Zweiten Weltkrieg eingeflößt haben, und zum Missfallen der Vereinigten Staaten praktiziert es ihn ausgiebiger denn je. Ein besonders scharfer Wendepunkt war der lautstarke Widerstand gegen den Irak-Krieg. Seitdem ist es nicht mehr selbstverständlich, dass Deutschland Maßnahmen der Vereinigten Staaten unterstützt. Allein im Jahr 2011 hat sich Deutschland gemeinsam mit China, Russland und anderen Ländern der Stimme enthalten, als im UN-Sicherheitsrat über die Intervention der NATO in Libyen abgestimmt wurde, und es war ebenso wie der zweite Exportgigant China gegen Maßnahmen zur Behebung weltweiter Ungleichgewichte unter Führung der Vereinigten Staaten. Und zum ersten Mal überhaupt hat Deutschland eine Resolution des UN-Sicherheitsrats unterstützt, welche den Siedlungsbau Israels und die Besetzung des Westjordanlands als illegal verurteilte und die sofortige Einstellung verlangte. Laut Heather A. Conley, Deutschlandexpertin am Center for Strategic and International Studies in Washington, dürfte dieser Riss noch größer werden:

> Der Leim der amerikanischen Außen- und Sicherheitspolitik, der Europa und die transatlantische Gemeinschaft in der Ära des Kalten Krieges und kurz danach zusammenhielt, ist kein wirksamer Klebstoff mehr. Wir werden heute Zeuge der ersten politischen Gehversuche Deutschlands ohne Europa und die Vereinigten Staaten. Die deutschen Politiker glauben, militärisch gesehen würden die Vereinigten Staaten in den nächsten zehn Jahren Europas Standard-Schutzmacht bleiben, während sich Deutschland zunehmend auf die Sicherheitsgarantien der Vereinigten Staaten verlässt und seine eigenen Militärausgaben kürzt. In entscheidenden internationalen Wirtschaftsangelegenheiten wird Deutschland aller-

dings in den kommenden Jahren eher bereit sein, von den Vereinigten Staaten verordnete politische Maßnahmen anzufechten, denn es ist fest davon überzeugt, dass die Vereinigten Staaten in die falsche Richtung gehen, wenn sie nicht in die ‚richtigen' politischen Prioritäten investieren oder sich darauf konzentrieren: Sicherheit der Energieversorgung, Klimawandel, Sparhaushalte und angemessene Regulierung der Finanzmärkte.[19]

Doch auf Deutschland – und auf das „Europa", in dem es seit dem Sturz des Dritten Reiches sein Heil sieht – wartet eine Überraschung. Da die US-Streitkräfte den Abzug aus dem Irak und aus Afghanistan anstreben und in einer Zeit, in der die Staatsverschuldung im Denken vieler Amerikaner al-Qaida als größten Feind abgelöst hat, findet Europas Freifahrt in Sicherheitsangelegenheiten ein abruptes Ende. Die Vereinigten Staaten werden mit ihren Verteidigungsdollar knausern und für sie wird es augenscheinlich Vorrang haben, die Herausforderungen in Asien und im Nahen Osten zu bewältigen – nicht zuletzt die wachsende Stärke und moderne Ausrüstung des chinesischen Militärs. Der Luxus, in Europa mehrere Brigaden – oder ein Luxushotel zu ihrer Erholung – zu unterhalten, während die Europäer selbst ihre Verteidigungsausgaben kürzen, kann keinen Bestand haben. Wenn sich die um die Existenz ringende EU nicht von Moskau herumschubsen lassen will, muss sie schon etwas mehr tun, um die Lücke zu füllen.

RÜCKWÄRTSSCHRITT

Unmittelbar im Osten lauert Russland. Die Unsicherheit, die schon immer ein Markenzeichen des russischen Charakters war, äußert sich seit dem Zusammenbruch der Sowjetunion auf neue und möglicherweise gefährliche Art. Die feindselige Haltung Russlands gegenüber der Vorstellung, dass die Ukraine oder Georgien NATO-Mitglieder werden, löste einen kleinen Krieg (gegen Georgien 2008) aus, der russischstämmige Separatisten in den Enklaven Abchasien und Südossetien stärkte und das Staatsgebiet Georgiens de facto um ein

Viertel verkleinerte. Die Einmischung des Kremls in der Ukraine hat aus dem politischen System dieses großen Landes einen Sumpf von Intrigen zwischen westlich gesinnten Reformern und moskautreuen Revanchisten gemacht. Im Jahr 2007 lancierte der Kreml eine internationale PR-Aktion, indem er ein U-Boot entsandte, das auf dem Meeresgrund unter dem Nordpol eine winzige russische Flagge aufpflanzte und damit letztlich das Polarmeer für die Kreml-eigenen Ölkonzerne beanspruchte. Dies veranlasste Kanada, mit dem Bau zweier Militärstützpunkte in der Arktis zu beginnen und gemeinsame Militärübungen mit zwei anderen arktischen Mächten abzuhalten, den Vereinigten Staaten und Dänemark.

Im heimischen Europa unterstützte Russland indes separatistische Ansprüche im Kleinstaat Moldawien und beunruhigte Polen sowie die baltischen Länder in den letzten Jahren mit einer Reihe provokativer Militärmanöver. Im Jahr 2009 hielt Russland eine Militärübung ab, die auf einem lächerlichen Szenario basierte: einer „Erhebung" von Polen im westlichen Teil Weißrusslands (der vor 1939 zu Polen gehörte), gefolgt von einer Invasion Russlands durch litauische und polnische Elitetruppen. Die polnische Regierung war derart besorgt, dass der damalige Außenminister Radek Sikorski Washington bat, auf polnischem Gebiet Truppen zu stationieren, „falls Sie sich das noch leisten können".[20] Stattdessen erklärte sich die NATO zu Patrouillenflügen über den baltischen Ländern bereit.

Russland wird den Amerikanern im weiteren Verlauf des Jahrhunderts noch diplomatische Kopfschmerzen bereiten. Es könnte Europa drangsalieren oder – noch schlimmer – erneut bedrohen. „Theoretisch sollten die Europäer auf die amerikanischen Verteidigungskürzungen dadurch reagieren, dass sie die Frage untersuchen [...], ob sie ihre Streitkräfte aufstocken müssen, um die abziehenden US-Streitkräfte zu ersetzen", so Tomas Valasek, Direktor für außen- und verteidigungspolitische Studien am Centre for European Reform. „Aber wahrscheinlich passiert das Gegenteil: Ohne den Druck der Vereinigten Staaten werden sich viele europäische Regierungen freier denn je fühlen, die Militärausgaben zu senken und die Streitkräfte abzubauen. Das könnte sich noch als die bedeutendste und verheerendste

Folge der aktuellen Haushaltskürzungen für die Sicherheit der Verbündeten erweisen."[21]

Die jüngsten Ereignisse lassen den Schluss zu, dass Russland meint, es habe der NATO in den letzten zwei Jahren zweimal ein Schnippchen geschlagen: einmal, indem es gegen Georgien Krieg führte und die Verurteilungen des Westens schulterzuckend abtat, und dann, indem es die Vereinigten Staaten davon abbrachte, in Polen und der Tschechischen Republik einen umfassenden Raketenabwehrschild aufzubauen. Diese „Siege" des russischen Nationalismus werden künftige Anfälle von Chauvinismus keineswegs verhindern, wahrscheinlich machen sie dem Kreml vielmehr Mut, seine Grenzen auszutesten. Russlands kurzfristiges Ziel ist das stillschweigende Eingeständnis, dass die Erweiterung der NATO beendet ist. Mittelfristig wird Russland die Einnahmen aus seinen Öl- und Gasexporten – die zu einem großen Teil in die EU verkauft werden – wohl für den Wiederaufbau seines Militärs verwenden und erneut seine bereits wohlbekannte Bereitschaft bestätigen, die zunehmende Abhängigkeit der EU von russischen Energieressourcen einzusetzen, um deren diplomatische Macht in Sachen Menschenrechte und Sicherheit zu neutralisieren. Unterdessen sind die Verteidigungsaufwendungen Russlands seit dem absoluten Tiefpunkt nach dem Kalten Krieg wieder dramatisch gestiegen, was in Westeuropa merkwürdigerweise unkommentiert bleibt. Im Jahr 2001 gab Russland 28 Milliarden Dollar für sein Militär aus – das war nicht annähernd genug, um die verfallenden Streitkräfte aufrechtzuerhalten, die es aus der Sowjetzeit geerbt hatte. Bis zum Jahr 2010 hatte sich diese Zahl allerdings mehr als verdoppelt und Russland gab für sein Militär mehr Geld aus als jedes andere europäische Land (59 Milliarden Dollar, also genauso viel, wie Großbritannien und Frankreich in jenem Jahr ausgaben – die dann aber scharfe Kürzungen verordneten). Derzeit sind die Beziehungen zwischen den größten Ländern Europas relativ gut, auch wenn Russland und Großbritannien etwas gerangelt haben, weil Moskau angeblich ein Mordkommando nach London geschickt hat, um den abtrünnigen KGB-Agenten und Putin-Kritiker Alexander Litwinenko zu töten, der mit Polonium vergiftet wurde. Aber die unterschiedlichen Wachstumsraten und Russlands Wunsch, sich nach einer demütigenden Phase wieder einen Platz in der Welt zu verschaffen (Wladimir Putin hat den Zusammenbruch der Sowjetunion einmal als „größte weltpolitische Katastrophe des 20. Jahrhunderts" bezeichnet), deuten darauf hin, dass Europa eine gewisse glaubwürdige Verteidigungsfähigkeit wird aufrechterhalten müssen.[22] Schließlich verabscheut die Natur die Leere und nur wenige Geschöpfe legen so große Strecken zurück, um sie zu füllen, wie ein Bär.

DER BRIC-BÄR

Die Einbeziehung Russlands in die mittlerweile allgegenwärtige Abkürzung BRIC, die von dem Morgan-Stanley-Analysten Jim O'Neill geprägt wurde, war vielleicht der größte Propagandasieg Moskaus, seit es der Welt vorgemacht hatte, nicht seine eigenen Truppen, sondern die Nazis hätten 1940 im Wald von Katyn und anderswo mehr als 21.000 gefangene polnische Offiziere ermordet. Anders als etwa in China, Indien und Brasilien hängt Russlands künftige herausragende Stellung augenscheinlich nicht von seinem gewaltigen Potenzial als Hersteller, von der Expansion seiner Mittelschicht oder von dem Ruf seiner Produkte ab, sondern fast vollständig von drei Wirtschaftsgütern: Öl, Gas und Kernwaffen.

Ian Bremmer, Präsident der politischen Risikoberatung Eurasia Group, tut Russland als „Rohstofflieferanten" ab.[23] Außer Öl, Gas und ein paar Diamanten wird Russlands Fassade der verantwortungsvollen Führung kaum von etwas gestützt. Es baut zwar immer noch ausgezeichnete Kampfflugzeuge und Panzer, diese sind aber den Spitzenkonkurrenten aus dem Westen immer noch einen Schritt hinterher. In internationalen Foren redet es gern und viel und wirft bei geopolitischen Auseinandersetzungen mit den Vereinigten Staaten regelmäßig sein sprödes Gewicht in die Waagschale. Aber ein Rechtsstaat existiert dort einfach nicht – jedenfalls nicht in den Augen vieler internationaler Investoren.

Ein Teil der von WikiLeaks veröffentlichten US-amerikanischen diplomatischen Depeschen bot einen seltenen kurzen Einblick in die

Tiefe dieses Problems. Laut den Behauptungen von US-Diplomaten betreiben hochrangige russische Staatsvertreter Geldwäsche, handeln mit Rauschgift und kassieren von Banden Schutzgelder, die sie dann schnell auf Offshore-Konten in der Schweiz, auf den Cayman-Inseln und auf Zypern verschieben. Vertrauliche Quellen in den US-Nachrichtendiensten schätzen, dass sich allein die Schmiergeldzahlungen auf jährlich 300 Milliarden Dollar belaufen. Russland leugnete natürlich alles und Wladimir Putin beklagte sich in einem Interview mit Larry King auf *CNN* über Depeschen, die ihn als Batman bezeichneten und seinen jugendlichen Protegé, den russischen Präsidenten Dimitri Medwedew, als Robin. Aber die US-Depeschen bekräftigten bloß, was andere internationale Quellen schon seit Jahren besagen. Im Jahr 2011 belegte Russland im jährlichen Korruptionsindex von Transparency International unter 178 Nationen Platz 154. Damit liegt es 20 Plätze hinter Nigeria.

Die Liste der internationalen Ölgesellschaften, die gewaltsam aus ihren Konzessionen in Russland gedrängt wurden, nachdem Staatsfirmen ihnen Technologie und Investitionen aus der Seele geleiert hatten, ist beeindruckend: Chevron, Total, Shell und kürzlich BP, das gedacht hatte, es hätte ein historisches Geschäft mit dem Kreml-Liebling Rosneft über die Ausbeutung riesiger Ölfelder in der russischen Arktis abgeschlossen. Doch stattdessen brachten die verwickelten Machenschaften der staatlichen russischen Ölgesellschaften BP vor Gericht. Einige der am besten vernetzten russischen Milliardäre verklagten das Unternehmen auf Milliarden Dollar. Dann durchsuchte die russische Polizei die Moskauer BP-Büros und beschlagnahmte im Namen der Kläger Unterlagen. Im Spätsommer 2011 löste Exxon Mobil BP ab und der vorwärtsdrängende Texaner Rex Tillerson strahlte bei der Unterzeichnungszeremonie neben Putin. Auch Putin lächelte. Schließlich enthielt das Kleingedruckte den Preis, der ihm wahrscheinlich am wichtigsten war: die Zusicherung, die Technologie des „hydraulic fracturing" zu teilen, das in der Branche als „Fracking", „Fracken" oder „Fracverfahren" bekannt ist. Mit dieser umstrittenen, aber effektiven und vor allem in den Vereinigten Staaten vorangetriebenen Methode kann man Erdgas aus tiefen unterirdischen Formationen fördern.

Gemäß manchen Kennzahlen hat Russland 2011 Saudi-Arabien als größten Erdölproduzenten abgelöst und es verfügt über die größten Erdgasreserven der Welt sowie die zweitgrößten Kohlereserven. Trotz dieses natürlichen Reichtums hat seine Wirtschaft Probleme. Die wissenschaftliche Infrastruktur, die den Vereinigten Staaten während des Kalten Krieges nichts schenkte, was Kernwaffen, Raumfahrt und allgemeine militärische Macht angeht, leidet unter chronischem Investitionsmangel und der Abwanderung von Wissenschaftlern. Die Infrastruktur ist nach wie vor schwer unterentwickelt – so sehr, das eine PR-Aktion Putins, die eigentlich den Aufbau eines landesweiten Autobahnnetzes und die Förderung der russischen Automobilindustrie zum Ziel hatte, aufs Übelste nach hinten losging. Es kam nämlich heraus, dass der in Russland gebaute Lada Kalina, den er auf der Kreuzschmerzen verursachenden Fahrt durch Sibirien fuhr, mehrmals durch Ersatzfahrzeuge ersetzt wurde, die ein hinter ihm her fahrender Autotransporter mitführte.

Doch über die Korruption und die bröckelnde Infrastruktur hinaus liegt die eigentliche Herausforderung für Russlands Zukunft in der Demografie. Eine Kombination aus massiver Auswanderung, der nach der Sowjetzeit steil gesunkenen Lebenserwartung und der rückläufigen Geburtenraten macht Russland zu einem unglaublich schnell schrumpfenden Giganten – eigentlich müsste diese Tatsache das Land für den echten BRIC-Status disqualifizieren. Das Statistikamt der Russischen Föderation verfolgt den von ihm so genannten „natürlichen Rückgang der Bevölkerung" seit dem Zusammenbruch der Sowjetunion 1992.[24] In den schlechtesten Jahren, von 1993 bis 2006, sank die Bevölkerung Russlands um mehr als 700.000 im Jahr, doch inzwischen hat sich der Rückgang etwas verlangsamt (im Jahr 2010 betrug er 239.468 und 2011 dürfte es ähnlich aussehen). Die steigende Geburtenrate deutet zwar darauf hin, dass sich das ausgleichen könnte, aber sie verschleiert eine wichtige Tatsache: Viele der kreativsten und begabtesten Köpfe Russlands sind längst weg. Schon wenn man nur ein paar derjenigen aufzählt, die in die Vereinigten Staaten gekommen sind, ergibt sich ein aufschlussreiches Spektrum: der Google-Mitgründer Sergey Brin, der Physiker Alexei Abrikossow, der Kunsthändler

Serge Sorokko und der Tennisstar Marija Scharapowa. Sie reihen sich in die historische Liste von Koryphäen ein, die im Laufe der Jahre vor der russischen oder sowjetischen Tyrannei geflohen sind, darunter der Hubschrauber-Pionier Igor Sikorski, der Komponist Igor Strawinski, der Choreograf George Balanchine und der Pionier der angewandten Mechanik Stepan Tymoschenko. Solche Verluste lassen sich zwar schwer quantifizieren, aber die US National Science Foundation machte folgende einfache Angabe: Im Jahr 2002 wurden etwa 30 Prozent der Produkte von Microsoft von Programmierern geschrieben, die aus Russland eingewandert waren. Auch das National Bureau of Economic Research, eine herausragende Zentralstelle der US-amerikanischen wirtschaftswissenschaftlichen Forschung, betrachtet die Abwanderung wissenschaftlicher Talente seit dem Ende der Sowjetunion als Warnung vor den langfristigen Auswirkungen, die der Wegfall von Forschungsstipendien und sonstigen Bildungsunterstützungen auf eine bedeutende Wissenschaftsmacht hat.

Der geringere Bevölkerungsrückgang der letzten Jahre veranlasst einige Experten, ihre früheren apokalyptischen Prognosen über den Bevölkerungskollaps Russlands zu widerrufen. Doch nach wie vor sind die Optimisten – wie immer in Russland – in der Minderheit. Der russische Politikanalyst Dmitri Oreschkin hat behauptet, Russland stehe an der Schwelle einer erneuten Zunahme der Abwanderung, weil die erste postsowjetische Generation desillusioniert sei. „Im Prinzip sind das diejenigen, die in den 1990er-Jahren wegen ihres jungen Alters und ihres natürlichen Optimismus gedacht hatten, jetzt würde endlich die Freiheit kommen und Russland würde ein normales Land werden", schrieb er in der Moskauer *Novaja Gaseta*, die immer noch offen ihre Meinung schreibt (seit 2004 wurden vier ihrer Journalisten ermordet). „Das Putin-Jahrzehnt hat sie ernüchtert. Man bringt es zu nichts, wenn man keinen Vater hat, der KGB-Oberst, Mitglied von [Putins Partei] Einiges Russland oder Mitarbeiter von [dem staatlichen Energieriesen] Gazprom ist."[23] Nimmt man noch hinzu, dass Russland seine kleineren Nachbarn mit Kriegen drangsaliert (zum Beispiel 2008 Georgien) und wie intolerant es mit abweichenden Meinungen im Land umgeht, so ist schwer zu verstehen, wieso irgendjemand Russland als langfristigen Akteur dieses Jahrhunderts betrachtet. Die zweite Hälfte des 20. Jahrhunderts ist weit, weit weg. Angesichts der derzeitigen Entwicklungen könnte es durchaus sein, dass die drei Millionen Russen, die im dünn besiedelten Hinterland der Pazifikküste unmittelbar neben 80 Millionen dicht gedrängten Chinesen und Nordkoreanern leben, im Jahr 2050 Namen tragen, die nicht mit kyrillischen Buchstaben geschrieben werden. Was außer einem Atomkrieg gegen den aufstrebenden Moloch China könnte Russland realistisch betrachtet dagegen tun? Man könnte meinen, Russland habe sich durch Tricks unter die BRICs gemogelt.

Michail Chodorkowski, ehemaliger Vorsitzender des russischen Ölgiganten Yukos und 2004 der reichste Mann Russlands, sitzt in einem karelischen Straflager, nachdem er wegen Betrug und Steuerhinterziehung verurteilt wurde. Seine Haftstrafe dauert nach einer Verkürzung aufgrund eines neues Gesetzes nunmehr bis 2014. Viele Menschen, auch internationale Menschenrechtsverbände, halten seine Verhaftung 2003, die nachfolgende Verhandlung und die Übernahme seines Unternehmens für politisch motiviert – er war einer der wenigen gewesen, die Putins Kampagne, das Recht auf die Äußerung abweichender Meinungen zurückzudrängen, öffentlich kritisierten. Es mag durchaus sein, dass der Oligarch illegale Abkürzungen genommen hat, um seinen Reichtum aufzubauen, aber er war elektrisierend, als er vor seiner Verurteilung 2010 ein letztes Mal vor Gericht das Wort ergriff und Empfindungen äußerte, die von vielen Reformern geteilt werden, die vor Jahrzehnten die Sowjetunion gestürzt haben, von denen heute aber nur noch wenige wagen, sie öffentlich zu äußern:

> Ich hoffe, dass Russland ein modernes Land mit einer entwickelten Zivilgesellschaft wird. Eine Gesellschaft, die frei ist von Bürokratenwillkür, frei von Korruption, frei von Ungerechtigkeit und Gesetzlosigkeit. Es ist klar, dass das weder von allein noch von einem Tag auf den anderen geschehen kann. Doch so zu tun, als würden wir uns entwickeln – wo wir doch in Wirklichkeit stillstehen oder gar abrutschen, auch wenn dies unter einem Deck-

mantel des vornehmen Konservatismus geschieht –, ist nicht mehr möglich und gefährdet unser Land. Man kann sich unmöglich mit der Tatsache anfreunden, dass sich Menschen, die sich als Patrioten bezeichnen, derart verzweifelt gegen jegliche Veränderung wehren, die ihren Zugang zu den Fleischtöpfen einschränken oder dafür sorgen würde, dass sie nicht mehr mit allem davonkommen.[26]

Die vier großen Tendenzen auf dem europäischen Kontinent werden im kommenden Jahrzehnt genau das Vakuum erzeugen, um dessen Verhinderung sich die Europäer seit Jahrhunderten (meist erfolglos) bemühen: der Niedergang der alten wirtschaftlichen und militärischen Einrichtungen Westeuropas; der Rückzug der amerikanischen Streitkräfte bis auf einen symbolischen Rest; das Beharren Deutschlands, Europa solle sich auf seine Kernprobleme konzentrieren und in der Weltpolitik einen neutraleren, eher mittleren Kurs einschlagen; und die durch Reichtum befeuerten Ambitionen des russischen Staates, der mit der Kriminalität zu kämpfen hat und sich historischen Klagen über den demütigenden Zusammenbruch des sowjetischen Imperiums hingibt. Zwar haben es die Vereinigten Staaten versäumt, mit ihren Verbündeten in Asien und im Nahen Osten in den notwendigen Dialog über ihre kleiner werdende Rolle in ihren Sicherheitsangelegenheiten einzutreten, aber Europa gegenüber äußert sich Washington unverblümt und nachdrücklich. Jedoch verdrängt Europa diese Gefahren genauso ernsthaft, wie es die Gefahr ignoriert hat, die Griechenland für seine wirtschaftliche Vitalität darstellte. Manchmal kann ein Freund nicht mehr tun, als das Beste zu hoffen.

KAPITEL 10

TEILNAHME ODER VERWEIGERUNG?

„Es gibt keine Zeit zu verlieren. Weder der Staat noch die Wirtschaft können Jahr für Jahr über ihre Verhältnisse leben. Es besteht kein Spielraum mehr, von geliehenem Geld oder geliehener Zeit zu leben." [1]

Dieses Zitat könnte von beliebigen heutigen Politikern aus dem krisengeplagten Europa, Japan oder Amerika stammen – höchstwahrscheinlich, aber nicht zwangsläufig aus dem konservativen Lager. Tatsächlich haben auch der derzeitige demokratische Präsident Barack Obama und rechte wie linke Politiker vom sozialistischen ehemaligen spanischen Premierminister José Luis Rodríguez Zapatero bis hin zur konservativen deutschen Kanzlerin Angela Merkel diese Meinung geäußert. Allerdings stammen diese Worte nicht aus zeitgenössischen Debatten in Washington oder Brüssel. Vielmehr äußerte der indische Finanzminister Manmohan Singh diese düstere Warnung 1991. In jenem Jahr trat der spätere Premierminister mit einem alarmierenden Aufruf vor das Parlament, Indien müsse sein Vorgehen grundlegend ändern. Damals befand sich Indien in großer wirtschaftlicher Not – seine Wirtschaft war zutiefst rückständig und ihm dämmerte, dass es seine Eliten im Kalten Krieg mit der falschen Seite gehalten und seine Volkswirtschaft nach dem gescheiterten Konzept des selbstständigen Sozialismus ausgerichtet hatten. Das Land steckte in der sogenannten „Hindu rate of growth" fest – sein Wirtschaftswachstum hielt nicht mit seinem schnellen Bevölkerungswachstum Schritt. Die bevölkerungsreichste Demokratie der Welt stand vor der Überlebensfrage und an dieser Aufgabe ist Indien gewachsen. In einer politischen Szene, neben der das amerikanische Zweiparteiensystem ein Kinderspiel ist, kämpften Singh und seine Anhänger gegen fest verwurzelte Interessen an – darunter eine starke kommunistische Partei, ein Establishment, das den Kapitalismus immer noch mit den bitteren Jahrhunderten der Kolonialherrschaft verband, und ein Militär, das Veränderungen skeptisch gegenüberstand – und verwandelten Indien in einen dynamischen Riesen, der im vergangenen Jahr hinsichtlich der Bevölkerung China überholt hat. Die Reformen, die er in Gang gebracht hat, haben ihre Fehler und sind noch unvollständig, aber gerade dadurch, dass Singh und die Reformer, die ihm folgten, die Veränderungen an die wirtschaftliche Realität und die Aufnahmefähigkeit der indischen Bevölkerung angepasst haben, veränderten sie buchstäblich die Welt – langsam, bewusst und ohne Indiens Charakter zu verändern oder sein Wachstum zu ersticken und seine

Wirtschaft in den Abgrund zu stoßen. Im Jahr 1991 war Indien bankrott und bat den IWF um 1,8 Milliarden Dollar. Nur zwei Jahrzehnte später ist es die zehntgrößte Volkswirtschaft der Welt und wird auf dem Weg an die Spitze der globalen Ranglisten fast mit Sicherheit in den nächsten zwei Jahren Kanada und Italien überholen.

Das Indien von vor 20 Jahren mag sich schlecht für Vergleiche mit der komplexen, gigantischen (wenn auch stockenden) heutigen Wirtschaft der Vereinigten Staaten eignen, aber die Lehre liegt weniger in den Einzelheiten der Industrieproduktion, der technischen Durchbrüche, des Handels oder des Finanzwesens, sondern eher in der Politik. Indien brachte den politischen Willen für das Eingeständnis auf, dass es jahrzehntelang Fehler gemacht hatte. Dann änderte es seinen Umgang mit der Geschäftswelt und der Regierung in einer Weise, die alte Tabus brach, alte Machtzentren unterhöhlte und das Leben von Hunderten Millionen Menschen veränderte. In vielerlei Hinsicht ist es zwar immer noch ein armes Land, aber die Armut, die man früher mit Indien verband – das gequälte, von Hungersnöten heimgesuchte und für Epidemien anfällige Indien von einst – starb an jenem Tag im Juli 1991. Im Laufe der nächsten 20 Jahre brachte die neue Wirtschaftspolitik – die „New Economic Policy" oder NEP – ein durchschnittliches jährliches Wirtschaftswachstum von 6,6 Prozent, entfesselte die unternehmerische Aktivität und schuf neue Industrie- und Dienstleistungsgiganten wie Tata Motors, Infosys und Sun Pharmaceutical.

Verglichen mit den Herausforderungen, vor denen Indien stand, als Singh seine Rede hielt, erscheinen Amerikas Herausforderungen überaus beherrschbar. Niemand wird verhungern oder an der Ruhr sterben. Kansas City und Buffalo werden nicht von Lebensmittelaufständen erschüttert werden (auch wenn Occupy Wall Street im Herbst 2011 und die Tea Party im Herbst 2008 bewiesen haben, dass entschlossene Bürger die Gesellschaft auf kreative Art an Versäumnisse erinnern können). Doch die Wachstumsrate Amerikas – die Eltern zumindest den Traum erlaubt, dass es ihre Kinder einmal besser haben werden – ist sehr gefährdet. Eine weitere selbstverursachte Runde von wirtschaftspolitischem Wahnsinn – drakonische Ausgabenkürzungen, die das Kind mit dem Bade ausschütten und neben den schlechten auch gute staatliche Programme betreffen, oder zu stark vereinfachende Steuerreformen (ich sage dazu: *nein, nein, nein!*), die dafür sorgen, dass die Mittelklasse im Vergleich zu den Wohlhabenden noch schneller abrutscht – könnten die potenzielle BIP-Wachstumsrate Amerikas dauerhaft senken und die Zukunft größeren, hungrigeren Rivalen überlassen.

Haben die Vereinigten Staaten aus dem vergangenen Jahrzehnt Lehren gezogen oder wird die Verdrängung die Oberhand behalten? Von dieser Frage hängt vieles ab, innerhalb wie außerhalb der Landesgrenzen. Probleme an anderen Orten können durch wirtschaftliche Ansteckung globale Auswirkungen haben. Aber nur die Vereinigten Staaten sind geopolitisch in fast allen Winkeln des Erdballs fest mit den regionalen Stabilitätsstrukturen verwoben. Auch Europa wird von einer Verweigerungshaltung geplagt und die führenden Politiker der Eurozone stehen wegen der Fehler in der Finanzarchitektur der Union vor einer Art Showdown. Eine Serie größerer Staatsbankrotte, zum Beispiel Griechenlands, dann Spaniens und dann Italiens, würde die Finanzmärkte verheeren, ein paar europäische Großbanken zusammenbrechen lassen und allen Schwellenländern schaden, die auf den Handel mit Europa und auf dessen Auslandsdirektinvestitionen angewiesen sind. Auch Japans Unfähigkeit, sich von den insularen, bequemen Praktiken seines Bankwesens zu befreien, die vor zwei Jahrzehnten die Luft aus seinem wachsenden Wohlstand entweichen ließen, wird sich nicht nur in Form anhaltender Stagnation im Land selbst auswirken, sondern auch auf andere asiatische Länder, denn China, Südkorea und weitere Akteure werden die Chancen ergreifen, die ansonsten einem besser regierten Japan zugefallen wären.

Aber weder Europa noch Japan werden global gesehen langfristig von etwas anderem gestützt als ihren Marken, ihren Handelsbeziehungen und ihrem Lebensstandard. Der langfristige Niedergang Europas und Japans hat sicherlich insofern strategische Bedeutung, als die Schwächung dieser Mächte Russland oder China irgendwann in Versuchung führen könnte, an regionale Themen aggressiver heranzugehen. Wenn die maroden europäischen Banken ihre traditionelle Vorherrschaft in den Emerging Markets verlieren, wird sich das Wachstum weltweit verlangsamen. Doch am Ende wird Geld aus den Vereinigten Staaten und, was noch wahrscheinlicher ist, aus den BRIC-Ländern dieses Vakuum füllen. Erika Michele Karp, Managing Director of Investment Research der Schweizer Bank UBS, ist tatsächlich der Überzeugung, dass Europas Verlust in dieser Hinsicht Amerikas Gewinn sein wird. „Die Europäer waren zuerst da und die französischen, britischen, niederländischen und spanischen Banken sind in den ehemaligen Kolonien fest verwurzelt. Wenn sie ihre Bilanzen sanieren oder verschwinden, könnte das für US-amerikanische Banken die Chance sein, genau im richtigen Moment in diese schnell wachsenden Märkte einzusteigen." [2]

Andererseits ist bezüglich Amerikas Abstieg kein echter Silberstreif am Horizont zu erkennen. Mittelfristig gesehen – etwa im Laufe des nächsten Jahrzehnts – sind alle Bürger des Planeten konkret davon betroffen, wie der momentane Kampf innerhalb der Vereinigten Staaten um die Einführung einer rationalen Wirtschaftspolitik und einer rationalen Sicherheitspolitik ausgeht. Ungeachtet Ihrer Nationalität können trotz der Tatsache, dass frühere Handlungen Amerikas Ihnen vielleicht geschadet oder Sie zutiefst verärgert haben, einzig die Vereinigten Staaten dafür sorgen, dass die Reise von der amerikanisch dominierten Welt der Jahrtausendwende in die schnell näher rückende multipolare Zukunft reibungslos verläuft, ohne ständige Wirtschaftskrisen, verbreitete Unruhen, Klimastörungen und große Kriege.

Die Hinweise, ob sich Amerika auf die Reihe bekommt, sind nach wie vor durchwachsen. Kriege werden heruntergefahren und die niederschmetternden Schulden – denen die schmerzliche, aber verdiente Herabstufung der Bonität seiner Staatsanleihen durch S&P Nachdruck verlieh – sind im aktuellen politischen Diskurs der Vereinigten Staaten das zentrale Thema. Das ist alles gut und schön. Aber gleichzeitig geben Revisionisten dem Staat die Schuld an der jüngsten Finanzkrise. Das ist so ähnlich, als würde man den neutralen Schweden oder den pazifistischen Schweizern vorwerfen, sie hätten den Zweiten Weltkrieg nicht verhindert. Der Hauptfehler der US-Regierung im Zusammenhang mit der Krise war die Tatsache, dass sie an die Doktrin der radikalen Deregulierung des Finanzwesen glaubte und dann Anreize dafür schuf. Sie verdient tiefe Verachtung dafür, dass sie den Amoklauf des Privatsektors zugelassen hat – dafür, dass sie Wachen von den Verteidigungsmauern der amerikanischen Demokratie abgezogen hat, um es mit den oft zitierten Worten aus dem Film *Eine Frage der Ehre* aus dem Jahr 1992 nach dem Bühnenstück und Drehbuch von Aaron Sorkin zu sagen.[3] Aber damit steht die Regierung trotzdem nur als Sündenbock da, nicht als Täter. Wie in den 1930er-Jahren der zahnlose Völkerbund, so drückte sich auch die US-Regierung vor ihrer Pflicht, das Abrutschen in die Katastrophe aufzuhalten. Aber weder der Völkerbund noch die Briten oder die Franzosen, die den *Führer* in München beschwichtigt hatten, haben Polen überfallen, sondern Hitler.

Können die Amerikaner mit der Wahrheit umgehen? Erstaunlicherweise werden die Vereinigten Staaten immer noch vom ideologischen Puritanismus geplagt, von ebenjenem Übel, das zu der Finanzkrise 2008/2009 geführt hat. In aktuellen Steuerdebatten im Kongress – vor allem während des schädlichen und dummen Fiaskos um die Schuldenobergrenze im Sommer 2011, das zur Herabstufung durch S&P führte – sah die Welt staunend zu, wie das, was bislang das erfolgreichste Selbstverwaltungs-Experiment der Geschichte war, von Dogmen, Unwissenheit und offenkundigen Lügen bedroht wurde. Als ich am Anfang meiner Laufbahn Reporter in Washington war und noch weitaus weniger auf dem Spiel stand als heute, habe ich den Tunnelblick erlebt, der die amerikanische Hauptstadt umhüllt, wenn sich die Instinkte der Parteilinie durchsetzen. Heute jedoch, wo der Verlauf des Wachstums der Vereinigten Staaten gefährdet ist und ausländische Wirtschaftsrivalen schnell wachsen, wird eine Verzögerung schweren Schaden anrichten. Und wenn Entscheidungen aufgrund von Ideologien anstatt von Fakten getroffen werden, entsteht ein Schaden, der nicht mehr behoben werden kann.

Und doch bleibt es dabei: Die eine Seite in Washington will hauptsächlich deshalb die Steuern und die Ausgaben senken, weil ihrer Kernwählerschaft Steuersenkungen wichtiger sind als staatliche Dienstleistungen. Die andere Seite will genau das Gegenteil tun, um sich bei ihren Anhängern anzubiedern. Während der Präsidentschaftswahlkampf 2012 Fahrt aufnimmt, kleiden die beiden Seiten ihre machiavellistischen Rezepte jeweils in das Gewand der angebotsorientierten oder der keynesianischen Volkswirtschaftslehre. Tatsächlich sind sich die sehr wenigen amerikanischen Abgeordneten, die überhaupt eine Ahnung von der Schnittstelle zwischen Politik und Wirtschaft haben, ganz klar bewusst, dass diese Krise in einem gefahrvollen Moment gekommen ist, in dem Demokraten wie Republikaner anfangen, sich bei den äußersten Rändern anzubiedern, die den Löwenanteil ihrer Stimmen bei den Vorwahlen zur Präsidentschaftswahl stellen. Man kann nur hoffen, dass die rivalisierenden Kapitäne des Rettungsboots – der Kongress und die Exekutive – irgendwann aufhören, mit den Riemen aufeinander einzuprügeln, dass sie stattdessen die Lecks stopfen, durch die Wasser eindringt, und endlich wieder rudern.

In jedem anderen Kontext würde das Verhalten von Washingtons politischer Klasse in letzter Zeit als höchst unpatriotisch gelten – so als würde sie fiedeln, während Rom brennt. Aber in den modernen Vereinigten Staaten tut man skandalöses Verhalten in der immer länger werdenden Wahlkampfzeit im Rahmen des politischen Theaters schulterzuckend ab, weil es in dieser Zeit als vordringliche Aufgabe gilt, „der Basis" zu gefallen. Noch sind die Vereinigten Staaten unter den großen Volkswirtschaften nicht der verschwenderischste Schuldner – dieser Titel gebührt Japan. Es ist aber nicht ausgeschlossen, dass es uns bald geht wie den Japanern, wenn die Politik weiterhin die Fortschritte eines mittelfristigen Plans zum Schuldenabbau blockiert, der einen kurzfristigen Wirtschaftsinfarkt verhindert.

Eines ist klar: Wenn sich beide Parteien weiterhin bei ihrer jeweiligen Basis einschmeicheln, besteht die große Gefahr, dass die globalen Märkte ein strafendes, unaufhebbares Urteil über die Kompetenz der amerikanischen Wirtschaftsführung verhängen. Und dies würde das Leben von Millionen Amerikanern ruinieren, eine erneute Krise des globalen Marktkapitalismus lostreten und die abschüssige Bahn des amerikanischen Niedergangs einseifen.

Seit Mitte der 1990er-Jahre, als der lockere Kreditzugang zum hauptsächlichen Treibstoff des konsumgespeisten Wachstums der Vereinigten Staaten wurde, steuern beide US-amerikanischen

Parteien einen Scheuklappenkurs der Verweigerung und Verdrängung. Die amerikanischen Wähler haben diese Unfähigkeit, sich dem wahren Zustand der relativen Macht und der wirtschaftlichen Gesundheit des Landes zu stellen, mehrmals abgesegnet. Wir wissen jetzt, dass die Einführung der fundamentalistischen Marktwirtschaft, die die Lehren aus früheren Krisen völlig ignorierte, um den Übergang vom 20. in das 21. Jahrhundert eine Kreditblase verursacht hat. Diese stachelte den Sektor der Finanzdienstleister an, ihrer „kreativen Genialität" zu folgen, und weniger schlaue Menschen ermunterte sie, mit ihren Häusern, Kreditkarten und sogar mit ihrer Altersvorsorge so umzugehen, als wären sie Sparschweine. Was daraus wurde, haben wir gesehen. Als vor zwölf Jahren das neue Jahrhundert bevorstand, betrug das inflationsbereinigte Pro-Kopf-Einkommen in den Vereinigten Staaten 28.293 Dollar. Im Jahr 2010 waren es nur noch 26.487 Dollar – ein Einkommensrückgang um 6,8 Prozent.[4]

Über das Platzen der Hypothekenfinanzierungsblase und dessen globalen Auswirkungen wurde vieles geschrieben. Es gab aber noch eine zweite, eine psychologische Blase, die die Selbstachtung der Vereinigten Staaten so sehr aufblähte, dass man alle bisherigen Einschränkungen ihrer globalen Aktivitäten für überholt hielt. Diese Sichtweise wurde durch die gedopte Wirtschaft, den natürlichen Optimismus und die vertrauensselige Natur der Amerikaner sowie durch das Vakuum gefördert, das durch den Zusammenbruch des früheren Rivalen der Vereinigten Staaten – der Sowjetunion – entstand. Die ständige Fanfare politischen Unsinns über den „Ausnahmecharakter" der Vereinigten Staaten bekam durch die Anschläge vom 11. September noch einen zusätzlichen Schub und wurde durch Politiker der Bush-Regierung noch verschärft, die das Trauma ausnutzten, um die Agenda ihrer Partei voranzutreiben.

Diejenigen, die dazu neigen, diese Probleme zu verdrängen, stellen aber nur ein Hindernis dar, das der Beurteilung der wahren Situation Amerikas entgegensteht – das andere sind diejenigen, die eifrig das Loblied des Landes singen. Wie üblich liegt die Realität zwischen den Extremen. Die Tage von Amerikas überwältigender globaler

Dominanz sind in der Tat vorüber und sein künftiges Wohlergehen wurde durch finanziellen Zynismus beschädigt. Aber noch sind die Vereinigten Staaten die mächtigste Nation der Welt und sie werden es noch eine Weile bleiben. Der deutsche Politik-Kommentator Josef Joffe formulierte, dass die Vereinigten Staaten China zum Trotz noch auf Jahrzehnte hinaus die „Standardmacht" der Welt sein werden.[5] Wenn das nicht so sexy klingt wie „Supermacht" oder so Ehrfurcht einflößend wie „Hegemon", dann ist es eben so. Mit ihrer katastrophalen Bilanz im ersten Jahrzehnt des Jahrhunderts haben die Vereinigten Staaten alle etwaigen Sympathien verspielt, die sie sonst vom Rest der Welt hätten erwarten können. Und wer weiß – vielleicht merkt Amerika, dass es ihm Spaß macht, den Supermacht-Umhang an den Nagel zu hängen und ein bisschen mehr Zeit damit zu verbringen, durch sein Heimatland von der Größe eines Kontinents zu streifen.

Vergleiche mit der Vergangenheit gelten bei alledem nur begrenzt, vor allem die überstrapazierten Vergleiche mit dem Untergang des britischen, französischen, spanischen, niederländischen oder römischen Imperiums in früheren Zeiten. Einige Ähnlichkeiten gibt es jedoch. Es könnte zum Beispiel sein, dass Amerikas Rückzug von der Macht genauso wie Britanniens langwieriger Rückzug von der globalen Vorherrschaft Anfang des 20. Jahrhunderts zum ersten Mal seit Jahrzehnten Teile der geopolitischen Einflussgrenzen bloßlegt, die bislang von der Macht, dem politischen Willen und dem diplomatischen Einfluss Amerikas beschirmt werden. In manchen Regionen lässt dies eine echte Neuordnung des globalen Status quo erwarten – einer Stabilität, die seit dem Zweiten Weltkrieg fast vollständig von den Vereinigten Staaten organisiert und unter hohen Kosten aufrechterhalten wurde. Dies geschah in erster Linie in seinem eigenen Interesse und im Interesse seiner Verbündeten. Die Macht Amerikas seit dem Krieg hat in weiten Teilen des Planeten einen relativ beständigen Status quo aufrechterhalten, der der Mehrheit der Menschheit genutzt, manchmal aber auch geschadet hat. Teile dieses Status quo wurden durch Revolutionen, Kriege, technische Neuerungen und gesellschaftliche Umwälzungen gestört und auf den Kopf gestellt. Manche Länder sind aus der im Großen und Ganzen pro-amerikanischen

Linie ausgeschert (der Iran, Nicaragua, Eritrea und Venezuela), andere sind von der anderen Seite her auf sie eingeschwenkt (Indien, Ägypten, Brasilien und die Länder Mittel- und Osteuropas). Inzwischen ist es eine Binsenweisheit, dass die Zeit zwischen dem Fall der Berliner Mauer und dem 11. September an manchen Orten einen Übergang darstellte. Eigentlich haben die heftigen Ereignisse, die durch den 11. September ausgelöst wurden, lediglich diesen größeren Übergang gestört. Die tief greifendste Entwicklung der letzten drei Jahrzehnte hatte nach allen Kriterien nichts mit Krieg, Islam, mit Farben bezeichneten Revolutionen oder gar finanzieller Inkompetenz zu tun. Die große, maßgebliche Veränderung, die weiterhin die treibende Kraft der globalen Ereignisse ist, besteht darin, dass seit dem Sieg über den Kommunismus zum Arbeitskräftepotenzial des globalen Kapitalismus drei Milliarden oder noch mehr Menschen hinzugekommen sind. Diese Milliarden haben eine halbe Generation gebraucht, um in Gang zu kommen, aber heute kann es sich in Nordamerika, Europa oder Japan niemand mehr leisten, diese Konkurrenz zu ignorieren.

Der „Sieg" im Kalten Krieg führte dazu, dass im kollektiven Hirnschädel der Amerikaner eine gefräßige Blase der Selbstachtung anzuschwellen begann – und offenbar ist die Schädeldecke so dick, das nicht einmal eine Beinahe-Depression und eine Herabstufung der Kreditwürdigkeit sie durchdringen. Die desaströse Deregulierung der Finanzbranche – eine Philosophie, welche die Vereinigten Staaten auch ihren Verbündeten mit Gewalt aufdrängten – hat den globalen Kapitalismus beinahe zerstört. Viel hat nicht dazu gefehlt. Europa betrachtete Amerikas Probleme kritisch und begann unterdessen, sich sein eigenes Staatsschuldengrab zu schaufeln, indem es die Politik über die wirtschaftliche Schwerkraft erhob: Es ignorierte grundlegende Fragen des Währungsmanagements, des Kreditwesens und der Bilanzierung.

Und was muss nun getan werden? Effektives Handeln wird ideologische Flexibilität und das Abwerfen politischer Dogmen erfordern, die in einer vergangenen Ära wurzeln – dem amerikanischen Jahrhundert.

Vom ökonomischen Standpunkt her liegen die Keynesianer weniger falsch als ihre Gegner. Aus ähnlichen Gründen kommen die Demokraten einer rationalen Analyse von Amerikas Problemen derzeit näher als die Republikaner. In Europa und Japan scheinen die Verfechter einer lockeren Geldpolitik und strafferer Finanzkontrollen – grob als europäische Föderalisten bezeichnet – offenbar weitaus entschlossener zu sein, sich der Realität zu stellen, als ihre Gegner. Das Problem in Europa ist jedoch, dass zu ihren Gegnern so ziemlich alle Regierungschefs der EU gehören – von der Mehrheit der Wähler in den wohlhabenderen Ländern ganz zu schweigen.

Geopolitisch gesehen müssen die Vereinigten Staaten ernsthafte Anstrengungen unternehmen, neue Sicherheitsvereinbarungen zu organisieren, welche die Auswirkungen der abnehmenden Macht Amerikas abfedern.

Wie dieses Buch zu erklären versucht hat, widersetzen sich die Verflechtungen des Einflusses und die komplexen Arterien und Kapillaren, aus denen die globalen Wirtschaftsbeziehungen bestehen, einfachen Rezepten. Schwarzweiß-Lösungen werden in dieser Krise genauso schlecht wirken wie nach dem 11. September. Allerdings sollte man einige allgemeine Regeln und konkrete politische Ansätze zur Verhinderung von Worstcase-Szenarien in Erwägung ziehen, solange sich die Welt noch in der Übergangsphase vom amerikazentrischen Zeitalter in eine gleichberechtigte Zukunft befindet:

- **Eine Neuausrichtung der internationalen Sicherheitsprioritäten der Vereinigten Staaten weg von der „Stabilität" und hin zu einem „organisierten Übergang".** Die Vereinigten Staaten gehen immer noch unter der Annahme an die Welt heran, letztlich seien Amerikas Regeln Gesetz, und eine Weltordnung, die den Vereinigten Staaten nützt, würde per definitionem der Menschheit nützen. Doch jene Zeit – eine Ära der unipolaren Welt, die vom Rest des Planeten nie vollständig akzeptiert wurde – ist vorbei. Die Politik Amerikas – die Thinktank-Szene würde von seiner groß angelegten Strategie sprechen – sollte die einmaligen diplomatischen und militärischen Fähigkeiten nutzen, welche die Vereinigten Staaten noch besitzen, um die Gipfeltreffen, Foren und Allianzen zu organisieren, die notwendig sind, um belastbare Beziehungen zwischen aufstrebenden Regionalmächten aufzubauen, die bisher einen Teil der regionalen Sicherheit diversen Flotten und Divisionen des US-Militärs überlassen haben. Für diese Strategie sind in manchen Teilen der Welt bilaterale Garantien nötig, in anderen multilaterale Organisationen und in wieder anderen gegenseitige Verteidigungsabkommen. Garantien nach altem Muster wie diejenige, die einen Krieg zwischen Nord- und Südkorea verhindert, mögen in manchen Fällen als Ausnahmen bestehen bleiben, aber in den meisten Fällen sollten die Vereinigten Staaten die Rolle des „Architekten" wörtlich nehmen und den Regionalmächten bei der Gestaltung eines Systems helfen, das ohne eine Vollmitgliedschaft der Vereinigten Staaten funktioniert. Ein solches Vorgehen ist nicht nur in Asien sinnvoll, wo Empfindlichkeiten bezüglich der Souveränität bestehen, sondern es bietet den Vereinigten Staaten auch ein Höchstmaß an Flexibilität, ihre eigenen Ressourcen weltweit nach Bedarf einzusetzen.

- **Klartext gegenüber den US-Verbündeten.** Amerikanische Sicherheitsgarantien liegen in vielen Formen vor. Manche (NATO, Südkorea, Taiwan, Japan) sind explizit, andere (Israel, Ukraine, Saudi-Arabien, Australien, Mexiko) aus historischen und diplomatischen Gründen eher implizit. Als Amerika noch wie ein Koloss breitbeinig über dem Planeten stand, hatten unklare Versprechungen ihre Vorteile. Doch in der heutigen Welt von WikiLeaks, Verschwörungstheorien und gesunkenem Respekt vor der Macht Amerikas sollte Transparenz vorherrschen. Falls nicht, könnten die Verbündeten der Vereinigten Staaten zu spät feststellen, dass sie einen Papiertiger an ihrer Seite haben. Und die Vereinigten Staaten könnten mit schrecklichen Dilemmas konfrontiert werden, wenn Länder, die ihre eigene Sicherheitspolitik aufgrund von Blankozusicherungen der Vereinigten Staaten formuliert haben, in Konflikte geraten, die Amerika nicht verhindern kann und die auszufechten es sich nicht leisten kann. Die Vereinigten Staaten sollten vorangehen und auf das Ende von Anachronismen wie dem verfassungsmäßigen Verbot Japans, mehr als ein Prozent seines BIPs für Verteidigung auszugeben, wie Israels unkommentiertem Kernwaffenarsenal und wie dem seit Langem bestehenden Ungleichgewicht zwischen den Verteidigungsausgaben der Vereinigten Staaten und der europäischen NATO-Mitglieder hinwirken. In diesem Sinne sollte Washington auch das törichte Wirtschaftsembargo gegen Kuba aufheben, das zum jetzigen Zeitpunkt so ziemlich das einzige ist, worauf die Castro-Brüder als Existenzberechtigung in der modernen Welt verweisen können. US-Verteidigungsgarantien sollten in Vertragsform vorliegen und im Kongress diskutiert werden. Das Engagement in der NATO sollte sich nach dem relativen BIP des jeweiligen Mitgliedstaats richten, und wer nicht den beiderseitig vereinbarten Anteil an seinem BIP für Verteidigung ausgibt, sollte aus der Allianz ausgeschlossen werden. Verbündete wie Südkorea und Japan sollten entweder wesentlich mehr von den Kosten tragen, die mit der Militärpräsenz der Vereinigten Staaten auf ihrem Boden verbunden sind, oder die amerikanischen Soldaten heimschicken und sich selbst verteidigen, wenn sie das für richtig halten. Taiwan und Israel – vielleicht die beiden Länder, deren Schicksal am engsten an die Macht Amerikas geknüpft ist – sollte gesagt werden, dass die wirtschaftliche, militärische und politische Unterstützung mit der Frage steht und fällt, ob sie sich dazu verpflichten, ein Ende der anhaltenden destabilisierenden Feindseligkeiten mit ihren Nachbarn auszuhandeln.

- **Eine amerikanische Finanzpolitik der „kontrollierten Verbrennung".** Die mit Abstand schwerste kurzfristige Herausforderung, vor der die Welt steht, ist die Wiederherstellung der von Keynesianern so bezeichneten „aggregierten Nachfrage" in der entwickelten Welt – insbesondere in den Vereinigten Staaten. Dies muss geschafft werden, ohne auf politische

Maßnahmen zurückzugreifen, die den Bonitätsverfall von Staatsanleihen, einen Zahlungsausfall oder eine neue, noch größere durch billige Kredite von der Federal Reserve oder schludrige, ausschließlich auf Steuersenkungen basierende Konjunkturpakete aufgebaute Blase nach sich ziehen. Wie in den meisten (aber nicht allen) solchen Debatten liegt auch hier die Lösung zwischen den beiden ideologischen Polen von Amerikas zwei Parteien. In einem hat die Rechte recht: Es lauert eine Katastrophe, wenn gegenüber der staatlichen Kreditaufnahme und den Staatsausgaben weiterhin eine Einstellung nach dem Motto „Business as usual" herrscht. Aber die amerikanische Wirtschaft stagniert nicht nur: Sie ist beschädigt und kämpft darum, sich an den weltweiten Wandel anzupassen. Ein Zündfunke ist nötig – stellen Sie sich das wie eine kontrollierte Verbrennung vor: ein zwei- bis dreijähriges nationales Investitionsprogramm, das die kostbarste Ressource Amerikas – die Kreditwürdigkeit – aufzehrt, um eine Brandschneise zu schlagen, die ermöglicht, dass langfristige Wirtschaftsreformen Erfolg haben. Begleitet werden muss dies von einem bindenden Reform- und Sparplan, der erst einsetzt, nachdem das BIP zwei Jahre hintereinander um mehr als 2,5 Prozent gewachsen ist – das ist eine realistische Wachstumsrate, die eine Rückkehr zum Potenzial und einen Rückgang der Arbeitslosigkeit unter 7,5 Prozent erwarten lässt. Das ist ungefähr die Arbeitslosenquote, die nach der Krise 2008 als „neue Normalität" gelten kann. Die bedeutendste Herausforderung lauert in der Politik: Die Vereinigten Staaten brauchen nach den Wahlen 2012 eine Führungspersönlichkeit mit dem Wählerauftrag, einen ernsthaften Plan zur Senkung der Ausgabenverpflichtungen des Staates einzuführen, nachdem die Verbrauchernachfrage mit kurzfristigen Maßnahmen angeheizt wurde. Nur dann kann ein gut gestalteter Sparplan dafür sorgen, dass wir zurück in Richtung finanzieller Gesundheit robben, ohne einen der vielen Stolperdrähte auszulösen, die Amerikas jahrzehntelange Verschwendung auf dem vor uns liegenden Weg vergraben hat.

- **Eine ernsthafte Überprüfung der Einkommensverteilung in den Vereinigten Staaten.** Sehr im Widerspruch zum Dogma der US-amerikanischen Rechten hat das vergangene Vierteljahrhundert der amerikanischen Mittelklasse eine Katastrophe beschert. Obwohl die Produktivität und die Unternehmensgewinne stiegen, stagnierten die Einkommen, und die Arbeitsplatzsicherheit ist so gut wie nicht mehr vorhanden. Diese Aushöhlung wurde fast eine Generation lang durch ein cleveres Hütchenspiel verschleiert, das auf der Deregulierung der Kreditbranche und der Verbriefung von Darlehen basierte, welche die Mittelschicht-Amerikaner auf ihre wichtigste Investition aufnahmen, nämlich auf ihre Häuser. Die Vorstellung, es würde der gesamten Gesellschaft zugute kommen, wenn man die Steuern so gestaltet, dass das Nettoeinkommen der obersten fünf Prozent der Amerikaner maximiert wird, wurde definitiv widerlegt, als die sorgfältig ausgeklügelte Häuserblase platzte. Dieser schrille Weckton klingt noch vier Jahre später nach, aber die amerikanischen Politiker drücken anscheinend lieber die Schlummertaste, als aufzuwachen. Die Häuserkrise – und das ist eine Krise – muss dadurch gelöst werden, dass die US-Banken (auch die staatsnahen Unternehmen Fannie Mae und Freddie Mac) gezwungen werden, die durch ihren Leichtsinn ermöglichten Verluste aufzufangen. Kein Anreizprogramm wäre mächtiger als die Befreiung der amerikanischen Haushalte von ihrer Schuldenlast und die Umstellung der Darlehen auf ihren aktuellen Wert – anstatt des Wertes, den zutiefst korrupte Kreditvergabekartelle im ersten Jahrzehnt des 20. Jahrhunderts festgelegt haben. Die Alternative – Tatenlosigkeit – verdammt die Werte der meisten US-Eigenheime in den meisten amerikanischen Ballungsgebieten dazu, noch weitere fünf Jahre zu sinken, was auch das Wachstum der Gesamtwirtschaft bremst. Der „Klassenkampf"-Aufschrei, der jedes Mal von rechtsgerichteten Kommentatoren zu hören ist, wenn auf diese ernsten Tatsachen hingewiesen wird, muss als die Absurdität gesehen werden, die er ist. Der Ruf nach höheren Steuern für die Reichen ist kein

Steuerkrieg, sondern bloß ein Scharmützel. Der Krieg tobt schon seit den 1970er-Jahren und die Superreichen können sich über eine erstaunliche Siegesserie freuen. Zeit für eine Gegenoffensive.

- **Aggressive Maßnahmen zur glaubwürdigen Wiederherstellung der Bonität.** Die beiden Mega-Wirtschaftskrisen des 21. Jahrhunderts – die Große Rezession 2008/2009 und Europas Staatsschuldendebakel – waren hinreichende Warnungen, dass die vor uns liegende Brücke defekt war. Wie in Kapitel 9 erwähnt, veranlasste intellektuelle Arroganz etablierte Finanzinstitutionen und Wirtschaftspolitiker, auch die Warner vor diesen Katastrophen zu ignorieren – im Vorfeld der Subprime-Kernschmelze Volkswirte wie Nassim Taleb und Nouriel Roubini, und dann im Vorfeld des Chaos in der Eurozone wieder Roubini und seine finster gestimmten Wissenschaftskollegen Bernard Connolly und Kenneth S. Rogoff. Die Notenbanker und die Politiker trugen ideologische Scheuklappen. Die Investmentprofis schluckten fröhlich alles, was den Kapitalfluss im Gang hielt. Jedoch haben die drei globalen Ratingagenturen – Moody's, Fitch und S&P – keine solche Ausrede, höchstens dass ihre Inkompetenz dank ihres Geschäftsmodells vorprogrammiert war. Es sollte verboten werden, dass diese Agenturen Geld von Marktmachern nehmen – von Banken, Brokerhäusern und Anleihe-Emittenten. Stattdessen sollten sie von den Anlegern dafür bezahlt werden, dass sie exklusiv eine professionelle Risikoeinschätzung ihrer Transaktionen bekommen. Das würde die Vertreter abweichender Meinungen in den Agenturen stärken und die Anleger könnten Fragen stellen, wenn außenstehende Experten welche aufwerfen würden. Diese Veränderung würde einen ernsten Interessenkonflikt und „falsch positive" Angaben zur Weltwirtschaft beseitigen. Denn schließlich ist ein defektes Kondom in mehrfacher Hinsicht schlimmer als gar kein Kondom.

- **Den Finanzsektor nicht mehr mit Samthandschuhen anfassen.** Die Reformen der Bankenregulierung und der Wertpapiergesetzgebung in den Vereinigten Staaten und Europa sind bisher unkoordiniert. Manchmal sind sie zwar nützlich, aber häufig wird ihnen die Spitze genommen und sie werden von der Finanzbranche umgangen. Erstaunlicherweise ist der Markt für OTC-Derivate – die sogenannten SIVs (Structured Investment Vehicles, strukturierte Anlageprodukte), MBS (Mortgage-Backed Securities, hypothekenbesicherte Anleihen) und CDS (Credit Default Swaps, Kreditausfallversicherungen), die 2008 die Welt in den Abgrund gerissen haben – nach wie vor fast vollständig unreguliert. 13 Jahre nachdem Brooksley Born, die damalige Vorsitzende der Commodity Futures Trading Commission, davor gewarnt hat, dass dieser Markt eine tickende Zeitbombe barg, und vier Jahre nachdem sie detoniert ist, liegen noch Transaktionen im Wert von Billionen Dollar im Dunkeln, die amerikanische Banken an ihre Geschäftspartner in aller Welt binden.[6] Wie in Kapitel 2 beschrieben, sind außerdem die Bemühungen weitgehend gescheitert, die vom Glass-Steagall Act verordnete Trennung zwischen Geschäfts- und Investmentbanken wieder einzuführen. Das ist also der vorläufige Spielstand – die in die Komplexität des politischen Ringens verwickelte amerikanische Demokratie hat sich entschieden, sich selbst die Daumen zu drücken, anstatt die Boxhandschuhe anzulegen. Doch die US-Regierung kann allein dadurch viel erreichen, dass sie ihren Geschmack an der Strafverfolgung wiederentdeckt. Das Justizministerium der Vereinigten Staaten sollte auf breiter Front Anklage gegen diejenigen erheben, welche die führenden Investmentbanken Amerikas und andere Finanzinstitutionen 2008 an den Rand des Zusammenbruchs geführt haben. Dabei sollte es möglich sein, sich auf die betrügerischen Behauptungen über die Performance komplexer verbriefter Wertpapiere zu beziehen, die mit AAA-Risikobewertungen gehandelt wurden – und zwar insbesondere, wenn das Justizministerium die RICO-Gesetze

(Racketeer Influenced and Corrupt Organizations, gegen das organisierte Verbrechen) anwendet, die vor Jahrzehnten dazu beitrugen, die US-Mafia zurechtzustutzen. Als befunden wurde, dass Goldman Sachs Subprime-Hypothekenprodukte verkauft hatte, die es bewusst auf den Zahlungsausfall hin gestaltet hatte – zum Teil, damit ein Großkunde namens Paulson & Company dagegen wetten konnte –, akzeptierte der Staat 2010 verblüffenderweise einen Vergleich, anstatt ein Strafverfahren einzuleiten. Der Vergleich belief sich auf die Rekordsumme von 550 Millionen Dollar. In Paulsons Bilanz ist das bloß ein Rundungsfehler (auch wenn man sagen muss, dass er ein mieses Jahr 2010 hatte, weil wohl doch noch das Karma durchschlägt).[7] Wenn jedoch solche Verfahren bis zu ihrem juristischen Ende durchgezogen würden, dann würde dies die Glaubwürdigkeit der US-Regulierungsbehörden wiederherstellen, selbst wenn die Strafverfolgung misslingt. Dies hätte letztlich viel stärkere Auswirkungen auf den Finanzsektor. Stattdessen vermittelt der Staat die Botschaft, dass er zwar in unerhörten Fällen das Verfahren fortsetzt, dass aber die Möglichkeit bestehen bleibt, sich freizukaufen.

- **Eine Steuerreform in den Vereinigten Staaten, die eine „Neuverschuldung" des Unternehmenssektors auslöst.** Zwei Sektoren müssen weiterhin Schulden abbauen – der Staat und die Privathaushalte. Doch unterdessen modern auf den Konten von US-amerikanischen Unternehmen Geldberge in Höhe von mehr als drei Billionen Dollar vor sich hin. Diese bringen sie aufgrund der politischen Unsicherheiten und wegen der Erinnerung an die kurzzeitige Kreditblockade 2008 nicht in Umlauf. Zumindest ein Teil der von Roubini und mir vorgeschlagenen Einkommensteuererleichterungen (erläutert in Kapitel 2) dürfte bis in das Jahr der Präsidentschaftswahl hinein überleben. Aber das eigentliche Ziel sollte eine umfassende Reform der US-Steuergesetzgebung sein. Die Vorschläge zur Steuerreform, die derzeit diskutiert werden, sehen vor, dass die Steuergesetzgebung vereinfacht wird, dass Schlupflöcher gestopft werden, die es Unternehmen und Investmentprofis häufig ermöglichen, wenig oder gar keine Steuern zu bezahlen, und dass (was umstrittener ist) wieder eine Progression eingeführt wird, welche die jahrzehntelangen Verluste der Mittelschichtfamilien ausgleicht. Das ist alles durchaus sinnvoll. Aber wenn man Unternehmen Steuern erlassen würde, die ihre momentanen Kriegskassen in den nächsten zwei bis drei Jahren bis zum Inkrafttreten eines neuen Steuerrechts für Investitionen einsetzen, dann würde dieses Geld wieder in die Wirtschaft gepumpt werden. Es würde Arbeitsplätze, Ausstoß und einen Anreiz produzieren, der ausschließlich von der Privatwirtschaft finanziert wäre. Darauf würde sogar ich meine Teetasse erheben!

- **Föderalismus und Austrittsmöglichkeiten in Europa.** Die Europäische Union läuft Gefahr, zusammenzubrechen, wenn Ihre Anführer keine Fiskalunion schaffen, die es den wirtschaftspolitisch Verantwortlichen ermöglicht, von den Mitgliedsstaaten Mindestanforderungen bezüglich Kreditaufnahme, Staatsausgaben und anderen Faktoren zu verlangen. Stellen Sie sich einmal die Vereinigten Staaten mit 50 verschiedenen Arbeitsmärkten und 50 verschiedenen Maßstäben für das Renteneintrittsalter, die Sozialversicherung, für die Kapitalanforderungen an Banken und für die Staatsausgaben vor. In der Eurozone hat diese Situation zusammen mit ein paar politischen Spielereien und (im Falle Griechenlands) Betrügereien eine ökonomische Zeitbombe gebaut. Eine Währung ohne finanzpolitischen Mechanismus, der grundlegende Standards umsetzt, ist wie eine Revolution ohne Anführer – sie verzehrt sich nach kurzer Zeit selbst. Entschärfen kann man diese Bombe durch ein europäisches Finanzministerium, das Anleihen begeben, Finanzdisziplin durchsetzen und schließlich auch den Ausschluss von Mitgliedern der Eurozone empfehlen kann, welche die grundsätzlichen Anforderungen nicht erfüllen können. Eine Europäische Zentralbank, die bereit ist, die

Fed Europas zu sein – der Kreditgeber der letzten Zuflucht, wenn systemische Risiken lauern –, kann dann künftige Krisen eindämmen.

- **Umbau des amerikanischen Militärs.** Auf absehbare Zukunft werden die mächtigen US-amerikanischen Streitkräfte ihre dominierende Stellung behalten. Ende der 1990er-Jahre gab es zwar eine wesentliche Neuausrichtung, die sie von den Strukturen und Doktrinen des Kalten Krieges entfernte, aber die ungewöhnlichen Kriege, die auf den 11. September folgten, erwiesen sich als zweischneidige Schwerter. Sie verschoben die vorrangigen Ausgaben in Richtung des Bodenkrieges, den die Vereinigten Staaten in Zukunft um jeden Preis zu vermeiden suchen sollten. Im Laufe des kommenden Jahrzehnts wird die Verteidigung rund 600 Milliarden Dollar weniger vom Bundeshaushalt der Vereinigten Staaten beanspruchen als unter Beibehaltung der derzeitigen Niveaus und Programme. Dies bietet zusammen mit der Beruhigung der Kriege im Irak und in Afghanistan die Chance für eine radikale Reform. Die Stärke der Marine und der Luftwaffe sollte Vorrang haben und man sollte sich erneut auf den Personalabbau durch Automatisierung konzentrieren. Sowohl der Fußabdruck der Armee als auch ihre Größe sollten verringert werden. Sie sollte Europa verlassen und die Einsätze im Nahen und Mittleren Osten nach Afghanistan einem erweiterten Marine-Corps überlassen. Außerdem sollte bevorzugt Geld für eine intensivere Ausbildung der Army-Reserveeinheiten ausgegeben werden, und die Bezahlung sollte so hoch sein, dass der Reservedienst quer durch das sozioökonomische Spektrum der Vereinigten Staaten attraktiv ist. Die Navy sollte keine Flugzeugträger der Ford-Klasse mehr bauen und keine Flugzeugträger-Versionen des Kampfflugzeugs F-35 Lightning II mehr kaufen. Sie sollte den Schwerpunkt auf die Entwicklung kleiner Plattformen mit unbemannten Drohnen legen, die eine viel größere Reichweite haben als die derzeitigen 730 Meilen der F-35. Es sollten aggressivere Anstrengungen unternommen werden, tiefere Einschnitte bei den Kernwaffenarsenalen der Vereinigten Staaten und der ehemaligen Sowjetunion vorzunehmen. Zusätzlich sollte in globalen Gesprächen der neue Schwerpunkt auf Akteuren aus der zweiten Reihe liegen, vor allem China, Indien und Pakistan. Die Ausgaben für Raketenabwehrsysteme sollten auf die gegenwärtigen Fähigkeiten abgestimmt sein, und die unzähligen Behörden, die derzeit mit separaten Initiativen befasst sind – US Space Command, Air Force Global Strike Command, National Missile Defense Agency und United States Army Space and Missile Command – sollten zu einem einzelnen, kosteneffizienten US Missile Command fusioniert werden. Die Air Force sollte wie die Navy anfangen, die bemannten Kampfflugzeuge auslaufen zu lassen und insbesondere über die vorzeitige Ausmusterung von strategischen Bombern und Flugzeugen für den Tiefflug-Angriff nachzudenken. Was die Kampffähigkeit der Bodentruppen angeht, sollte die Army die Ausmusterung ihrer restlichen schweren Panzertruppen zugunsten leichterer, flexiblerer Truppen fortsetzen, wobei ein besonderer Schwerpunkt auf der Möglichkeit von Spezialeinsätzen liegen sollte. Die derzeitige Struktur des Marine Corps sollte erhalten bleiben, auch wenn der Betrieb einer eigenen Luftkampftruppe auf Dauer unhaltbar sein könnte.

- **Krieg mit China vermeiden.** Zwar steigen China und Indien auf und werden wahrscheinlich Großbritannien, Frankreich und Russland als schlagkräftigste „zweitrangige" Militärmächte ablösen, aber die Vorstellung von China als „ebenbürtigem Gegner" der US-Streitkräfte ist genauso unrealistisch wie der Traum, Indien als Partner zu rekrutieren, der die Welt für die Demokratie sicher macht. Als erfahrener militärischer und diplomatischer Akteur können die Vereinigten Staaten Schritte unternehmen, damit China in der amerikanischen Psyche nicht das Etikett „Feind" bekommt. Mit Ausnahme der gegen Taiwan gerichteten Streitkräfte betont Chinas Grundkonzept die „Gebietsverteidigung", zerstörende Verteidigungstaktiken, Cyber-Kriegführung und die altmodische nukleare Abschreckung (trotz seines relativ kleinen Kernwaffenarsenals). Die Vorsicht und die menschliche Natur führen zwar dazu, dass beide Nationen weiterhin Kapazitäten aufbauen werden, die für einen Gegenschlag gegen den anderen gedacht sind, aber die militärischen Beziehungen zwischen den Vereinigten Staaten und China müssen auf eine neue Ebene gehoben sowie gegen die routinemäßigen Reibereien wegen Handels-, Währungs- und geopolitischen Angelegenheiten abgeschottet werden. Außerdem sollte die amerikanische Politik mehr Druck auf China ausüben, dass es seine Streitkräfte bei internationalen Friedensmissionen einsetzt und dass es zusammen mit den US- und anderen Streitkräften in Asien am Aufbau einer gemeinsamen pazifischen schnellen Eingreiftruppe arbeitet, die bei Naturkatastrophen eingesetzt werden kann. Außerdem sollte China in einen breiter angelegten Dialog über die nukleare Abrüstung, über die Kontrolle ballistischer Raketentechnologie sowie die Kontrolle der Bewaffnung des Weltraums abzielen – beide Seiten haben enorm großes Interesse daran, eine solche Bewaffnung zu vermeiden.

- **Die Vereinigten Staaten aus der einseitigen Verantwortung für die Stabilität im Nahen Osten entlassen.** Die Vereinigten Staaten sollten Israel und Ägypten – die jährlich etwa gleich viel amerikanische Militärhilfe bekommen – davon in Kenntnis setzen, dass diese Gelder im kommenden Jahrzehnt schrittweise weniger werden und dann ganz auslaufen. Die Wirtschaftshilfe könnte hingegen je nach den Entwicklungen im nachrevolutionären Ägypten weniger schnell schrumpfen. Außerdem sollten die Vereinigten Staaten nach Konsultationen mit ihrem Verbündeten Israel offiziell die Existenz von Israels Kernwaffenarsenal anerkennen und eine regionale Kernwaffenkonferenz einberufen, deren Ziel es ist, Israel davon zu überzeugen, dass es dem Iran, Saudi-Arabien, Ägypten und der Türkei im

Austausch gegen Zusicherungen, keine Kernwaffenprogramme zu verfolgen, eine starke Verringerung seines Arsenals anbietet. Dabei müsste die Möglichkeit harter Sanktionen bestehen, einschließlich eines gemeinsamen militärischen Vorgehens gegen Länder der Region, die sich nicht an diese Zusicherung halten. Eine erweiterte Version des derzeitigen „Quartetts" (USA, EU, Russland und UN), das zusätzlich China, Brasilien, die Türkei und Indien umfasst, würde die aktuellen diplomatischen Gespräche über Israel und Palästina ablösen und einen abschließenden Entwurf als Ausgangspunkt für Verhandlungen vorschlagen: Der größte Teil des Westjordanlands und der Gazastreifen würden den Palästinensern zurückgegeben werden, Ostjerusalem könnte die Hauptstadt Palästinas werden und es würden Reparationszahlungen an die Nachkommen palästinensischer Flüchtlinge bestimmt, die nicht in ihre früheren Gebiete im eigentlichen Israel zurückkehren können. Israel würde von den Mitgliedern der Arabischen Liga anerkannt werden und ihr unter dem neuen Namen „Völkerbund des Nahen Ostens" beitreten. In diesem Völkerbund könnten ethnische Minderheiten wie die algerischen Berber, die israelischen Araber, die Drusen im Libanon, in Syrien und Israel sowie die Kurden im Irak, in Syrien und der Türkei einen Beobachterstatus haben. Besagtes erweiterte „Oktett" könnte dann den freien Seeverkehr an den für die Energieversorgung entscheidenden Nadelöhren der Region garantieren, die Einhaltung des Kernwaffenverzichts gewährleisten, und es könnte im Falle von Unruhen in begrenztem Maße Logistik und Sicherheitskräfte bereitstellen. Gleichzeitig würden die Waffenverkäufe und die Militärhilfen an diese Staaten entsprechend abgebaut werden.

- **Neugestaltung des UN-Sicherheitsrats.** Der Sicherheitsrat der Vereinten Nationen ist immer noch die am offensichtlichsten fehlerhafte große globale Institution der Welt, denn er spiegelt die Welt von 1945 wider (bestenfalls noch die von 1979, als

China Taiwans Sitz übernahm). Bemühungen, den Sicherheitsrat auf den Stand des 21. Jahrhunderts zu bringen, scheitern vor allem am Vetorecht von fünf Nationen, nämlich der Vereinigten Staaten, Großbritanniens, Frankreichs, Russlands und Chinas. Sie können sich nicht darauf einigen, wer die ständigen Mitglieder sein sollten. Die Lösung liegt auf der Hand: die Abschaffung des Vetorechts. Die Idee, dass irgendein Staat eine Mehrheit der mächtigsten Nationen der Welt torpedieren kann, indem er ganz einfach sein Veto einlegt, ist der flagranteste Anachronismus, der bei den Vereinten Nationen überlebt hat. China und Russland haben kürzlich ihr Veto gegen Sanktionen gegen das bösartige Regime von Baschar al-Assad in Syrien eingelegt. Die Vereinigten Staaten ziehen sich bei Fragen, die Israel betreffen, regelmäßig in ihre Ecke zurück, sodass sie nicht durch Verhandlungen gelöst werden, sondern ungelöst bleiben und Washingtons kategorischem Nein unterworfen sind. Dieses Vetorecht ist schlimmer als das absurde Theater der UNO-Vollversammlung und trägt mehr zur Unterminierung der Organisation bei als irgendein anderer Faktor. Wäre das Vetorecht abgeschafft, könnte man mehrere aufstrebende Länder aufnehmen und die Sitze der Franzosen und Briten zu einem Sitz der EU verschmelzen. Die Aufnahme Japans, Brasiliens, Indiens, Indonesiens, Nigerias, Ägyptens und Südafrikas als ständige Mitglieder würde echte Verhandlungen über die wichtigsten Themen der Welt erzwingen und die UN von einem Nebenschauplatz in den Hauptschauplatz verwandeln. Ein solches Forum würde die Fähigkeit der Vereinigten Staaten stärken, Koalitionen zu bilden und Streitigkeiten zu vermitteln. Dabei würden sie zwar auch an Stimmgewicht verlieren, aber eine solche Reform des Sicherheitsrats würde den ultimativen Demokratisierungsmoment der Jahre unter amerikanischer Führung darstellen.

Oft dauert es Generationen, bis solche Lehren ihre Wirkung entfalten. Trotzdem – wenn die führenden Politiker in Nordamerika und Europa klare Entscheidungen treffen, lässt sich das Schlimmste vermeiden. Die Vereinigten Staaten sind die belastbarste und außergewöhnlichste Gesellschaft, die je gegründet wurde. Sie könnten noch einen Mittelweg finden, der das richtige Gleichgewicht zwischen der Förderung des Wachstums und des Abbaus unhaltbarer Versprechungen im eigenen Land einerseits und der sorgfältig durchdachten Übergabe eines Teils der drückenden Sicherheitsarrangements der Welt an deren übrige 6,7 Milliarden Bewohner andererseits erzielt. Falls dies gelingt, bleiben die Vereinigten Staaten ein Koloss – zwar nicht *der* Koloss, aber einer, der sein Schicksal vollständig selbst in der Hand hat.

Die Zukunft Europas erscheint ungewisser, denn seine Politiker treffen weiterhin Maßnahmen, welche die Tiefe der Krise in der Eurozone verleugnen, überreagieren auf die Probleme, indem sie in Euroland und in Großbritannien Arbeitsplätze und Wachstum vernichtende Sparprogramme auflegen, und betrachten die Sicherheitspolitik als Zuständigkeitsbereich Amerikas sowie als Problem weniger zivilisierter Kontinente. Diese Fehler könnten Europa einzeln oder zusammengenommen noch jahrzehntelang verfolgen.

Die Macht Amerikas ist immer noch ein lebenswichtiger Faktor, der abenteuerlustige Despoten davon überzeugt, dass Angriffe gegen Nachbarn oder die Unterstützung von Terrorismus mit einem zu hohen Preis verbunden sind, als dass sie infrage kämen. Ohne die Hilfe anderer, aufstrebender Mächte, können die Vereinigten Staaten diese Aufgabe aber nicht ewig erfüllen. Auch können sie keine Blankogarantien mehr erfüllen, wie sie sie nach dem Zweiten Weltkrieg wiederholt gegeben haben – man denke an Taiwan, Israel, Minderheitenregionen wie Tibet oder schwache Staaten wie das arme Georgien, auf dem Russland 2008 herumtrampelte, während die Bush-Regierung mit dem Finger drohte. Aus Georgiens frechem Verhalten vor diesem Krieg lässt sich schließen, dass es wirklich dachte, der Schirm Amerikas würde es schützen – es könne jede beliebige Politik betreiben, egal wie sehr sie Moskau ärgerte, ohne Konsequenzen befürchten zu müssen. Moskau hat Georgien eine Lehre erteilt, über die Taiwan, Israel, Japan, Südkorea sowie die Länder Ost- und Mitteleuropas gründlich nachdenken sollten. Die Vereinigten Staaten sollten mit allen befreundet bleiben und sich weiterhin angestrengt bemühen, China und Russland sowie kleinere Mächte wie den Iran und Venezuela davon zu überzeugen, dass Koexistenz im Interesse aller Nationen liegt. Doch Freundschaft erfordert Ehrlichkeit. Die Vereinigten Staaten müssen in den Sicherheitsbeziehungen zu ihren engsten Verbündeten nicht nur offen sagen, was sie vermögen, sondern auch, wozu sie im Krisenfall wirklich bereit sind.

Es wäre töricht, hinsichtlich der Vereinigten Staaten nicht optimistisch zu sein. Genauso töricht wäre die Annahme, der Ausgleich des Bundeshaushalts würde die 1990er-Jahre zurückholen. Diese Welt ist Vergangenheit und Milliarden Menschen geht es damit besser. Eigentlich hoffen nur sehr wenige Nationen, dass die Vereinigten Staaten scheitern – auch unter seinen offensichtlichsten Rivalen. Amerika kann und sollte im kommenden Zeitalter eine führende Rolle spielen, aber dafür muss es vom Olymp herabsteigen und auch wirklich ein Anführer sein – nicht nur beharrlich behaupten, es sei einer. „Die Vereinigten Staaten sind ein Land, das Menschen auf der ganzen Welt für sein Motto ‚wir schaffen das' bewundern", sagte der chinesische Diplomat Sha Zukang, der Spitzenunterhändler seines Landes für den Klimawandel, 2011 bei einem Besuch in Washington. „Die Menschen hier glauben, dass kein Problem so groß ist, dass es der Einfallsreichtum des Menschen nicht lösen könnte. Nie hat die Welt diesen Einfallsreichtum mehr gebraucht als heute. Die Welt braucht Ihre Führungsqualitäten."[8]

DANKSAGUNGEN

Ein Buch wie dieses, das viele Disziplinen sowie vergangene, gegenwärtige und künftige Angelegenheiten des Planeten umspannt, erfordert Demut, damit man in der Lage ist, andere um Rat zu fragen. Falls ich wegen irgendetwas, das in diesem Buch steht, kritisiert oder angegriffen werden sollte, liegt der Fehler bei mir. Nachdem ich dies vorausgeschickt habe, kann ich sagen, dass ich mit Freunden, ehemaligen Kollegen und Mentoren gesegnet bin, die großzügig Entwürfe gelesen und mir während des gesamten Entstehungsprozesses Rat gegeben haben. Dadurch haben sie dem Endprodukt mehr Weisheit und Farbe verliehen.

Als Erstes möchte ich meiner Agentin Leah Spiro danken, die mir bei der Gestaltung des ersten Exposees geholfen hat, bei meiner Lektorin Emily Carleton von Palgrave Macmillan für ihre enthusiastische Unterstützung und Anleitung, ihrer Assistentin Laura Lancaster und meinem Praktikanten Salil Motianey, die freundlicherweise frühe Fassungen der Kapitel Korrektur gelesen und mir bei den Endnoten und anderen undankbaren Aufgaben geholfen haben.

Zu den vielen Fachleuten, Praktikern und einfach nur schlauen Leuten, die mir Feedback zu diversen Kapiteln gegeben haben, gehören Frank Barbieri, Emily Field, Jeffrey Godbold, Andrew Nagorski, Jim Baldwin, Douglas Varga und Kari Huus, meine ehemaligen *BBC*-Kollegen Richard Walker, Nick Childs und Stephen Dalziel, die Asienexperten Adam Wolfe und Rachel Ziemba von Roubini Global Economics, Dr. William Turcotte, Emeritus des US Naval War College, meine ehemaligen Kollegen vom Council on Foreign Relations Greg Bruno, Steven Cook und Sebastian Mallaby sowie Robert Mahon, mit dem zusammenzuarbeiten ich auf drei verschiedenen Etappen meiner Karriere das Vergnügen hatte: bei The Associated Press, bei *Radio Free Europe/Radio Liberty* und beim CFR. Was Freundschaft und Rat allgemein angeht, könnte niemand bessere Freunde haben als Suzanne Turcotte, Lynda Hammes und Amer Nimr.

Nouriel Roubini, der Gründer und Vorsitzende von Roubini Global Economics, und Christian Menegatti, sein Stellvertreter und Head of Global Research, verdienen meinen besonderen Dank für ihre Freundschaft und ihre Geduld, als ich sie mit grundsätzlichen Fragen zur Weltwirtschaft piesackte. Außerdem schulde ich folgenden Personen Dank, die meine Karriere geleitet und mir in entscheidenden Momenten die Unterstützung geboten haben, die meine unkonventionelle Karriere in der Spur hielt: Bill Kovach, Stephen Engelberg und David Binder am Anfang meiner Karriere bei der *New York Times*, Bill McIlwain von der *Sarasota Herald-Tribune*, Merrill Brown, Brian Storm und Bob Aglow von *MSNBC*, Richard Haass, Trish Dorff, Jim Lindsay, David Kellogg und Lisa Shields vom CFR sowie Gideon Rose von *Foreign Affairs*.

Und schließlich danke ich meinen Eltern – meinem Vater, dem irischen Einwanderer und USMC-Sergeant Edward M. Moran, der alle vier Kinder am Samstagmorgen über zufällig ausgewählte Artikel der World Book Encyclopedia abhörte, und meiner Mutter Marie, die auf unvergleichliche Weise nie den Glauben an mich verloren hat. Mama, ich habe dich bei jedem Schritt gespürt, den ich gegangen bin, und ich vermisse dich jeden Tag.

Michael Moran

ANMERKUNGEN

EINFÜHRUNG

1. General André Beaufre, *BBC*-Interview für *The World at War*, Episode 5: „France Falls", produziert von Jeremy Isaacs, Thames Television, 1973.
2. Berry, Anthony: Gespräch mit dem Autor, Hamilton, Ontario, Kanada,1990.
3. *Meet The Press*, NBC News, 27. März 2011, http://www.msnbc.msn.com/id/42275424/ns/meet_the_press-transcripts/t/meet-press-transcript-march/#.TuyLgnNW6oA.
4. Tocqueville, Alexis de: *Democracy in America*, Vintage Books 1945 [deutsch: *Über die Demokratie in Amerika*, Reclam 1986].

KAPITEL 1: ÜBERGEPÄCK: DER KAMPF DES WESTENS GEGEN DIE REALITÄT

1. Präsident Barack Obama: „Rede zur Lage der Nation", US Capitol, Washington, D.C., 25. Januar 2011), http://www.whitehouse.gov/the-press-office/2011/01/25/remarks-president-state-union-address.
2. Der „Superausschuss" mit der offiziellen Bezeichnung „Joint Select Committee on Deficit Reduction" wurde gegründet, als die Republikaner einer routinemäßigen Erhöhung der Schuldenobergrenze, wie sie die bisherigen Gesetze der US-Regierung vorsahen, nicht zustimmten. Da die Regierung in den letzten Jahren fast jährlich ein Defizit fährt, muss die Grenze angehoben werden, um einen Staatsbankrott und die Gefahr des Panikverkaufs von US-Schatzanleihen an den Weltmärkten abzuwenden. Der Superausschuss sollte eigentlich einen von beiden Parteien abgesegneten Plan zum Abbau des Defizits vorschlagen. Als Anreiz für seine Mitglieder, sich auf einen Deal zu einigen, beinhaltete das Gesetz drakonische Senkungen der Staatsausgaben „quer durch den Garten" ab 2013 für den Fall, dass der Ausschuss bis zum 21. Novem-

ber 2011 keinen Plan vorlegen würde. Wie vorherzusehen, kam es nicht zu einer Einigung.
3. Typisch für diese Haltung ist ein Artikel des freien *Fox-News*-Mitarbeiters und Volkswirts John Lott: „Seven Myths about the Looming Debt Ceiling Disaster", *Fox News*, Juni 2011, http://www.foxnews.com/opinion/2011/07/15/seven-myths-about-looming-debt-ceiling-disaster/. Lott ist der Autor volkswirtschaftlicher Stützen wie *More Guns, Less Crime*, Chicago, University of Chicago Press 2010.
4. Bremmer, Ian und Nouriel Roubini: „A G-Zero World", in: *Foreign Affairs* März/April 2011, http://www.foreignaffairs.com/articles/67339/ian-bremmer-and-nouriel-roubini/a-g-zero-world.
5. Zivney, Terry L. und Richard D. Marcus: „The Day the United States Defaulted on Treasury Bills", in: *The Financial Review 24* (1989), S. 475-489, http://econpapers.repec.org/article/blafinrev/v_3a24_3ay_3a1989_3ai_3a3_3ap_3a475-89.htm; http://econpapers.repec.org/article/blafinrev/v_3a24_3ay_3a1989_3ai_3a3_3ap_3a475-89.htm.
6. Edwards, Mickey: „How to Turn Republicans and Democrats into Americans", in: *The Atlantic Monthly*, Juli/August 2011, http://www.theatlantic.com/magazine/archive/2011/07/how-to-turn-republicans-and-democrats-into-americans/8521/#.
7. Dieser belastende Moment in der amerikanischen Geschichte macht es umso schmachvoller, dass bei den jüngsten Verhandlungen über die Schuldenobergrenze zumindest eine Gruppierung – die Tea Party – das sogenannte „Inherent bad faith"-Verhandlungsmodell anwandte. Das heißt, sie hatte nie die Absicht, eine Einigung zu erzielen. Diese Taktik plagte bereits die Verhandlungen zwischen den Vereinigten Staaten und der Sowjetunion über Kernwaffen und wurde in den letzten Jahrzehnten von Nordkorea bis zur Perfektion ausgefeilt. Dass sie auf die Frage der Kreditwürdigkeit von Amerika angewandt wurde, lässt sich nur durch Unkenntnis der globalen Finanzrealitäten und von Amerikas derzeitiger Position auf der historischen Lebenslinie seiner Macht erklären.

8. Verteidigungsminister Robert M. Gates: „The Security and Defense Agenda (Future of NATO)", Brüssel, Freitag, den 10. Juni 2011, http://www.defense.gov/speeches/speech.aspx?speechid=1581.
9. Shadid, Anthony: „A Successful Diplomat Tries His Hand at Politics", in: *New York Times*, 10. Juni 2011, http://www.nytimes.com/2011/06/11/world/europe/11davutoglu.html?pagewanted=all.
10. Ferguson, Niall: *Colossus: The Price of America's Empire*, New York, Penguin Press 2004, S. 2.
11. Ikenberry G. John: „The Future of the Liberal World Order: Internationalism after America", in: *Foreign Affairs*, Mai/Juni 2011, http://www.foreignaffairs.com/articles/67730/g-john-ikenberry/the-future-of-the-liberal-world-order.

KAPITEL 2: WENN SICH DIE WELT DREHT, SCHLÄGT DIE SCHWERKRAFT ZU

1. Als Auffrischung des thatcheristischen Blicks auf die Vorteile eines radikalen Sparkurses siehe: „Fiscal Stabilizations: When Do They Work and Why" von Ardagna Silvia, in: *European Economic Review vol. 48, no. 5* (Oktober 2004), S. 1047–1074.
2. Blanchflower, David: „The Second Great Depression", in: *The New Statesman and Society*, 7. Juli 2011, http://www.newstatesman.com/blogs/david-blanchflower2011/07/growth-niesr-recession.
3. Weller, Christian: „Unburdening America's Middle Class", Center for American Progress, November 2011, http://www.americanprogress.org/deleveraging_execsumm.pdf.
4. Bartlett, Bruce: „Reagan's Forgotten Tax Record", in: *Capital Gains and Games*, 22. Februar 2011, http://www.capitalgainsandgames.com/blog/bruce-bartlett/2154/reagans-forgotten-tax-record.
5. Italien steht damit auf der Welt nicht am schlechtesten da, aber abgesehen von Japan (mit einer Verschuldung von fast 200 Prozent seines BIPs laut *CIA World Factbook 2010* der Spitzenreiter unter den Schuldnernationen) führt Italien die Verschwendertabelle der G7 an. Nach diesem Maßstab sehen die Vereinigten Staaten ver-

gleichsweise gesund aus. Sie belegen Platz 37 und liegen damit knapp unter dem vom Internationalen Währungsfonds (IWF) berechneten globalen Durchschnitt von 59,3 Prozent.
Die meisten G7-Staaten stehen schlechter da – sogar Deutschland belegt mit einer Verschuldung von 83,2 Prozent seines BIPs den 19. Platz.

6. El-Erian, Mohamed: „Sleepwalking through America's Unemployment Problem", in: *Project Syndicate*, 1. Mai 2011, http://www.project-syndicate.org/commentary/elerian4/English.
7. Einen Kontrapunkt zu diesem Argument liefert Paul Krugman in einem Artikel vom 5. August 2011: „The Wrong Worries", in: *New York Times*, http://www.nytimes.com/2011/08/05/opinion/the-wrong-worries.html?ref=paulkrugman.
8. Roubini, Nouriel und Michael Moran: „Avoid the Double Dip", in: *Foreign Policy*, November 2010, http://www.foreignpolicy.com/articles/2010/10/11/avoid_the_double_dip?page=0,0.
9. Weller: „Unburdening America's Middle Class".
10. Mandelbaum, Michael: „American Power and Profligacy", Rede vor dem Council on Foreign Relations, New York, 18. Januar 2011.
11. Dodd-Frank Wall Street Reform and Consumer Protection Act, Pub. L. No. 111-203, 124 Stat. 1376 (2010).
12. Der republikanische Kandidat Tim Pawlenty bei einer Debatte zur Probeabstimmung in New Hampshire, Manchester, N.H., 13. Juni 2011, http://www.ontheissues.org/governor/Tim_Pawlenty_Budget_+_Economy.htm.
13. Romney, Mitt: „How I'll Tackle Spending, Debt", in: *USA Today*, 3. November 2011, http://www.usatoday.com/news/opinion/forum/story/2011-11-03/mitt-romney-budget-plan/51063454/1.
14. Congressional Budget Office: *The Budget and Economic Outlook: Fiscal Years 2011 to 2021*, Kongress der Vereinigten Staaten, Januar 2011, http://www.cbo.gov/ftpdocs/120xx/doc12039/01-26_FY-2011Outlook.pdf.
15. US Office of Management and Budget: *Fiscal Year 2012 Budget of the U.S. Government*, Washington, D.C., US Government

Printing Office 2010, http://www.whitehouse.gov/omb/budget/Overview/.
16. Budget and Economic Outlook.
17. Repräsentant Paul Ryan, Ranking Member im Haushaltsausschuss: *A Roadmap for America's Future*, Version 2.0, Januar 2010, http://www.roadmap.republicans.budget.house.gov/Plan/.
18. Romney: „HowI'llTackleSpending,Debt".
19. „Herman's 9-9-9 Plan for Economic Renewal", Präsidentschaftswahlkampf-Webseite von Herman Cain, Zugriff am 24. November 2011, http://www.hermancain.com/999.
20. Stockman, David: „Vicious Sell-off in Bond Market Could Force Action on Budget Deficit, Debt," in: *Distressed Volatility*, 25. Mai 2011, http://www.distressedvolatility.com/2011/05/david-stockman-vicious-sell-off-in-bond.html.
21. „Kinzinger Statement Against Vote on Raising the Debt Ceiling", Büro des Repräsentanten Alan Kinzinger, 31. Mai 2011, http://kinzinger.house.gov/index.cfm?sectionid=25.2&itemid=96.
22. „America Needs to Accept the Fact that the Good Old Days Are Gone", in: *Xinhua News*, Leitartikel der Official New China News Agency, via Reuters, 7. August 2011, http://www.reuters.com/article/2011/08/06/us-china-sp-idUSTRE7750R720110806.
23. Gordon, Robert J.: „The Slowest Potential Output Growth in U.S. History: Measurement and Interpretation", Rede auf einem CSIP-Symposium über „The Outlook for Future Productivity Growth", Federal Reserve Bank of San Francisco, 14. November 2008, http://www.frbsf.org/csip/research/200811_Gordon.pdf.
24. Congressional Budget Office: *CBO's 2011 Long-Term Budget Outlook*, Juni 2011, http:// www.cbo.gov/doc.cfm?index=12212.
25. Paulson, Henry: *On the Brink: Inside the Race to Stop the Collapse of the Global Financial System*, New York, Hachette Book Group 2010, S. 159.
26. Ahamed, Liaquat: *Lords of Finance:The Bankers Who Broke the World*, New York, Penguin Press 2009, Kap. 3.
27. Neff, Donald: *Warriors at Suez: Eisenhower Takes America into the Middle East*, New York, MW Books 1979.

28. Wilson, A. N.: *After the Victorians: The Decline of Britain in the World*, London, Hutchinson 2005.
29. Buffett, Warren E.: „Stop Coddling the Super Rich", in: *New York Times*, 14. August 2011, http://www.nytimes.com/2011/08/15/opinion/stop-coddling-the-super-rich.html.
30. Kocieniewski, David: „GE's Strategies Let It Avoid Taxes Altogether", in: *New York Times*, 24. März 2011, http://www.nytimes.com/2011/03/25/business/economy/25tax.html?pagewanted=all.

KAPITEL 3: AMERIKAS MITTELSCHICHT – WIE EIN FROSCH IM KOCHENDEN WASSER

1. General Accountability Office: *The Federal Government's Long-Term Fiscal Outlook*, Aktualisierung vom Januar 2011, http://www.gao.gov/new.items/d11451sp.pdf.
2. Ebd.
3. DeNavas, Carmen, Bernadette D. Proctor und Jessica C. Smith: „Income, Poverty and Health Insurance Coverage in the United States", US Census Bureau, September 2011, http://www.census.gov/prod/2011pubs/p60-239.pdf.
4. Feller, Avi und Chad Stone: „Top One Percent of Americans Reaped Two-Thirds of Income Gains in Last Economic Expansion", Center for Budget and Policy Priorities, 9. September 2009, http://www.cbpp.org/files/9-9-09pov.pdf.
5. „United States of America Long-Term Rating Lowered to 'AA+' Due to Political Risks, Rising Debt Burden; Outlook Negative", Standard & Poor's, 5. August 2011, http://www.standardandpoors.com/ratings/articles/en/us/?assetID=1245316529563.
6. Krugman, Paul: „The Wrong Worries", in: *New York Times*, 5. August 2011, http://www .nytimes.com/2011/08/05/opinion/the-wrong-worries.html?ref=paulkrugman.

7. *Historical Statistics of the United States, 1789–1945*, Bureau of Census, US Government Printing Office, Washington, D.C., 1949, http://www2.census.gov/prod2/statcomp/documents/HistoricalStatisticsoftheUnitedStates1789-1945.pdf.
   Dazu ist festzuhalten, dass manche Volkswirte diese Zahlen als zu großzügig bestreiten, weil sie Arbeitskräfte mit „ABM-Stellen", die im Rahmen von Roosevelts New Deal geschaffen wurden, als „beschäftigt" zählen. Wenn man alternative Methoden anwendet, die solche Menschen als arbeitslos zählen, fallen die Zahlen krasser aus: Der Höhepunkt der Arbeitslosigkeit fällt laut diesen Zahlen in das Jahr 1933 und beträgt 25 Prozent – unter Berücksichtigung derer, die die Hoffnung aufgegeben hatten, 37 Prozent. Im Jahr 1937 betrug die Arbeitslosenquote 14 Prozent und schnellte nach der Änderung der Fed-Politik auf 19 Prozent. Die Zahlen verlaufen ähnlich.
8. Johnson, Simon: „Defaulting to Big Government", in: *Project Syndicate*, 18. Juli 2011, http://www.project-syndicate.org/commentary/johnson22/English.
9. Altman, Roger: Rede vor dem Council on Foreign Relations, New York, 18. Januar 2011, http://www.cfr.org/united-states/cfr-90th-anniversary-series-renewing-america-american-power-profligacy/p23828.
10. Dies beinhaltet den Abruf eines Etats von 144 Milliarden Dollar im Steuerjahr 2012 zuzüglich 71 Milliarden für „Notfalloperationen im Ausland".
11. „GAO Perspectives on Fiscal and Performance Challenges Facing the Federal Government", Powerpoint-Präsentation des General Accountability Office im August 2011, Dia 7, http://w w w.gao.gov/cghome/d111071cg.pdf.
12. GAO, Aktualisierung vom Januar 2011.
13. Kennedy, John F.: Antrittsrede vom 20. Januar 1961, archiviert im Miller Center for Presidential Politics, University of Virginia, Zugriff am 24. November 2011.
14. Reagan, Ronald: Rede zur Nominierung des republikanischen Präsidentschaftskandidaten Barry Goldwater vom 27. Oktober

1964, archiviert im Miller Center for Presidential Politics, University of Virginia, Zugriff am 24. November 2011.
15. Drei beeindruckende und lesbare Führer zu dem Geschehen und dazu, wie sowohl der Staat als auch der Privatsektor beinahe die internationale Wirtschaft ruiniert hätten, sind:
Roubini, Nouriel und Stephen Mihm: *Crisis Economics: A Crash Course in the Future of Finance.*
Reinhart, Carmen und Kenneth S. Rogoff: *This Time Is Different: Eight Centuries of Financial Folly.*
Lewis, Michael: *The Big Short: Inside the Doomsday Machine.*
Als minutiöser Bericht über die letzten Akte der Käuflichkeit der Wall Street ist *Too Big to Fail* von Andrew Ross Sorkin unschlagbar.
16. Aridas, Tina: „Household Saving Rates", in: *Global Finance Magazine*, Zugriff am 26. November 2011, http://www.gfmag.com/tools/global-database/economic-data/10396-household-saving-rates.html#axzz1Q5LX8KB6.
17. Die vier ursprünglichen BRIC-Länder Brasilien, Russland, Indien und China luden Anfang 2011 als fünftes Land Südafrika ein, sich ihnen anzuschließen. Dadurch wurden sie in BRICS umbenannt und vernarrten sich noch mehr in eine ohnehin schon zweifelhafte Ehre. Tatsächlich hat Russland meiner Ansicht nach unter den BICs nichts zu suchen, und Südafrika ist im Vergleich zu anderen möglichen Zugängen, unter anderem der Türkei und zu Indonesien, ein Fliegengewicht.
18. Curtis, Mary, Richard Kersley und Mujtaba Rana: *Emerging Consumer Survey 2011*, Zürich, Credit Suisse AG, Januar 2011, https://www.credit-suisse.com/news/doc/media_releases/consumer_survey_0701_small.pdf.
19. Greenstone, Michael und Adam Looney: „Have Earnings Actually Declined?", Brookings Institution, 4. März 2011, http://www.brookings.edu/opinions/2011/0304_jobs_greenstone_looney.aspx.
20. Gross, William H.: „Off with Our Heads", PIMCO, Januar 2011, http://www.pimco.com/EN/Insights/Pages/OffWithOurHeads.aspx.
21. Lubin, Gus: „Check Out Chris Whalen's Terrifying Presentation on the 2011 Fore- closure Crisis", in: *Business Insider*, 8. Oktober

2010, http://www.businessinsider.com/chris-whalens-foreclosure-crisis-2010-10.
22. Roosevelt, Franklin Delano: Rede an der University of Pennsylvania, 20. September 1940, archiviert auf der Webseite der UPenn, Zugriff am 26. November 2011, http://www.presidency.ucsb.edu/ws/index.php?pid=15860#axzz1epfEQxJd.
23. Er leistete sich aber doch noch eins – ich stellte ihn 2010 als (schlecht) bezahlten Praktikanten bei Roubini Global Economics ein, und ein halbes Jahr danach bekam er eine Stelle bei der Fachzeitschrift *Advertising Trade*. Dylan Byers im Bewerbungsgespräch mit dem Autor, 20. Dezember 2010.
24. National Center for Education Statistics, „Table 279. Degrees Conferred by Degree-Granting Institutions, by Level of Degree and Sex of Student: Selected Years, 1869–70 through 2019–20", http://nces.ed.gov/programs/digest/d10/tables/dt10_279.asp.
25. Badenhausen, Kurt: „Most Lucrative College Majors", in: *Forbes*, 18. Juni 2008, http://www.forbes.com/2008/06/18/college-majors-lucrative-lead-cx_kb_0618majors.html.
26. Orwell, George: *Down and Out in Paris and London*, London, Penguin Modern Classics 1933 [deutsch unter anderem: *Erledigt in Paris und London*, Diogenes 2007].
27. Carnevale, Anthony, Jeff Strohl und Michelle Melton: *What's It Worth? The Economic Value of College Majors*, Washington, D.C., Georgetown University, Center on Education and the Workforce, 2011, http://www9.georgetown.edu/grad/gppi/hpi/cew/pdfs/whatsitworth-complete.pdf.
28. McKinsey Global Institute: „An Economy That Works", Juni 2011, http://www.mckinsey.com/mgi/publications/us_jobs/index.asp.
29. Boston Consulting Group: „Made in the USA, Again: Manufacturing Is Expected to Return to America as China's Rising Labor Costs Erase Most Savings from Offshoring", Pressemitteilung vom 5. Mai 2011, www.bcg.com/media/PressReleaseDetailsaspx?id=tcm:12-75973.

KAPITEL 4: VON DER KURZWELLE ZUM FLASHMOB: DIE TECHNIK BRINGT DEN LAUF DER GESCHICHTE AUF TRAB

1. Nagy, Ramy (Internetunternehmer), Interview mit dem Autor am 14. Juni 2011.
2. El Said, Ayah (Volkswirtin bei Roubini Global Economics), Telefonat mit dem Autor am 3. Februar 2011.
3. Cook, Steven A.: (Hasib J. Sabbagh Senior Fellow for Middle Eastern Studies, Council on Foreign Relations) und Jared Cohen (Direktor von Google Ideas), Telefonkonferenz unter Beteiligung des Autors am 24. Januar 2011.
4. Srinivas, Shefali: „Online Citizen Journalists Respond to South Asian Disaster", in: *Online Journalism Review*, 7. Januar 2005, http://www.ojr.org/ojr/stories/050107srinivas/.
5. Outing, Steve: „Taking Tsunami Coverage into Their Own Hands", Poynter, 5. Januar 2006, Zugriff im Juli 2011, http://www.poynter.org/uncategorized/29330/taking-tsunami-coverage-into-their-own-hands/.
6. Muntean, Dana: Interview mit dem Autor im März 2011.
7. Ebd.
8. Hille, Kathrin: „China's Microblogs: Confusion, not Crackdown", in: *Financial Times*, BeyondBRICS blog, 20. Oktober 2011, http://blogs.ft.com/beyond-brics/2011/10/20/china-microblogs-confusion-not-crackdown/#ixzz1f0EXrOGC.
9. Kaltchev, Nick (Bulgarien-Moderator von *Radio Free Europe/Radio Liberty*), Gespräch mit dem Autor, München, Mai 1995.
10. Pew Research Center: „Arab Spring Fails to Improve U.S. Image", 17. Mai 2011, http://www.pewglobal.org/2011/05/17/arab-spring-fails-to-improve-us-image/.
11. Chick, Kristen: „Clinton, Rebuffed in Egypt, Faces Tough Task on Arab Upheaval", in: *Christian Science Monitor*, 15. März 2011, http://www.csmonitor.com/World/Middle-East/2011/0315/Clinton-rebuffed-in-Egypt-faces-tough-task-on-Arab-upheaval.

12. Eine vollständige Angabe der Todesopfer von Diktatoren, die in dieser Zeit von den Vereinigten Staaten unterstützt wurden, ist so gut wie unmöglich, allerdings starben gut 30.000 von der Hand des argentinischen Militärs und von 1957 bis 1986 etwa 30.000 in Haiti. Natürlich bedeutete die Dynamik des Kalten Krieges auch, dass linke Staatschefs – sogar demokratisch gewählte wie Präsident Salvador Allende in Chile oder der iranische Präsident Mohammed Mossadegh – von der CIA unterminiert werden mussten. Aber das ist eine andere Geschichte.
13. Human Rights Watch: „Clinton Remarks Undermine Rights Reform in China", 20. Februar 2009, http://www.hrw.org/news/2009/02/20/us-clinton-remarks-undermine-rights-reform-china.
14. In manchen Missbrauchsfällen – beispielsweise im Iran, in Nordkorea, in Myanmar und im Sudan – haben natürlich auch die Vereinigten Staaten bei der Umsetzung wirtschaftlicher Sanktionen geholfen. In ausgemachten Notfällen hat das sogar zu militärischen Interventionen geführt, etwa in den 1990er-Jahren in Libyen, Bosnien-Herzegowina, im Kosovo und in Osttimor. Aber solche Aktionen dürften wahrscheinlich abnehmen, weil sich die Steuerzahler im Westen gegen ihre Kosten sperren und der wachsende Einfluss der Schwellenländer deren Einstellung ändert. Meistens schließen sie sich solchen Interventionen nur widerwillig an.
15. Bremmer, Ian: „Democracy in Cyberspace", in: *Foreign Affairs*, November/Dezember 2011, http://www.foreignaffairs.com/articles/66803/ian-bremmer/democracy-in-cyberspace.
16. Nakashima, Ellen: „Washington Post: Ex-NSA Official Thomas Drake to Plead Guilty to Misdemeanor", Government Accountability Project, 9. Juni 2011, http://www.whistleblower.org/press/gap-in-the-news/1272-washington-post--ex-nsa-official-thomas-drake-to-plead-guilty-to-misdemeanor-.
17. Rosen, Jay: „The Afghanistan War Logs Released by Wikileaks, the World's First Stateless News Organization", *PressThink* (blog), 26. Juli 2010, http://pressthink.org/2010/07/the-afghanistan-war-logs-released-by-wikileaks-the-worlds-first-stateless-news-organization/.

18. Black, Hugo J.: *Concurring Opinion*, Supreme Court of the United States, 403 U.S. 713, *New York Times Co. v. United States*, Certiorari to the U.S. Court of Appeals for the Second Circuit, No. 1873, verhandelt am 26. Juni 1971.
19. Schoenfeld, Gabriel: *Necessary Secrets: National Security, the Media and Rule of Law*, New York, W. W. Norton 2010.
20. Shirky, Clay: „Half-Formed Thought on WikiLeaks and Global Action", in: *Clay Shirky* (blog), 31. Dezember 2010, Zugriff am 22. Juli 2011, http://www.shirky.com/weblog/2010/12/half-formed-thought-on-wikileaks-global-action/.
21. Die ursprüngliche Quelle auf msnbc.com steht aufgrund der bis deutlich nach der Jahrtausendwende geltenden kurzsichtigen Archivierungspolitik nicht mehr im Netz. Zum Glück hat mein Ko-Autor Brock Meeks anhand unserer Arbeit als Freiberufler folgenden Artikel geschrieben: „India Has Scary Nuke Hack", ZDNet, 6. Juni 1998, Zugriff am 23. Juli 2011, http://www.zdnet.com/news/india-has-scary-nuke-hack/99683.
22. „Foreign Spies Stealing US Economic Secrets in Cyberspace", *Report to Congress of Foreign Economic Collection and Industrial Espionage, 2009–2011*, Office of the National Counterintelligence Executive, Oktober 2011, http://www.ncix.gov/publications/reports/fecie_all/Foreign_Economic_Collection_2011.pdf.
23. Gorman, Siobhan: „Electricity Grid in U.S. Penetrated by Spies", in: *Wall Street Journal*, 8. April 2009, http://online.wsj.com/article/SB123914805204099085.html.
24. Nakashima, Ellen und William Wan: „China's Denials About Cyber Attacks Undermined by Video Clip", in: *Washington Post*, 24. August 2011, http://www.com/world/national-security/state-media-video-candidly-depicts-chinas-developing-cyber-weaponry/2011/08/22/gIQAqyWkbJ_story.html.
25. Lynn, William J., stellvertretender Verteidigungsminister, Vortrag über die Cyber-Strategie des US-Verteidigungsministeriums, National Defense University, Washington, D.C., Donnerstag, 14. Juli 2011.

26. Arkin, William M. (Experte für US-Nachrichtendienste und digitale Kriegführung): Telefoninterview mit dem Autor im November 2010.
27. Interview des Autors mit Nagy.

KAPITEL 5: MENETEKEL IM NAHEN OSTEN

1. May, Ernest: *Imperial Democracy*, New York, Harcourt, Brace and World 1961, S. 270.
2. Nye, Joseph: „Is America an Empire?", in: *Project Syndicate*, 26. Januar 2004, Zugriff im Juli 2011, http://www.project-syndicate.org/commentary/nye5/English.
3. Ironischerweise hatten die Vereinigten Staaten bis 2003 genau das getan und ihre verbleibenden Basen in Saudi-Arabien geschlossen. Siehe: Schmitt, Eric: „U.S. Will Move Air Operations to Qatar Base", in: *New York Times*, 28. April 2003, http://www.nytimes.com/2003/04/28/world/aftereffects-bases-us-will-move-air-operations-to-qatar-base.htmlpagewanted=all&src=pm.
4. US-Verteidigungsministerium: „Active Duty Military Personnel Strengths By Regional Area and By Country (309A)", 31. Dezember 2010, Zugriff im Juli 2011, http://siadapp.dmdc.osd.mil/personnel/MILITARY/history/hst1012.pdf.
5. International Security and Assistance Force: „Key Facts and Figures", Zugriff im Juli 2011, http://www.isaf.nato.int/images/stories/File/Placemats/Revised%206%20June%202011%20Placemat%20(Full).pdf.
6. El Saadawi, Nawal: Interview mit dem *BBC World Service*, 25. November 2011, http://www.bbc.co.uk/news/entertainment-arts-15892307.
7. Bush, George W.: Rede vor dem Kongress-Plenum, US Capitol, Washington, D.C., 20. September 2001), http://georgewbush-whitehouse.archives.gov/news/releases/2001/09/20010920-8.html.

8. Die auf Dauer zuverlässigsten Umfragen in der arabischen Welt stammen nicht aus lokalen Quellen, sondern aus dem Global Attitudes Project des Pew Research Center (http://www.pewglobal.org/2011/05/17/arab-spring-fails-to-improve-us-image/), vom Arab-American Institute (http://www.aaiusa.org/reports/arab-attitudes-2011) und vom Saban Center for Middle East Policy der Brookings Institution (http://www.brookings.edu/reports/2011/1121_arab_public_opinion_telhami.aspx).
9. *NewsHour*, PBS Online, Niederschrift der Präsidentschaftsdebatte, 12. Oktober 2000, Zugriff im Juli 2011, http://www.pbs.org/newshour/bb/politics/july-dec00/for-policy_10-12.html.
10. Moran, Michael: „Time's Up for the Taliban", msnbc.com, 22. Dezember 1999 (archiviert auf CFR.org), Zugriff im Juli 2011, http://www.cfr.org/afghanistan/times-up-taliban/p10302.
11. Griffin, Phil: Gespräch mit dem Autor am 27. Juni 2001.
12. Dieses Eintauchen in die Kultur der Levante war nicht ganz umsonst. Copelands Sohn Stewart Copeland wurde der rhythmisch innovative Schlagzeuger der Rockband The Police.
13. Yergin, Daniel: *The Prize: The Epic Quest for Oil, Money, and Power*, New York, Free Press 2008, S. 272–280.
14. Atkinson, Rick: *An Army at Dawn: The War in North Africa, 1942–1943*, New York, Random House 2003, S. 462.
15. Bronson, Rachel (Autorin von *Thicker than Oil: America's Uneasy Partnership with Saudi Arabia*): Interview mit dem Autor am 19. Mai 2006, http://www.cfr.org/energy-security/rachel-bronson-thicker-than-oil/p10727.
16. Colonel William A. Eddy: *FDR Meets Ibn Saud*, New York, American Friends of the Middle East 1954.
17. Dazu ist festzuhalten, dass manche pro-israelischen Gelehrten Eddys Objektivität bezweifeln, weil er ein persönliches Verhältnis zum König hatte, Jahre als amerikanischer Prokonsul in Arabien verbracht hatte und im heutigen Libanon als Sohn eines Missionars-Ehepaars geboren wurde. Sie behaupten, er sei für die Araber eingenommen gewesen. Allerdings ist sein Bericht die einzige detaillierte Schilderung eines Augenzeugen, und Zweifel an seiner

Korrektheit dürften dadurch ausgeglichen werden, dass sich Roosevelts engster Mitarbeiter Harry Hopkins, Verfechter eines israelischen Staates, große Mühe gab, die Verbreitung der von Eddy nach dem Treffen verfassten Mitteilungen einzuschränken – meines Wissens existiert keines mehr davon. Berichte über Hopkins' Verehrung des Judentums finden sich in vielen Biografien, unter anderem in: Hopkins, June: *Harry Hopkins: Sudden Hero, Brash Reformer*, New York, St. Martin's Press 1999, S. 40–49.

18. Eddy: *FDR Meets Ibn Saud*.
19. Franklin D. Roosevelt an König Saud, 5. April 1945, Sammlung der Yale University, Lillian Goldman Law Library, Zugriff im Juli 2011, http://avalon.law.yale.edu/20th_century/decad161.asp.
20. Colonel Henry McMahon an Ali Ibn Husain, 1915, Sammlung der Fordham University, Zugriff im Juli 2011, http://www.fordham.edu/halsall/mod/1915mcmahon.html.
21. Roosevelt, Franklin D.: „Four-Freedoms-Rede", 6. Januar 1941, Sammlung des Marist College, Zugriff im Juli 2011, http://www.fdrlibrary.marist.edu/fourfreedoms.
22. Wheeler, Keith: „Egypt's Premier Reveals How He Made Red Arms Deal", in: *LIFE*, 14. November 1955, S. 131.
23. Ephross, Peter: „Anti-Semitic Diary Entries Dent Jews' Esteem for Truman", Jewish Telegraphic Agency, 18. Juli 2003, http://www.jweekly.com/article/full/20235/anti-semitic-diary-entries-dent-jews-image-of-truman/.
24. Die Webseite der/des Harry S. Truman Library and Museum enthält die gesammelten Dokumente dieser Zeit, und viele davon zur Debatte über die Anerkennung Israels sind zugänglich. Siehe http://www.trumanlibrary.org/israel/palestin.htm.
25. Stepan, Alfred mit Graeme B. Robertson: „An 'Arab' More than a 'Muslim' Democracy Gap", in: *Journal of Democracy* 14, no. 3 (Juli 2003), http://muse.jhu.edu/login?uri=/journals/journal_of_democracy/v014/14.3stepan.html.
26. Congressional Research Service: *State, Foreign Operations and Related Programs: FY2011 Budget and Appropriations*, 22. April 2011, http://www.fas.org/sgp/crs/row/R41228.pdf.

27. „Panetta Says Israel Is Risking Isolation", Associated Press (via *New York Times*), 2. Oktober 2011, http://www.nytimes.com/2011/10/03/world/middleeast/panetta-says-israel-is-risking-isolation.html.
28. Unterlagen der Wahlkommission des Bundes für 2010, vorgelegt von der Überwachungsorganisation OpenSecrets.org, Zugriff im Juli 2011, http://www.opensecrets.org/lobby/top.php?showYear=2010&indexType=s.
29. Moran, Michael: „A Road Map to Nowhere?", msnbc.com, 28. Mai 2003, http://www.msnbc.msn.com/id/3340058/ns/world_news-brave_new_world/t/road-map-nowhere/.
30. Telhami, Shilbey: „2010 Arab Public Opinion Poll", University of Maryland und Zogby International, 5. August 2010, http://www.brookings.edu/~/media/Files/rc/reports/2010/08_arab_opinion_poll_telhami/08_arab_opinion_poll_telhami.pdf.
31. Cook, Steven: „Arab Spring, Turkish Fall", in: *Foreign Policy*, 5. Mai 2011, Zugriff im Juli 2011, http://www.foreignpolicy.com/articles/2011/05/05/arab_spring_turkish_fall.
32. Nasr, Vali: *The Shia Revival: How Conflicts within Islam Will Shape the Future*, New York, W. W. Norton 2006.
33. Bassiouni, M. Cherif: „The Report of the Bahrain Independent Commission of Inquiry", 23. November 2011, http://www.bici.org.bh/.

KAPITEL 6: CHINA UND AMERIKA: DIE GEFAHREN DER GEGENSEITIGEN ABHÄNGIGKEIT

1. Maglione, George (leitender Automobilökonom bei IHS Global Insight): Interview mit dem Autor am 20. Juli 2011.
2. Greifeld, Robert (Präsident der Börse NASDAQ OMX) in einem Gespräch mit dem Autor in New York im April 2009.
3. Stephens, Philip: „Spasm or Spiral? The West's Choice", in: *Financial Times*, 21. Juli 2011, http://www.ft.com/cms/s/0/52ca17f6-b3cb-11e0-855b-00144feabdc0.html#axzz1ce8ZLwav.

4. Maglione, Interview.
5. Aussage von Alan Greenspan, Vorsitzender der Federal Reserve, vor dem Senatsfinanzausschuss, 23. Juni 2005, http://www.federalreserve.gov/boarddocs/testimony/2005/20050623/default.htm.
6. Huang, Yiping: „Krugman's Chinese Renminbi Fallacy", East Asia Forum, 15. März 2010, http://www.eastasiaforum.org/2010/03/15/krugmans-chinese-renminbi-fallacy/.
7. „The Yuan Scapegoat", in: Wall Street Journal, 18. März 2010, http://online.wsj.com/article/SB10001424052748704743404575127511778280940.html.
8. Ziemba, Rachel (leitende Analystin für Staatsanleihen bei Roubini Global Economics) in einem Gespräch mit dem Autor in New York am 29. Juli 2011.
9. Fisher, Richard: „A Bridge to Fiscal Sanity?", Rede, San Antonio, Texas, 8. November 2010, http://dallasfed.org/news/speeches/fisher/2010/fs101108.cfm.
10. Gallagher, Kevin P., Interview mit Paul Jay: „Emerging Markets Confront QE2: Capital Controls, Reserve Accumulation, or Both?", in: Monthly Review, 11. Dezember 2010, Zugriff im September 2011, http://mrzine.monthlyreview.org/2010/gallagher121110.html.
11. Roubini, Nouriel: „How Should Emerging Markets Manage Capital Inflows and Currency Appreciation?", Roubini Global Economics, 4. November 2010, http://www.roubini.com/analysis/137656.php.
12. Office of the US Trade Representative: „China", Zahlen 2009 (die neuesten verfügbaren), http://www.ustr.gov/countries-regions/china, Zugriff am 23. Juli 2011. Manche Analysten meinen, Chinas Auslandsdirektinvestitionen in den Vereinigten Staaten würden in den Jahren 2010 und 2011 zwar Anstiege verzeichnen, aber es würde eine riesige Kluft bleiben.
13. Rosen, Daniel H. und Thilo Hanemann: *An American Open Door? Maximizing the Benefits of Chinese Foreign Direct Investment*, Asia Society, Zugriff im September 2011, http://asiasociety.org/policy/center-us-china-relations/american-open-door.

14. US Census Bureau, Office of Foreign Trade Data Dissemination: „Trade in Goods with China", Zugriff am 21. September 2011, http://www.census.gov/foreign-trade/balance/c5700.html.
15. Shirouzu, Norihiko: „Train Makers Rail against China's High-Speed Designs", in: *Wall Street Journal*, 18. November 2010, http://online.wsj.com/article/SB20001424052748704814204575507353221141616.html.
16. Fallows, James: „China Makes, the World Takes", in: *Atlantic* (Juli/August 2007), http://www.theatlantic.com/magazine/archive/2007/07/china-makes-the-world-takes/5987/.
17. World Economic Outlook, Internationaler Währungsfonds, Juli 2011.
18. „Asia's Top 1.000 Brands 2010", TNS Global, 20. Juli 2010, Zugriff im September 2011, http://www.tnsglobal.com/research/key-insight-reports/FFEF53C4FAC0469DA35356D78872CB6E.aspx.
19. Experten können das wahre Ausmaß der Positionen von Chinas Staatsfonds nur schätzen, weil China nicht wirklich verpflichtet ist, diese Informationen offenzulegen. Meine Freundin Rachel Ziemba, Staatsanleihen-Guru bei Roubini Global Economics, schätzt, dass der chinesische Staat Mitte 2011 ein Portfolio von Auslandsinvestments in Höhe von circa 3,6 Billionen Dollar hatte. Dazu zählten Aktien, Immobilien sowie Beteiligungen an ausländischen Ölgesellschaften und anderen strategischen Projekten. Außerdem hat China 3,2 Billionen Dollar an Devisenreserven, von denen 400 Milliarden Dollar vom CIC gehalten werden (rund 140 Milliarden davon in ausländischen Anlagen, der Rest in Form von ausländischen Anlagen im Besitz von staatlichen Banken und anderen Körperschaften).
20. Gordon, Kate, Susan Lyon, Ed Paisley und Sean Pool: *Rising to the Challenge: A Progressive U.S. Approach to China's Innovation and Competitiveness Policies*, Washington, D.C., Center for American Progress, Januar 2011, http://www.americanprogress.org/issues/2011/01/china_innovation.html.
21. Bremmer, Ian: *The End of the Free Market: Who Wins the War between States and Corporations?*, New York, Portfolio 2010, S. 4.

22. Anderlini, Jamil: „China's Political Anniversary: A Long Cycle Nears Its End", in: *Financial Times*, 1. Juli 2011, http://www.ft.com/intl/cms/s/0/acebc234-a421-11e0-8b4f-00144feabdc0.html#axzz1ce8ZLwav.
23. „China Ranks Fourth in R&D Spending", UPI, 2. Dezember 2010, http://www.upi.com/Science_News/2010/12/02/China-ranks-fourth-in-RD-spending/UPI-89181291310006/.
24. „Illegal Children Will Be Confiscated", in: *The Economist*, 21. Juli 2011, http://www.economist.com/node/18988496.
25. „Medvedev Grants Land Plots to Three-Child Families", in: *RIA Novosti*, 16. Juni 2011, http://en.rian.ru/russia/20110616/164646607.html.
26. Jha, Prabhat, Maya A. Kesler, Rajesh Kumar, Faujdar Ram, Usha Ram, Lukasz Aleksandrowicz, Diego G. Bassani, Shailaja Chandra und Jayant K. Banthia: „Trends in Selective Abortions of Girls in India: Analysis of Nationally Representative Birth Histories from 1990 to 2005 and Census Data from 1991 to 2011", in: *Lancet* 377, no. 9781 (24. Mai 2011): 1921–1928, doi:10.1016/S0140-6736(11)60649-1.
27. Congressional Research Service: *Social Security Reform: Current Issues and Legislation*, 10. September 2010, http://aging.senate.gov/crs/ss6.pdf.
28. Kujis, Louis: „China through 2020 – A Macroeconomic Scenario", working paper no. 9, World Bank China Office, 2010.
29. Holstein, William: Interview mit dem Autor am 24. Oktober 2010.
30. „Made in the USA, Again: Manufacturing Is Expected to Return to America as China's Rising Labor Costs Erase Most Savings from Offshoring", Boston Consulting Group, 5. Mai 2011, Zugriff im September 2011, http://www.bcg.com/media/PressRelease Details.aspx?id=tcm:12-75973.
31. Kaushal, Arvind, Thomas Mayor und Patricia Riedel: „Manufacturing's Wakeup Call", in: *Booz & Company*, Ausgabe 64, Herbst 2011, http://booz.com/media/file/sb64-11306-Manufacturing's-Wake-Up-Call.pdf.

32. Im vergangenen Jahrzehnt hat Immelts Unternehmen im Ausland Stellen geschaffen und in den Vereinigten Staaten einen Teil seiner Belegschaft entlassen – für die größten amerikanischen Unternehmen im ersten Jahrzehnt dieses Jahrhunderts ein typisches Muster. Nach 2009 hat es sich zwar etwas umgekehrt, aber aufgrund des längerfristigen Trends ist Immelt als Leiter von Präsident Obamas Council on Jobs and Competitiveness umstritten. Kritiker geben dem Offshoring zwar die Schuld an allen Stellenverlusten, aber in Wirklichkeit beruht das Problem zu einem großen Teil auf technischen Fortschritten und Änderungen an den Produktionslinien von GE. Mehr dazu finden Sie unter http://philipdelvesbroughton.files.wordpress.com/2011/01/442-graph-employees-region.jpg.
33. Immelt, Jeffrey R.: „A Blueprint for Keeping America Competitive", in: *Washington Post*, 21. Januar 2011, http://www.washingtonpost.com/wp-dyn/content/article/2011/01/20/AR2011012007089.html.
34. Interview mit dem Repräsentanten Eric Cantor, in: *Meet the Press*, NBC News, 23. Januar 2001, http://majorityleader.gov/newsroom/2011/01/leader-cantor-defines-cut-and-grow-congress-previews-state-of-the-union-on-meet-the-press.html.

KAPITEL 7: DER NICHT BESONDERS PAZIFISTISCHE PAZIFIKRAUM

1. Xiwen, Zheng: „China's Peaceful Rise Is beyond Doubt", in: *Guangming Daily*, übersetzt von *People's Daily Online*, 19. Juli 2011, http://english.peopledaily.com.cn/90001/90780/91342/7444877.html.
2. Medcalf, Rory: „Malcolm Fraser's Baffling China Speech", in: *Interpreter*, 27. Juli 2011, Zugriff im September 2011, http://www.lowyinterpreter.org/post/2011/07/27/Malcolm-Frasers-baffling-China-speech.aspx.

3. Mahbubani, Kishore: Niederschrift einer Rede vor dem Council on Foreign Relations, New York, 22. Oktober 2010.
4. World Economic Outlook des IWF, September 2011, Washington, http://www.imf.org/external/pubs/ft/weo/2011/02/index.htm. Hier die BIP-Rangfolge 2010 laut IWF: Vereinigte Staaten 14,6 Billionen Dollar, China 5,8 Billionen, Japan 5,4 Billionen. Danach kommen Deutschland, Frankreich, Großbritannien, Brasilien, Italien, Kanada und Indien.
5. Rede von Außenministerin Hillary Clinton, Hanoi, 23. Juli 2010.
6. Präsident Barack Obama, Rede vor dem australischen Parlament am 17. November 2011, http://www.whitehouse.gov/the-press-office/2011/11/17/remarks-president-obama-us-and-australian-service-members.
7. World Trade Organization: „Trade Profiles", Zahlen 2010 (die neuesten verfügbaren), Zugriff im August 2011, http://stat.wto.org/CountryProfile/WSDBCountryPFHome.aspx?Language=E.
8. Commonwealth of Australia: *Defence 2000: Our Future Defence Force*, Canberra, Australian Ministry of Defence, Oktober 2000.
9. Cliff, Roger und David A. Shlapak: *U.S.-China Relations after Resolution of Taiwan's Status*, Santa Monica, CA, RAND Corporation im Auftrag der US Air Force, 2007, http://www.rand.org/pubs/monographs/MG567.html.
10. Mei, Fu S.: „Taiwan's Defense Transformation and Challenges under Ma Ying-Jeou", in: *China Brief* (herausgegeben von der Jamestown Foundation) 11, no. 7, 22. April 2011, http://www.jamestown.org/programs/chinabrief/single/?tx_ttnews%5Btt_news%5D=37838&tx_ttnews%5BbackPid%5D=25&cHash=183b175e8af7574c0a1645d6c2912560.
11. Carpenter, Ted Galen: „Walking a Tightrope on Arms Sales to Taiwan", CATO Insti- tute, 26. Juli 2011, http://www.cato.org/pub_display.php?pub_id=13486.
12. Admiral Mike Mullen: „A Step toward Trust with China", in: *New York Times*, 25. Juli 2011, http://www.nytimes.com/2011/07/26/opinion/26Mullen.html.

13. „China-Taiwan FTA (ECFA), 2010", Bilaterals.org, 21. September 2010, Zugriff im September 2011, http://www.bilaterals.org/spip.php?article18166.
14. Ide, William: „China Seen Moving Closer to Deployment of 'Carrier Killer' Missile", in: *Voice of America*, 29. Dezember 2010, http://www.voanews.com/english/news/asia/China-Seen-Moving-Closer-to-Deployment-of-Carrier-Killer-Missile-112629574.html.
15. Perrett, Bradley: „China Details Anti-ship Missile Plans", in: *Aviation Week and Space Technology*, 19. Juli 2011, http://www.aviationweek.com/aw/generic/story_generic.jsp?channel=awst&id=news/awst/2011/07/18/AW_07_18_2011_p24-347899.xml.
16. Captain Henry J. Hendrix, US Navy, und Lieutenant Colonel i.R. J. Noel Williams, US Marine Corps: „Twilight of the $uperfluous Carrier", in: *Proceedings Magazine* 137, no. 5 (Mai 2011), http://www.usni.org/magazines/proceedings/2011-05/twilight-uperfluous-carrier.

KAPITEL 8: INDIEN, BRASILIEN UND DAS NEUE AMERIKANISCHE DREAMTEAM

1. Ahya, Chetan und Tanvee Gupta: *India and China: New Tigers of Asia, Part III*, Morgan Stanley, August 2010, New York, 6, http://www.scribd.com/doc/36081710/Morgan-Stanley-India-and-China-New-Tigers-of-Asia-Part-III-20100813.
2. Ebd.
3. „World Economic Outlook", Database, September 2011, Internationaler Währungsfonds, Washington, D.C., http://www.imf.org/external/pubs/ft/weo/2011/02/index.htm.
4. Independent Task Force of the Council on Foreign Relations: *Global Brazil and U.S.-Brazil Relations*, report no. 66, Council on Foreign Relations Press, New York, Juli 2011, S. 14–27, http://www.cfr.org/brazil/global-brazil-us-brazil-relations/p25407.

5. Mahbubani, Kishore: „The West Will Use India to Contain China's Rise", in: *Project Syndicate*, 16. Januar 2011, http://www.mahbubani.net/articles%20by%20dean/The%20west%20will%20 use%20India%20to%20contain%20Chinas%20rise.pdf.
6. Rice, Condoleezza: „Campaign 2000: Promoting the National Interest", in: *Foreign Affairs* 79, no. 1 (Januar/Februar 2000), http:// www.foreignaffairs.com/articles/55630/condoleezza-rice/campaign-2000-promoting-the-national-interest.
7. „Waiver of Nuclear-Related Sanctions on India and Pakistan", Präsident George W. Bush, Presidential Determination No. 2001-28, Brief an Außenminister Colin Powell, 23. September 2001, http:// usinfo.org/wf-archive/2001/010924/epf103.htm.
8. McChrystal, Stanley, Antwort auf eine Frage des Autors, Council on Foreign Relations, New York, 6. Oktober 2011.
9. Dieser Begriff wurde übrigens von mir 2001 in einer Kolumne für msnbc.com geprägt:http://www.msnbc.msn.com/id/3340165.
10. Mazzetti, Mark und Eric Schmitt: „Pakistanis Aided Attack in Kabul, U.S. Officials Say", in: *New York Times*, 1. August 2008, http:// www.nytimes.com/2008/08/01/world/asia/01pstan.html.
11. Diese Zusammenarbeit gewann nach dem Golfkrieg 1991 besondere Bedeutung, als Waffen „jenseits des Horizonts" dazu führten, dass die britischen Streitkräfte mehr Soldaten an „Friendly Fire" der Amerikaner verloren als an die Iraker.
12. Bajoria, Jayshree und Esther Pan: „The U.S.-India Nuclear Deal", Council on Foreign Relations, 5. November 2010, Zugriff im September 2011, http://www.cfr.org/india/us-india-nuclear-deal/ p9663.
13. Die F/A-18 wurde Ende der 1970er-Jahre von McDonnell Douglas konstruiert, bevor das Unternehmen von Boeing geschluckt wurde.
14. Die F-16 wurde zunächst in den 1970er-Jahren von General Dynamics produziert, das dann von Lockheed Martin geschluckt wurde – das seinerseits aus der Fusion von Lockheed mit Martin Marietta hervorgegangen war.
15. Lakshmi, Rama: „U.S. Firms Lose Out on India Fighter Jet Con-

tract", in: *Washington Post*, 28. April 2011, http://www.washingtonpost.com/world/us-companies-bypassed-in-india-fighter-jet-deal/2011/04/28/AFPVwC5E_story.html.
16. Report to Congress on U.S.-India Security Cooperation, U.S. Department of Defense, November 2011, http://www.defense.gov/pubs/pdfs/20111101_NDAA_Report_on_US_India_Security_Cooperation.pdf.
17. Öffentliche Urkunden des US-Außenministeriums.
18. Beamter des Auswärtigen Dienstes der Vereinigten Staaten (der nicht genannt werden möchte) in einem Interview mit dem Autor in London im Mai 1996.
19. „Kazakh President Underscores SCO's Great Achievements", Nachrichtenagentur Xinhua, 9. Juni 2006, http://www.china.org.cn/english/international/170851.htm.
20. Jellenick, Robert: „Russia and the Global Meltdown", Carnegie Center for International Peace, 17. März 2009, http://carnegieendowment.org/files/11972Jellinek.pdf.
21. Chaulia, Sreeram: „India Inches toward Shanghai", in: *Asia Times*, 21. Juni 2011, http://www.atimes.com/atimes/South_Asia/MF-21Df04.html.
22. Khare, Harish: „From Eisenhower to Clinton to Bush", in: *Hindu*, 1. März 2006, http://hindu.com/2006/03/01/stories/2006030102961000.htm.
23. Joshi, Shashank: „The Cool Peace between China and India", in: *Lowry Interpreter*, 28. Juli 2011, http://www.lowyinterpreter.org/post/2011/07/28/A-cool-peace-between-China-and-India.aspx.
24. Spektor, Matias: „One Foot in the Region; Eyes on the Global Prize", in: *Americas Quarterly*, Americas Society, Frühjahr 2011, S. 55, http://www.americasquarterly.org/node/2424.
25. „Text of the Iran-Brazil-Turkey Deal", in: *Guardian*, 17. Mai 2010, Zugriff im September 2011, http://www.guardian.co.uk/world/julian-borger-global-security-blog/2010/may/17/iran-brazil-turkey-nuclear.
26. Obamas Schreiben an Lula über die Kernwaffenverhandlungen

zwischen der Türkei und dem Iran, in: *Política Externa*, „Blog", 27. Mai 2010 (Schreiben vom 20. April 2010), Zugriff am 30. November 2011, http://www.politicaexterna.com/11023/brazil-iran-turkey-nuclear-negotiations-obamas-letter-to-lula.

27. Barrionuevo, Alexei und Ginger Thompson: „Brazil's Iran Diplomacy Worries U.S. Officials", in: *New York Times*, 14. Mai 2010, http://www.nytimes.com/2010/05/15/world/americas/15lula.html.

28. Amorim, Celso: „Reflections on Brazil's Global Rise", in: *Americas Quarterly*, Frühjahr 2011, http://www.americasquarterly.org/node/2420zil's.

29. Weisbrot, Mark, zitiert nach: Serrano, Franklin und Ricardo Summa: *Macroeconomic Policy, Growth and Income Distribution in the Brazilian Economy in the 2000s*, Washington, D.C., Center for Economic and Policy Research, Juni 2011, http://www.cepr.net/documents/publications/brazil-2011-06.pdf.

30. Taylor, Paul D.: „Why Does Brazil Need Nuclear Submarines", United States Naval Institute, in: *Proceedings Magazine*, vol. 135/6/1,276, Juni 2009, http://www.usni.org/magazines/proceedings/2009-06/why-does-brazil-need-nuclear-submarines.

31. „Senator McCain Addresses the Hoover Institution", Council on Foreign Relations, 1. Mai 2007, Zugriff im September 2011, http://www.cfr.org/us-election-2008/senator-mccain-addresses-hoover-institution/p13252.

32. Blackwillan, Robert D. und Naresh Chandra: „The United States and India: Shared Strategic Future", Council on Foreign Relations/Aspen Institute India, September 2011, S. 3.

33. Khana, Parag: *The Second World: Empires and Influence in the New Global Order*, New York, Random House 2008.

KAPITEL 9: EUROPA: PIIGS, KANARIENVÖGEL UND BÄREN – OJE!

1. Roubini, Nouriel: „Greece's Best Option Is an Orderly Default", in: *Financial Times*, 28. Juni 2010, http://www.ft.com/intl/cms/s/0/a3874e80-82e8-11df-8b15-00144feabdc0.html#axzz1d AKs3v00.
2. Der „Pate" der Untergangspropheten der Eurozone ist allerdings der britische Volkswirt Bernard Connolly. Der ehemalige hohe EU-Beamte erkannte im Vorfeld der Einführung der Gemeinschaftswährung 2008 die Fehler der fiskalischen Struktur der Eurozone und wurde im Prinzip entlassen, weil er diese Meinung öffentlich in einem Buch mit dem Titel *The Rotten Heart of Europe* äußerte – das erstaunlicherweise nicht erhältlich ist, während ich dies schreibe. Siehe: Landon, Thomas Jr.: „Words of a Euro Doomsayer Have New Resonance", in: *New York Times*, 17. November 2001, http://www.nytimes.com/2011/11/18/business/global/the-rise-of-a-euro-doomsayer.html?pagewanted=all.
3. Reisen, Helmut: „Boom, Bust and Sovereign Ratings: Lessons for the Eurozone from Emerging-Market Ratings" VoxEU (Blog), 19. Mai 2010, http://www.voxeu.org/index.php?q=node/.
4. Bank für Internationalen Zahlungsausgleich: *BIS Quarterly Review*, Basel, Bank for International Settlements, September 2011, http://www.bis.org/publ/qtrpdf/r_qt1109.pdf.
5. Rowley, Charles: „Europe Should Force Greece Out", Blog, 15. Juni 2011, http://charlesrowley.wordpress.com/2011/06/15/eurozone-should-force-greece-out/.
6. Gros, Daniel: „August 2011: The Euro Crisis Reaches the Core", VoxEU (Blog), 11. August 2011, Zugriff im September 2011, http://www.voxeu.org/index.php?q=node/6853.
7. Caron, Giuseppe und Declan Costello: „Can Europe Afford to Grow Old?", in: *Finance and Development* 43, no. 3 (September 2006), http://www.imf.org/external/pubs/ft/fandd/2006/09/carone.htm.
8. „Sarkozy Says State to Lead French Industrial Renaissance", in:

France24, 3. April 2010, http://www.france24.com/en/20100304-sarkozy-says-state-lead-french-industrial-renaissance.
9. Export-Import Bank of India: *2009–2010 Annual Report*, Neu-Delhi, August 2009, http://www.eximbankindia.com/ar10/en-us/pdf/EXIM_AR_English.pdf.
10. „Autumn Forecast Statement by the Chancellor of the Exchequer, Rt Hon George Osborne MP", vorgetragen vor dem britischen Unterhaus am 29. November 2011, Zugriff am 30. November 2011, http://www.hm-treasury.gov.uk/press_136_11.htm.
11. Fidler, Stephen und Alistair MacDonald: „Europeans Retreat on Defense Spending", in: *Wall Street Journal*, 24. August 2011, http://online.wsj.com/article/SB10001424053111903461304576524503625829970.html.
12. Erlanger, Steven: „Libya's Dark Lesson for NATO", in: *New York Times*, 3. September 2011, http://www.nytimes.com/2011/09/04/sunday-review/what-libyas-lessons-mean-for-nato.html?pagewanted=all.
13. Stelzenmüller, Constanze: „Hands Off Our Shackles, Please", in: Spiegel Online, http://www.spiegel.de/international/germany/hands-off-our-shackles-please-the-debate-over-german-security-policies-a-683066.html; deutsche Fassung: http://www.gmfus.org/wp-content/blogs.dir/1/files_mf/galleries/ct_news_article_attachments/securityStelzenmuellerIPJan2010.pdf, Zugriff am 8. November 2012.
14. Holt, Kelly: „Tea Partiers Push for Cuts in Defense Spending", in: *The New American*, 25. Januar 2011, Zugriff am 13. Dezember 2011, http://thenewamerican.com/usnews/congress/6025-tea-partiers-push-for-cuts-in-defense-spending.
15. „Sen. Hutchinson Urges Cost Savings and GAO Report Reveals Billions in Wasteful and Duplicative Spending", Pressemitteilung von Senatorin Kay Bailey Hutchison (Republikanerin, Texas), 2. März 2011,
http://hutchison.senate.gov/?p=press_release&id=478.
16. Dancs, Anita: „The Cost of the Global U.S. Military Presence", Washington, D.C., Foreign Policy in Focus, 2. Juli 2009, Zugriff im

September 2011, http://www.comw.org/qdr/fulltext/0907 dancs. pdf; http://www.fpif.org/reports/the_cost_of_the_global_us_ military_presence (dort wird auf das obige Zitat verwiesen).
17. Sestanovich, Stephen (Russland- und Eurasienexperte beim Council on Foreign Relations) im Gespräch mit dem Autor, New York, April 2009.
18. Childs, Nick (Verteidigungs- und Sicherheitskorrespondent der *BBC*) in einem Gespräch mit dem Autor, London, Januar 2011.
19. Conley, Heather A.: „Fading Sentimentality: German Assessments of U.S. Power", in: *Capacity and Resolve: Foreign Assessments of U.S. Power*, hg. von Craig S. Cohen, Washington, D.C., Center for Strategic and International Studies, Juni 2011, http://csis.org/publication/capacity-and-resolve.
20. Osborn, Andrew und Matthew Day: „Poland Demands US Troops Be Based on Polish Soil", in: *Telegraph*, 6. November 2009, http://www.telegraph.co.uk/news/worldnews/europe/poland/6515731/Poland-demands-US-troops-be-based-on-Polish-soil.html.
21. Valasek, Tomas: „A Race to the Bottom", in: *RealClearWorld*, 25. August 2011, Zugriff im September 2011, http://www.realclearworld.com/articles/2011/08/25/us_cuts_leave_europe_defenseless_99640.html.
22. „Putin Deplores Collapse of the USSR", *BBC*, 25. April 2005, http://news.bbc.co.uk/2/hi/4480745.stm.
23. Ganguli, Ina: „Saving Soviet Science: The Impact of Grants When Government R&D Funding Disappears", National Bureau of Economic Research, 1. Juli 2011, http://www.nber.org/public_html/confer/2011/SI2011/PRIPE/Ganguli.pdf.
24. Eberstadt, Nicholas: „The Dying Bear", in: *Foreign Affairs*, Dezember/November 2011, http://www.foreignaffairs.com/articles/136511/nicholas-eberstadt/the-dying-bear (Zugriff am 13. Dezember 2011).
25. Oreschkin, Dmitri: „Russlands sechste Welle" [russisch], in: *Nowaja Gaseta*, 31. Januar 2011, http://www.novayagazeta.ru/society/7330.html.

26. Chodorkowski, Michail: „Final Trial Speech", in: openDemocracy Russia, 14. Dezember 2010, http://www.opendemocracy. net/od-russia/mikhail-khodorkovsky/mikhail-khodorkovsky-final-trial-speech.

KAPITEL 10: TEILNAHME ODER VERWEIGERUNG?

1. „Budget 1991-92 Speech of Shri Manmohan Singh, Minister of Finance", gehalten vor dem indischen Parlament in Neu Delhi, 24. Juli 1991, http://indiabudget.nic.in/bspeech/bs199192.pdf.
2. Michele Karp, Erika: Gespräch mit dem Autor, 2. Dezember 2011, New York.
3. Sorkin, Aaron (Drehbuch): *A Few Good Men*,Castle Rock Entertainment/Columbia Pictures1992 [deutscher Titel: *Eine Frage der Ehre*].
4. CPS Population and Per Capita Money Income, All Races: 1967 to 2010, US Census Bureau, Table P-1, 13. September 2011, http://www.census.gov/hhes/www/income/data/historical/people/.
5. Joffe, Josef: „The Default Power", in: *Foreign Affairs*, September/Oktober 2009, http://www.foreignaffairs.com/articles/65225/josef-joffe/the-default-power.
6. „The Warning", in: *Frontline*, PBS Online, 20. Oktober 2009, http://www.pbs.org/wgbh/pages/frontline/warning/view/.
7. Herbst-Bayliss, Svea und Katya Wachtel: „Paulson Braces Investors for the Worst", Reuters, 11. Oktober 2011, http://www.reuters.com/article/2011/10/11/us-hedgefunds-paulson-idUSTRE79A67E20111011.
8. Zukang, Sha, Pressekonferenz, National Press Club, Washington, D.C., 28. Juni 2011, http://www.un.org/en/development/desa/usg/statements/national-press-club-event.shtml.

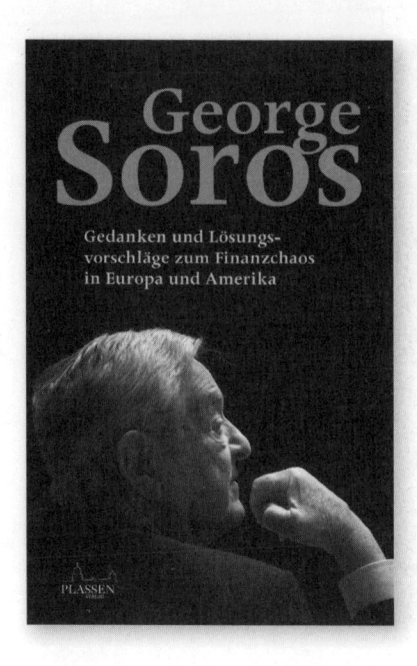

160 Seiten,
gebunden mit SU,
24,90 [D] / 25,60 [A]
ISBN: 978-3-864700-13-2

George Soros: Gedanken und Lösungsvorschläge zum Finanzchaos in Europa und Amerika

Seit dem Zusammenbruch von Lehman Brothers im Jahre 2008 kämpft die Welt gegen das Finanzchaos an. Das neue Buch des legendären Investors George Soros versammelt seine von 2008 bis 2011 verfassten Artikel und gipfelt in dem Vortrag, den er im Januar 2012 in Davos gehalten hat. Provokative und inspirierende Denkanstöße und Handlungsanweisungen.

PLASSEN
VERLAG

CHUCK PFARRER

Der Augenzeugenbericht
zum Einsatz der Navy SEALs
gegen Osama bin Laden

CODEWORT GERONIMO

PLASSEN

352 Seiten,
gebunden mit SU,
24,90 [D] / 25,60 [A]
ISBN: 978-3-864700-18-7

Chuck Pfarrer:
Codewort Geronimo

Chuck Pfarrer, ehemaliger Kommandeur der Eliteeinheit Navy SEALs, sprach für dieses Buch mit Mitgliedern des SEAL-Teams, das Osama bin Laden aufspürte. Das Ergebnis ist ein Werk voller zuvor nie veröffentlichter Details. Es ist die Geschichte eines der spektakulärsten Einsätze unserer Zeit – durchgeführt von der härtesten Elitetruppe der Welt.

PLASSEN VERLAG

376 Seiten,
gebunden mit SU,
24,90 [D] / 25,60 [A]
ISBN: 978-3-864700-50-7

Ronald Kessler:
Die Geheimnisse des FBI

Welche Geheimnisse ruhen seit Jahrzehnten in den tiefsten Kellern des FBI? Welche Abenteuer, Blamagen und Skandale verbergen sich in den Aktentresoren der mächtigen US-Bundespolizei? Die Antworten auf diese Fragen gibt Ronald Kessler, einer der profundesten Kenner der Nachrichtendienst- und Secret-Service-Szene der USA.

PLASSEN
VERLAG

480 Seiten,
gebunden mit SU,
24,90 [D] / 25,60 [A]
ISBN: 978-3-864700-51-4

Peter H. Diamandis, Steven Kotler: Überfluss

Peter H. Diamandis und Steven Kotler beleuchten verschiedenste Bereiche wie Biotechnologie, Robotik und Medizin. Sie zeigen, dass der exponentielle Wissenszuwachs auf diesen Gebieten die gesamte Menschheit in kürzester Zeit zu Wohlstand führen wird. Ihr Fazit: Wir haben allen Grund, optimistisch in die Zukunft zu blicken.

PLASSEN VERLAG